シリーズ統合的認知 第1巻

横澤一彦［監修］

注 意
Attention

選 択 と 統 合

河原純一郎
横澤一彦

勁草書房

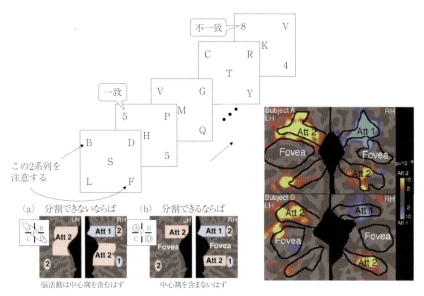

図 2-34　fMRI を利用して注意が分割できるかを調べる（McMains & Somers, 2004）

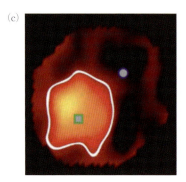

図 2-42　受容野内で注意によって応答が大きく変化する（Womelsdorf et al., 2006）

図 3-2　注意する標識の色に応じて車両の見落としが大きく異なる（Most & Astur, 2007）

図 4-4　結合錯誤は注意による統合の間違い（Treimsan & Schmidt, 1982）

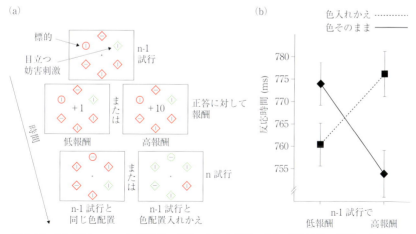

図 4-15　(a) Hickey et al.（2010）で用いられた刺激。(b) 直前試行の報酬の高低と色条件ごとの反応時間と 95% 信頼区間。

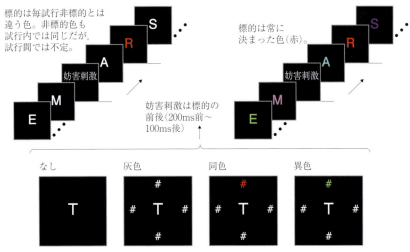

図 5-11　妨害刺激干渉手続き（Folk et al., 2002）

図 6-4　負のプライミング（Tipper, 1985）

シリーズ統合的認知

　五感と呼ばれる知覚情報処理過程によって，われわれは周囲環境もしくは外的世界についての豊富で詳細な特徴情報を得ることができる。このような，独立した各感覚器官による特徴抽出を踏まえて，様々な特徴や感覚を結び付ける過程がわれわれの行動にとって最も重要である。このシリーズでは，このような統合処理までの認知過程を総称して，「統合的認知」と呼ぶことにする。この統合的認知に至る過程が，単純な行動に限らず，思考や感情の形成にとっても重要であることは間違いないが，そもそも「認知」とは統合的なものであると考えるならば，わざわざ「統合的」という限定を加えることに，違和感を感じる方がいるに違いない。これは，認知過程を解明するために，旧来の脳科学や神経生理学で取組まれている要素還元的な脳機能の理解には限界があり，認知心理学的もしくは認知科学的なアプローチによって，人間の行動を統合的に理解することの必要性を強調しなければならないと感じていることによる（横澤，2010，2014）。たとえば，統合失調症における「統合」が，思考や感情がまとまることを指し示し，それらがまとまりにくくなる精神機能の多様な分裂，すなわち連合機能の緩みを統合失調症と呼ぶならば，統合的認知における「統合」と共通した位置づけとなる。統合失調症における明確な病因は確定されておらず，発病メカニズムが不明なのは，統合的認知という基本的な認知メカニズムが明らかでない状況と無縁ではないだろう。

　もちろん，要素還元的な脳機能の解明の重要性を否定しているわけではない。ただ，たとえば線分抽出に特化した受容野を持つ神経細胞が，線分抽出という特徴抽出過程において機能しているかどうかを知るためには，個別の神経細胞を取り出して分析するだけでは不十分であることは明白であろう。また，脳機能計測によって，特定の部位の賦活が捉えられたとしても，それがそのときの外的な刺激だけで誘発される可能性は必ずしも高くない。常に他の部位の賦活との関係も考慮しなければならず，その部位の機能を特定することは一般に難しいはずである。要素還元的な脳機能の理解だけが強調されれば，このような認知に関する実験データの基本的な捉え方さえ，忘れがちになることを指摘し

ておく。

　一方，わざわざ新たに「統合的認知」と呼ぶのであれば，これまで認知機能の解明を目指してきた，旧来の認知心理学もしくは認知科学的なアプローチと差別化を図らなければならないだろう。ただし，現状では明確な差別化ができているとは言いがたい。そもそも，認知心理学もしくは認知科学的なアプローチは，典型的な脳科学や神経生理学におけるアプローチに比べれば，いわゆるメタプロセスに相当する認知過程の解明を担ってきたはずであり，そのようなメタプロセスの解明に用いられてきた洗練された科学的実験手法は，「統合的認知」を扱う上でも必要不可欠である。すなわち，フェヒナー（Fechner）以降に，精神物理学，実験心理学，さらに認知心理学の中で確立されてきた手法は，人間の行動を科学的に分析する際には今後共欠かすことができない。まずは，このような手法を否定している訳ではなく，「統合的認知」においても前提となっていることを忘れてはならない。

　その上で，統合的認知に取り組む意義を示す必要があるだろう。そこでまず，認知心理学における典型的なアプローチを例にして説明を試みたい（横澤，2014）。ある機能なり，現象なりに，AとBという2つの要因が関与しているかどうかを実験によって調べる場合に，AとBという要因以外のアーティファクトを統制した実験計画によって得られた実験データが，統計的に主効果と交互作用が有意であるかどうかを検定する。もし2つの主効果がそれぞれ有意であれば，図1（a）のようなそれぞれのボックス，交互作用が有意であれば，図1（a）の矢印で示すような関係で表すことができる。すなわち，ボックスは，AもしくはBという要因に関わる処理過程の存在，矢印は，2つの要因同士が影響し合っていることを示している（交互作用だけでは，矢印の向きは分からないので，ここでは模式的に因果関係を示しているに過ぎない）。このとき，検定で使用する統計的な有意水準は，多くの場合，被験者の分散によって設定される。すなわち，個人差による変動を差し引いた平均像のモデルの妥当性に関する検定であり，すべての被験者に当てはまるモデルであることを保証しているわけではない。このようなボックスモデルでも，脳科学や神経生理学における多くの先端的な研究を先導してきたことは明らかである。すなわち，図1（a）のボックスや矢印が，神経細胞やシナプス結合に置き換えられることが分かれば，脳の中の実体としての存在証明ができたことになるからである。極言すれば，行動との対応関係を示す認知心理学的実験データの存在があってはじめて，脳

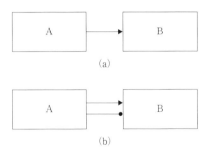

図1 2つの処理と接続関係(横澤, 2014を改変)

科学や神経生理学の研究は科学的になりうる場合が少なくない。

　これに比較して説明することで,「統合的認知」のアプローチとして強調したい点を明らかにできると考えている。図1 (b) のように, 2つの要因に関わる処理過程の間には, 実は2種類の結合があると仮定してみる。両結合は逆作用を持ち, 一般的な記法に従って, 矢印は興奮性結合, 丸印は抑制性結合を表しているとする。もし抑制性結合が弱ければ, 現象として把握できるのは興奮性結合の存在であり, 図1 (b) は図1 (a) と区別がつかないことになる。一方, 興奮性結合と抑制性結合が拮抗していれば, お互いの作用が打ち消し合い, 現象として矢印や丸印の存在, すなわち交互作用を確認することが難しくなり, AとBという両要因の独立性だけが確認されることになる。すなわち, 交互作用の有無は, 各要因に関わる処理過程間の接続関係の有無を証明している訳ではなく, 興奮性結合と抑制性結合とのバランスの個人差を反映しているのに過ぎないかもしれないのである。これは, 統計的検定結果を安易に拡大解釈することの危険性を指摘したい訳ではなく, 単純な図式を前提とする典型的な認知心理学的アプローチでは見逃されやすい, 隠れた接続関係や個人差にも着目することの重要性を, 統合的認知では強調したいのである。

　図1 (b) から, ニューラルネットワーク研究 (Rumelhart et al., 1987) との整合性を感じる方もいるに違いない。PDPといわれる並列分散処理アプローチの基本は, 図1 (b) の関係を階層的な並列モデルで説明しようとしたが, 残念ながら脳科学や神経生理学を先導した研究は多くないと思われる。もし, ランダムに接続されたネットワークが, 興奮性結合と抑制性結合の加重を学習することにより, 目的とする情報処理が実現できることを証明したとしても, そ

れは偶然の産物として局所解を得たに過ぎず，そこから脳科学や神経生理学全体を先導するような予測を生み出すことができるわけではなかったからなのかもしれない。統合的認知では，ランダムに接続されたネットワークから解を模索するのではなく，これまで進化の過程で蓄積された構造を基盤にしながら，明示的ではない要因や接続関係も考慮した総合的な理解を目指すことになる。たとえば，個人差に影響を及ぼす発達過程や文化なども考慮に入れた議論が必要になってくる。

　もう1つ，統合的認知の特徴に加えなければならないが，それは「行動」の定義が変わりつつある現状を反映している。たとえば，自分の体をできるだけ動かさないように，静止状態を保っていることを想像してほしい。このような体中微動だにしない状態は，一般には行動が観察できない状態ということになるだろう。もちろん，その場合でも基礎代謝があり，呼吸をし，心臓の鼓動で血液の循環が行われている。基礎代謝は一般には行動に含めないので，これまでの定義では観察できる行動がないことになる。しかし，脳機能計測の発展により微動だにしない体でも，脳活動という「行動」が精密に観察できるようになった。fMRI などの脳機能計測は，基本的には体が微動だにしないように拘束することが前提で，脳活動が測定されている。注意や意識などの内部プロセスが認知心理学の主要なテーマになりつつあるのは，このような最先端実験機器の開発による「行動」の定義の変容と無関係ではない。もちろん，例えば注意という行動を旧来の定義でも観察することは可能である。しかし，脳内の活動という内部プロセスを含めて考えれば，外に現れる行動だけを扱っているだけでは分からない真実が明らかになるかもしれない。歴史的にみれば，行動主義心理学に比べて，内的過程も扱うことに認知心理学の特徴があったので，この点で違和感を感じる方も少なくないかもしれない。しかしながら，認知心理学において扱われてきた行動の大半は，正答率と反応時間という外的行動であったわけで，これに脳活動も行動に含めると考えれば，ある種のパラダイムシフトが生じるはずである。すでに，先端的な認知心理学研究は，脳機能計測の結果をうまく融合させて進められており，「統合的認知」においても，それを追認しているに過ぎない。ただし，上述したように，先端的な脳機能計測は，要素還元的な分析に陥り易いことをあらためて指摘しておきたい。

　以上をまとめると，表1のように表すことができる。

　まず，行動の定義と位置付けについて，典型的な認知心理学においては統制

表1　典型的な認知心理学と統合的認知の心理学の比較

	典型的な認知心理学	統合的認知の心理学
行動の定義と位置付け	統制された外的行動の観察による内的過程の推定	観察された内部処理過程を含めた「行動」
各処理過程の結合関係の同定	検定によって，結合の有無を判断	結合が前提で，バランスの変動として理解
個人差の取扱い	個人差を基準に，要因内の差異を検定	個人差を生じさせる要因が，研究目的の1つ

された外的行動の観察による内的過程の推定をしてきたが，統合的認知の心理学では，客観的に観察された内部処理過程を含む「行動」としての理解を試みる。このとき，神経生理学や脳科学との連携が必須であるが，要素還元的な理解ではなく，脳情報処理過程全体としての理解を目指す。次に，各情報処理過程の結合関係を同定するにあたり，典型的な認知心理学においては，検定によって，結合の有無を判断してきたが，統合的認知の心理学では結合が前提で，相反する結合のバランスが実験条件や個人差による変動を生じさせると理解する。また，個人差の取扱いについて，典型的な認知心理学においては，個人差を基準に，要因内の差異を検定してきたが，統合的認知の心理学では個人差を生じさせる要因が，研究目的の一つとなる。

　そこで，いくつかの研究課題に分けて，統合的認知に関する研究を整理したい。具体的には，注意（Attention），オブジェクト認知（Object perception），身体と空間の表象（Representation of body and space），感覚融合認知（Transmodal perception），美感（Aesthetics），共感覚（Synesthesia）というテーマである。このような分け方をすること自体，要素還元的な研究だというご批判もあると思う。しかし，それぞれのテーマの詳細を知っていただければ，そのような批判には当たらないことを理解していただけると思う。

　「注意」とは，視覚でいえば色彩や動きなど，様々な特徴の選択と統合に関わる機能を指している。1980年に特徴統合理論（Treisman & Gelade, 1980）が発表されてから，視覚的注意の機能は特徴を統合することにあるという側面が取り上げられ，ここ30年間で最も研究が進んだ認知心理学における研究テーマであろう。すでに多様な現象が発見され，脳内の様々な部位の関与が明らか

になっており，脳内にただ1つの注意の座が存在するわけではなかった。また，注意という機能は，視覚に限らず，他の感覚でも存在する。いずれにしても，統合的認知の基本機能が注意ということになろう。

「オブジェクト認知」とは，日常物体，顔，文字などのオブジェクト（Object）の認知過程と，そのようなオブジェクトが配置された情景（Scene）の認知過程を指している。ここで扱われるオブジェクトとは，脳内の情報処理単位を意味する。Marr（1982）は，計算論的なアプローチにより，オブジェクトの統合的理解に取り組んだ。階層的な処理過程によって，段階をおって構成要素を組み立てることを仮定しているので，構造記述仮説とも呼ばれたが，まさに統合的認知そのものを想定していたといえる。ただし，構成要素の単なる集合体がオブジェクトではないし，オブジェクトの単なる集合体が情景ではない。オブジェクトに関しても，情景に関しても，脳内の表象について議論が続けられている。

「身体と空間の表象」とは，自分の身体や外的世界を把握し，行動へと統合するための表象を指している。自己受容感覚により，目をつぶっていても，自分の身体の位置は把握できる。しかしながら，ゲームに没頭し，登場人物と自分が一体化しているときに，目をつぶっていたときに感じたのと同じ位置に自分の身体を感じているだろうか？ また，自分を取り巻く空間を理解するときにはいくつかの軸を手がかりにしているはずである。重力を感じることができれば上下軸，自分の顔などの前面が分かれば前後軸も手がかりになるに違いない。身体と空間の表象は行動の基本であり，当たり前と思うかもしれないが，これらに関する研究が本格的に取り上げられたのは，比較的最近である。

「感覚融合認知」とは，視聴覚や視触覚などの多感覚統合による理解過程を指している。五感それぞれの感覚受容器（すなわち視覚なら目，聴覚なら耳）から得られた情報は，脳内の初期段階でも独立して処理されていることが知られている。しかし，最後までまったく独立な処理ではお互いの時空間的な同期が取れず，的確な行動につながるような解に結びつかないだろう。また，それぞれの感覚受容器の利点を活かし，弱点を補うことで，それぞれが不完全な情報でも，妥当な結論を導く必要がある。一般的には，マルチモーダル認知，クロスモーダル認知などと呼ばれ，感覚間の相互作用の研究を指すことが多いかもしれないが，各感覚から切り離され，感覚融合された表象が行動の基本単位となっている可能性までを視野に入れるべきだろうと思う。

「美感」とは，知覚情報を元に，生活環境や文化との統合で生まれる美醜感覚形成過程である。自然や異性ばかりではなく，絵画や建築物などの人工物に対する美感について，誰しも興味は尽きないだろう。フェヒナー以降，実験美学の研究が進められてきたが，最近になって，認知心理学と再融合された研究テーマとして，美感科学（Aesthetic science）を標榜する研究が現れてきた（Shimamura & Palmer, 2012）。美を科学的に扱えるのかという点で根本的な疑問を持たれる方も少なくないと思うが，五感を通して得られた情報が，環境や文化などに関わる経験として脳内に蓄積された情報と干渉し，統合されることで美感が紡ぎだされているとすれば，まさに統合的認知において重要な研究テーマとなる。

　「共感覚」とは，実在しないにも関わらず，脳が紡ぎだす多様な感覚統合過程である。すなわち，1つの感覚器官の刺激によって，別の感覚もしくは特徴を知覚する現象であり，ごく一部の人だけが経験できる現象である（Cytowic & Eagleman, 2009）。音を聞いたり，数字を見たりすると，色を感じるなど，様々なタイプの共感覚が存在するが，その特性や生起メカニズムが科学的に検討され始めたのは比較的最近であり，脳における構造的な近接部位での漏洩など，様々な仮説が検討されてきた。ただ，共感覚は脳内の処理過程で生じる現象として特殊ではなく，共感覚者と非共感覚者という二分法的な見方をするべきではないかもしれない。

　統合的認知は上述の6研究テーマに限られることを主張している訳ではなく，今後新たな研究テーマも生まれ，それぞれが拡大，発展していくだろう。今回，6研究テーマを取り上げたのは，極言すれば自分自身の現時点での学術的な興味を整理したに過ぎない。2008年以降，いずれの研究テーマにも取組んでおり，その頭文字をとってAORTASプロジェクトと名付けている。AORTASという命名には，各研究テーマの解明が「大動脈（aortas）」となって，「心」の科学的理解に至るという研究目標が込められている。最終的に，統合的認知という学問大系が構築されるとすれば，いずれもその端緒として位置づけられるかもしれない。各研究テーマには膨大な研究データが日々蓄積される一方，あまりにもたくさんの研究課題が残されていることにたじろいでしまう。それでも，各研究テーマにおいていずれも最先端で活躍されている研究者に著者として加わっていただき，6研究テーマの学術書を個別に出版することになったことはよろこびにたえない。シリーズとしてまとまりを持たせながら，各分野に興味

を持つ認知心理学や認知科学専攻の大学院生や研究者のための必携の手引書として利用されることを願っている。

横澤一彦

引用文献

Cytowic, R. E., & Eagleman, D. M. (2009). *Wednesday Is Indigo Blue: Discovering the Brain of Synesthesia.* The MIT Press（サイトウィック，R. E. イーグルマン，D. M. 山下篤子（訳）(2010). 脳のなかの万華鏡：「共感覚」のめくるめく世界　河出書房新社）

Marr, D. (1982). *Vision: A Computational Investigation into the Human Representation and Processing of Visual Information.* W. H. Freeman and Campany（マー，D. 乾敏郎・安藤宏志（訳）(1987). ビジョン：視覚の計算理論と脳内表現　産業図書）

Rumelhart, D. E., McClelland, J. L., & the PDP Research Group (1987). *Parallel Distributed Processing · Vol. 1.* MIT Press（ラメルハート，D.E., マクレランド，J.L., PDP リサーチグループ　甘利俊一（監訳）(1988). PDP モデル：認知科学とニューロン回路網の探索　産業図書）

Shimamura, A., & Palmer, S. E. (2012). *Aesthetic science: Connecting Minds, Brains, and Experience.* Oxford University Press.

Treisman, A. M., & Gelade, G. (1980). A feature-integration theory of attention. *Cognitive Psychology,* **12**, **1**, 97-136.

横澤一彦 (2010). 視覚科学　勁草書房.

横澤一彦 (2014). 統合的認知　認知科学, **21**, **3**, 295-303.

はじめに

　注意という言葉は，日常生活でよく使う。たとえば，頭上注意，歩行者に注意，音量注意，高温注意というように，ある特定のものごとに警戒を促すときに注意という言葉を使う。また，速度超過に注意，忘れ物に注意，取扱注意というように，行動様式の調整を求めるときにも注意という語は使われる。さらに，厳重注意のように罰の意味が含まれることもある。このように，注意という語は日常場面ではさまざまな意味をもち，何を表すことかよく知っていると考えがちである。注意するということは，身の回りにありふれた経験であるため，それがどんなものであるか，だいたいわかった気になってしまう。あまりにありふれており，容易に扱うことができる（ように思える）心的機能であるため，研究すればすぐにわかると考えてしまうかもしれない。

　実際に，ふだん私たちが考える注意は，心理学で扱う注意の一側面にすぎない。注意という語は，脳が情報処理をするときにどうやって制御するかを言い表す魔法の用語のようでもあり（Chun, Golomb, & Turk-Browne, 2011），「ああそれは注意の影響ですね」といえば説明ができたように聞こえてしまうかもしれない。研究者としての業務の1つに，企業からの依頼を受けて，専門知識を駆使して答えるというものがある。たとえば自動車を高速道路で運転するときの注意を調べてほしいという依頼があったりする。この依頼に対して，企業の人々に注意とは何かを説明してもなかなか伝わりにくいことがある。依頼者にとって注意が関わる問題の解決は切実なのぞみであり，注意はその製品を使う上で重要な要因であることはわかっている。しかし，依頼者らに会って，実際に注意をどう定義し，どう測るかということを説明し始めると，ふと依頼者の目が曇る瞬間がある。それは現実界での注意と，心理学者が考える注意が必ずしも一致していないことを意味している。詳しく説明すると，ようやくその依頼者の知りたい注意について，話が噛み合うようになり，「注意は複雑なんですね」というコメントが返ってきたりする。しかし，いざ具体的に注意の研究に取り組むとなると，明確な定義が即座にはしにくいことに気づく。

注意が表面的には一見とらえどころのないように感じられる理由は，注意には多くの成分が含まれていながら，ひとつの言葉で代表してしまっているためである。自動車を高速道路で運転するときであれば，隣の車線に注意を向けたり，緑色の行き先表示を探したりするだろう。これらはそれぞれ，位置に向ける注意と属性に向ける注意という別の働きが関わっている。また，追い上げてきた二輪車が隣を走るトラックの影にいることを気にしている時は，物体に向ける注意が働いているだろう。これらに意図的に注意を向けている時でも，急に回転灯を点けた緊急車両が現れたら自動的に注意が向くだろう。これは注意の意図的・自動的制御の問題である。さらに，（常磐道のように）単調な郊外区間を抜けて首都高速に入る頃には少し気分を引き締めて運転する。これには覚醒水準や準備状態の調整という別種の注意が関わる。この他にも，同乗者が話しかけてきたらややこしい合流箇所で，車線変更のタイミングを見逃してしまうかもしれない。これは行動計画の制御・実行と注意分割の問題と，課題間・モダリティ間の分割が関わっている。これら全ての認知機能を注意という一語で代表しているため，傍目からは注意とはいったい何なのかがわかりにくい。

　本書は，われわれが環境に対して適応的に行動し，身の回りのものごとを認識するために欠かせない注意という働きについて，ひとつの解釈のしかたを提案することを目的としている。注意の概念は知覚・認知心理学だけでなく，社会，臨床，発達，教育心理学といったあらゆる分野でも登場する。ところがどの分野でも注意とは何かを正面から定義することを研究者はあまり好まない。上述のように注意は多機能であり，一言で定義してしまうことには無理があるし，見方によっては魔法の用語になってしまうため，意味がないことかもしれない。しかしそれであっても，ここではさまざまな注意の下位機能に共通性を見出して定義することを試みたい。

　本書は7章で構成されており，最初に注意とは何かを定義したいと思う。結論を先に示しておくと，注意とはわれわれが身の回りのものごとを認識し，適応的に行動するためにバイアスをかけることである。すなわち，空間，属性，物体への注意は場合に応じて隣の車線や緑色の表示，むこうの二輪車のみをバイアスをかけて分析することである。あるいは首都高速での合流をやりくりできるように，長時間の運転行動のうち，いまから数分にバイアスをかけるといった具合である。このバイアスをかける仕組みを再回帰処理という枠組みから解説したい。第2章では空間に向ける注意を扱う。われわれが視覚を利用して

移動し，環境に働きかける上で空間的な位置はもっとも重要な情報源である。そのため，空間に向ける注意の働きは強い効果を持つし，そのぶん研究の蓄積もある。また，近年の注意研究が基にしているアイデアも空間的注意を調べた研究が主要な発端となっている。この章ではそうした基本から発展的研究について述べる。第3章は空間が関わらない，特徴と物体に基づく注意を扱う。このようにいくつもの側面をもつ注意の働きは，目標物を探すという行動にどのように反映されるのだろうか。視覚探索法は注意を研究する上で主要な方法のひとつであり，そこから派生して分かってきたことも多い。第4章はこうした点を視覚探索という行動を通して論じる。第5章は注意の制御について論じる。注意は意図的に，すなわちわれわれ自身がここに注意を向けようと思って向けられるという側面だけでなく，緊急車両の回転灯のように顕著さの高い物体といった環境内の特性や，その他の要因によって，意図にかかわらず向いてしまうという側面もある。この章で扱うのは，意図的制御が及ぶ範囲はどこまでかという問題である。第6章では，物体を認識する一連の過程のうち，どの段階でバイアスとしての注意が働くかを論じる。最後に第7章では，注意の裏側として，見落としと無視を論じる。

　本書は注意とは何かについて，2人の研究者が考えるところを述べたものである。そのため，これが唯一の正解ではない。そもそも100年以上にわたる研究の蓄積がある分野で，いまだに単純な注意の定義が出てきていないということは，定義すること自体無謀であったり，意味が少ないことなのかもしれない。ただ，注意に関して年間1500編を越える研究論文が刊行される現状で，心理学や関連分野に興味を持った読者がいまから注意研究について知ろうと思ってもどこから手を付けてよいかわからないという場合に，何を知ればこの分野の研究が理解しやすくなるかを考えながら本書を構成した。本書がそうした立場の人々に対して少しでも役に立てばよいと思う。

目　次

シリーズ統合的認知 ………………………………………………………… i

はじめに ……………………………………………………………………… ix

第 1 章　注意とは何か ………………………………………………………… 1
　　1.1　注意を定義する難しさ　　1
　　1.2　なぜ注意が必要か　　4

第 2 章　空間的注意 …………………………………………………………… 37
　　2.1　わかるプロセスと注意　　37
　　2.2　空間選択手段としての眼球運動　　41
　　2.3　空間的注意を測る　　50
　　2.4　2 種類の空間的手がかり　　53
　　2.5　さまざまな空間的手がかり　　62
　　2.6　注意のスポットライト　　65
　　2.7　注意の解像度　　67
　　2.8　注意をズームレンズに喩える　　70
　　2.9　さらに柔軟な空間的注意の配置　　73
　　2.10　注意が向いたところでは何が起こっているか　　80

第3章　特徴に基づく注意 …… 91

- 3.1　抜き打ちテスト法　92
- 3.2　ブロック法　94
- 3.3　状況依存的注意捕捉手続き　97
- 3.4　特徴に基づく注意選択と神経活動　101
- 3.5　物体に基づく選択　103
- 3.6　選択するということは　113

第4章　視覚探索 …… 117

- 4.1　探索のしやすさを左右する要因　117
- 4.2　探索関数　120
- 4.3　特徴統合理論　121
- 4.4　特徴統合理論の修正　127
- 4.5　探索をサポートするメカニズム　137
- 4.6　注意の停留時間　149
- 4.7　探した位置で起こっていること　155

第5章　注意の制御 …… 163

- 5.1　注意制御に関わる神経基盤　164
- 5.2　注意捕捉を調べる4つの手法　167
- 5.3　ボトムアップ説とトップダウン説の論争のゆくえ　172
- 5.4　注意の窓　181
- 5.5　注意制御が効くまでの時間　182
- 5.6　注意制御と記憶　184
- 5.7　作業記憶との相互作用　200

第6章　注意選択の段階 …………………………………… 211

- 6.1　初期選択理論　211
- 6.2　初期選択理論の修正　213
- 6.3　後期選択理論　215
- 6.4　初期選択理論と後期選択理論の検証　220
- 6.5　注意の漏れとスリップ　226
- 6.6　知覚負荷理論　231
- 6.7　知覚負荷理論のその先に　238
- 6.8　希釈理論　239
- 6.9　注意容量配分の自動性　242
- 6.10　分割注意と二重課題　243
- 6.11　注意の容量理論　247
- 6.12　課題切り替え　249
- 6.13　注意の容量・資源と再回帰処理　254

第7章　見落としと無視 …………………………………… 257

- 7.1　変化の見落とし　257
- 7.2　非注意による見落とし　265
- 7.3　低出現頻度効果　272
- 7.4　その他の見落とし現象　275
- 7.5　空間無視　277
- 7.6　見落としは防げるか？　278
- 7.7　注意の裏側　280

おわりに ………………………………………………………… 281

引用文献 ………………………………………………………… 285

索　引 …………………………………………………………… 333

第1章　注意とは何か

1.1　注意を定義する難しさ

　本書は，われわれが環境に対して適応的に行動し，身の回りのものごとを認識するために欠かせない注意という働きについて，ひとつの解釈のしかたを提案することを目的としている．次に述べるように，少なくとも3つの理由から，注意とは何かを端的に定義しにくい．その3つとは，注意は複数の成分からなること，注意は差分として間接的な方法でのみ取り出されること，さらにその差分の計算がしにくいことである．一方で，注意に関しては100年以上にわたる研究の蓄積がある．その蓄積された知識空間に足を踏み入れるには，道標としての定義があったほうが旅をしやすいはずである．そこで，まず注意を単純に定義することから始めたいと思う．

❖注意は複数の成分からなる

　注意を強いて定義するならば，一部の入力情報を取り入れ，それ以外を排除する心的能力であると言える．しかし，この定義だけでは不十分である．注意を定義しにくい最大の理由は，複数の成分からなるという点である．注意は感覚器官からの情報の取り入れに関わるだけでなく，適応的に行動，記憶，思考や情動を制御する働きを持っている．加えて，覚醒状態や集中している状態を維持することも注意の側面のひとつである．このように注意には多くの側面があるため，これこそが注意であるという統一的な定義が当てはまりにくい．

　そのため心理学や周辺領域の研究者たちは，注意という語を使うことを嫌い，あたかもタブー語であるかのように扱われることもある．たとえばある実験の結果，何か説明のつかない差が見られたとする．それは注意の効果だと片付けられ，説明がついたように見えてしまうことがある．そのため注意という語を安易に使うことは嫌われるのだろう．Zelinsky（2005）はこの点に関して，おもしろい提案をしている．何か文を書いたとして，その中に含まれる「注意」

という語を取り出して，それを「処理」という語と置き換えたとしても文意が損なわれない場合は，その「注意」の使い方は曖昧すぎると指摘している．そして注意という語が頻出し，その度ごとにこのテストで処理という語と置き換え可能と判定されてしまうならば，あなたは注意依存症であるという．同時に彼はこの依存症に陥らないようにするための助言も提供している．まずはこの置き換えテストを使って，注意という語を使うときには曖昧さをなくすよう促している．そして注意のどの成分について述べようとするのかを特定し，どういう課題，実験のどういう点がその成分に対応しているかを明示すべきだと指摘している．

❖注意を取り出すのは間接的な引き算法しかない

さらに，注意がとらえどころのないものに感じられる2つ目の理由は，注意は単独では存在しえず，条件間の差分としてのみ捉えられるという点である．620-740nmの波長の光を見て感じる赤という感覚や，指先の触感覚のように外的刺激を知覚する場合とは異なって，注意を直接，意識的に感じることは極めて難しい．注意はわれわれ自身の内的状態の違いであり，注意が向いていることを知るには注意を何かに向けた状態と，向けていない状態を比較しなければならない．図1-1は注意の測り方を示したものである．

注意は単独では存在せず，何らかの心的な作業の結果についてくる．すなわち，なにか作業をするときは，注意していないときと注意をしていたときでは作業成績に差が生じ，たいていは注意をしていたときの方が成績が良くなるはずである．たとえば，漫然と運転しているときに比べて，進行中の道路へ繋がる脇道に注意を向けていれば，人が飛び出してきても即座にブレーキを踏み，衝突を避けられるだろう．このような事態を模したドライビングシミュレータで反応時間や回避率を測定し，注意をした条件と漫然としていた条件の間で差分をとれば，運転場面での注意の効果として取り出すことができる．多くの注意研究では反応時間や成功・正答率を注意の指標としているが，脳活動の差を注意の指標とすることもあり，本書ではそうした研究も紹介する．

❖注意の引き算がやりにくい

注意は差分だというとらえ方はあまりにも当然だと思う読者もいるかもしれない．あることの影響を取り出したければ，それが存在するときとしないとき

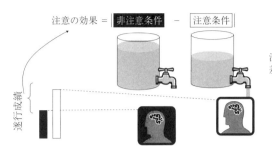

図 1-1　差分として注意を取り出す

を比較することは，科学的なものの見方として当たり前である．しかし，その「あること」が注意であった場合は，差分をとるという考え方がすぐには浮かびにくい．ここに，注意の定義がしにくい3つ目の理由がある．

　われわれはふだん，何かには注意をしており，その経験をたやすく思い起こせる．一方，注意していないことは意識に上らず，顕在的に思い出せない．そのため，日常場面で図1-1のように注意を差分として考えようと思っても，注意を向けていない状態が思いつきにくく，引き算する片方が見つからないために差分を計算できない．さらに，上に述べたような運転場面でも，次の曲がり角に注意の焦点を向けるというような，意識できる注意の向け方に加えて，意識できない注意の基盤がある．その機能は絶えず異変を警戒して，何か急激な変化があれば，いわば警報を鳴らすように応答する．この働きは自動的であって意識できず，ふだん警報が鳴っていないときはこの影なる働きの存在にすら気づかない．そのため日常の事例からは注意を差分として計算し，認識することが極めて難しい．

✥注意はバイアスであって，実体はない

　ここまで，注意が定義しにくい理由を3つ挙げてきた．これらは注意の特性の裏返しでもある．本書全体を通じて，注意はわれわれが身の回りのことを知るために働く認知システムのバイアスであることを主張したい．そしてこのバイアスは，多くの場合は認識するのにかかる時間の差として取り出される．これらの点をさまざまな研究の結果を裏付けにしながら解説してゆきたい．

1.2 なぜ注意が必要か

　注意は人間が適応的に行動するために欠かせない。適応的に行動するということは，数多くある行動の選択肢の中から，いまの場面にもっとも合うものを選ぶということを意味する。この選ぶという働きは，注意のだいじな側面のひとつである。ここでさっそく，本を読むという行動を例に，注意は認知システムのバイアスであるという主張を思い出してみよう。本を読むときは目の前にある白い紙の上の文字列を眼で追う。そしてそれらが何という文字であるかを判断し，意味を取り出す。ここで適応的に行動するということは，本を読むことに関わる情報のみを取り入れることを意味する。したがって，いま必要なのは視覚情報なので，視感覚にとくに重み付けをする。屋外の人声や，お尻に感じる椅子の硬さなど，他の感覚器官からも情報が入ってくるが，それらはまったく相手にしない。試しにそのバイアスの影響を知るために，耳をすませるとよい。すると先程まで気にならなかった空調ファンの回転音は思ったより大きいことがわかる。聴覚にバイアスをかける前と後で気づく空調の音の違いこそが差分としての注意であるといえる。

　われわれが高度で複雑な行動をとるときは，一度にひとつのことに専念せざるを得ない理由がある。本を読む例でいえば，人間と外界との窓口は一対の眼しかない。しかも，細かい文字が見分けられるような眼の感度がよい中心窩部分は狭いため，他所に眼を向けるべきではない。また，読んだ内容を一時的に留めておくための作業記憶も容量に限界があり，よそごとを考える余裕もない。したがって，本を読むときは，視覚を優先し，本の内容に専念することが最も適応的な行動であるといえる。このように，感覚器官のレベルや記憶システムのレベルでも情報処理能力に制約があるため，注意を使って一度に実行する対象をひとつにしぼり，眼の前のもの（この例ならば文字）が何かがわかるようになる。次章から，この目の前にある物が何かをわかることを可能にするしくみを解説し，そこに注意がどう関わっているかを見てゆくことにしよう。

✤わかるために必要なこと

　認知行動の基本は，いま目の前にあるものが何かがわかるということである。図1-2に示したように，われわれは身の回り（環境）に何があるかを知覚を通

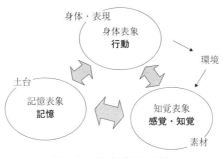

図 1-2　認知行動の三要素

じて情報を取り入れ，理解し，適切な行動を選び，環境に対応する．その結果として変化した環境の情報をふたたび取り入れ，次のサイクルを廻す．知覚は環境への窓口になるだけでなく，記憶との照合元である．一方の記憶はわかるための照合先である．山鳥（2002）は知覚表象を「わかるための素材」，記憶表象を「わかるための土台」と表現している．こうした三要素からなる認知行動の中で，目の前にあるものが何かがわかるということは，すでに持っている記憶と，いま眼から取り入れた環境情報（知覚表象）を一致させることである．たとえば，図 1-3a の鳥人間の横顔のようなシルエットと，図 1-3b の図はそれぞれ何か，わかるだろうか．

　知覚システムを通して眼の前の環境にあるこの図を見ると，この視覚パターン情報は一時的に感覚システムに入る（図 1-2 の右下）．そして記憶との照合（図 1-2 の左下）が行われ，記憶したパターンと一致すれば，「わかった！」と気づく．図 1-3a のシルエットの尖ったところがくちばしに見えてしまうと，右を向いた鳥人間のように見えてしまい，記憶との照合は一度ではすまないかもしれない．しかし，本を 90 度右回転させれば，あるいは首を左に倒せば，四国であると気づくだろう．それでは，右の図形はわかるだろうか．おそらく，先ほどと同様に，図は感覚システムに入り，記憶との照合が始まるだろう．しかし，いくら照合しても解が得られないはずである．なぜならばこれはある都市の市章から著者が作成した図なので，それが何であるかは著者以外の誰にもわからない．

　この例で示したように，わかるということはすでに持っている記憶と一致する解が得られることであり，わからないということはそういう解が得られない

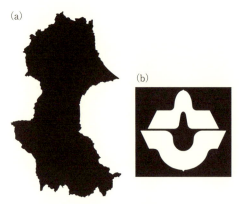

図 1-3 (a) わかる（かもしれない）鳥人間？，(b) きっと分からない図

ことを意味する。もちろん，完全一致の解が得られず，わからない場合でも空白に見えてしまうわけではない。繰り返しこのパターンを見て学習することで，新たに記憶表象を形成できる。そうなれば読者が再びこのページを開いたときに，以前見た，著者作の図であることがわかる。

たまたま図 1-3a は四国の地図であったが，これがクッキーのかけらであれば手にして食べることができる。また，図 1-3b は無意味な図形であったが，初めて目にする毒蛾の紋様であれば払いのけなければならない。このように，環境に存在するものを知覚し，それが何かがわかることで次の行動が導かれるという点で，眼の前のものが何であるかがわかることは，適応的な行動の基礎になる。次は，このわかるしくみを詳細に見てゆくことにしよう。

❖ 知覚と記憶の質問ゲーム

認知行動の中核であるわかるしくみは，図 1-3 で体験したように，知覚と記憶のやりとりからなる。ふだんはこの知覚と記憶のやりとりが非常に効率的にすばやく起こるうえ，意識に上らないプロセスも分担しているため，どれだけ大変な作業なのかに気づきにくい。

この，わかるまでのプロセスの複雑さに気づかせてくれるゲームを体験してみよう。このゲームでは，一人がわかるための土台である記憶プロセスを担当する。あとの人（複数人がよい）は知覚プロセスを担当し，わかるための素材を提供する。すなわち，知覚プロセスの人だけが全員で一枚の画像見て，知覚

的属性を記述する。このときにルールがあり，知覚プロセスは長期記憶を持たないので，見た画像の名前や使い方を答えてはいけない。一方の記憶プロセスは感覚器官ではないので画像を見てはいけない。知覚プロセス担当者たちはある画像を見て，たとえば細長い，という記述をしたとする。これに対して記憶プロセス担当者は，細長いと言われて思いつくものをひとつ目の解として提案する（たとえばボールペン）。それが正解ならば記憶プロセスは図 1-2 上の運動プロセスを通じて答えを声に出してもらい，ゲームは終了する。しかし，たいていの場合は解はすぐには出ない。知覚プロセス担当者は続いて別の記述情報（一方の先端が丸い，など）を 1 回目と同様に 1 つずつ出してゆき，その度に記憶プロセス担当者は解を出す。記憶担当者は知覚プロセスと何度やりとりをしたら正解にたどりつけるだろうか。

　知覚プロセスと記憶プロセスとの問答ゲームは，眼の前のものが何かをわかるためのしくみのもつ特性を教えてくれる。たいていの場合，正解に到るまでに何度もやりとりを往復させて正解に到る。この問答ゲームは，物体認識の縮図であるといえる。すなわち，環境内の物体から反射した光が物理的エネルギーとして感覚器官に到達して，これが視覚情報となり，記憶してある意味情報と照合されるまでの一連の作業を反映している。この作業は，網膜に入ってきた情報と，解として行き着く物体の名称や意味が非常にかけ離れているため，こなすのが非常に難しい。また，この照合作業には時間がかかることがわかる。さらに，知覚プロセスは見た画像の記述を同時に平行してできるが，記憶プロセスが答えを見つけて発話プロセスを駆動するときは，一度に 1 つの答えにしか対応できない。実際にわれわれの認知システムは脳内の複数の部位と何度も繰り返し情報のやりとりをしている。繰り返しを通して間違った解を捨て，正解に到る。この繰り返しのことを再回帰処理（Bridgeman, 1980; Ro et al., 2003; Lamme et al., 2002; Di Lollo et al., 2000; Dux, Visser, Goodhew, & Lipp, 2010）といい，これがいまから述べる，わかるしくみの根幹をなすとともに，注意を理解する基礎にもなる。

❖ **感覚レジスタ**

　視覚による物体の認識にはこのように，時間がかかり，一度に 1 つの解しか決定できないという特性がある。したがって，感覚受容器が受けとった環境についての情報を一時的にとどめておく場所が必要になる。この働きをするのが

感覚レジスタである。感覚レジスタは一種の記憶システムであり，視覚ならば視感覚レジスタ，聴覚ならば聴感覚レジスタというように，感覚モダリティごとにある。視覚を例にとれば，まず視野全体にわたる情報が並列的に入ってくる。この情報が低次の視覚領野に届いた時点ではまだ，大きさや色，傾きなど物理的な属性を表現している。これらの情報を記憶と照合するための素材として，一時的にたくわえておく必要がある。

　この感覚レジスタにはどのくらいの量の情報が，どのくらいの時間保持できるのだろうか。視覚刺激を一瞬だけ呈示して，見たものをできるだけ多く答えてもらうという手続きをとると，一度に記憶符号化できる個数に限界があるうえ，回答を報告している間に忘れてしまうため，実際にどれくらい保持できていたかを正確には測れない。その結果，見えたものを被験者に報告してもらうと，思い出せる以上に本当は多くのものが見えていたと答える人が多くなる。実際に，Sperling (1960) は3-12個の文字や数字を被験者に短時間呈示し，見えたものを全て書き出してもらった。すると，呈示するときの配置や文字種が違っても（図1-4a），全体報告を求める限り約4.5個しか答えられなかった（図1-4b）。これ以上の個数を答えられないのは，さらに持続時間が長い記憶システム（作業記憶）への転送が遅いせいなのか，それとも転送された先の容量の問題なのかはこのままではわからない。そこで Sperling は刺激の呈示時間を15-500msの範囲で操作したところ，全体報告できる文字数は4.5個のまま変わらなかった（図1-4c）。したがって，全体報告の個数が頭打ちになるのは情報の転送速度が遅いせいではなく，転送先の作業記憶の容量のせいであることがわかった。

　また回答を報告している間に忘れてしまう問題を回避するために部分報告法を用いたところ，全体報告とは大きく異なる結果が得られた。部分報告法は全体報告法の問題点を解消した方法であり，一度に答えてもらう文字数を最大4個までに減らしている。実験では，文字や数字を50ms間呈示した。そして，報告すべき文字を知らせる音を鳴らし，高音ならば上の行，低音ならば下の行，中間の音ならば中央の行といった具合に，刺激配列の一部だけを口答報告させた。報告結果を，刺激が4×3の配列だったときの正答率に変換して示したものが図1-4dである。横軸は合図の音が出るタイミングを示しており，0の少し前にでている黒い部分が刺激配列が呈示されていた期間で，0は刺激配列が消えた時点である。そして右端の黒い棒グラフは全体報告時の平均である。刺

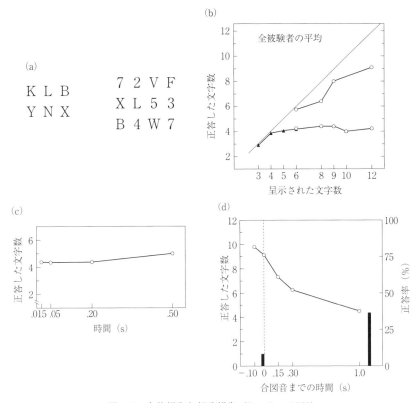

図 1-4 全体報告と部分報告（Sperling, 1960）

激が呈示される前に合図音が聞こえたときは準備する（空間的に注意をむけて，そこから情報を取り込むようにバイアスをかける）ことができるため，12文字中10個も報告できていた．刺激が消えた直後に合図音が鳴ったときは，タイミングとしては全体報告と同じ条件であったが，部分報告では9個も答えることができた．これは作業記憶の限界よりもはるかに大きいため，作業記憶とは別のタイプの記憶であるといえる．さらに，部分報告の成績は合図音が300ms程度遅れるくらいまでは全体報告よりも勝っていたことから，感覚レジスタには情報が300ms程度は維持されていたといえる．

位置の手がかりは感覚レジスタからの情報の読み出しの助けとなる（Averbach & Coriell, 1961）．すなわち，位置を手がかりにした部分報告は全体報告よ

りも成績がよい。この他，色，明るさ，大きさ，形も同様に部分報告のための手がかりとなる（Dick, 1969; von Wright, 1968; Tuvey & Kravetz, 1970）。数字と文字を混ぜて呈示したところ，数字だけ，文字だけのようなカテゴリにもとづいた部分報告はできなかった（Sperling, 1960; von Wright, 1970）。感覚レジスタの内容はわかるための素材であって，この内容をもとに記憶と照合し，意味にたどり着く。そのため，文字や数字が何であるかという同定が必要な手がかりは感覚レジスタからの読み出しには使えない。

　感覚レジスタに情報が保持される約 300ms という時間は絶対的なものではなく，刺激の物理的特性，被験者の状態や特性によっても変動しうる。被験者の状態については，暗順応した状態であれば視感度は通常の明順応事態にくらべて格段に上がるため，感覚レジスタの維持時間も 5 秒程度まで延びる（Averbach & Sperling, 1961）。一方，被験者の特性に関しては，軽度認知機能障害がある高齢者は，障害がない高齢者群と比べて視感度や短期記憶には違いがなかったが，感覚レジスタの保持時間がきわめて短かった（Lu et al., 2005）。さらに，軽度認知機能障害に関わりがあるとされるBDNF（Brain-derived neurotrophic factor；脳由来神経栄養因子）遺伝子のVal66Metという一塩基多型をもつ被験者は，若年であっても感覚レジスタの保持時間が短い（Beste et al., 2011）。

❖感覚レジスタから情報が失われる2つの理由

　部分報告法を用いて感覚レジスタの特性を調べるとき，Sperling（1960）は合図音を鳴らしてどの部分を報告すべきかを被験者に知らせた。このときに視覚で合図を出すとどうなるのだろうか。Averbach & Coriell（1961）は，文字配列を呈示し，報告すべき位置を短い線分で呈示して知らせた（図1-5）。このとき，文字配列と線分手がかりの呈示時間のずれ（SOA; stimulus onset asynchrony：図1-6に関連用語とともに示した）を操作した。図1-5bの0から50msの区間に文字配列が呈示されていた。これに先立って手がかりが出ていれば，Sperlingの合図音と同様に，答えるべき位置にバイアスをかけることができるので文字の正答率は非常に高かった（SOAが負ということは線分が先に出る）。線分が後から出る（SOAが正）ほど正答率は低下し，300ms程度で底を打つのはSperlingの結果にほぼ一致していた。したがって，視覚手がかりであっても聴覚手がかりと同様に，感覚レジスタからの減衰によって情報が失われるこ

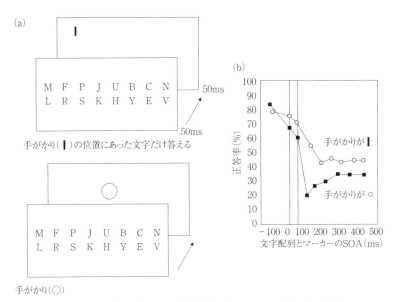

図1-5 視覚手がかりによる部分報告（Averbach & Coriell, 1961）

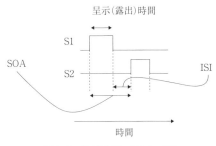

図1-6 呈示時間，SOA，ISI

とを示すことができ，その減衰時間を測ることができた。

　減衰以外にも，感覚レジスタから情報が失われる原因がある。Averbach & Coriell（1961）は線分手がかりに代えて，文字を取り囲む円形で報告すべき位置を知らせたところ，興味深い結果が得られた。短線分の代わりに円形手がかりを呈示すると，文字列よりも前（-100ms）と，文字列と同時に呈示されていたとき（0-50ms）は短線分手がかりと同様の正答率であったが，100msのSOAでは正答率は大きく低下し，その後また上昇した。まず，文字列の呈示

前に円形手がかりが呈示されたときは、この円はどこで文字を同定したらよいかというバイアスをかけるのに有効な手がかりとして働いていたといえる。文字列と同時、あるいは呈示中に円が現れても、文字と円は時間的統合をうけて感覚レジスタ内では円付きの文字として表象される。円はこの場合でも他の文字から充分に区別しやすい特徴であるため手がかりとなり、正答率は高い。しかし、100msが経過すると時間的統合の範囲を超えてしまい、円は感覚レジスタ内にある文字の表象を上書きしてしまう（逆向マスキング）。これが感覚レジスタから情報を失わせる、減衰以外のもうひとつの原因である。逆向マスキングは通常は100-250ms程度続くが、この場合もそれにほぼあてはまる。100ms以降に徐々に成績が回復してくるのは、上書きされる前に感覚レジスタから文字の情報を読み取る時間ができるためである。

❖感覚レジスタの貯蔵庫モデル

　感覚レジスタの中身は数百ミリ秒で減衰し、失われる。刺激が消えてもなおしばらく残る視覚経験を、視覚的持続と呼ぶ（Coltherat, 1980）。この視覚的持続の減衰はいつから始まるのだろうか。直感的には、電源プラグを抜いて、ノートパソコンをバッテリーで使い始めたときのように、刺激が消えたときから減衰が始まるように思える（図1-7a）。すなわち刺激が出続けていれば（充電している時間が長ければ）、その間は感覚レジスタの中身は減衰しない。刺激が消えてようやく（充電をやめたときから）徐々に減衰を始めるのかもしれない（図1-7b, c）。このような考え方を感覚レジスタの貯蔵庫モデル（Atkinson & Shiffrin, 1968; Neisser, 1967）と呼ぶ。

　この問題に取り組むために、Di Lollo（1977; Hogben & Di Lollo, 1974）は図1-8のような手続き（Eriksen & Collins, 1968）を利用した。被験者は5×5の格子から1つが抜けた光点群を見て、欠けた位置を報告した。この24個の点は2フレームに分けて呈示された。右側の2山が貯蔵庫モデルから予測した、第1、第2フレーム由来の感覚レジスタの中身を表している。もし第1フレームがまだ感覚レジスタに残っているうちに第2フレームが呈示されれば、両者は統合されて24個の光点全体が知覚され、抜けた点の位置を報告できるはずである。したがって、図1-8のように、第1、第2フレームの間隔（inter stimulus interval; ISI）が短いほど正答率が高く、ISIが長くなるにつれ正答率は低下するだろう。実験の結果はその予測に一致した（図1-9）。約200-250msで

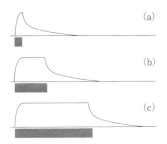

図 1-7　感覚レジスタの貯蔵庫モデル

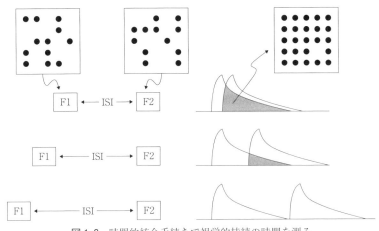

図 1-8　時間的統合手続きで視覚的持続の時間を測る

ほぼ正答できなくなっているという結果は，Sperling（1960）が測定した感覚レジスタの持続時間にほぼ一致する。

　この結果は単に，感覚レジスタの持続時間を Sperling とは別の方法で測ったにすぎない。貯蔵庫モデルを直接検証するために，Di Lollo（1980）は次のようなタイミングで2枚のフレームを呈示した（図1-10）。まず始めに第1フレームを10-200msで呈示した。そして10msの空白（ISI）をおいて，第2フレームを10ms呈示した。第1フレームの呈示時間は試行によって異なったが，2枚のフレームは一貫して10msしか隔たりがないため，貯蔵庫モデルでは常に2枚のフレームの視覚的持続は統合でき，欠けた光点の位置を正しく報告できる。したがって，貯蔵庫モデルに従えば第1フレームの呈示時間が長くても

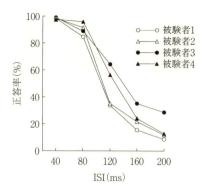

図 1-9 欠けた光点の位置報告実験の結果（Hogben & Di Lollo, 1974）

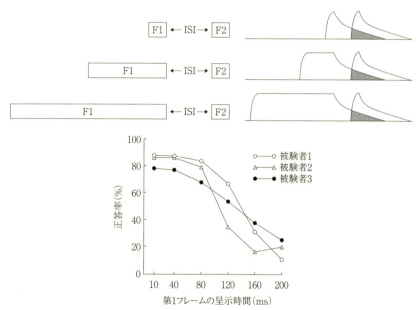

図 1-10 ISI を固定して第 1 フレームの呈示時間を操作した実験の結果（Di Lollo, 1980）

短くても，成績は一貫しているはずである。図 1-9 で示したように，ISI が短いときは 2 フレームはほぼ完全に統合できていたことから考えて，成績は第 1 フレームの呈示時間にかかわらず，常に高いままだろう。結果は，第 1 フレームの呈示時間が短いときは，予測通り正答率は高かった。しかし，それ以降は

予測に反して，第 1 フレームの呈示時間が長くなるほど正答率は低下した。被験者は，第 1 フレームの呈示時間が短いときは，全ての光点が同時に見えたが，これが長くなると，間に時間的ギャップが入って 2 回に分けて呈示されたように見えたと答えていた。さらに，第 1 フレームの呈示時間が 100ms を越えると，誤答の大半は第 1 フレームで光点が呈示されていた箇所を欠けていた場所だと誤って答えるエラーだった。したがって，100ms を越えると 2 フレームは時間的に統合されず，第 2 フレームのパターンが第 1 フレームを逆向マスクしていたことがわかる。また，これらの結果から，視覚的持続は刺激の消失を起点として徐々に減衰するような，貯蔵された記憶ではなく，刺激の出現とともに生じる神経活動（Duysens, Orban, & Maes, 1985）を反映しているのだろう。

❖視覚マスキング

2 つの刺激が時空間的に近接して呈示されるとき，2 つの刺激間に知覚的妨害作用が生じる。臭いにおいのするところで芳香剤を振りまくことは，マスクである芳香剤が臭いにおいの知覚をしにくくするため，嗅覚マスキングといえる。それと同様のことが視覚標的と視覚マスクでも成り立ち，視覚標的を見えにくくすることを視覚マスキングと呼ぶ。報告すべき文字を先に呈示し，同時に報告すべき位置を知らせる円形手がかりを文字の出ていた位置に呈示するときは文字はかなり高い割合で正しく読むことができる（Averbach & Coriell, 1961）。しかし，円形手がかりを 100ms 程度遅らせると，文字の正答率が大幅に低下する。

視覚マスキングは 2 つの理由からよく調べられてきた。1 つには，これは見えなくする手法であるため，知覚実験では重宝される。実験において正答率が高すぎると，天井効果になってしまって知りたい条件間の比較ができない。そこで正答率がほどほどの水準になるようにするために，マスキング効果を生む条件が特定され，さまざまな場面で利用されている。もう 1 つの理由は，なぜ見えなくなるのかを調べることで，逆に見える仕組みの本質を探ることができるためである。ここではまず，手続きとしてどのようなタイプのマスキングがあるかを概観し，そのあとに視覚マスキングの起こるメカニズムについて考える。一般に視覚マスキングは比較的低次の現象であると思われがちだが，注意が関与する場合もある。視覚マスキングについて論じることは「わかる」ためのしくみを理解するためにちょうどよい機会であるため，すこし詳しく見てみ

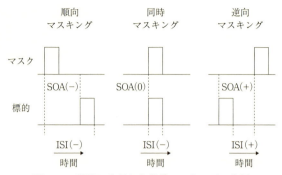

図1-11 時間に注目した視覚マスキングの分類

よう。

　標的とマスクを呈示するタイミングに関して視覚マスキングを分類すると，図1-11の3タイプに分けることができる。マスクが先に呈示されて，その影響が後から呈示される標的の知覚に及びうる事態を順向マスキングという。標的が先，マスクが後に呈示される場合は，後からでたものが先のものに時間的に遡って影響するということで，逆向マスキングという。

　刺激のタイプに注目して分類すると，図1-12のように分けられる。もっとも単純な形態のマスキングは，形を持った標的に対して視野全体を明るくフラッシュさせることをマスクとするものである（Crawford, 1947; Fehmi, Adkins, & Lindsley, 1969）。標的とマスクが空間的に重なるものの中で，マスク刺激の輪郭が標的の輪郭と干渉しないように作られているものをノイズマスキングといい，両者の図形的特徴が似ているものをパターンマスキングという。一方，標的とマスクが重ならない場合でもマスキング効果が生じることがある。図1-12の右2つがそのような例である。これらは重ねて呈示しても，空間的には標的が隠れていないにもかかわらず，特殊な条件下で標的が見えなくなることがある。メタコントラストマスキングはとくに，標的とマスクの輪郭が近いときにおこる（Alpern, 1953; Breitmeyer & Öğmen, 2006）。メタコントラストマスキングはSOAが0のときは当然生じない。また，SOAが非常に長いときも生じず，中程度（50-100ms）のときに標的が見えにくくなる。メタコントラストマスキングよりもさらに標的とマスクの重なりを減らしたタイプのものが4点マスキングである。

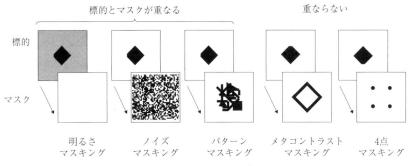

図1-12 刺激のタイプに注目した視覚マスキングの分類

マスキングは通常，空間的に重なっていてこそ起こる。しかし，視覚マスキングの場合，メタコントラストマスクは標的と空間的には重なっていないために，隠せないはずなのに隠せてしまう。この点は非常におもしろいところで，われわれが視覚を使って環境内にあるものが何かをわかるしくみの重要なポイントを浮き彫りにしている。そのしくみに迫るために，次はマスキングの起こる原因に関して，まず単純なものから考えてみよう。

マスキングが起こる原因に注目して分類すると，末梢レベルで起こるものと，それ以降のレベルで起こるものに分けられる。パターンを持たないマスクと明るさによるマスキングは，標的とマスクを別々の眼に呈示した場合はほとんど起こらなくなる（Battersby & Wagman, 1962）ことから，主として末梢レベルで起こるといわれる。これには注意が関与する余地はなく，ここでは詳述しない。一方，パターンをもつマスクについては，統合マスキングと割り込みマスキングに分けることができる。統合マスキング（Breitmeyer, 1984; Kahneman, 1968; Scheerer, 1973）は標的とマスクがひとつに組み合わされて見え，標的が見にくくなる現象である。このタイプのマスキングは視覚処理の早い（低次の）段階で起こり，刺激強度など物理的要因が主体である。そのため，輝度コントラストが高いマスクは大きなマスキング効果を生む。標的とマスクの関係は明瞭で，SOAが0msの時点で効果が最大であり，標的とマスクのオンセットが離れるほど統合マスキングは起こりにくくなる。通常は100msほど離れてしまえばほとんど効果がない。図1-13は統合マスキングの例である。Di Lollo (1980) は文字を標的とし，文字の一部をつなぎ合わせてマスクを作った。そ

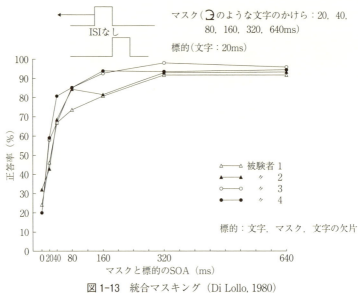

図 1-13　統合マスキング（Di Lollo, 1980）

して，マスク，標的の順に呈示した（順向マスキング）。このとき，マスクの呈示開始のSOA（横軸）を操作した。たとえば，これが0msのときはマスクと標的が同時に重なって呈示されている。したがって，このときは両者の輪郭が実際に物理的に重なっており輪郭の統合としては最大で，もっとも標的文字を読む成績が悪い。この実験ではSOAが長くなるということは，マスクが先に呈示されることを意味する。前節で述べたように，視覚的持続は出現時を起点として減衰してゆくため，SOAが長いほどマスクと標的が統合されにくくなっている。こうした結果から，統合による輪郭の干渉（時間的統合）は短いSOA（100ms以内）で起こっていることがわかる。

　視覚マスキングのもう一つの原因は処理の割り込みである。標的が何であるかを視覚システムがまだ分析しているときに，同じ位置に呈示されたマスクによって標的の処理が中断されることで起こる。処理の割り込みは，一連の物体認識の過程のうち，比較的高次の段階で起こる。マスクの輝度コントラストは，割り込みマスキングにはほとんど影響がない。また，割り込みによるマスキングの場合は，標的が見えにくくなるというよりも，標的の存在すら分からなくなる。これはマスクによって標的の処理が打ち切りになるためである。この場

1.2 なぜ注意が必要か

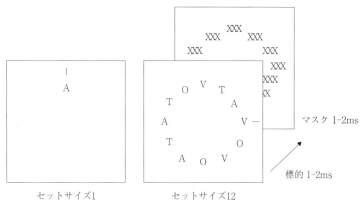

図1-14 セットサイズを操作したマスキング実験 (Spencer & Schutich, 1970)

合のマスキング関数はU字，またはJ字となり，正答率は標的とマスクのSOAが0よりも長いときに低く，さらに延長すると回復する。

これまでに述べてきた，統合と割り込みマスキングについて，Spencer & Shuntich（1970）はひとつの実験パラダイムを使って，2つの独立した要因が関わることを明瞭に示した。彼らの実験では，統合マスキングと割り込みマスキングは，物理属性と情報属性のどちらが影響するかではっきり区別できる。具体的には，被験者は短い線分で示された位置の文字を1つ答えた。このとき，12文字の中から探す（セットサイズ12）場合と，1文字だけ呈示される（セットサイズ1）場合があった。さらに，マスクは強，中，弱という3段階の強度が設けられた（図1-14）。

実験の結果は劇的であった。図1-15aは1文字だけ呈示されるとき，図1-15bは12文字の中から探すときの結果である。まず，aのセットサイズ1の結果から見てみよう。横軸は標的とマスクのSOAであり，0をはさんで左側がマスク-標的という順で出るとき（順向マスキング），右側がその逆で標的-マスクという順で出るとき（逆向マスキング）を示している。マスク強度は3つの曲線で示されている。マスクが弱い（薄暗い）ときは正答率が高く，1文字だけを探すときは標的をほとんどマスクしなかった。マスクが強烈になるほどマスキング効果は大きくなっているのがわかる。また，先述のとおり，マスキング効果は100ms程度で起こらなくなっているので，これは統合マスキン

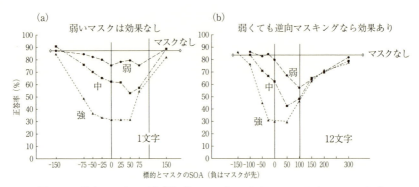

図 1-15 統合マスキングと割り込みマスキング (Spencer & Shuntich, 1970)

グである。したがって、セットサイズが小さいときは、統合マスキングは物理属性（ここではマスクの明るさ）に強く影響されることがわかる。

一方、12文字の中から探すときはどうだろうか。順向マスキング（グラフ左側）はほぼ1文字のときと同様である。しかし、逆向マスキング（グラフ右側）は、弱いマスクであってもSOAの+100msあたりをピークとして大きなマスキング効果が生じている。さらに、この100msを越えるとマスク強度に関わらず同程度のマスキング効果が+300ms程度まで続く。このように、セットサイズが12のときは順向マスキング側では統合マスキングが起こっている。マスクが先に出るのだから、セットサイズにかかわらず、視覚システムに対しては同じような物理属性（マスク強度）の影響が及ぶ。セットサイズが12のときは、この統合マスキングに加えて、割り込みマスキングが加わる。すなわち、SOAの+100msよりも前は統合マスキングの影響があるものの、1文字だけのときと同様に+100msまでには統合マスキングの力は弱まる。100ms以降は割り込みマスキングだけの効果として残り、割り込みマスキングは分析中の標的の処理を止めるため、これ以降の時間帯ではマスクの物理的な属性は影響力をもたない。これらの結果をまとめると、パターンによるマスキングには、刺激のエネルギーと情報量（セットサイズ）の両方が関わっていると言える。とくに、セットサイズが影響するということは、どれを選ぶかという空間内の選択の問題である。すなわち注意がここに関与していることがわかる。

ここで論じているのは、ふだんは何も気をとめない、「わかる」ためのしく

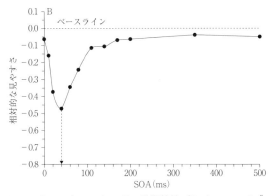

図1-16 メタコントラストマスキングの時間特性（Breitmeyer & Öğmen, 2006）

みである。ふだん気をとめないのは当然で，私たちの意識の背後で自動的な認識システムが働いているためである。視覚マスキングはその高性能な認識システムの邪魔をして足を止める手続きでもある。ここまでのところで，視覚マスキングには何種類かのやり方があり，マスキング効果が生じる原因も異なることを見てきた。とくに，統合と割り込みという2つの原因があり，後者には注意が関わっていることがわかった。次は空間的には重なっておらず，隠せないはずなのに隠せてしまうというマスキングについての話をしよう。

❖メタコントラストマスキング

メタコントラストマスキングは図1-16にあるように，標的とマスクが重なっておらず，それぞれの輪郭が近いときにおこる（Breitmeyer & Öğmen, 2006）。時間特性としてはSOAが0のときは当然生じず，効果を生じるためにはマスクは標的よりも後に呈示される必要がある。図1-16は典型的なメタコントラストマスキング事態での時間特性を示しており，SOAが約50msのときにもっとも標的が見えにくくなることがわかる。また，このマスキングが起こるためには，相当量の輪郭が必要で，輪郭が少なかったり，標的から離れている場合はマスキングは起こらない（図1-17）。

従来，メタコントラストマスキングは逐次的な階層処理モデルで説明されてきた（Weisstein, 1968, 1972; Breitmeyer & Ganz, 1976; Breitmeyer, 1984）。逐次処理とは，ちょうど，職場でヒラ職員が作った書類が順々に伝達されるような

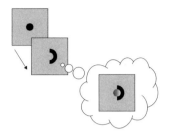

図 1-17 輪郭が足りない場合

ものである。階層処理とは，その書類が上の階層へ送られる過程で他の書類とまとめられ，組織の意思決定に繋がるようなものである。眼で見てわかるプロセスでも同じで，わかるまでにいくつかの段階ごとの分析があると仮定する。最初は局所的で単純な特徴の分析から始まって，もっと複雑で局所化がされなくなった特徴の分析へ進み，最後には意識にのぼるというような，情報が低い段階から順々に高い段階へ送られてゆくという逐次的な階層処理モデルが想定される。Breitmeyer & Ganz（1976）は，当時次々と明らかにされつつあった視覚神経細胞の時間的・空間的応答特性を取り入れて，図 1-18 のようなモデルを提案し，メタコントラストマスキングを説明した。標的がまず呈示されると，早い潜時（50-100ms）で過渡的神経活動が起こる。このあと，遅い潜時で持続的応答が続く。この持続的応答にいくつも小山があるのは，空間周波数ごとのチャンネルを想定しており，高空間周波数の応答ほど遅く弱く応答すると考えているためである（Cornsweet, 1970）。標的は先に呈示されているので，当然のことながらこの標的が起こす過渡的応答は他のどの神経活動にも影響しない。一方，マスクが引き起こす過渡的応答は，ちょうどその時間帯で起こっている標的の持続的応答のうち，中・高空間周波数チャンネルの応答を抑制すると考えられる。これが図中の−が付いた矢印で示されている部分である。その後には，持続的応答どうしのチャンネル内の情報統合が起こると仮定され，図では＋で表されている。このモデルで重要なのは，刺激が出現した時点を起点として起こる神経活動どうしの干渉を問題にしていることである。すなわち標的とマスクそれぞれで過渡的神経活動と持続的神経活動があり，それがちょうど重なり合うときに抑制したり，情報統合が起こるという。そのため，このモデルはマスク，標的という順で呈示されるパラコントラストマスキングも

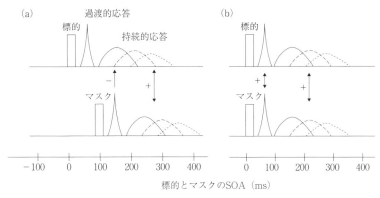

図 1-18 Breitmeyer & Ganz（1976）のモデル

説明できた．図 1-18b は同時マスキングの事態であるが，このときは過渡的応答と持続的応答の重なりはなく，それぞれのチャンネル間で統合が起こるだけである．メタコントラストの刺激では標的とマスクに空間的な重なりはないため，同じチャンネルで統合されてもマスキングは起こらない．

　平たくいうと，このモデルでは刺激ごとにすばやい神経活動と，遅い神経活動が起こると仮定する．そのため，メタコントラストマスキングのように標的が出た後にちょうど良いタイミングでマスクが出ると，マスク由来のすばやい神経活動が，標的由来の遅い神経活動に追いついて抑制する．そのせいで標的はマスクされる．このように刺激の出現のタイミングでマスキングが起こるかどうかが決まることを Kahneman（1967）はオンセット・オンセット法則とよび，Breitmeyer（1984）は SOA の法則とよんだ．しかし，刺激の出現するタイミングでは説明がつかない，共通オンセットマスキング（4点マスキング：Di Lollo, Bischof, & Dixon, 1993; Enns & Di Lollo, 1997）という事態が発見され，新たな説明が必要になった．

❖共通オンセットマスキングと再回帰信号

　従来のモデル（Weisstein, 1968, 1972; Breitmeyer & Ganz, 1976; Breitmeyer, 1984）では，標的とマスクの出現のタイミングが視覚マスキングのもっとも大きな要因だと考えられていた．しかし，標的とマスクが同時に出現してもマスキングが起こるケースが図 1-19 である（Di Lollo et al., 2000）．図 1-19a のように，標

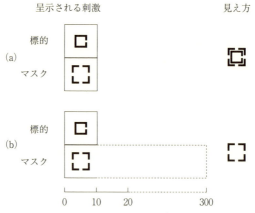

図 1-19　共通オンセットマスキング（Di Lollo et al., 2000）

的とマスクが同時に出現し，たとえば 10ms だけ呈示されてまた同時に消える場合はマスキングは起こらない．課題は標的である内側の C 図形の切れ目が上下左右のどこにあったかを答えることであり，被験者は難なく答えることができた．しかし，標的とマスクを同時に呈示することは変えないで，マスクの呈示時間だけを延ばしていったところ，マスクだけの呈示時間が 100ms を越えたあたりで，標的はあたかも最初から呈示されていないかのように，中身がすっぽりと抜けたマスクだけが知覚された．この形態のマスキングを共通オンセットマスキングとよぶ．このマスキングはマスクの輪郭が極端に少なくても生じる．図 1-12 右端のように，マスクの輪郭がほとんどなく，4 点だけのときでも生じる場合があるため，4 点マスキングと呼ばれたりもする（この名称の違いについては後述する）．

　共通オンセットマスキングは，標的が途中で消失するという，後から起こったイベントのせいで標的の知覚が損なわれるという点では逆向マスキングの一種であるともいえる．しかし，共通オンセットマスキングではマスクは標的と一緒に最初から呈示されているため，マスクの出現するタイミングに依存した従来のモデルでは説明できない．従来のモデルでは，マスクが出現したことで起こる過渡的神経活動が，先に出現した標的の遅い，持続的神経活動を抑制するためにマスキングが起こると考えていた．しかし，共通オンセットマスキングではそのようなマスク由来の神経活動はない．また，標的が消失するという

イベントが重要ならば，マスクと標的が同時に消えるときのほうが消失するものの量としては大きいため，いっそう見えにくいはずである．実際はそうではなく，マスクだけが長時間残るときにマスキングが起こった．また，図1-18b右にあるように，従来のモデルでは標的とマスクが同時に出現する場合に抑制は仮定されていない．マスクを長く呈示することでその知覚的な顕著さが上がって，短く呈示された標的が見えなくなるという可能性も考えつく．しかし，マスクを先に出し始めて長く残し，最後に短く標的を出してマスクとともに消す場合はマスキングが起こらない．したがって，マスクの顕著性でもこの現象は解釈できない．それでは，この共通オンセットマスキングはどのようなモデルで説明できるのだろうか．

共通オンセットマスキングが起こるしくみを考えるには，この章の冒頭で試した質問ゲームを思い出すとよいだろう．あの質問ゲームによって，われわれが「わかる」ためには再回帰ループを使っていることを体験した．この新たな形態の視覚マスキングを説明するためにも，再回帰ループを使ったモデルが提案されている．

上述のように，逐次的な階層処理モデルでは共通オンセットマスキングを説明できなかった．このモデルの仮定は視覚に関わる現在の神経解剖学的な知見に合わなくなってきている．確かに眼から入った光信号が低次の階層から高次の階層へ一方向に流す，フィードフォワードという様式がある．これに加えて，さらに詳しく分析するために高次の階層から低次の階層へ信号を送り返し，感覚信号の流れを修正し，構造化する（Felleman & van Essen, 1991; Gardner & Johnson, 2013; Spratling & Johnson, 2004; Kastner & Ungerleider, 2000; Lamme & Roelfsema, 2000; Craft et al., 2007; Luck et al., 1997）というフィードバック・再回帰様式もある．一般原則として，上行性の連絡は低次領野のⅢ層から高次領野のⅣ層で終わる．下行性のフィードバック連絡は高次領野のⅤ，Ⅵ層から低次領野のⅠ，Ⅵ層で終わる（Felleman & van Essen, 1991）．この相互連絡の原則は感覚入力だけでなく，高次認知に関わる領野で共通している．このフィードバックは逐次的な階層処理モデルには組み込まれていない．

こうした高次の領野から低次の領野への信号は，単なる確認のためだけではない．Grossberg（1995）は高次領野から低次領野への再回帰信号は，いま見ている刺激についての知覚的な仮説として働きうると述べている．再回帰投射が意識的な知覚に関わることを示す例が，Lammeらの研究である．Lamme

(1995) は，ある細胞の応答が，古典的受容野の外側の情報によって変わってくることを示し，それが高次領野からの再回帰投射を反映すると示唆した。古典的受容野とは，あるニューロンが受け持つ網膜上の守備範囲であり，その範囲内に適切な刺激があればそのニューロンは応答する。古典的受容野はフィードフォワードの神経連絡によって情報を受けとっているので，古典的受容野の外の情報が応答に影響するということは，再回帰信号によって変調されることを示唆する。

　具体的には，Lammeは覚醒状態のマカクザルがテクスチャを見ているときの一次視覚野のニューロンからの応答を記録した（図1-20）。ここでは，右斜め45度（／）の傾きにもっともよく応答し，cの範囲の受容野をもつニューロンの例を示している。この実験では，テクスチャは一様な背景のみの場合（右）と，背景の上に図となる別方向のテクスチャが乗せてある場合（左）を設けた。そしてこのニューロンの受容野がテクスチャのいろいろな位置にくるようにした事態での応答を記録しており，それぞれの位置に対応したプロットが図1-20下である。下左のプロットは受容野がcとfの位置にくるようにしたときの応答である。横軸の0はこのテクスチャが呈示されたタイミングである。このニューロンは右斜め45度が適刺激であるので（c），受容野内にその方位のテクスチャが入っているときは左斜め45度のとき（f）にくらべて活発に応答していた。横軸の矢印は同じニューロンのcとfに対する応答に違いが現れる時点を示している。すなわち，このニューロンは約55msでテクスチャが適刺激か否かを見分けていた（図中の矢印が条件間で最初に有意な差が生じた時点を示す）。

　図1-20下中は，受容野が図の境界上（b）か，図のない位置（e）に来たときの応答を比べている。プロットからわかるように，このニューロンは境界上にあるときに盛んに活動した。さらに，境界上か背景かを見分けるには，先ほどよりも長い時間が必要で，約80msを要した。さらに，受容野が図の上に乗っているとき（a）は，背景上にあるとき（d）にくらべて活動が大きく，約100msで2つの応答に違いが生じていた（図1-20下右）。このとき，aとdは全く同じ刺激が受容野内にあり，このニューロンはフィードフォワード情報としては全く同じものを受けとっていた。先述の通り受容野とはこのニューロンの守備範囲であるため，これよりも外に別のテクスチャがあろうとなかろうと，このニューロンにとっては関係のないことであるはずだった。しかし，実際に

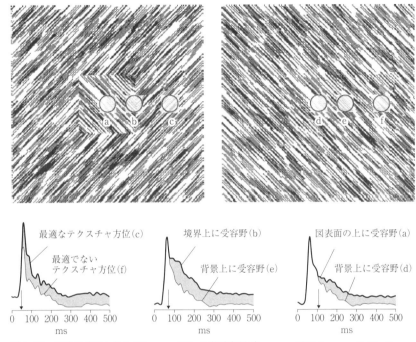

図 1-20　図地知覚における V1 ニューロンの文脈変調（Lamme, 1995; Lamme & Roelfsema, 2000）○の a-f は受容野の位置をあらわす．矢印は神経活動間に最初に有意な差が生じた時点を意味する．

は最初の 100ms までは同じ活動を示していたが，それ以降で応答が変わっていた．この実験から，このニューロンは 3 段階の違う応答をしていたことがわかった．まず最初にこのニューロンは受容野内の局所的な特徴に応答した．すなわち，適刺激かどうかを見分けていた．次に，第 2 段階でこのニューロンは境界を検出するようになる．そして最後に図の中身に応答した．この背景文脈による応答が変わることが高次の領域からの再回帰信号によるものであることを示すために，Lamme, Zipser, & Spekreijse（1997）は一次視覚野よりも高次の皮質を破壊したところ，テクスチャの選択性は相変わらず見られたが，図の中身に対する応答は生じなくなった．したがって，この文脈変調効果は高次の領野からの再回帰信号に基づいていることが示唆される．また，麻酔下ではテクスチャの選択性は麻酔しないときと変わらなかったが，境界の検出や図の中

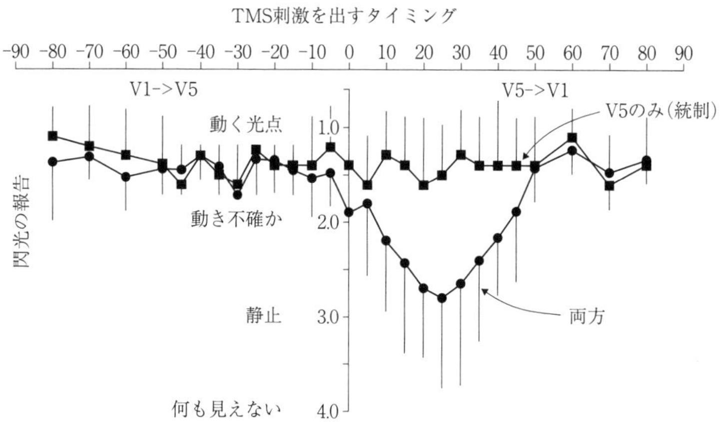

```
                    TMS刺激を出すタイミング
         -90 -80 -70 -60 -50 -40 -30 -20 -10  0  10 20 30 40 50 60 70 80 90
              V1->V5                            V5->V1
                        動く光点    1.0                    V5のみ（統制）

   閃
   光
   の       動き不確か    2.0
   報
   告
                   静止    3.0
                                                     両方

                何も見えない  4.0
```

図1-21 再回帰信号が意識的運動視に関わる（Pascual-Leone & Walsh, 2001）

身への応答がなくなった（Lamme, Zipser, & Spekreijse, 1998）。

　こうした高次領野からのフィードバック信号は，人間の意識的な知覚にも影響する。Pascual-Leone & Walsh（2001）は，経頭蓋磁気刺激（transcranial magnetic stimulation; TMS）法を使って高次の視覚野から一次視覚野への再回帰信号が意識的な知覚に必要であることを示した。TMSで運動視に関わるMT+/V5野（以下MT野と略す）を刺激すると，目隠しした被験者には動く閃光が見える。もしMT野から一次視覚野への再回帰信号が意識的な運動の知覚に欠かせないのならば，再回帰信号が返ってくるタイミングで弱いTMSを一次視覚野へ打つことで再回帰信号を壊し，動く閃光の知覚を妨げることができるかもしれない。そこで彼らはこれらの部位を時間差をつけてそれぞれTMSで刺激した。そのとき，一次視覚野へは閾下のTMSを，MT野へは閾上のTMSをかけた。こうすることで，仮に運動する閃光が見えにくくなっても，それは一次視覚野へのTMSが暗点を生じたせいで起きていたという可能性を排除できる。被験者は何が見えたかを答えた。図1-21の縦軸が閃光の報告であり，上ほど動いて見えることを示している。横軸は2つのTMSの時間差を示しており，0よりも左側が一次視覚野への刺激が先で，MT野への刺激が後のときである。0よりも右はその逆で，MT野から一次視覚野へのTMSを示している。●は実験条件で，上に述べたとおり一次視覚野へ閾下，MT野へ閾上のTMSが出ていた。■は統制条件で，閾下のTMSを一次視覚野へ出す代わりに，

MT 野へ閾下の TMS を出した．この統制条件では常に，動く閃光が見えていた．一方の実験条件では，MT 野で起きた神経活動が再回帰信号を介して一次視覚野に到達する 20-40ms のタイミングで一次視覚野を TMS で妨害したときに動く閃光の知覚が弱まっており，ときには止まって見えていた．このことから，高次の視覚野から一次視覚野への再回帰信号が意識的な知覚に欠かせないことがわかる．

再回帰処理の重要性を説明するために寄り道をしたので，話をマスキングに戻そう．脳内のさまざまな領域間が双方向の線維連絡を持っており，再回帰ループを使って「わかる」という機能が達成されているのならば，共通オンセットマスキングも同じしくみで説明できるはずである．Di Lollo et al.（2000）はその立場に立って，共通オンセットマスキングについて，従来のフィードフォワードモデルとは異なる新たなモデルを提案した．この新しいモデルでは上行性・下行性両方向の情報の流れを持っている点で再回帰モデルなどと呼ばれる．このモデルの中でもフィードフォワードの情報の流れはもちろんあって，上行性の情報の流れが否定されているわけではない．上行性の第 1 波はフィードフォワードスウィープと呼ばれている．たとえばサルの場合だとこの第 1 波は一次視覚野には速いもので 35ms，平均 72ms 程度，前頭眼野でも速いもので 43ms，平均 91ms で到達する（Lamme & Roelfsema, 2000）．従来のフィードフォワードモデルはこの情報の流れだけで完結していたが，再回帰モデルではこの後にフィードバックの情報の流れがあり，さらにその後に何度もこうしたループが続くと考えている点が従来のモデルとの違いである．

この再回帰モデルによると，まず最初に眼から入った情報の上行性の第 1 波（フィードフォワードスウィープ）は一次視覚野よりも高次の視覚皮質である外線条皮質まで進んでいくつかの知覚的な仮説を提案する．すなわち，いま見ているものが何なのか，最初に分かった情報からとりあえずそれらしいものとしての解をいくつか用意する．この考えに一致して，Bar et al.（2006）は画像の低空間周波数情報が背側大細胞経路を介して高速に眼窩前頭皮質へ伝わり，物体認識に関わる側頭葉紡錘状回へ知覚的仮説としてトップダウン信号を送っている可能性を示す証拠を報告している（図 1-22）．再回帰モデルによると，フィードフォワードスウィープの第 1 波だけでは正確な形状までは特定できないかもしれないし，高次の領野は受容野が大きいので，提案される知覚的な候補を確認する必要がある．そのため，知覚的仮説と低次の領野は再回帰信号を使

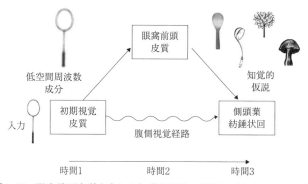

図 1-22　眼窩前頭皮質を介した知覚的仮説の活性化（Bar et al., 2006）

って照合する。そして照合が一致するまで，再回帰のループは続く。比較が不完全なときは結合錯誤が起こってしまうかもしれない。そのため，何度か再回帰のループを廻す必要も出てくる。とくに，刺激の数が多いときはその必要が増す。また，同じ数の刺激の中から探すときでも，1 つ 1 つが狭い間隔で詰まって呈示されているとき（Whitney & Levi, 2011）は，間が空いているときよりも再回帰ループが多く必要だろう。この基本的な考え方を使うと，共通オンセットマスキングを以下のように解釈できる。

　まず，図 1-23 のように標的とマスクが同時に出現して，両方とも 10ms だけ呈示されて消える場合を考えてみる。被験者の課題は，4 つの点で囲まれた図形の形を答えることである。この場合，フィードフォワードの第 1 波は低次の視覚領野だけでなく高次の領野（外線条皮質）にも伝わる。上に述べたように，最初に作られる知覚的仮説としての表象は知覚内容としても，空間解像度という点でも不十分なので，再回帰信号を使って低次の領野と比較・照合される。このとき，低次領野の表象は標的とマスクを含む。視覚システムがすべき課題としては，このゆるやかに減衰する低次領野の表象と高次の領野との比較をしつつ，まず 4 つの点を定位しなければならない。その 4 つの点をみつけるまでには数回のループが必要であろう。そして 4 点を見つけた後でも，その中にある図形を同定しなければならない。減衰しつつある低次領野の表象と高次領野の比較を通して行うことで，最終的にはこの例では△を見つけることができる。

　一方，マスクの呈示時間が 320ms のとき，マスクが長く呈示されているこ

1.2 なぜ注意が必要か

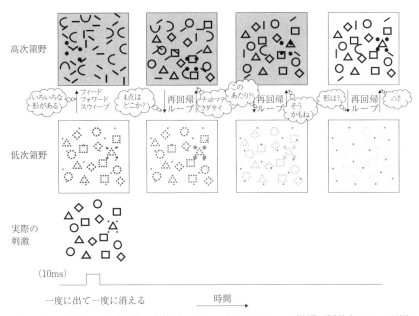

図 1-23　再回帰ループに基づく共通オンセットマスキングの説明（標的とマスクが同時に消失し，マスキングが起こらない場合）

とでそれが標的を同定する過程で新たな情報源となる。長時間呈示されることで，その位置には4つの点があるという情報が低次領野の表象として残る。一方で標的やその他の図形は減衰する。この場合も0msのときと同様に，まず4点を見つけてから中身を同定するので再回帰の比較には時間がかかる。さらに，今回は標的が消えた後，新たに4点という低次表象が形成される。4点の位置が特定された頃，4点も同時に消えていれば，上述の0msのときのように消えゆく表象とそれまでに作り出した知覚的な仮説とを比較して正答を得ることが可能だったかもしれない。しかし，いまは低次表象として残っているものは減衰してゆく標的図形ではなく，その4点しかない。そのため，低次の表象と知覚的仮説の不一致が高まる。この不一致が高まるということは知覚的仮説が間違っていたことを意味するので，4点という低次表象に一致した新たな知覚的仮説が作られる。そして結果的に4点しかないという知覚的仮説が最終的な低次領野の表象と一致するため，中身はすっかり消えた4点のみが意識的に知覚される。再度このマスキングの重要なポイントを強調しておくと，4

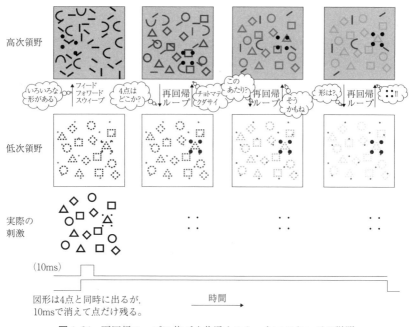

図 1-24 再回帰ループに基づく共通オンセットマスキングの説明
（マスクが長く残り，マスキングが生じる場合）

点だけでは標的に干渉するだけの輪郭を備えておらず，また出現も同時でありマスキングにおける SOA の法則（Kahneman, 1967）にもあてはまらないことである。したがってこのタイプのマスキングはフィードフォワードモデルでは説明不可能であって，上述の再回帰ループの考え方で説明できる。

共通オンセットマスキングは探索すべき刺激の総数に強く依存する。探索すべき刺激の総数が少ないときはマスキング効果はほとんど生じない。また，標的位置が予測できるときもマスキング効果は極めて少なくなる（Enns, 2004; Enns & Di Lollo, 1997; Luiga & Bachmann, 2007）。探索すべき刺激の数がマスキング効果に影響する理由は，標的を探すためにさらに再回帰ループの回数が必要になるためだと考えられている（Di Lollo et al., 2000）。

この共通オンセットマスキングのモデルは Di Lollo et al.（2000）がシミュレートしたものを原型として，いくつかの修正案が提案されている（Lleras & Moore, 2003; Moore & Lleras, 2005; Argropoulos et al., 2012; Jannati et al., 2013;

ただし Poder, 2013 は別解釈）。詳細は異なるものの，いずれも視覚表象は動的に更新され，その過程でいま見ているものは何なのかという顕在的な物体認識ができてゆくと考えている。こうした物体認識の考え方は上述の再回帰性の神経線維連絡に関する知見（Felleman & van Essen, 1991; Lamme & Roelfsema, 2000; Gardner & Johnson, 2013; Spratling & Johnson, 2004）にも一致する。加えて，視覚表象は動的に更新され，その過程で物体認識と意識的な知覚ができるというモデルはパターンマスキングやメタコントラストマスキングをも説明可能である。

　ここで，呼び名についてもう一度整理しておく。一部の研究ではこのタイプのマスキングのことを物体置き換えマスキング（Object-substitution masking）と呼んでいるものもある。図1-24のように，再回帰ループを使って物体認識をしている途中に，もともと標的とマスクが呈示されていたときの感覚レジスタの中身である低次の表象が，途中でマスクだけになり，それが長時間呈示されることでこのマスクだけの表象に置き換わると考えているためである。すなわち，物体置き換えマスキングは従来のメタコントラストマスキングで説明できないような形態のマスキング（図1-12の4点や，図1-19の共通オンセットマスキング）を，発生メカニズムに注目して呼ぶ名前である。これに対して，共通オンセットマスキングは，標的とマスクの呈示時間が同時でマスクだけが残るという手続き上の特殊性に注目した呼び名である。さらに，4点マスキングは，マスクが4点だけで構成されているという側面に注目した呼び名である。

❖わかるしくみと注意

　ここまで，わかることのしくみを説明してきた。見ているものが何かがわかるということは，あまりにも当たり前の認知機能であるため，背後に何が起こっているかが捉えにくい。そこで，逆説的ではあるが図1-3や，質問ゲームから話を始めた。そして，わかるためには土台（記憶）と素材（知覚）のやりとりが関わることを解説してきた。とくに，視覚マスキングを使って，上行性信号と再回帰信号のループがわかるための基礎であることを述べた。

　このわかるための基本的なメカニズムの中で，注意はどう働くのか。本章で主張したいのは，注意はこの上行性信号と再回帰信号のループの回数として反映されるという見方である。このループはわかるまで続くので，すばやくわかるということは，少ないループ数で解に到ったことを意味する。これを図

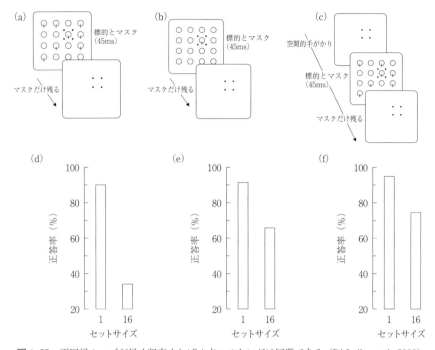

図 1-25 再回帰ループが早く収束すれば4点マスキングは回避できる（Di Lollo et al., 2000）

1-25で説明する。被験者の課題は，4点で囲まれた図形を弁別判断することである。図1-25aは手がかりが何もない事態である。このとき，再回帰ループを使って空間内での4点候補の位置を絞りながら4点を特定し，それから図形の判断をする必要がある。探索すべきものの数が少ない（たとえば1個）ときは，マスキングはほとんど起こらない。フィードフォワードスウィープでどこに標的らしいものがあるかの情報が伝わる可能性が高く，標的の形状を特定するための再回帰ループがすぐ終わるためである。図1-25dはこの事態での探索成績を示している（Di Lollo et al., 2000）。

これを比較のためのベースラインとし，次に探索画面がほぼ一様で，唯一顕著に目立つものが標的の場合を考えてみよう（図1-25b）。非標的は一様なので，グルーピングされる（Bergen & Julesz, 1983）。標的と背景は空間周波数にも違いがある。したがって，標的の位置は顕著性が高く，全体の大雑把な把握が得意なフィードフォワードスウィープでは，そのような仲間外れがあるという情

報が伝わる可能性が高い。そのため，図 1-25a のように非標的が異なっている場合にくらべて少ない回数のループで 4 点が特定できるだろう。図 1-25e はこのときの正答率を示している。探索すべきものが 16 個もあっても，フィードフォワードスウィープの助けが使いやすいため，正答率が高い。注意研究では，このような顕著性の高いものがすばやく探索できることをポップアウト（第 4 章）という。顕著性の高いものが先に処理されるというバイアスを，刺激駆動的な選択と呼ぶこともある。このバイアスは刺激の物理的特性に基づいている。輝度の高いもの，サイズが大きいもの，運動などの過渡的変化が大きいものといった，背景から大きな隔たりがあるものが高い顕著性をもち，優先的にそれ以降の再回帰ループを導きやすくなる（これに対して，被験者の意図や課題の教示などに基づいて処理のバイアスを変えることを目的指向的な選択と呼ぶ）。

また，図 1-25c のように，4 点を呈示するタイミングを探索画面よりも先にし，あらかじめ探索すべき位置をより一層わかりやすくした事態を設けることもできる。注意研究では，これを空間的手がかりという。手がかりが出現することで発生するフィードフォワードスウィープによって，ここでは標的の出る位置があらかじめ伝えられることになる。図 1-25a のように探索画面は不均一ではあるものの，手がかり出現時のフィードフォワードスウィープで，どの辺りを再回帰処理で詳しく分析すればよいかの見当がついているため，複雑な探索画面であっても早く解を見つけることができる。したがって，この場合もマスキングを受けにくい（図 1-25f）。

どこに標的と 4 点が呈示されるかの見当がつかないとき（図 1-25a）にくらべて，図 1-25b と図 1-25c のように顕著なものが標的であったり，手がかりがあるときはマスキング効果が小さかった。ここで注意は差分であるという定義を思い出してほしい。図 1-25a をベースラインとして，図 1-25b との差分をとれば，背景から目立つことによって少ない再回帰ループで標的がわかるという利得を取り出すことができる。これを顕著なものに注意が引きつけられた効果と呼ぶことができる。同様に，図 1-25a と図 1-25c の差分をとれば，空間的手がかりの効果を取り出すことができる。

この例で示したように，わかるということは再回帰分析が収束する（入力と記憶が一致する）ことである。この比較が早く終わったということは，早くわかったことを意味する。従属変数が反応時間であれば短く，正答率であれば高いという成績が得られる。すなわち，物理的に顕著な属性（背景との特徴量の

差）や，先行する刺激を空間的な手がかりとすることは，再回帰処理が必要な目下の行動目的（標的を同定する）を達成するためにどこを探すかについての空間的なバイアスかけているといえる。そうすれば，手がかりがないときに比べて再回帰ループの回数が減ることになる。以上のように注意を向けるということは，再回帰信号にもとづく物体認識の中で処理にバイアスをかけることに等しいと解釈することができる。こうした考え方は新しいものではなく，神経科学，認知心理学の多くのモデルの根幹をなしている（Ro, et al., 2003; Hochstein & Ahissar, 2002; Treisman & Gelade, 1980; Olivers et al., 2011; Treisman, 1988; Wolfe, 2014）。さらに広くいえば，Neisser（1976）の提案した知覚的サイクルと概念的に類似する。

　次章以降では，注意は上行性信号と再回帰信号の比較が収束するまでの時間として反映されるという見方に基づいて，さまざまなタイプの注意を見てゆくことにしよう。

第2章　空間的注意

　人間も動物の一部であって，動物というからには環境の中で動きながら生活している．そのため，どこへ自分が動くか，どこから他の物体（餌もしくは捕食者）が動いてくるかを見きわめるために，位置の情報は極めて重要である．視覚的注意は，われわれがものを見てそれが何かがわかるためのプロセスを変調するバイアスであるが，その中でも位置を基準としてかけるバイアスを空間的注意という．

2.1　わかるプロセスと注意

　この章では空間的注意とは何かを考えてゆきたい．まず第1章で述べた再回帰ループを利用しよう．図2-1は4点マスキングの刺激画像と，その入力を受けとる神経ネットワークを模式図で表したものである．話を単純にするために横一列に並べて描いてある．神経ネットワークは層に分かれており，上層は下層のユニット（神経細胞）からの入力を受けとっている．この図の最下層は感覚レジスタの役割を果たしている．図2-2aは再回帰処理の最初の段階で，入力直後に最初の上行性の信号（フィードフォワードスウィープ）が伝わる．これは短い潜時で伝わり，いま見ている場面の概略が伝えられる．この例で言えば，画面全体に複数の図形があるという概略が伝わる．図2-2a以降では，この場面では4点を探し，その中身を答えるという再回帰処理を表している．再回帰処理を始めてから間もなく，刺激画面は4点を除いて消され，感覚レジスタにある視覚表象も減衰を始める．このとき4点がどこにあるかは知らされていないため，再回帰ループを通して4点の位置を探す必要がある．再回帰を重ねるにつれて感覚レジスタの中身はますます失われてゆく．せっかく再回帰ループで4点を見つけ，そのなかの図形が何であるかを集中的にループを使って標的候補とマッチングしようとしても，4点とマッチングすることになってしまい，標的は何であるかがわからなくなっている．これが物体置き換えマスキングで

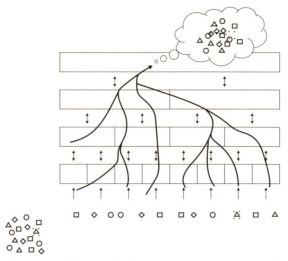

図 2-1　再回帰処理の最初（フィードフォワードスウィープ）

あることは既に述べた。

　それではこのときに注意はどう関わるのか。本章では，空間的注意とはわかるための再回帰処理のために空間的にバイアスをかけるしくみであると捉える。被験者は図 2-3 の指の位置に空間的な注意を向けていたとしよう。空間的注意は再回帰処理を無作為に行うのではなく，一部の空間にバイアスをかけ（図 2-4b の網かけの部分），再回帰処理を行う対象を限定する働きをもつ。そのためフィードフォワードスウィープ（図 2-3）が通って概略がわかった後の再回帰ループは，空間的注意を向けた位置から重点的に行われることになる。それにより，標的がない箇所でループを繰り返すということがなくなり，すばやく 4 点を特定でき（図 2-4b, 図 2-4c），感覚レジスタから刺激の表象が減衰して失われる前に，再回帰ループを通して表象と記憶との照合ができ，結果として標的を同定できる。ポイントは注意を向けているときは標的の分析までにかかる時間が短くてすむということである。本章ではこの空間的にバイアスをかけるしくみの特性をみてゆくことにする。

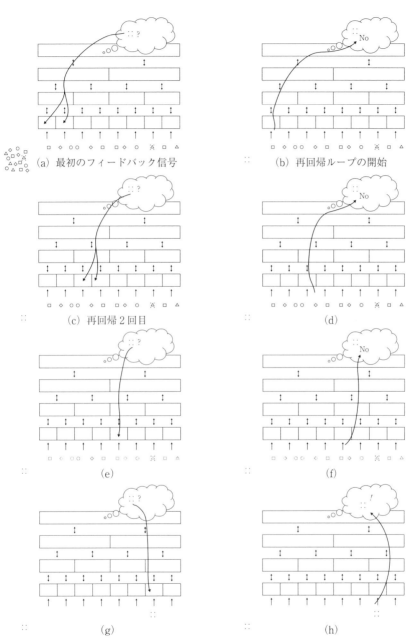

図 2-2 空間的注意が標的に向いていないときの再回帰ループ

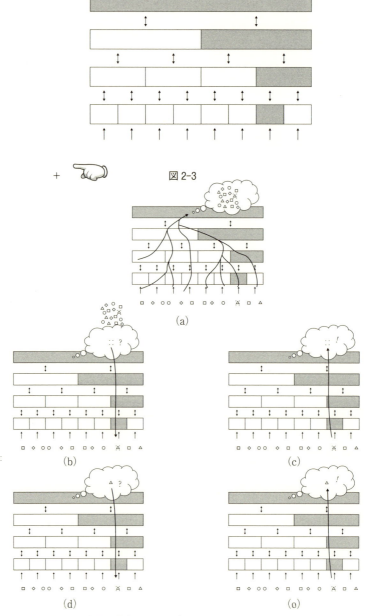

図 2-4　空間的注意が標的に向いているときの再回帰ループ

2.2 空間選択手段としての眼球運動

　ある物体が何かを見てわかるようにするためには，センサーである眼をそこに向ける必要がある。眼の網膜上でもっとも感度のよい部分（中心窩）を使うように，片眼につき6本の筋肉を使って眼球を動かす。たいていの場合は眼球を向けた先と注意している箇所は一致している。そのために，眼球運動を測定して凝視位置を特定することで，どこに注意が向けられているかを推定することもある（Mack & Eckstein, 2011）。

　動眼制御は2タイプあって（Machado & Rafal, 2000），眼球運動は反射的に顕著な対象や重要そうなものに向けることもあるし（Itti & Koch, 2001; Oliva, Torralba, Castelhano, & Henderson, 2003），必ずしも顕著でない対象や位置に向けることもできる。もちろん，視線の方向と注意は分離できる。眼球運動を伴う場合（overt attention）と，眼球運動を伴わない場合（covert attention）では視覚システムにとって必ずしも同一のことをしているわけではない。たとえば後述するように，眼球運動の前には約250ms程度かかる運動プログラミングが必要であるし，運動の結果，中心視で高い解像度で対象を分析できる。そのため厳密には両者は区別される（Wright & Ward, 2008）。

　眼球を向けた先と注意の関係については研究の歴史は古く，短時間呈示できる視覚呈示装置や，高度な眼球運動の測定装置が開発されるよりもずっと昔から関心が持たれていた。Helmholtzは1867年（英訳は1925年）にタキストスコープについて記述をしている。遮光した箱の中に文字を散りばめたカードを入れて小さな穴からのぞき，火花を飛ばした電線の光でカードを照らせば，一瞬だけこれを観察できる。このとき，中央を凝視したままであっても，注意だけを別の場所に向けておけば，カードが照らされたときに中央以外の文字が読めたが，逆に凝視位置の文字はよくわからなかったという。

　そうはいっても，注意は眼球運動を向ける位置に先立ってシフトすることが知られているだけでなく（Inhoff, Pollatsek, Posner, & Rayner, 1989; Peterson, Kramer, & Irwin, 2004; Rao & Ballard, 2005），注意と眼球運動に関わる共通の神経基盤があることも指摘されており（Posner & Petersen, 1990），両者の間には密接な関係がある（Corbetta, 1998; Schall, 2004）。具体的には，Kowler, Anderson, Dosher & Blaser（1995）は次のような実験を行い，一般に視線の先に標

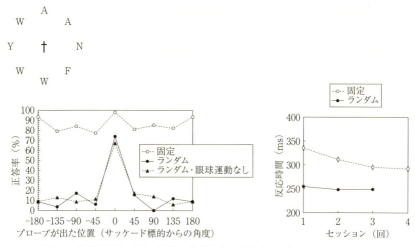

図 2-5 眼球運動とは別の位置に注意を向けられない (Kowler et al., 1995)

的が呈示されれば検出成績はよいし，眼球運動とは別の位置に注意を向けられないことを示した．まず，事前にマスク（8文字）が500ms呈示され，次に中央の十字を含む標的画面が200ms呈示された（図2-5）．このとき，十字の腕の1つが長く伸びており，被験者はそこにできるだけすばやく眼球運動した．標的画面の文字にはマスクがかかり，その後Qというプローブ文字が最初に文字のあった位置のうちランダムに選ばれた1カ所に呈示された．被験者はQの位置に何があったかを答えた（ランダム条件）．このとき，眼球運動の前に注意がシフトしていれば，答えるよう指示された文字がたまたま眼球運動の目的地に一致しているときはそうでないときにくらべて，文字の同定成績が高いはずである．比較のために，2つの統制条件が設けられた．1つは固定位置を報告する条件であり，被験者はランダム条件と同様に中央の手がかりに応じて眼球運動はするものの，プローブ文字は出ず，標的画面の最右端の文字を答えた（固定条件）．すなわち，この条件では注意を右端に向けつつ，中央手がかりに応じてどこかに眼球運動する必要があった．もう1つの統制条件は眼球運動をしない条件で（ランダム眼球運動なし条件），眼球運動をする前に注意を向ける場合と，眼球運動をしないで注意だけを向ける場合を比較した．

実験の結果，答えるべき文字の位置を知らされていないとき（ランダム条件）

の文字同定成績は，眼球運動を向けた位置および眼球運動をせずに注意を向けた位置だけが高かった。眼球運動を向けない位置ではほぼチャンスレベル（当てずっぽうに答えたときに得られる正答率）であった。言い換えると，被験者はたまたま眼球運動した位置，または注意を向けた位置の文字だけ正しく報告でき，眼球運動や注意を向けない位置の文字を答えられなかった。この結果から著者らは，注意は眼球運動の目的地にシフトしていたと主張した。また，被験者は眼球運動とは無関係に，標的画面の右端にある文字を答えるように求められたとき（固定条件）は，もちろん右端の文字を正確に答えることはできたが，この条件の反応時間はランダム条件にくらべて50-100ms程度遅くなった（図2-5右）。この結果は，右端に注意を向けつつ，別の位置へ同時に眼球をシフトできないことを意味している。

眼球運動と注意のプロセスの関わりは，別のアプローチによる研究からも示されている。Rizzolattiらは，注意することは，知覚や眼球運動，身体運動に関わる共通の神経回路を使うことだと考えた。すなわち，ある場所に空間的に注意を向けるということは，空間情報を運動表象に変換して，その場所への（眼球）運動の準備状態を作り上げることに等しい（注意の前運動理論；Rizzolatti, Riggio, Dascola, & Umilta, 1987; Rizzolatti & Craighero, 1998）。そのため，空間的注意を向けるとその付近への運動反応がしやすくなり，そこからの情報取得も促進される。こうした促進は，目的の場所に対する運動準備をすることで，位置の解像度が高い低次の領野との再回帰性の連絡が起こるためであると考えられている。

図2-6は注意の前運動理論を支持する知見の1つである。一般に，2つの刺激が同時に呈示され，それに伴って眼球運動を起こそうとするときに干渉が起こる。このとき，もし空間的注意が眼球運動を準備する神経回路を活動させているならば，注意を向けることで眼球運動に影響が及ぶはずである。逆に，もし空間的注意が眼球運動の準備とは独立しているならば影響はないはずである。この仮定に基づいてSheligaらは眼球運動の軌跡に注目した。被験者は画面中央の■を凝視し，短い線がこの左に出れば左の■，右に出れば右の■，上に出れば中央の■に注意を向けた。そして，たいていはそのとき注意を向けている■に白い縦線が出るので，それを合図に中央上方の□へ向けて眼球運動をするように教示された。図2-6の3つの大きな図は上から順に，眼球運動開始の合図がaは左，bは中央，cは右の■に出たときを表している。小さい2つの図

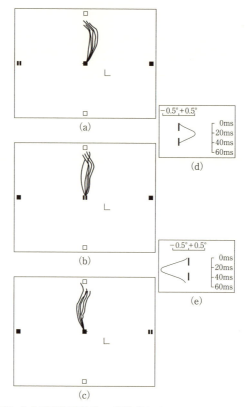

図 2-6 注意による眼球運動軌跡の変調 (Sheliga, Riggio, & Rizzolatti, 1995)

は眼球運動の軌跡のずれをあらわしている（縦軸が時間，横軸がずれ）。dがaとbの差分であり，aの事態で上へ眼球運動するときは右側へ軌跡がずれていたことがわかる。逆にeはcとbの差分であり，cの事態で上へ眼球運動するときは左側へ軌跡がずれていた。すなわち，注意を左右のどちらかの■に向けており，白い縦線を待っているとき，そこへ眼球運動をせずに，白い縦線の合図があったら上へ眼球運動しなければならない。このとき，注意を向けている■への眼球運動は抑制していることになる。aでいうと左の■に縦線が出たとしても眼球運動してはいけないので，左側を抑制している。そのため，いざ合図が出て上へ眼球運動をしようとしても，左側が抑制されているのでそちら側を避け，上方向への眼球運動の軌跡が右へ歪んでしまう。cで右側に注意を向

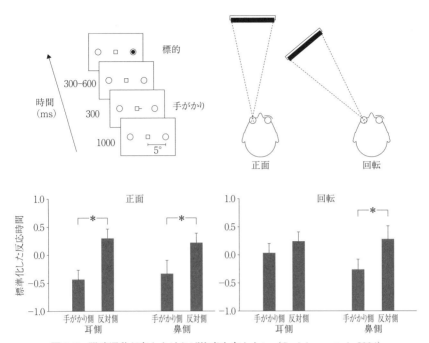

図 2-7 眼球運動が向かなければ注意も向かない（Craighero et al., 2004）

けているときはその逆で，軌跡は左へ歪む。この歪みは課題の困難度に伴って増大した。空間的注意と眼球運動の準備が独立していたらこのような干渉は起こらなかったはずであるため，この実験結果は，ある位置に注意を向けることはそこへの眼球運動を準備することに等しいという注意の前運動理論を支持する知見である。このように軌跡が歪むのは，眼球運動をすべき標的に加えて，同様の眼球運動を誘発する刺激が存在するとき，上丘の中間層での神経活動が競合するせいだといわれている（Sparks & Hartwich-Young, 1989）。こうした神経活動はそれぞれ眼球運動すべき方向と強さを表しており，最終的におこる眼球運動はこれらの平均となる。

もう一つ，眼球運動と注意の関係を示す例（Craighero, Nascimben, & Fadiga, 2004）を紹介しよう。被験者は2つの条件に参加した。正面条件では片眼で正面の画面を見て，標的（■）が出たらすぐにキーを押すように教示された（図2-7）。このとき，中央の小さい□に短い線分が現れ，左右のどちらかを指した。

70%の試行では，標的はこの線が指す方へ現れた。残りの30%ではこの反対側に現れた。回転条件では，呈示装置が40度水平方向へ移動した位置に置かれ，装置に近い方の片眼で観察した。課題は全く同じであった。重要な違いは，正面条件では眼球を鼻側へも耳側へも向けることができるのに対して，回転条件では耳側へは眼球を向けることができないという点であった。もうすでに40度回転しているので，眼球の構造上これ以上耳側へ向けられない。もし眼球運動の準備と注意が共通の基盤を持つならば，耳側へ向けられないときには，注意も同様に向けられないはずである。

　実験の結果，正面条件では典型的な空間的手がかり効果が得られた。すなわち，手がかり位置に標的が出たときの反応時間は，手がかり位置と反対側に標的が出たときの反応時間よりも短く，鼻側，耳側どちらの視野に出た標的に対しても同様であった。しかし，回転条件では，回転可能な鼻側視野では手がかり効果は生じたが，眼球が回転できない耳側ではこの効果は生じなかったことから，眼球運動と注意は独立ではなく，機能的な結びつきがあるといえる。

　注意と眼球運動の関連を示す例をもう一つ紹介しよう。van Zoest & Donk (2005) は，被験者に右に傾いた斜めの線分に眼球運動をするように教示した（図2-8）。その結果が右側の図であり，サッケード潜時を速いものから遅いものまで5段階に分け，それぞれの正答率を示している。色の異なる妨害刺激が存在するだけで標的への眼球運動は大きく影響されていることがわかる。赤い妨害刺激が出た画面では，短潜時のサッケードには誤りが非常に多く，色違いの線分が出ないときよりも間違いが多い。一方，標的が赤いときは最も正確にサッケードできていた。この色の効果は短潜時のサッケードの時のみで，後半ではこのような効果はないことから，刺激の顕著さは眼球運動潜時が短いときに限られていた。この結果は，注意を向ける位置はボトムアップだけ，トップダウンだけでは一義に決まらず，時間帯に応じて制御が変わりうるといえる。

　これらの研究から注意は眼球運動と密接に関わりがあることがわかる。さらに，作業記憶と注意も深い関わりがある（第5章も参照）。作業記憶とは一時的に情報を貯える機能であり（Baddeley, 2000），視覚的な注意とも深く関る（Awh & Jonides, 2001; Awh, Jonides, & Reuter-Lorenz, 1998）。注意と眼球運動，注意と作業記憶のそれぞれに関係があるのならば，作業記憶と眼球運動との間にもつながりがあるだろう。そこでTheeuwes, Olivers, & Chizk (2005) は，上述のSheliga et al. (1995) の課題の作業記憶版を作成した（図2-9a）。被験者は中央

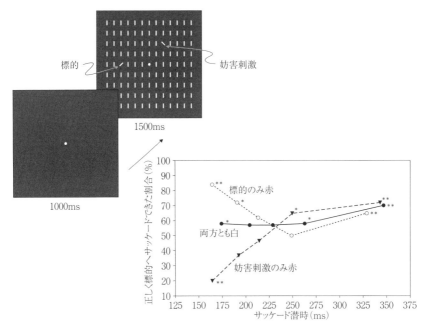

図 2-8　刺激の顕著さは速い眼球運動だけに影響する（van Zoest & Donk, 2005）

の点を凝視して，のちに呈示される矢印に応じて上か下に眼球運動をする。このとき，矢印よりも前に出現する光点の位置を覚えておくように教示される条件と，ただ見るだけでよい（統制）条件が設けられた。いずれの条件でも，光点へ眼球運動をしてはいけない。交点の位置を記憶する条件では，眼球運動をした後に光点の出た位置を確認する課題が付け加えられていた。注意した位置が眼球運動の軌跡に影響した（Sheliga et al., 1995）のと同じように，この実験でも図 2-9b に示したように，記憶した標的の位置から離れるような軌跡を描いた。この結果は，正確に眼球運動をするためには作業記憶内の表象を抑制しなければならないことを示唆しており，作業記憶の内容が眼球運動のプログラミングに干渉することを意味している。

　注意をいまの位置から別の位置に向けるには，現在注意を向けている位置から解放する，新たな点にシフトさせる，新たな位置に定位する，という 3 つのステップを経るといわれる（Posner, Petersen, Fox, & Raichle, 1988）。図 2-10 はこのときの神経基盤を示している。上述の前運動理論のように注意を向けるこ

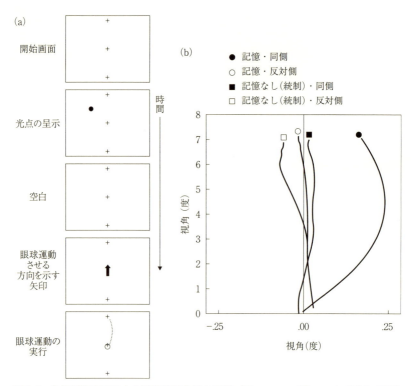

図 2-9 作業記憶内容による眼球運動軌跡の変調（Theeuwes, Olivers, & Chizk, 2005）

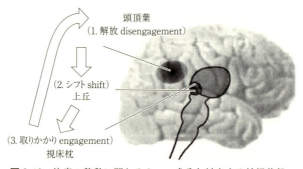

図 2-10 注意の移動に関わる 3 つの成分と対応する神経基盤

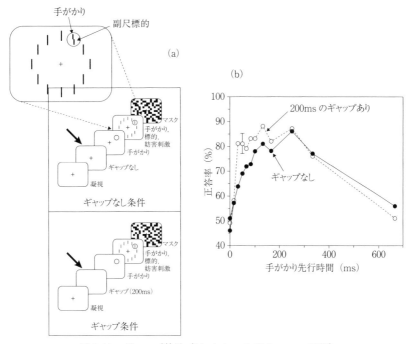

図2-11 ギャップ効果（Mackeben & Nakayama, 1993）

とが眼球運動の前駆動作だとすれば，眼球運動をいまの凝視位置から別の位置に向けるには，この3つのステップに加えて，現在の位置から解放する，眼球を移動させる，新たな凝視を開始するというステップが必要になる。

現在の位置から注意を解放するには頭頂葉，とくに，側頭頭頂接合部が関わっている。この部位を含む下頭頂皮質の活動を経頭蓋磁気刺激法で阻害すると，新たな位置への注意の再定位ができなくなる（Meister et al., 2006）。注意を別の位置に向けるには，側頭頭頂接合部から頭頂間溝に割り込み信号を送って，いまの課題から注意を引き離して，次の位置へのシフトを準備する。いったん解放されると，次の位置でふたたび注意を働かせる。このときは視床枕が役割を果たす。

空間的な注意を標的に向けるときには，現在の注意位置からの解放が起こっている。Mackeben & Nakayama（1993）の実験では，被験者が中央の凝視点を見ているとき，まず周辺に手がかり（○）が呈示され，さらに探索画面とし

ていくつかの短い線分が呈示された。被験者は標的線分が左右どちらにずれているかを答えた。このとき，手がかりが出てから探索画面が出るまでの時間が操作された。もう一つ重要な実験操作としては，凝視点が最後まで残っている条件と，手がかりが出る200ms前に凝視点が消失する条件が設けられた。凝視点が先に消失すれば注意は解放されるため，消失する条件では凝視点が最後まで残る条件にくらべて，早めに手がかりに注意が向くことが予測される。実験の結果（図2-11b），凝視点が消えない条件に比べて凝視点が先に消失する条件のほうが，手がかりの先行時間が30-180msのときに正答率が高かった。これは凝視点が消失しているせいで，すぐに中央から解放ができ，早くから注意を手がかり位置へシフトできていたためである。また，別の実験で凝視点をフラッシュさせたり変形させた場合はこうした効果が得られなかったことから，凝視点の消失が単なる警告となっていた可能性は排除される。もともと，これはサッケード眼球運動で見つかった現象で（Fisher & Boch, 1983; Fisher & Ramsperger, 1984），凝視点が消えたときに画面に何もない空白（ギャップ）が入ることになるのでギャップ効果と呼ばれる。眼球運動をする先の標的が呈示される前に凝視点を消すと眼球運動の平均潜時が90-130ms程度短縮する（エクスプレスサッケード）。凝視点が消えることで凝視を終了させることができ，次の位置へのすばやいシフトのための運動準備と実行開始が可能になる。

2.3 空間的注意を測る

空間的にバイアスをかけて視野内の一部分での視覚処理を優先させることを空間的注意という。空間の一部分だけを取り出すという意味で，空間的注意をスポットライトに喩えたのはHernandez-Peon（1964）が最初だといわれる。この後，多くの研究者がこの考え方を発展させた（たとえばNorman, 1968; Posner et al., 1980; Nakayama, 1990）。この喩えの根底には，眼から出た光が外界を照らし出すものを知覚するという古代ギリシアの頃からの考え方がある。古くは紀元前5世紀のエンペドクレスが，眼から出る光線と太陽光が干渉し合って物体を知覚するための光源になると考えた。この主張は11世紀にイブン・アル＝ハイサムが光学の書を著してから弱まったが，直感的でわかりやすいため，完全に否定されるには18世紀頃までかかったという（Wright & Ward, 2008）。そしてこの単純さのため，現在でも空間的注意の比喩として用いられている。

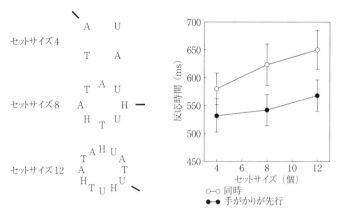

図 2-12　セットサイズによる空間的注意の操作（Eriksen & Hoffman, 1972）

　空間的な選択が可能なことを示した手がかり課題としては，本書では既に Sperling（1960）や Averbach & Coriell（1961）の研究について紹介した．反応時間を指標とし，空間的注意を実験的に操作するための基本である刺激数を変化させた研究では，Eriksen & Hoffman（1972）によるものが最古のひとつである（図 2-12）．この実験では，手がかり（短線分）を探索画面の 150ms 前か，同時に呈示したときの文字同定にかかる反応時間を測定した．その結果，反応時間は，手がかりが先行したときの方が短かった．これは手がかりを先行呈示することによる注意の利得であるといえる．さらに，この利得は刺激数が増すほど大きくなったことから，手がかりは単なるタイミングを知らせただけではなく，空間選択に関わる効果をもたらしたことがわかる．

　Posner ら（Posner, 1978; Posner et al., 1978, 1980）は空間的手がかり課題を発展させた．手がかりのタイプ，標的のタイプにはいくつかの種類があるが，多くの場合は，試行の最初に凝視する画面，手がかり画面，標的画面の 3 つで構成されている．図 2-13 は，典型的な空間的手がかり課題とその実験結果である．被験者は中央に現れる点を凝視した後，矢印で示される方向に注意を向け，標的（文字）を検出したらすばやくキーを押して反応する．このとき，矢印が向いた側に標的が出る試行（一致，valid）はその反対側に出る試行（不一致，invalid）試行よりも反応時間が短い．さらに，この例では注意を左右どちらにも向けない中立試行もあり，矢印の代わりに＋が中央に呈示される．このとき

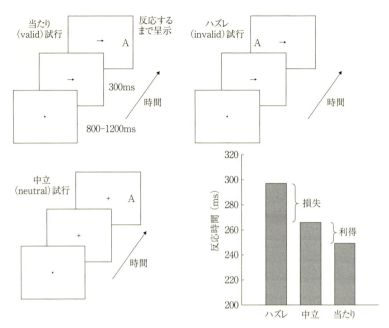

図 2-13　空間的手がかり課題の例と典型的な実験結果

の反応時間は一致試行と不一致試行の中間であった。ここで，第1章で説明した，注意は差分で捉えることを思い出してみよう。すなわち，注意の効果は，注意が向いているときと向いていないときの差分として取り出すという見方である。この実験の中立試行は，注意がどこにも偏って向いていないときに標的が出た事態である。これに対して，一致試行ではちょうど注意が向いた先に，不一致試行では注意が向いた反対側に標的が出ている。中立試行と一致試行の差分をとることで，注意が反応を促進していることがわかる。これは手がかりが標的位置を正しく予測したことによる利得であるといえる。一方，中立試行と不一致試行の差分をとることで，反応が抑制されていることがわかる。これは間違った位置へ注意を向けることの損失であるといえる。これらの表現はあたかも注意を貴重なお金のようなものに擬えていて，第4章で述べるような，注意は限りある資源だという見方に一致する。

　注意をスポットライトに喩えると，この実験結果は次のように解釈できる。一致と不一致，どちらのタイプの試行でも，最初は注意のスポットライトの焦

点は凝視点の位置にある。焦点の位置にとくにバイアスをかけて分析されるので，ここに手がかりが呈示されるとその解釈がすすみ，矢印の指す方へスポットライトの焦点位置が移される。このときは前節で述べた解放，シフト，再度の取りかかりを経る。一致試行ではちょうど，スポットライトの焦点の位置に標的が呈示されるため，その分析を即座に開始できる。一方，不一致試行では標的は反対側に呈示されるため，バイアスをかけていなかった側で分析を始められず，スポットライトの焦点を向け直さなければならない。これはあたかも，図1-24で標的位置を探すために再回帰ループを何度か廻さなければならなかったのと同じように時間を要する。それが一致試行と不一致試行の反応時間の差となる。

2.4　2種類の空間的手がかり

　空間的手がかりは大きく2種類に分けられる（表2-1）。1つは，図2-14のように，矢印や数字・記号を使って位置を指示するタイプである（Dark, Vochatzer, & VanVoorhis, 1996）。このタイプは手がかりを凝視点位置に置くことが多いので，中心手がかりと呼ばれる。この手がかりを記憶と対照させたり，解釈してから被験者が自ら注意を移動させるため，間接的，内発的，目的指向的，トップダウン手がかりとも呼ばれる。もう1つは図2-15のように，強い刺激変化を起こした位置に注意を向けさせるタイプである。このタイプは手がかりを標的の近くに呈示するので，直接手がかりと呼ばれる。また，標的は視野周辺に置かれることが多いので，周辺手がかりとも呼ばれる。被験者がどこに注意を向けていようとも強制的に手がかり位置に注意を向けさせるという性質に着目して，外発的，刺激駆動的，ボトムアップ手がかりとも呼ばれる。また，これらは自動的手がかりとよばれることもあるが，その場合は暗に，学習した結果として自動化した，という意味を含むことがある。

　空間的手がかりがどれだけあてにできるかという程度のことを，手がかりの妥当性という。妥当性が100％ということは，手がかりが示した位置に必ず標的が出ることを意味する。一般に，内発的な手がかりの場合は手がかり妥当性の操作は強く効く。すなわち，矢印等で注意を意図的に妥当性が高い位置へ向ける場合，低い位置へ向ける場合に比べて促進効果が大きい。一方，外発的な手がかりの場合は手がかりの妥当性が低くても，それが高いときと同様の手が

表2-1 2種類の空間的注意の定位

タイプ	外発的，刺激駆動的，自動的，ボトムアップ	内発的，目的指向的，能動的，トップダウン
手がかり	光点などで標的のあらわれる位置（周辺など）に直接的に呈示	矢印，記号，数字などの恣意的・間接的な手がかりを主として視野中心に呈示
時間特性	過渡的。50-100ms程度で最大，その後急速に効果が消失する	定常的。300ms以降に効果が発生。1秒以上，効果が持続することもある
手がかりを	無視しにくい	無視しやすい
手がかり出現頻度に	影響を受けにくい	影響を受けやすい
復帰の抑制を	生じる	生じない
記憶負荷の効果	ほとんどない	あり
手がかりへの気づき	なくても効果あり	気づかないと効果なし
発達	6歳では確認されている	8歳でもまだ充分に発達していない

かり効果が得られることが多い（Jonides, 1981; Müller & Humphreys, 1991）。さらに，妥当性の低い外発的手がかりは無視するように教示しても無視できない（Lambert, Spencer, & Mohindra, 1987）。これらの違いは，それぞれの手がかりによってかかる空間的なバイアスの性質が異なるためであろう（Gibson & Bryant, 2005）。外発的な手がかりの場合は，たとえば高輝度の刺激を出現させるというような物理量の多さ（大きさ）によって，その位置での視覚処理が自動的，刺激駆動的に行われる。内発的な手がかりの場合は，妥当性が低い（チャンスレベルに等しい）ときは，手がかりに情報価がない。手がかり位置にバイアスをかけても標的が出なければ意味がないため，意図的にバイアスをかけなくなる。

ただし，情報価を持たない内発的手がかりであっても弱いながら効果をもつこともある（Sheperd et al., 1986; Eimer, 1997）。たとえば，Ristic, Friesen, & Kingstone（2002）は画面中央に矢印手がかりを呈示した。標的は矢印の左右いずれかの無作為な位置に呈示される線画で，被験者がそれらを検出するまでの時間を測定したところ，手がかりと標的のSOAが短いとき（195ms）でも矢印の示す位置に標的が出たときの反応時間が短かった。Hommel, Pratt, Col-

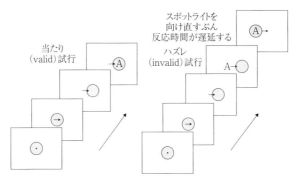

図 2-14 注意のスポットライトで損失と利得を解釈する

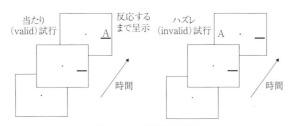

図 2-15 直接手がかり

zato, & Godijn (2001) らも 4 カ所に対して同様の情報価のない単語（上，下，左，右）を使って，Go/No-go 課題や弁別課題で手がかり効果を見出している。矢印でも同様の効果が起こる（Hommel et al., 2001; Tipples, 2002）。さらに，視線方向（Driver, Davis, Ricciardelli, Kidd, Maxwell, & Baron-Cohen, 1999），指さし（Langton & Bruce, 2000; Ariga & Watanabe, 2009），頭部方向（Langton & Bruce, 1999）でも，情報価がなくても空間的手がかり効果が報告されている。Kingstone ら（Ristic & Kingstone, 2006）は，情報価のない中央・記号手がかりによる効果を反射的手がかり効果と呼んでおり，通常の矢印手がかりは意図的な注意定位と反射的な注意定位のどちらもが相互作用し合う形で反映されていると主張している。

　外発的手がかりにも例外があり，刺激駆動的な注意定位を起こさないこともある。あらかじめ空間的な注意の焦点を絞っておいて，標的が出現する位置，しない位置が確実にわかっているときは，外発的な手がかりは効果を生じないことが報告されている（Theeuwes, 1991; Yantis & Jonides, 1990）。Theeuwes

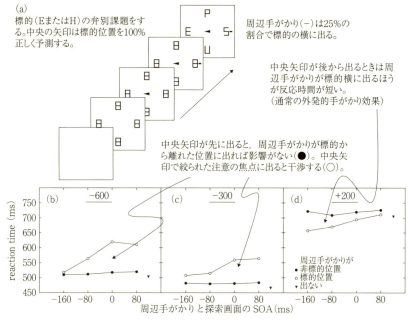

図 2-16　外発的手がかりが働かない場合（Theeuwes, 1991）

(1991) の実験（図 2-16）では，被験者は周辺の 4 カ所のどこかにあらわれる標的（E または H）を弁別した。このとき，中央の矢印の指す位置に必ず標的が出た。また，周辺にも情報価のない手がかりとして短線分が 25％ の割合で標的の横に出た。中央の矢印から探索画面までの時間，および外発・周辺手がかりから探索画面までの時間が操作された。下の 3 枚の結果のうち，図 2-16d は矢印が 200ms 後から出た場合，図 2-16b と c が矢印が探索画面よりも先（−600ms，−300ms）に出た場合である。それぞれのパネルの横軸は時間を示しており，周辺手がかりが探索画面よりも先に出たときは左（負）側に，0 が同時，後に出た場合は右（正）側にプロットしてある。まず，図 2-16d のパネルから見ると，通常の外発手がかりのみが探索画面に先行する事態である。このとき，160ms，あるいは 80ms 外発的手がかりが先行すると，その位置での標的反応時間は他の位置に手がかりが出たときよりも短くなった。しかし，矢印が先行した b と c のパネルでは，周辺手がかりが標的から離れた位置に出ても影響がなかった（●）。周辺手がかりが出ていないとき（▽）と比べても，

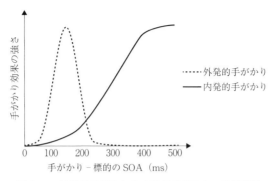

図 2-17　外発的手がかりと内発的手がかりの時間特性

周辺手がかりによる損失がなかったことがわかる。さらに，中央矢印が先に出たときは，標的が出るはずの位置に注意の焦点が絞られているはずで，その位置に周辺手がかりが出ると干渉することがわかった（○）。Yantis & Jonides (1990) の実験でも同様に，あらかじめ中央の矢印手がかりで意図的に画面の左右どちらかに注意を向けておいた。すると，従来は常に生じるはずの刺激駆動的な注意の定位（注意捕捉）が起きなかった。したがって，刺激の出現位置を知るという点で内発的に注意のバイアスをかけると，外発的注意を変調しうるケースがあるといえる。

　外発的手がかりと内発的手がかりの違いの中でもっとも重要な側面の一つが時間特性である。図 2-17 のように，外発的手がかりは手がかりと標的との間の SOA が短いとき（100ms 程度）に最も効果が大きくなり，その後は SOA が長くなるほど効果は小さくなる（Müller & Findlay, 1988）。一方，内発的手がかりは有効になるまでに時間がかかる。たいていの研究では効果が最大になるまでに 300ms を要し，それ以降も効果は維持され，数秒続く（Cheal & Lyon; Müller & Rabbitt, 1989; Nakayama & Mackeben, 1989; Wright & Ward, 2008）。Reeves & Sperling (1986) は別の方法を使って，やはり意図的な注意シフトには 300ms 程度を要すると論じた。彼らは高速逐次視覚呈示法を使って一系列は凝視位置に出し，もう一つは周辺に刺激系列を呈示した。被験者は周辺の数字系列をモニタして，トリガとなる刺激（たとえば "2"）を探した。被験者はトリガを検出したら中央系列に注意をシフトさせ，そこで検出した最初の文字を答えた。トリガと報告された文字の呈示の時間の差が，注意を自発的に片

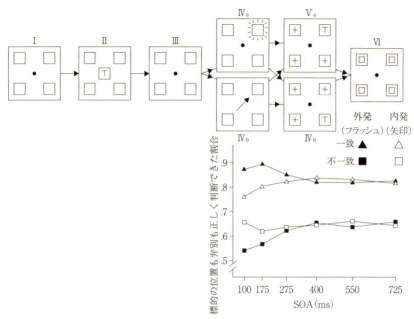

図 2-18　外発的手がかり，内発的手がかり単独の効果（Müller & Rabbitt, 1989）

方の系列からもう片方へシフトするのにかかった時間だと解釈した。この手続きだとシフトにかかる時間は約 300ms（Sperling & Weichselgartner, 1995）と見積ることができる。この手続きの問題は手がかりの解釈時間が注意シフト時間の評価に含まれているという点である。そのため，手がかりの解釈にかかる時間を測って全体の注意応答時間から減算する試みがなされている（Peterson & Juola, 2000; Shih & Sperling, 2002）。

図 2-18 は外発的手がかりと内発的手がかりの効果が SOA とともに変化するようすを調べた Müller & Rabbitt（1989）の実験である。被験者は，最初に中央に出る文字と，探索画面に出る文字が同じか否かを判断した。空間的手がかりは外発的に枠がフラッシュする場合と，中央の矢印が位置を示す場合を設けた。手がかり位置に標的が呈示される確率が 50%，手がかり位置ではない枠内に呈示される確率が 50% であった。正答率は，外発的手がかりが一致条件（フラッシュによる手がかり位置に標的が出たとき）では 100-175ms 程度で最大となり，それ以降は SOA の増大とともに低下した。そして約 200-300ms 程

2.4 2種類の空間的手がかり

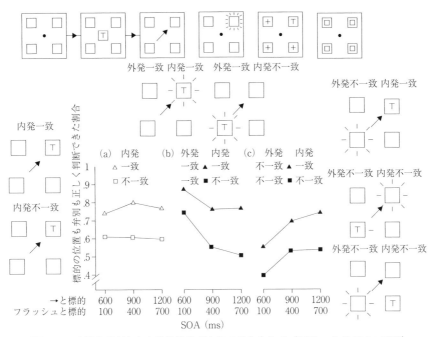

図 2-19 内発的手がかりと外発的手がかりの組み合わせ（Müller & Rabbitt, 1989）

度で外発的な手がかりの効果は消失した。不一致条件でも同様に，100ms で不一致による損失のために正答率が最も低く，その後 SOA の増大とともに回復した。一方，矢印による内発的手がかりは，位置が一致することによる効果が最大になるまでに 400ms 程度必要で，その後は SOA が延長しても効果は減らなかった。Nakayama & Mackeben（1989）も空間的手がかりと視覚探索課題を組み合わせた実験から，空間的注意の過渡的成分と定常的成分があることを示唆している。

さらに，Müller & Rabbitt（1989）は外発的，内発的手がかり両方がある事態を設けたところ，外発的手がかりの効果は頑健に残った。また，両方の手がかりが一致しているときは効果最大であることがわかった。彼らは図 2-18 の実験を拡張した。内発的手がかり（矢印）を先に呈示し，そのあとに外発的手がかり（枠のフラッシュ）を呈示した。複雑な結果ではあるが，図 2-19 の 3 枚のパネルのうち a が単純に内発的手がかりだけのときである。このときは手が

かりと標的位置が一致していたときの方が不一致のときよりも正答率が高く，典型的な内発的手がかり効果を示していた。一方，b は外発的手がかりが一致していたとき，c は不一致のときである。全体を通してみると，a と同様に，b と c は内発的手がかりが一致していたとき（▲）は不一致のとき（■）よりも正答率が高い。これに対して，外発的手がかりが 100ms 前に出たときだけ，これらのグラフが変動しているのがわかる。すなわち，b のパネルでは外発的手がかりが標的位置に一致して出る場合であり，これが 100ms 前に出たときだけ過渡的に一致効果が積み増しされる。SOA が 400ms，700ms と開くと，表 2-1 や図 2-18 で示したように外発的手がかりは過渡的効果しか持たず，内発的手がかりしか呈示されなかった a のパネル（△，□）と同程度の効果に落ち着く。同様に，c のパネルは外発的手がかりが標的位置とは異なる位置に出る場合であり，100ms 前に出たときだけ，過渡的に不一致の効果で正答率が落ちる。しかし，SOA が開くとこの効果はなくなる。このことから，外発的手がかりと内発的手がかりは独立して働くことが示唆される。なお，この実験では内発的手がかりの妥当性は 50% であった。そのため，図 2-16 のように矢印位置に完全に 100% の空間的なバイアスをかける事態とは違って，外発的な手がかりの影響を無視することはできなかった。

　外発的的手がかりと内発的手がかりによって起こる注意の効果が時間特性によって異なるのは，ひとつのメカニズムの動作モードの違いよって作り出される効果だろうか。あるいは，別々のしくみを反映しているのだろうか。図 2-19 の実験からもわかるように，おそらくはこれらは別の原因で作り出される効果であろう。枠がフラッシュするときのように，外発的手がかりの効果は視空間表象の中で感覚的な活動を一時的に活性化させるせいで起こるのかもしれない。この一時的な活性化が終わる前に標的が手がかり位置に呈示されれば，感覚的な促進効果はまだ残っており，その恩恵を受けて標的同定を有利に進められるだろう。この外発的な手がかり効果は感覚レジスタ内に利用できる情報が残っている時間と対応する。一時的な情報が感覚レジスタから減衰してしまえば活用のしようがなく，外発的な手がかりの効果は過渡的とならざるを得ない。50-100ms の比較的短い時間で利用可能になることも，第 1 章で述べたわかるためのしくみに一致する。強い物理的刺激によるフィードフォワード信号は短い時間で利用可能になる（Lamme, 2003; VanRullen, 2007）。おそらく，フラッシュする枠のような信号は再回帰処理を必要としないか，あるいは少ない

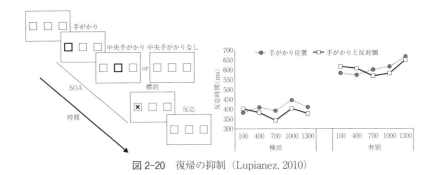

図 2-20　復帰の抑制（Lupianez, 2010）

回数の再回帰処理（すなわち短い SOA）で定位できるようになる。そしてその位置で重点的に空間的にバイアスをかけて，再回帰処理を重ね，高次の皮質領野との照合を通してそこに呈示されたものが何かわかり，標的の認識に到ると考えられる。手がかり位置に空間的にバイアスをかけて再回帰処理を行うということは，その他の位置ではそのような再回帰処理をしないように抑制することでもある。この違いが図 2-13 のような利得と損失として行動に表れる。

　空間的手がかり課題に関する特徴的なこととして，復帰の抑制が挙げられる。復帰の抑制とは注意が外発的手がかりによっていったんある場所に向いた場合は，約 300ms 以降からしばらくの間，その位置への注意の再定位が抑制される効果をいう。そのため，手がかりが出ていない位置での成績のほうがかえってよくなる（Posner & Cohen, 1984; Klein, 2000; Lupianez, 2010）。図 2-20 のように，手がかりと標的が同じ位置に現れると，検出課題では手がかりと標的の SOA が 300ms よりも短い場合は手がかり位置での反応時間が短いが，それ以降では逆転する。弁別課題では，手がかりと標的の間に凝視を中央に戻す操作をしない場合は復帰の抑制は生じなくなるが，検出や定位課題ではこの戻す操作は影響しない（Prime, Visser, & Ward, 2006）。復帰の抑制は内発的手がかりでは生じない。

　外発的手がかりと内発的手がかりが個別のしくみで働くことを示唆するもう一つの古典的な実験として，記憶負荷の効果を紹介する。もし，外発的手がかりが自動的に，内発的手がかりが能動的に注意を向けているのだとすると，自動性の指標として認知心理学研究でよく使われる，負荷の影響が大きく異なるはずである。そこで Jonides（1981）は，試行ごとにまず被験者に数字を覚え

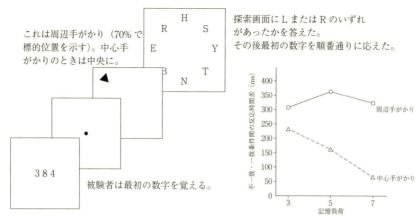

図 2-21　記憶負荷が空間的手がかり効果に及ぼす影響 (Jonides, 1981)

てもらい，探索画面の後で報告するように教示した．図 2-21 に示すように，被験者は探索画面に出る文字の中に，L か R のいずれが含まれているかをできるだけすばやく答えた．この直前に 70% の確率で標的位置を予測する外発的手がかりを呈示したところ，手がかり効果（不一致試行の反応時間から一致試行の反応時間を引いたもの）は記憶負荷が増加してもほとんど影響がなかった．一方，内発的手がかりで同じ被験者が同様の実験を行ったところ，記憶負荷が増すほど手がかりの効果は小さくなった．この知見は外発的手がかりと内発的手がかりが個別のしくみで働くことを示唆している．

2.5　さまざまな空間的手がかり

内発的な手がかりとしての矢印や単語，外発的な手がかりとしての短線分の出現などの他に，さまざまなタイプの空間的手がかりが知られている．たとえば，画面中央に呈示された顔画像が，左右どちらかに視線を向けているとき，標的がこの視線方向に呈示されたときのほうが，反対側に呈示されたときよりも反応時間が短かった (Driver et al., 1999; 図 2-22)．視線方向が標的位置を予測しないときであっても視線と標的位置の一致効果は見られた (Friesen & Kingston, 1998; 線画の顔で同様の結果)．さらに，視線方向とは逆の側に標的が 80% の割合で出やすくても，視線側の標的への反応時間のほうが短かった．

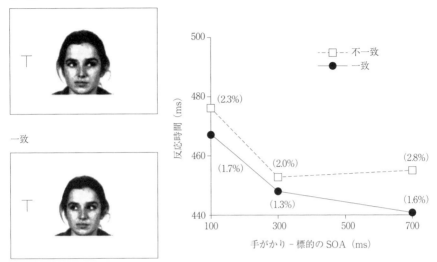

図 2-22　視線による空間的手がかり効果（Driver et al., 1990）

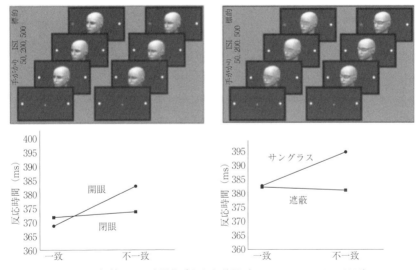

図 2-23　視線による空間的手がかり効果（Nuku & Bekkering, 2008）

この結果は，意図にかかわらず視線の方向へ注意が向いてしまうことを示唆する。Nuku & Bekkering（2008）は，この視線手がかり効果は眼球の方向というよりも，視線そのものの効果だと述べている（図2-23）。まず，この視線手がかり効果を再現し，閉眼ではこの効果が起こらないことから，顔の向きがこの効果を起こしているわけではないことが確かめられた。さらに，中央の顔画像が目隠ししているときはこの効果は起きなかった。しかし，被験者から画像の人物がサングラスをかけていて眼球が見えなくても，片方を見ていることが推測できる条件では再び視線の効果が得られた。したがって，この視線効果は，人物がどこに注意を向けているかを推測することが重要であることを示唆している（Baron-Cohen, 1995; Langton, Watt, & Bruce, 2000）。顔による注意定位は生後10週の乳児（Hood, Willen, & Driver, 1998）やチンパンジー（Povinelli & Eddy, 1996）でも見られることから，顔がもつ社会的な信号には注意を向けるという機能が含まれていることを示唆する。さらに，突きだした舌の方向（Downing, Dodds, & Barry, 2004）でも同様の効果が見られている。

　ただし，視線や矢印が反射的定位を起こすのは特定の場合だけかもしれない。周辺手がかりによる自動的な注意の定位と視線手がかりは必ずしも効果の出方が一致しない（Friesen & Kingstone, 2003; Ivanoff & Saoud, 2009）。周辺手がかりなら生じるはずの復帰の抑制が生じない（Friesen & Kingstone, 1998）。また，前頭葉損傷の症例では，周辺手がかり効果は生じるが，中心手がかりや視線手がかりの効果は生じない場合がある（Vecera & Rizzo, 2006）。こうした知見から，自動的定位以外の高次の要因が関与している可能性があるだろう。Green, Gamble, & Woldorff（2013）による研究では，これらの自動的な注意の定位は，手がかりと標的を比較的長い時間（たとえば反応するまで画面上に）呈示し続けたときに起こりがちであることから，純粋な空間的注意の定位ではなく，手がかり方向と標的の位置との反応競合を反映している可能性が指摘されている。彼女らは手がかりと標的の呈示時間を操作して，視線や矢印が反射的な定位効果を生じるかを調べた。もしこれらの刺激で反射的定位が起こるならば，手がかりと標的が同時に呈示されるときよりも，SOAが100ms程度空いていた方が手がかり効果は大きいはずであり，さらにその効果はすぐに消失するはずである。一方，反応競合によるものならば，SOAが0msのときに，すなわち同時に呈示されるときに最大の手がかり効果が生じ，その後減衰すると予測される。実験結果は後者を支持していたことから，視線手がかりによる注意の定位

は反射的なものではなく，反応競合によって生じていると彼女らは結論している。

上，下，左，右などの空間的な関係を表す単語でも内発的手がかりとして空間的注意を向けることは可能であるし，1は上，2は右，3は下などのように恣意的な対応を割り当てて注意を向けさせる方法もある（Downing & Pinker, 1985）。

2.6 注意のスポットライト

注意がスポットライトに喩えられるならば，その幅はどれくらいで，どのようにどれくらいの速さで空間内を移動するのだろうか。スポットライトの空間的な幅は Eriksen & Hoffman（1972b）が調べた。彼らの実験では，被験者は短線分が指した文字を答えた。短線分と標的を先に呈示し，SOA を 0-300ms おいて残りの妨害刺激を呈示した（図2-24a）。このとき，標的と最も近い妨害刺激との間隔を操作した。図2-24bが実験の結果である。文字間隔が近いときは 1.0 度以上離れている他の条件に比べて，とくに短い SOA で妨害刺激からの干渉が生じた。Eriksen & Hoffman は，長い SOA では注意の焦点を絞ることができたので干渉が見られなくなったと解釈した。あるいは，100ms 程度あれば感覚レジスタからその文字が何であるかの読み出しができて（再回帰処理が終了して）しまうのかもしれない。この研究やフランカ課題（第6章を参照）を用いた研究では，Eriksen らは約1度のスポットライト幅を仮定しているが，彼らも課題の性質や負荷によって幅は可変であると考えており，スポットライトの幅を特定する試みはのちにズームレンズモデルに置き換わっていった。

スポットライトの移動方式については，シフトは連続的かあるいは離散的かという2つの主張があった。連続的という主張は，2地点間でスポットライトを移動させるとき，途中の地点も照らされると考える立場である。一方，離散的なシフトモデルは，移動時には注意のビームをいったん消して，途中の地点には照らさずに，移動先で再点灯されると考える。もし，シフトが連続的であれば，移動距離の延長に伴って，空間的手がかりの損失と利得も大きくなると考えられる。また，シフトしているはずの途中の位置にテスト刺激を出せば，利得が得られるはずである。Shulman, Remington, & McLean（1979），Tsal

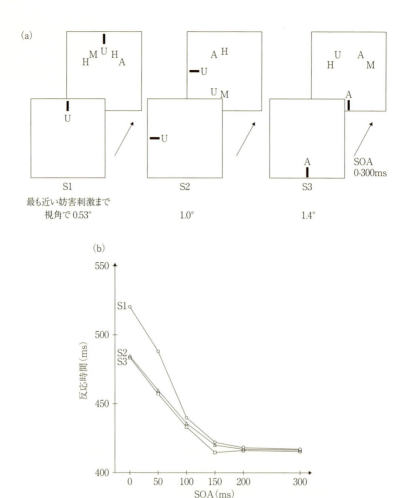

図 2-24　スポットライトの幅は視角で約1度（Eriksen & Hoffman, 1972）

(1983) は巧みな実験から一定速度で連続的にシフトすると主張している。一方，距離の効果がみられず，移動距離に応じて速度が上がることを示唆する知見 (Remington & Pierce, 1984; Chastain, 1991) も報告された。こうした不一致について Wright & Ward (2008) は，間接手がかりを使った実験で短すぎる SOA (150ms 程度) が使われていたり，条件のブロック化が異なっているなどの手続き上の違いが反映されているにすぎない可能性を指摘している。さらに，頭

頂葉損傷の症例にもとづく注意の引き離しについての証拠（Posner et al., 1988）が知られるにつれて，注意のシフトは連続的か離散的かという二分法で考えるのではなく，どういう場面で連続的になり，どういう場面で離散的になるのかと問うべきだと Wright & Ward（2008）は述べている。

2.7 注意の解像度

　Eriksen らは注意のスポットライトは直径が視角で1度であると主張した。すなわち，2つの刺激の一方に注意を向けるには，もう一方と少なくとも視角で1度の間隔が空いていなければならない。これよりも近いと，1つの刺激のみに注意を向けることができなくなる（Eriksen & Hoffman, 1972; Eriksen & Eriksen, 1974; Eriksen & St. James, 1986）し，逆に注意すべき刺激と妨害刺激の間隔を広げると干渉効果は減ってゆく（Miller, 1991）。注意の解像度と視覚の解像度（いわゆる視力）はスケールがかなり違い，注意の解像度のほうがずっと荒い。視覚の解像度としては通常，視角1度あたり55サイクル程度まで見分けられる。すなわち，右手の人差し指の爪に110本の白黒の縦縞を描き，左手の人差し指の爪は一様に灰色で塗りつぶしたとき，これらを腕を伸ばした状態で見分けることができる。識別できる最小の視角の逆数を視力と定義するので，視角で1分（5mの観察距離で直径7.5mmのランドルト環に入った幅1.5mmの切れ込み）が見分けられることを視力1.0という。したがって，視角1度＝視角60分なので，注意の解像度を視力で表せば 1/60 = 0.017 程度であるといえる。

　視覚の解像度でいえば，視野の中心のほうが細かい違いが分かる。そのため，視野の中心と周辺で文字の見えやすさを同じにするためには，周辺では大きい文字を呈示しなければならない。注意の解像度についても同様に，視野の中心と周辺で1つ1つの刺激に対して注意の向けやすさを同じにするならば，周辺では間隔を広くとる必要がある。視野内のさまざまな位置での注意の向けやすさを測定し，結果を反映させて作成されたものが図2-25である。この図を約14cm の距離で観察すると，中心を凝視したまま，それぞれの同心円でそれぞれの黒丸ひとつひとつに注意を向けて追うことができるだろう。たとえば，中心の＋を凝視したまま，最も外側のリングから1つ選んで，そこから注意だけを時計回りにシフトさせて隣の黒丸，さらにもう一つ隣の黒丸というように追うことができるだろう。周辺のほうが中心よりも解像度が低いことに加えて，

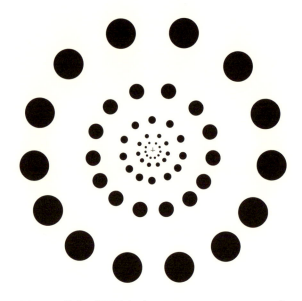

図 2-25　注意の視野分布（Intriligator & Cavanagh, 2001）

　注意の解像度と視野の関係にはもう1つの特徴がある。この図を上下逆さまにすると，この注意での追跡はやりにくくなるはずである。この図は注意の解像度は下視野で高いことを反映させて作られており，上下を入れ替えると上視野で注意の解像度の限界を超えてしまうため，追跡は困難になる。
　注意の解像度は上視野よりも下視野のほうが高いことは，He, Cavanagh, & Intriligator（1996）の実験で明らかにされた。被験者は凝視点を見つめたまま，縦5つのうち中央の文字を弁別した（図 2-26a）。結合探索条件と特徴探索条件が設けられ，結合探索条件では，縦と横の線分の組み合わせが，ちょうどTを右に90度倒した形か否かを判断した。特徴探索条件では，線分が／か否かを判断した。標的の上下に2つずつ，妨害刺激が呈示されている。被験者は下の凝視点を見てこの課題を行えば上視野で探索していることになるし，上の凝視点を見て行えば下視野での探索になる。この実験結果が図 2-26b に示してある。特徴探索条件では上下視野での判断成績に差はなかったが，結合探索条件では下視野で行ったときのほうが好成績だった。特徴探索条件で1つの次元（方位）だけで異なるものをみつける場合は詳細な注意（時間のかかる再回帰分析）は不

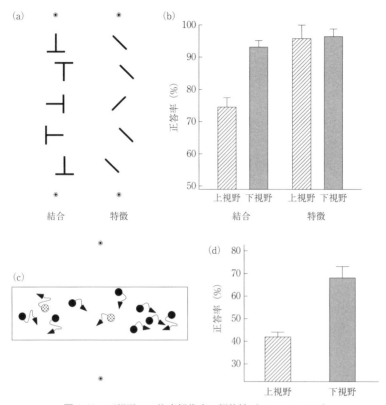

図 2-26 下視野での注意解像度の優位性（He et al., 1996）

要であるが，単純な特徴の組み合わせを判断するときは注意の焦点を向ける（詳しい再回帰分析をする）必要があり，下視野ではこうした注意を使う分析がしやすくなっている．このような下視野の優位性は，物体追跡課題（図2-26c）でも生じた．この課題では，小さな円がいくつも画面内に呈示されており，これが当てずっぽうな方向へ動き回る．ちょうど水槽の中の金魚が泳ぎ回るような画面である．試行の最初に，追跡すべき複数の円にしるしが出る．被験者はその円を覚え，全ての円が動き始める．何十秒か経ってから円が一斉に運動を止めたとき，被験者はどの円が追跡すべきものだったかを，指し示して答える．この課題を下視野で行うときは，上視野で行うときにくらべて成績が低い．

2.8 注意をズームレンズに喩える

　注意はスポットライト幅が固定されたビームと考えるよりも，負荷や課題に応じて焦点のサイズを変えるズームレンズに喩えることが適切かもしれない。注意のズームレンズモデルを導いた実験として，LaBerge（1983）の研究がよく知られている。被験者は第1課題，第2課題を連続して行った。第1課題は注意の構えを決めるための操作であり，3種類が設けられた。1つは横一列5文字のうち，中央の文字を弁別する課題であった。さらにこの課題は2つに細分化されており，この5文字が非単語である条件と，意味を持つ単語である条件があった。3つ目の条件は，5文字が意味を持つ単語であって，この単語が人名（たとえばALICE）か，そうでないか（家具，楽器，住居のタイプ）を判断する課題であった。第2課題は注意がどの程度広がっているかを調べるためのプローブであった。単語から次の画面に切り替わり，文字の出ていた5カ所のどこかに数字の7があれば反応し，TまたはZが呈示されていれば反応しないというGo/No-go課題であった。実験の結果は，課題に応じて文字列全体や特定の位置に注意の範囲を変更できることを示していた。単語の種類を判断するときはプローブがどこに出ても同程度の反応時間であったのに対し，中央の1文字だけを答える条件では，プローブ数字が中央に出たときに反応時間はもっとも短く，端の位置のほうが長かった。さらに，この結果は5文字が単語であるときには判断が遅かった。LaBerge（1983）は，単語全体を判断するときは広く，中央の1文字を判断するときは狭くなるように，注意の範囲を変えることができると述べた。

　同様に，注意はズームレンズのようなものだという考え方は他（Eriksen, & St. James, 1986; Klein & McCormick 1989）にもあり，探索画面が呈示されてすぐの時点では全体に荒く焦点を向けていて，焦点を少しずつ絞ってゆくという考え方は既にEriksen & Hoffman（1972）が提案している。手法は異なるが，Zelinsky, Rao, Hayhoe, & Ballard（1997）は視覚探索中の眼球運動を測定して，注意は探索の過程で範囲を絞り込んで行くことを示している。図2-28のように，テーブルの上の物体を探すとき，テーブル手前のxの位置から凝視をシフトさせてゆく。最初の凝視は物体がありそうな位置（□）の幾何学的配置の中心に飛ぶ。そして次に片側のグループ，そして最後に1つの物体へと徐々に

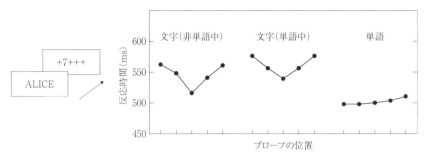

図 2-27 注意はズームレンズのように焦点幅を変えられる（LaBerge, 1983）

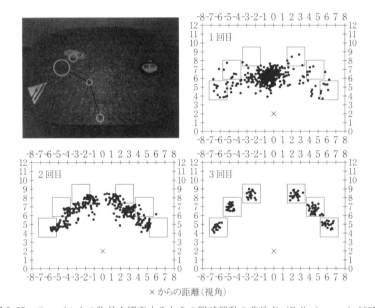

図 2-28 テーブル上の物品を探索するときの眼球運動の着地点（Zelinsky et al., 1997）

絞られてゆくことから，注意の範囲は固定ではなく，探索の過程で変化してゆくことを示唆する。

　注意は2次元平面だけでなく，奥行き方向にも広がっていることを示す知見がある（Downing & Pinker, 1985; Andersen & Kramer, 1993; Bourke, Patridge, & Pollux, 2006; Theeuwes & Pratt, 2003）。さらに，身体からの距離に応じて空間表象が異なるという考えに一致して，注意の勾配も身体周囲の表象と相互作用

を起こすという（図 2-29）。Previc（1998）によると，身体の周辺に，自身の手の届く近傍とそれ以遠で性質が異なる 4 つの空間表象があると考えられている。Couyoumdjian, Di Nocera, & Ferlazzo（2003）は，注意も同様に分布すると考え，この境界を越えるときに余計なコストがかかると予測した。実験では長さ 2 m の細長い箱をつくり，被験者は片側から真っ暗な中をのぞき込んだ（図 2-30a）。そして被験者の目の高さに左右 1 つずつ，標的となる半透明の直方体を置き，その中の黄色い LED が光るようになっていた。自身の近傍空間が手の届く範囲だとすると，おそらくは 1m よりも向こうは近傍と近傍外の境界を跨ぐと考え，1m 以内に 2 組，それ以遠に 2 組，計 8 個の立方体を置いた（図 2-30a 下）。そして 1m のところに手がかりを呈示した。手がかりは図 2-30a の一番左にあるように 4×2 に並んだ赤い LED で示してあり，標的の位置に対応していた（右の一番上が右の一番奥の標的，左の一番下は左の一番手前の標的を意味した）。被験者は黄色い LED の光を検出し，反応時間が測定された。その結果，まず同じ近傍空間内，近傍空間外それぞれの範囲内で空間的手がかり効果が認められた（図 2-30b）。すなわち，手がかりの示す位置に標的が出たときの方が，そうでなかった場合よりも反応が速かった。加えて，手がかりと標的が近傍空間と近傍外空間の境界を跨いだとき，不一致（invalid）条件でいっそう反応時間が延長した。この結果から Couyoumdjian et al.（2003）は身体空間表象の境界を超える際にコストが生じると結論した。

　上述のように，注意の幅は固定されていると考えるよりも，範囲を変えられるズームレンズと捉えた方がよいだろう。ここは主として外的環境（負荷や課題）に応じて変化することを示した研究例を挙げた。注意の幅はこの他に，内的な状態によっても変わりうる（拡張構築理論: Fredrickson, 1998, 2004）。具体的には，ネガティブなときに比べてポジティブな情動状態のときは，注意の幅が広がるといわれている。たとえば，フランカ課題の干渉はポジティブ状態のときに大きくなる（Rowe, Hirsh, & Anderson, 2007）。そのしくみとして，ポジティブ情動が抑制制御を弱め，その結果として注意の範囲が広がるという考えが提案されている（Wang et al., 2011）。Vanlessen et al.（2013）の事象関連電位研究では，無視していれば一次視覚野での感覚応答を生じないはずの視野周辺の非注意刺激からも，ポジティブな情動状態では応答が見られた。応用的な側面に注目した研究として，Trick et al.（2012）は自動車のシミュレータ運転中にポジティブな情動状態のときに操舵操作が向上することを見出している。

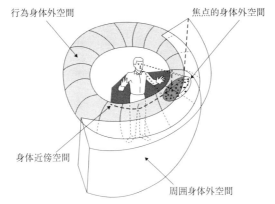

図 2-29　身体周辺の空間表象（Previc, 1998）

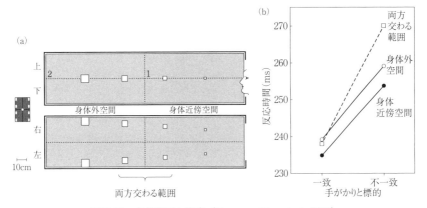

図 2-30　身体空間と注意（Couyoumdjian et al., 2003）

2.9　さらに柔軟な空間的注意の配置

　前節で注意はズームレンズに喩えられると述べたが，さらに柔軟な振り向け方もできるという研究もある。Egly & Homa（1984）の実験では同心円状に三重のリングが呈示され，リングが消えた後，リングの中心に相当する位置と，それ以外のどこか周辺に，文字が1つずつ同時に短時間呈示された。被験者はこれら2つの文字を答えた。第1の文字は常に中央に出た。第2の文字が予告

されたリングの位置に出たときは，それ以外の位置に出たときよりも正答率は高かった。これは通常の手がかり効果である。この研究のポイントとなる条件は，2番目のリングに標的が出るという手がかりに対して，内側のリングに第2の文字が出るというハズレ試行である。もし，注意がスポットライトのように2番目のリングに向くのであれば，内側のリングも同様にスポットライトの中に含まれるはずなので，手がかりが外れるコストが生じないはずであった。しかし，この場合もコストが生じたため，注意は2番目のリングだけにドーナツ状に向けられていたといえる。なお，この結果はBleckley, Durso, Crutchfield, Engle, & Khanna（2003）も再現している。彼女らは同じ実験で作業記憶の容量も測定しており，容量が大きい被験者のみがこのようなドーナツ状の注意配置になっており，容量の小さい被験者ではスポットライト状になっていたことを見出した。

のちに，Müller & Hübner（2002）は定常状態視覚誘発電位（steady state visually evoked potential, SSVEP）を用いて，柔軟な形に注意を向けることができることを見出した。SSVEPとは，点滅する視覚刺激によって誘発される定常的な事象関連電位の成分である。SSVEPは点滅する刺激の周波数に同期する。そのため，2つの刺激が違う周波数で点滅していれば，それぞれの刺激に対応したSSVEPを周波数成分に分解することで別々に取り出すことができる。この特性を生かして，彼らは視覚的な分解能が低いという事象関連電位測定法の弱点を克服し，刺激どうしの位置が近くてもどこに注意できているかがわかる手法を編み出した。点滅する刺激に注意を向けるとSSVEPの振幅が増大することがわかっていた（Morgan, Hansen, & Hillyard, 1996）。そこでMüllerらは，大きい文字の上に小さい文字を重ねて逐次呈示し，それぞれを違う周波数で点滅させた。もし単純なスポットライトしか当てられないのであれば，小さい文字系列に起因するSSVEPはどちらのサイズの文字系列に注意していようとも同じはずである。単純なスポットライトであれば，小さい文字系列に注意すればその系列が，また大きい文字系列に注意したときは大小両方の文字列がスポットライトに当たるため，同様にSSVEP振幅は増大するだろう。被験者の課題は指示されたサイズの文字系列に注意し，そこに現れるHを検出することであった。実験の結果，注意したときだけ小さい文字系列のSSVEP振幅が増大したことから，単純に注意した領域内全てを選択してしまうようなスポットライトではなく，大きい文字と小さい文字を区別するという柔軟な選択ができて

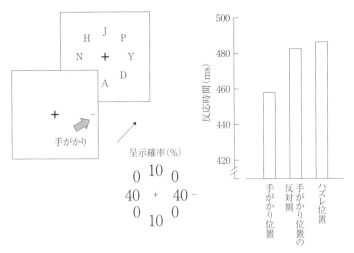

図 2-31 空間的注意を分割できるか（Eriksen & Yeh, 1985）

いたことを示唆する。

　注意のスポットライトは分割できるのだろうか。Eriksen & Yeh（1985）の実験では，手がかりとして短線分が150ms呈示され，被験者は続いて呈示される文字（SかY）を弁別した。このとき，標的が出やすい位置が2カ所あった。1つは手がかり位置で，40%の確率で標的が出た。もう1カ所は画面中央を挟んだ手がかりの対角の位置で，ここにも40%の確率で出た。その他，手がかりから90度ずれた位置にも10%ずつの割合で標的が出ることがあった（図2-31）。もし，被験者が手がかり位置とその反対側に注意を分割できれば，出にくい10%の位置に比べてこれらの場所で反応時間が短いはずである。しかし，実験の結果，手がかりの対角に出た標的への反応時間は，出にくい位置と差はなかった。したがって，注意は分割不可能という結果だった。

　同様に，Heinze, Luck, Munte, Gos, Mangun, & Hillyard（1994）は事象関連電位を用いて注意の分割を調べた。被験者は凝視点の左右に2つずつ，水平に並んで同時に出現する刺激のうち2つに注意を向けておき，それらが同じ形ならば反応した。注意する位置は隣り合わせに並んでいることもあれば，無視すべき刺激を1つ挟んでいることもあった。被験者はこの他に，注意された位置や，無視している位置にプローブ刺激（短線分）が出たらすぐに答える必要も

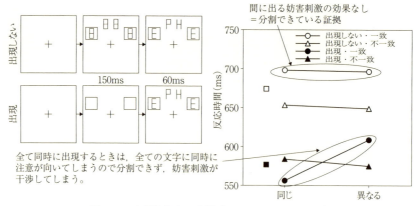

図 2-32　空間的注意の分割（Kramer & Hahn, 1995）

あった。この実験のポイントは，注意位置に挟まれた，非注意位置に呈示されたプローブ刺激に対する最初の陽性成分（P1）の変調であった。もし，注意が分割できれば，注意位置に挟まれた非注意位置では P1 振幅の変調は起きないはずである。この予測に反して，P1 振幅の変調はプローブが注意位置に出たときと，注意位置に挟まれた非注意位置に出たときに起こったが，それ以外の位置では P1 の変調は起こらなかった。この結果は，注意は 2 カ所に分割できないことを示している。

　しかし，その後，少なからぬ数の研究者がさまざまな方法を使って注意のスポットライトは分割可能であると主張するようになった（Castillo & Umiltà, 1992; Awh & Pashler, 2000; Kawahara & Yamada, 2006; Müller et al., 2003 など）。それらの中でも代表的なものとして知られるのが，Kramer & Hahn（1995）の研究である（図 2-32）。彼らはまず，中央の凝視点から同じ距離になるように 4 カ所に文字を呈示した。そのとき事前に，位置の目印として「日」のような記号を呈示した。そしてこのうち何本かの線分を消して，E や P，H という文字が現れるようにした。被験者はこの 4 カ所のうち，四角で囲まれた 2 カ所の文字が同じか異なるかをすばやく答えた。この実験は反応の干渉を利用していた。標的の 2 文字の異同を答えるとき，注意のスポットライトが 4 文字全体に広がってしまうならば，間に出る文字が標的と異なる文字のときは反応の妨げになると予測される。一方，注意のスポットライトが標的位置のみに分割で

2.9 さらに柔軟な空間的注意の配置

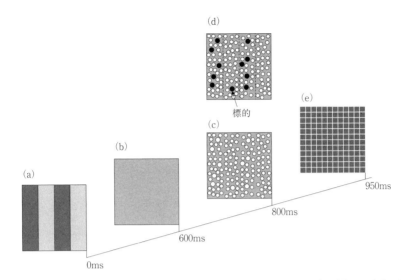

図 2-33 注意の分割を調べる課題（Gobell, Tseng, & Sperling, 2004）。(a) の画面では赤と緑の領域が交互に並んでいる。

きるならば，間に出る文字は何であろうと反応に影響しないはずである。実験の結果，間に出る妨害刺激の干渉効果はなかったことから，注意が分割できていたことがわかった。もちろん，干渉効果が小さすぎて検出できない可能性を排除するために，Kramer & Hahn は文字の位置の目印としての「日」の記号を出さない条件を設けていた。このときは4つの文字が突然出現することになり，出現するものは注意を引きつけるという特性があるため，あらかじめ左右の2カ所に注意を分割していても，出現した4文字に強制的に注意が向いてしまい，妨害刺激が標的と不一致のときは反応が遅延した。したがって，出現しないもともとの条件で干渉効果が起こらなかったのは，そもそもそういった効果が出にくい刺激を使っていたからではなく，注意が2カ所に分割できていた証拠であると結論できる。

Gobell, Tseng, & Sperling (2004) は図 2-33 のような刺激画面を開発した。被験者はあらかじめ決められた色（赤または緑）の部分に注意を向けた（図 2-33a）。この色つきの刺激は 450ms 呈示され，その後 150ms かけて徐々に灰色に変化した（図 2-33b）。その 200ms 後，探索すべき画面が呈示された。こ

の画面には縦横12個ずつ，合計144個の円が含まれており，被験者はこのうち注意した領域に1つだけ出る大きい円の位置を答えた．被験者は小さい円と，注意しない領域に出る大きな円を無視しなければならなかった．注意すべき範囲も操作され（図2-33の例では4分割したうちの2つ），最小で2分割のうちの片方から，最大で12分割したうちの6つまでが用意された．実験の結果，分割数が荒いときは，間に無視すべき領域があったときでも定位成績は極めて高く，空間的に離れた位置にも注意できることがわかった．しかし，この課題は注意すべき位置を記憶して遂行できる（Jans, Peters, & Weerd, 2010）ため，実験の結果は純粋な空間に基づく選択よりも，作業記憶の特性を反映している可能性がある．実際に，Gobell et al. の実験では，観察距離を倍にしても分割数が同じであれば標的円の定位成績はほぼ同じであった．これは空間的要因が定位成績の主要因になっていないことを意味しており，純粋な空間的注意の分割を示した知見であるとは言えないかもしれない．

　ほかにも，Awh & Pashler（2000）や Franconeri, Alvarez, & Enns（2007）は空間的手がかり，Müller, Malinowski, Gruber, & Hillyard（2003）は SSVEP，Kawahara & Yamada（2006）は注意の瞬きおよび見落とし回避という手法や現象を用いて，注意が分割できることを示した．Müller et al. の実験では，異なる時間周波数で点滅する小さい枠を凝視点の左右に2つずつ，水平に並ぶように呈示して，このうち2つに注意させた．それぞれの枠の中には赤い図形が入っていて，4カ所同時に181msごとに更新された．この図形のうち，注意した2つの枠のものが一致したら被験者はボタンを押して答えた．注意する2つの枠が隣り合っている条件と，間に注意しない枠を挟んでいる分割条件があった．実験の結果，分割条件では，標的刺激へのSSVEPは間の位置にでた注意しない枠へのSSVEPよりも振幅が大きかったことから，注意は分割できるといえる．ただし，同じ手続きで片側の視野内だけで縦に4カ所の枠を並べて行った実験（Malinovski, Fuchs, & Müller, 2007）では，下視野では注意している場合でもSSVEP振幅の増大が見られず，注意の分割が常に起こるとは言えなかった．これは上下の視野で注意の解像度が異なるため，無視している位置でも刺激の顕著さが上がっていたせいで曖昧な結果になったという可能性がある．

　次に紹介するのは，行動実験とfMRIによる脳活動計測によって注意が分割可能であることを示した研究（McMains & Somers, 2004）である．この研究では，被験者は画面の中央と四隅に高速逐次視覚呈示される文字の系列を見なが

2.9 さらに柔軟な空間的注意の配置

ら，同時に2つの系列に注意を向け，注意している2系列でときどき同時に表れる数字が同じか異なるかを判断した（口絵図2-34；この例では左上と右下に注意している）。このとき，注意する2系列は中央を挟んで対角の位置であった。そうすることで，注意が中央も含む楕円状の範囲に向けられるのか（図2-34a），あるいはこの2系列のみに分割して向けられるのか（図2-34b）が区別できる。比較のために，1系列だけに注意し，あらかじめ記憶した標的の有無を報告する統制条件も設けられた。一次視覚野と線条前野の一部の活動をみると，2つの系列に注意したときはそれらの位置に相当する皮質活動のみが得られ，中央に相当する部分での活動は見られなかった。これらの結果は，注意は同時に2カ所に分割できることを示している。

同時に複数の物体を追跡することが可能であるという知見（Alvarez & Cavanagh, 2005; Flombaum, Scholl, & Pylyshyn, 2008）も，注意の分割の証拠であるといえるだろう。注意の解像度の上下視野差を紹介した箇所で述べたとおり，一度に4個程度の物体を追跡でき，追跡する数を増やすと効率も下がる（d'Avossa, Snyder, Shulman, & Corbetta, 2006）ことから，複数物体の追跡には注意が関わっているといえる。ただし，Pylyshyn（2007）は，最初にどの物体を追跡するかが示されるときに，視覚的な見出し（fingers of instantiation, FINST）が作られ，それをもとに追跡され，注意は直接は関わっていないと考えている。また，充分に離れていれば，単独の物体を追跡するのと同じくらい容易に複数の物体を追跡できる（Franconeri, Jonathan, & Scimeca, 2010）ことから，物体追跡を注意の分割とは見なさない立場もある。

複数の箇所で同時に感覚処理を遂行可能であると考えるモデルはLaBerge & Brown（1989）も提案している。ただし，これは複数の位置に注意を向けられることを意味するわけではない。彼らのモデルでは，同時にできる処理はいわゆる前注意的プロセスであって，その感覚処理の結果として生じる表象が閾値を超えると，その位置に注意が向けられると考えられている。この考え方は，第4章で述べる視覚的注意・視覚探索の理論での顕著性マップの概念に類似している。

これまでに解説した研究の多くは，注意を同時に複数の箇所に分割できることを示唆している。しかし，注意を扱う研究者の誰もが疑いなくこれに合意できるレベルにあるとは言いがたい。Jans et al.（2010）は膨大な行動，電気生理，fMRI研究をレビューし，「一度に空間的に注意を分割できるかはいまだに審

議中」という題目の論文を刊行した。彼らによると，以下の問題点を全てクリアした研究はないという。その問題点とは，課題が簡単すぎる，呈示時間が長く注意の再配置が可能になってしまう，マスクされていない，配置が悪く本当に間の位置が排除できていたかが確かめられない，手がかりから標的までのSOAが不適切，課題が特殊で広い意味での注意の分割に一般化できない，位置以外の手がかりが使えてしまう，同半球内での分割を示していない等である。したがって，現時点では空間的に注意が分割できるとは確実には結論できないという。

ここまで論じてきたように，注意を空間的に分割できるか否かに関しては，現時点では否定的に捉えたほうがよいかも知れない。もし注意を空間的に分割できるならば，いつもそうしているはずで，何かを探すときに標的候補をひとつひとつ探したりはしないだろう。そもそも注意がもつ選択という機能は，一度に多くのものごとを処理できないというボトルネックを回避するための手段の一つである。したがって，これが複数に分割できるということになると，そもそものボトルネックが存在しないことになってしまう。そのため，空間的に注意が分割できるという主張は「大げさすぎ」(Wright & Ward, 2008)で，そう主張している研究，実験条件の下に限った話にすぎないかもしれない。

2.10 注意が向いたところでは何が起こっているか

注意が向いたところでは，知覚の感度が上がり (Handy, Kingstone, & Mungan, 1996; Carrasco, Penpeci-Talgar, & Eckstein, 2000; Smith, 2000)，正答率向上や反応時間の短縮 (Cheal & Lyon, 1989; Reeves & Sperling, 1986; Carrasco & Heshurun, 1998; Luck, Hillyard, Mangun, & Gazzaniga, 1994) がみられる。もちろん，反応時間の短縮だけではその背後で何が起こっているかを直接知ったことにはならない。先述の再回帰処理のモデルでいうと，いくつかの水準で反応時間の短縮が起こりうる。注意をある空間に向けるということは，もっぱらその位置での知覚分析を行い，他の位置では知覚分析をしないことを意味する。注意が向けられるということは，言い換えれば重み付けが変わるということであり (Kinchla, 1992; Reynolds & Desimone, 1999; Wolfe, 2014)，注意を向けた位置で入力された視覚情報と，記憶との再回帰式の照合が重点的に行われる。

皮質活動のレベルで見ると，注意した位置での応答は非注意位置よりも強い

2.10 注意が向いたところでは何が起こっているか

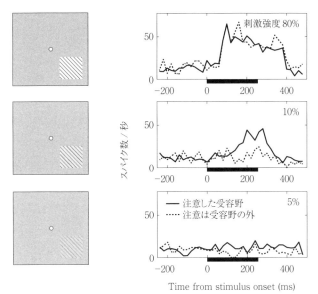

図 2-35 左側の画面をサルが見ているときの V4 細胞の活動記録
（Reynolds, Pasternak & Desimone, 2000）

（Fries, Reynolds, Rorie, & Desimone, 2001; Gandhi, Heeger, & Boynton, 1999; Spitzer, Desimone, & Moran, 1988）。外側膝状体でも注意位置での刺激への応答は非注意位置への応答よりも強い（Treue & Maunsell, 1999）。たとえば，図2-35の横軸は時間を示しており，黒線の時間帯に左列のような刺激画面をサルが見ているときのV4細胞の細胞発火頻度を縦軸に示している。縞模様はこの細胞の受容野に入るように呈示され，何段階かのコントラストが用意されていた。中段のように刺激強度が弱い場合（10%コントラスト），サルがこの縞模様とは別の位置に注意を向けているときはこの細胞は全く応答しなかった。しかし，同じ刺激であっても，サルが受容野内の縞模様が出る位置に注意を向けているときはこの細胞には応答が生じた。ただし，注意は常に一様に応答を増幅するわけではない。下段のように刺激がこの細胞の応答閾を下回っているときや，上段のように強度が非常に強いときは，こうした注意による変調効果は生じない。

　知覚的なレベルでは，信号の増幅（Cameron, Tai, & Carrasco, 2002; Carrasco,

Williams, & Yeshurun, 2002) や注意を向けていないノイズ情報の低減 (Lu & Dosher, 1998; Baldassi & Burr, 2000) が起こると考えられる。その結果として，たとえば Downing (1988) は，輝度検出，明るさの弁別，方位判断，形状の弁別課題を使って，標的が近いほど手がかりの効果が大きく生じることを示した。Carassco & McElree (2001) は，反応 – 信号・速度 – 精度トレードオフ (response-signal speed-accuracy tradeoff; SAT) 手続きを使って，外発的手がかりによる空間的注意は信号を増幅し，弁別性を上げるだけでなく，情報処理の速度を加速させることで動的な環境からの情報取得効率を上げることを見出した。彼女ら (Giordano, McElree, & Carrasco, 2009) はこの手続きを内発的手がかりにも適用し，同様に弁別性の向上と情報処理の促進が起こることを示した。注意による信号の増幅は ERP (Hillyard & Anllo-Vento, 1998) や fMRI (Pessoa, Kastner, & Ungerleider, 2003; Yantis & Serences, 2003) を用いても観察される。

　信号増幅の結果として，様々な効果が生じる。以下では見かけ上の変化，順序の知覚，運動の錯視について見てゆこう。まず，見かけ上の変化として，注意することでコントラストが上がったように知覚されることを Carrasco, Ling & Read (2004) は発見した。彼女らは図 2-36 のように，画面の左右いずれかに外発的に注意を向けさせるために，黒い点を手がかりとして約 70ms 呈示した。その 100ms 後に格子図形を左右に 1 つずつ呈示した。片方の格子（標準刺激）は閾値ぎりぎりのコントラスト (6%) で呈示し，もう一方の格子（テスト刺激）はそれよりも高いコントラストのものも低いものも用意し，被験者には左右どちらに何が出るかは予測できなかった。手がかりの位置もその後の格子刺激のコントラストとは無関係になっていた。被験者の課題は，左右どちらか，コントラストが高いと思うほうの格子が左右どちらに傾いているかを判断することであった。被験者は手元にある左右 2 対のキーのうち，コントラストが高いと思う側の正しい傾きを選んだ。統制条件として，刺激が出るタイミングだけを知らせる中性手がかり条件も混ぜてあった。

　実験結果は図 2-37a で，縦軸はテスト刺激のほうが標準刺激よりもコントラストが高いと判断する割合を示している。横軸はテスト刺激のコントラストである。テスト刺激のコントラストが低いときは標準刺激よりも明らかに低コントラストに見えるので，被験者はこの刺激を選ばない。縦軸が 50% のところが主観的等加点（テスト刺激が標準刺激と同じコントラストに見えるところ）であり，ちょうどこのときのテスト刺激のコントラストが 6% あたりにあり，標準

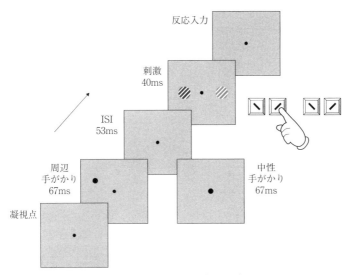

図 2-36　注意することで見かけ上のコントラストが高まる（Carrasco, Ling, & Read, 2004）

刺激にほぼ一致している。テスト刺激のコントラストを上げてゆくと，それが選ばれる割合が増える。●はテスト刺激に手がかりが出たときであり，テスト刺激は標準刺激よりも低いコントラストで主観的には同じコントラストに見えていることを意味している。すなわち，3.5％コントラストの格子刺激に手がかりが出ると，標準刺激と同じコントラストに見えたことを示している。また，標準刺激側に手がかりが出たときは逆に，テスト刺激のコントラストを上げてやらないと標準刺激と同じコントラストには見えないことを示している。すなわち，6％コントラストの刺激に手がかりが出たときは，テスト刺激を8.5％コントラストにしてやってようやくつり合うことを意味している。図2-37bはこの注意効果がどう見えるかを図で示したものである。この実験では，左側に手がかりが出ると，中央の刺激と同じコントラストに見え，中央に手がかりが出ると右側と同じコントラストに見えるだけの注意による見た目の変化が得られたことになる。

　空間的注意によって知覚の感度が上がり，情報処理速度が上がれば，呈示された刺激の順序の知覚も影響を受ける（Shore, Spence, & Klein, 2001）。Stelmach & Herdman（1991）は，被験者に2つの刺激の順序判断を行わせた。2つの刺

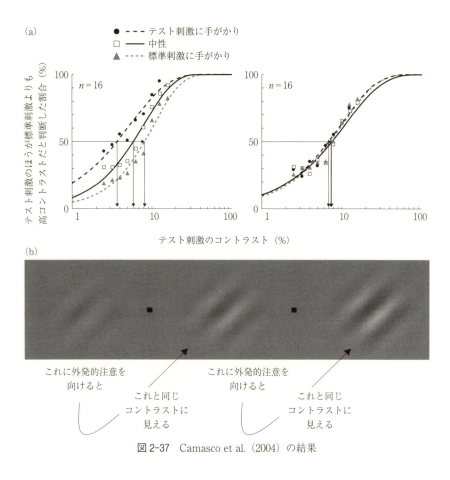

図 2-37　Camasco et al.（2004）の結果

激の出現が同時のとき，注意が向けられた刺激のほうが非注意側に比べて，先に呈示されたように知覚された（Schneider & Bavelier, 2003 も同様）。Hikosaka, Miyauchi, & Shimojo（1993）は，凝視点の左右両側に線分を呈示した。両者が同時に呈示されれば，被験者はどちらが先に出たかわからず，左右それぞれほぼ 50％ の割合で選ぶ。しかし，片側に光点手がかりを 150ms 先に呈示しておくと，たとえその後の線分が両方同時に出現したとしても，手がかり側の線分が先に出たと答えるようになる。この手がかりの効果を打ち消すためには，手がかりが出ていなかった側の線分を 30-70ms 先に呈示しなければならなかった。この結果は，手がかりを呈示することで，その反対側よりも 30-70ms 早

2.10 注意が向いたところでは何が起こっているか

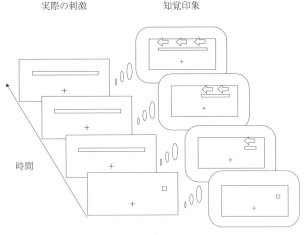

図 2-38 線運動錯視

く線分が知覚されたことを示唆している。

空間的手がかりの出た位置での局所的な知覚処理の促進は線運動錯視と呼ばれる現象を生じることもある。短い時間手がかりを呈示したあとに直線を呈示すると，この直線は手がかり側からその反対側へ伸びてゆくような運動が知覚される（図2-38）。この直線は瞬時に一度に全体が呈示されている。そのため，光点を呈示しないときは伸びる運動は知覚されず，単に出現したようにしか見えない。Hikosaka et al. (1993) は，光点が先に呈示されることで生じる運動の錯視を，注意による局所的な情報処理の促進という考え方で説明した。直線が実際に右から左へ少しずつ伸びるように描かれたときは，視覚情報は V5/MT 野のような運動検出器に先に呈示された部分から伝わって行くため，この時間ずれを運動検出器が取りだして実際に運動が知覚される。一方，光点が先に呈示され，そのあと直線が一度に呈示された場合は光点の付近で知覚の感度が上がり，結果として一度に呈示された線分でも光点に近い位置ほど先に運動検出器に伝わる。注意は手がかり位置で最も強い効果を持つ（Downing, 1988; McCormick & Klein, 1990）。そのため，運動が実際に呈示されたときのような情報伝達の時間ずれが起こり，運動の感覚が起こるのだろう。実際に Jancke, Chavane, Naaman, & Grinvald (2004) は運動する刺激と，線運動錯視を生む光点と線分のペアを使ってネコの視覚皮質を光学的イメージング法で測定した

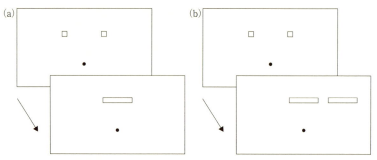

図 2-39 線運動錯視を仮現運動で説明する（Downing & Treisman, 1997）

ところ，皮質の活動は非常に似通っていた。

この現象が注意による空間的な情報処理の促進によって起こっているのだとすると，すでに述べた2タイプの注意の性質がこの錯視の起こり方に反映されるはずである。実際に，光点が予期できない位置に突然出現するという手がかりを用いると，線運動錯視は50-100msでピークに達するという外発的注意の特性に一致した効果が見られた（Hikosaka et al., 1993a）。内発的注意に関しても，同様の効果が生じる。被験者には赤色に注意するよう教示しておき，片側に赤，反対側に緑のパッチを先に呈示して，その間に直線が重なるように呈示すると，線運動錯視が起こるまでには約300msを要し，内発的注意の時間特性に一致する（Hikosaka et al., 1993b）。これらの性質を利用して，この錯視は空間的注意の指標として用いられることがある（Ghorashi, Jefferies, Kawahara, & Watanabe, 2006; Kawahara, 2002; Yamada, Kawabe, & Miura, 2008）。

一方で，この錯視は注意とは無関係であり，これは仮現運動の一種にすぎないという主張もある（Downing & Treisman, 1997; Kawahara, Yokosawa, Nishida, & Sato, 1996）。たとえば，Downing & Treisman（1997）は2つの光点を少し離して呈示して，その150ms後に光点の間に直線を呈示した。このとき直線は両側から中央に伸びるように知覚された（図2-39a）。これは光点に注意が引きつけられたことによる処理の促進でも説明できるだけでなく，2つの刺激が適切なタイミングで順番に呈示されたとき，両者の間に運動が知覚されるという仮現運動でも説明できる。仮現運動は2つの刺激が形や色で大幅に異なっていても生じる（Kolers, 1972）。ところが，2画面目に中央の直線に加えて，同

じ直線を右側にもう一つ呈示すると，今度は中央の直線は左から右へ伸びるように知覚されるようになった。この結果は仮現運動の見方に一致して，図2-39bは光点と直線が1対1の対応をとることができるため，光点が消えて直線が出現することで，それぞれの直線を右側へ伸ばす運動を生じると説明できる。もし注意が処理の促進を起こすならば，2つの光点と左側の直線の空間的な関係は図2-39aと同じであるため，左側の直線は両端から内側へ伸びるように見えるはずであった。そのような運動が見えないという結果は，この現象は外発的注意による局所的な処理の促進以外の関与があることを意味する。また，注意の復帰の抑制が起こるときでも，線運動錯視は生じるという結果（Schmidt, 1996）は，外発的注意がこの錯視の原因であるという見方には一致しない。

さらに，Cristie & Klein（2005）は内発的注意では線運動錯視は生じないことを報告している。同じ色のマーカーを左右に呈示し，画面下の凝視位置に呈示した左または右を指す矢印で内発的注意を向けさせると，線運動錯視は生じなかった。ただし，Bavelier, Schneider, & Monacelli（2002）は視線方向で注意を向けたときは線運動錯視が生じることを示した。したがって比較的高次な手がかりで注意を向けたときに線運動錯視が生じるか否かについては見解が分かれる。

空間的注意は位置の分析にも影響しうる。図2-40のように，外発的手がかりを用いてある位置に注意を向け，その後に標的線分を短い時間呈示し，最後に逆向マスクをかけ，水平方向のずれを被験者に報告させると，標的線分は実際よりも手がかりから遠ざかった位置に呈示されたように知覚された（注意の反発効果，Suzuki & Cavanagh, 1997）。これは内発的手がかりでも生じる。また，位置弁別判断だけでなく，マウスや指で定位させても起こる（Pratt & Turk-Browne, 2003）。Suzuki & Cavanagh（1997）はこの反発効果は，注意によって位置を表象している座標系が歪むために起こると考えた。しかし，これは手がかりの後から呈示された側に標的線分がずれて見えているともいえる。そのため，この効果は手がかりから標的線分へ注意がシフトしすぎているのかもしれない（Yamada, Kawabe, & Miura, 2008）。この考えに一致して，Ono & Watanabe（2011）は手がかりを標的線分の後に呈示したところ，標的線分は手がかり側に引き寄せられて見えていた。彼らはその他のタイプの定位エラー（たとえばMateeff & Gourevich, 1983; Müsseler, van der Heijden, Mahmud, Deubel, & Ertsey, 1999; Sheth & Shimojo, 2001）も同様の注意のシフトで説明しうると指摘し

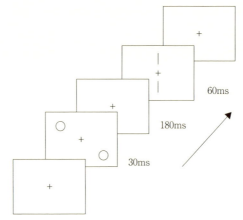

図 2-40　注意の反発効果（Suzuki & Cavanagh, 1997）

ている。

　注意は信号の増幅だけでなく，不要な情報の抑制もできる。一次視覚野の細胞がもつ受容野は視角で1度程度と小さいが，高次の視覚皮質ほど受容野が大きくなってゆく。顔や物体の認識に関わる下側頭皮質の細胞ではかなりの広範囲（視角で30度程度）をカバーするので，ひとつの細胞の受容野内に入る刺激の数が多くなり，競合してしまう。空間的注意はこうした競合を減らす働きがある。このことを初めて発見したのが Moran & Desimone（1985）である。彼らはサルのV4の神経細胞の受容野内に2つの刺激を呈示した。1つはその細胞の適刺激（この細胞から最適の応答を引き起こす属性をもつ刺激），もう1つは応答をほとんど起こさない刺激であった。サルが一方の刺激を同定する一種の遅延マッチング課題を行ったところ，この神経細胞は適刺激に注意していたときは活発に応答した。しかし，受容野内に呈示されている刺激は全く同じで，注意だけをもう一方の刺激にシフトさせた後は，この神経細胞はほとんど全く活動しなかった。こうした選択性は腹側経路の他の領野でも見つかっている（Sheinberg & Logothetis, 2001）し，背側経路でも見つかっている（Recanzone & Wurtz, 2000）。

　図 2-41 は Reynolds & Desimone（1999）が見出した V4 神経細胞の受容野内に複数の刺激があるときの選択性を示した知見である。一番上の実線は適刺

2.10 注意が向いたところでは何が起こっているか

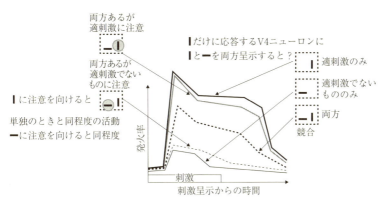

図 2-41 注意による神経活動の変調 (Reynolds & Desimone, 1999)

激が単独で受容野内に呈示され，注意が別の位置に向いているときの活動頻度である．一方，一番下の細い線は適刺激ではない刺激に対する活動頻度である．これらの刺激が同時に受容野内に呈示されたときは，注意がどちらにも向けられていなければ活動頻度は下がっており，競合が起きている．しかし，このときに適刺激に注意が向くと，競合は低減され (70-80%; Reynolds, 2005)，適刺激が単独に呈示されたときの活動に近くなる．一方，不適刺激に注意が向くと，この神経細胞の活動が減少し，それが単独で呈示されたときに近くなる．これはある刺激を選択するときに他を抑制するという考え方 (Desimone & Duncan, 1995; Itti & Koch, 2000) に一致する知見である．

こうした位置に対する選択性について，Womelsdorf et al. (2006) は注意によって受容野内で応答が劇的に変化することを示した．実験ではサルがMT皮質にある神経細胞の受容野にある2つの刺激の一方 (S1, S2)，もしくはこの受容野の外側で反対の視野にある位置 (S3) に注意しているとき，途中で呈示するプローブ刺激に対する神経活動頻度を記録した (図 2-42b)．まず，手がかり刺激として静止した光点パターンが出て，サルはこれに注意を向けた (この例ではS1の位置)．そして，S1，S2 または S3 の位置に，この細胞の適刺激ではない方向へ運動する無作為光点が呈示された．サルは凝視点を見たまま，これらの運動が一瞬方向を変えるタイミングを検出した．サルがこれら3カ所のうち1つに注意を向けている間，プローブ刺激として，同じ大きさの無作為

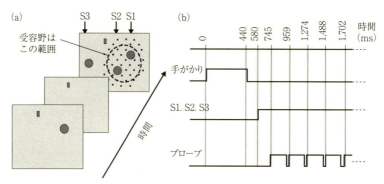

図 2-42 受容野内で注意によって応答が大きく変化する（Womelsdorf et al., 2006）

　光点を，適刺激とする運動方向で受容野内の 50 カ所程度のさまざまな位置に呈示し，その応答を記録した．口絵図 2-42c は活動頻度に応じて色を変えてプロットを描いたものである．注意する位置に応じて，運動の感度が変わっていることがわかる．

第3章 特徴に基づく注意

　複数の物体の中から，ある特徴をもつものだけを探せるだろうか。この疑問は空間に基づく注意の研究に並行して，古くから注目を集めてきた。われわれは硬貨の色についての知識を利用して，小銭入れから10円硬貨を探すときには銅色のものだけを選ぶ。これは特徴に基づく注意選択の例である。前章では，手がかりで標的の位置を知ることで，標的に限った再回帰処理を行うように空間的なバイアスをかけ，認識成績を上げられる例を紹介した。同様に，位置ではなく，標的の持つ特徴次元（たとえば色）にバイアスをかけることによっても選択的な分析ができるはずである。

　本章では特徴選択的注意の研究について述べる。こうした研究は1970年代に行われた選択的に見る行為の研究（selective looking; Neisser & Becklen, 1975）の延長線上にある。さらに遡ると，注意研究の発祥である選択的聴取課題（Cherry, 1953; Moray, 1959; Treisman, 1964）を視覚課題で再現したものでもある。いずれの課題でも，被験者は数秒間から数分の比較的長い間，会話や動画を観察し，追唱したり特定のイベントをモニタし続ける。そのとき，突然呈示されたイベントが検出できるかが問われる。中でもとくに有名なものがNeisser（1979）によるもので，数名が入り乱れてバスケットボールのパスを廻す動画を観察し，シャツの色で分けられた一方のチームがパスを出したらキーを押すという課題である（第7章を参照）。しばらく経つと雨傘をさした女性が画面をゆっくり横切る映像が重ねられる。この事態で傘の女性に気づいた被験者は28人中6人だけであったという。Simonsらはこの手法を拡張し，興味深いデモンストレーションを作成している（Simons & Chabris, 1999; Simons, 2010）。これらは高次の特徴にもとづいて選択的に情報を抽出できる例であるといえる。一方のイベントに注意している限り，空間的には重なった位置に呈示されたとしても他方の変化には気づかないため，これは空間選択とは異なる形態の選択である。

3.1 抜き打ちテスト法

　特徴に基づく注意選択を調べる方法は大きく分けて3つある。1つは抜き打ちテスト法であり，被験者にある特徴に注意するよう告げておく。ポイントは，途中で被験者には知らせないで別の特徴をもつイベントを忍び込ませることである。最初に知らせた特徴に構え，選択的に注意を向けているならば，別の特徴を持つ予期しないイベントを検出できないはずである。

　この仮定に基づいて，Most, Scholl, Clifford, & Simons（2005）は，あらかじめ指定した特徴を持つ物体をしばらく（約15秒）追跡する間，特徴に基づく選択ができることを示した。彼らの実験では，被験者はコンピュータ画面上に白色と黒色の図形が4つずつ，無作為な方向へ動き回るのを観察した。そして指定された色（たとえば白色）の図形が画面の枠にあたって跳ね返った回数を数えた（物体追跡課題，第2章）。これを2試行続けた後，3試行目に被験者には知らせずに，画面中央を＋記号が直線的に数秒かけて横切った。この記号は明らかに運動方向が他の図形と異なる顕著な刺激であった。この＋記号の検出率はどちらの色に注意していたかで劇的に違っていた。黒色の文字に注意したとき，＋記号も黒色であった被験者群は検出率が非常に高かった（94%）が，白い＋記号は誰も検出できなかった。一方，白色の文字に注意したときは結果は全くこの逆のパターンであり，白色の＋は検出できたが，黒色の＋はほとんどの被験者が見落としていた。

　特徴に対して構えることによる見落としは，単純な特徴だけでなく，白人と黒人の顔といった複雑な特徴についても起こる。Most et al.（2005）らの実験では，白黒の顔写真を動かし，枠に当たった回数を数えさせた。ただし，肌の色は灰色に統一し，髪の色も髪型も同一にしてあり，白人と黒人で異なっていたのは目や鼻，口という顔のパーツだけであった。したがって，色では人種の区別はできないように統制されていた。黒人の顔に注意した被験者は，画面を横切る黒人の顔にはよく気づいたが，白人の顔は見落とした。白人の顔に注意した被験者は全くこの逆のパターンであった。

　特徴に基づく注意選択は，日常行動に近い例で示すことができる。Most & Astur（2007）では被験者の半数がドライビングシミュレータで青色の矢印に従って進んだ（口絵図3-2a）。残りの半数は黄色矢印に従った。すなわち，被

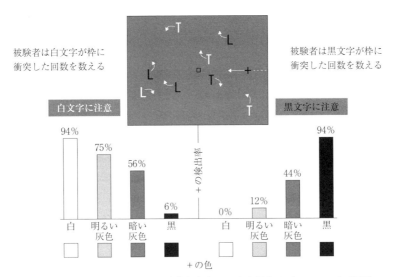

図 3-1 注意する特徴によって見落とすものが全く異なる（Most et al., 2005）

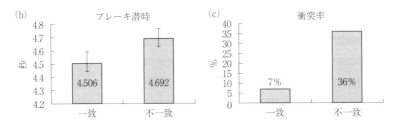

図 3-2 注意する標識の色に応じて車両の見落としが大きく異なる（Most & Astur, 2007）

験者は青色（または黄色）に知覚的な構えを設定し，注意を向けた．途中の交差点で青か黄色の二輪車が突然現れるように設定されており，被験者は衝突しないようにブレーキを踏んだり転舵して避ける必要があった．この二輪車の色は半数の被験者では従っている矢印と一致しており，残りの半数の被験者では不一致だった．実験の結果（図 3-2b, c）は明白で，構えに一致した色の二輪車に対しては，一致しないときに比べてただちにブレーキが踏め，衝突を回避できた．この結果は，ある色に構え，それに一致した情報を選択的に取り込むことによって適応的に行動できることを示している．その半面で，構えていない色は見落としてしまう．

構えていない特徴は視野の中心に呈示されたとしても見落としは起こる。Mack & Rock（1998）は非注意による見落とし課題を開発した（第7章を参照）。この課題では，被験者は画面中央に短時間呈示されてからマスクされる大きな十字を観察し，この十字の縦線と横線のどちらが長いかを答える。この課題を数試行続けていると，予期しない刺激（たとえば赤い四角形）が中央付近に呈示される。そして被験者は，いま何か十字以外に見えたかと問われる。この問いに答えると，次は十字以外に何かが現れるというヒントをもらい，再度刺激を観察する。こうすることで，十字を判断しつつ何かを探すという分割注意の状態下での異物検出ができるかを評価できる。最後に，被験者は十字を無視して，何が現れるかを知らされた状態でその新たな物体へ完全に注意して検出に専念する。これらの事態での標的物体である赤い四角形の検出について，抜き打ち試行，分割注意試行，完全注意試行の成績を比較する。抜き打ち試行と完全注意試行の成績の差が非注意による見落とし効果である。このような事態では，25%程度の被験者は視野中心近傍に呈示される抜き打ち物体を見落としていた。

　こうした手続きで特徴に基づいた注意選択を示せるが，不意を突かれたあとはどうなるのか。不意打ち法では，1試行だけの抜き打ちテストの結果を分析対象とする。そのため，基本としては1名の被験者からは1つのデータしか得ることができない。2試行目以降は被験者は不意打ちの内容を知ってしまうので，最初と同様の特徴に構えなくなってしまうためである（Asplund, Todd, Snyder, Gilbert, & Marois, 2010）。

3.2　ブロック法

　特徴に基づく注意選択を調べるもう1つの方法はブロック法である。これはあらかじめ被験者にどの特徴に注目すべきかを先行知識として告げておき，標的の検出や同定判断を求める方法である。この結果と，同じ実験ブロックをどの特徴に注目すべきかは教えないで判断させた場合を比較する。もし，特徴に基づく注意選択が可能であれば，標的次元の先行知識があるブロックのほうが判断成績が良いはずである。この方法は古くから用いられており，先述した部分報告法と組み合わせた研究が行われている。その結果，感覚レジスタから色，明るさ，大きさなどにもとづいて選択的に情報の読み出しができる（Dick,

1969; von Wright, 1968; Tuvey & Kravetz, 1970) ことがわかっている。

　視覚探索課題を用いた研究でも同様に，色や形状 (Wolfe, Cave, & Franzel, 1989)，運動 (Driver, McLeod, & Dienes, 1992)，奥行き (Nakayama & Silverman, 1986) などの特徴次元をもとに選択できることを示す知見がある。たとえば，Treisman (1988) は，妨害刺激である短い縦線分の中から標的を探す課題を課した。標的は色違い，方位違い，あるいは大きさ違いの線分であった。特徴についての先行知識を与える条件では，被験者にはあらかじめ，標的が色，方位，大きさのいずれで他と異なるかを知らせた。すなわち，あるブロックでは標的は常に色違いの線分，他のブロックでは常に方位違いというように，ブロック内で標的の特徴次元を一貫させてあった。一方，先行知識を与えない条件では，標的は唯一他とは異なる線分ではあったものの，色，方位，大きさのいずれで異なるかは知らされず，毎試行無作為に選ばれた。実験の結果，標的を定義する特徴次元を知っていた一貫ブロックの反応時間は，それを知らない無作為ブロックの反応時間よりも短かった。

　同様に，Müller らは特定の特徴次元に選択的に重み付けて標的を探索することができると考え，視覚探索の次元加重説を主張した。彼らによると，どの特徴次元を重視するかを顕在的 (Müller, Heller, & Ziegler, 1995)，もしくは潜在的 (Müller, Krumenacher, & Heller, 2004) に知っていれば探索しやすくなるという。実際に，Müller, Reimann, & Krummenacher (2003) では，それぞれの試行が始まる前に言語手がかりによってどの次元で標的が他とは異なっているかを知らせることで，探索成績は向上した。

　これらの例は標的次元についての知識に基づく特徴選択ができることを示している。その一方で，赤，緑というような特徴の値を知っていることは特徴選択に役立つのだろうか。それとも，選択できるのは次元までであって，次元内での特定の値 (赤，緑) は選択に役立たないのか。Bravo & Nakayama (1992) は，特徴の値の知識に基づいた選択もできることを示している。彼女らの視覚探索実験では (図 3-3)，標的の定義の仕方と非標的の数が系統的に操作された。形状判断課題では，被験者は菱形の欠けている角が左右いずれかを答えた。標的の定義の仕方はブロック化されており，可変ブロックでは赤色の標的 (1つだけ他と異なるもの) が緑色の妨害刺激の中に出るのか，あるいは緑色の標的が赤色の妨害刺激の中に出るのかは毎試行無作為に決められた。そのため，被験者は標的特徴値の知識を持たなかった。固定ブロックでは一貫して標的が赤

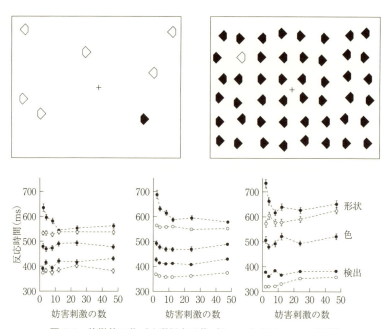

図3-3 特徴値に基づく選択も可能（Bravo & Nakayama, 1992）

色で非標的が緑色であった。特徴次元を知っていると，知らないときに比べて探索に要する時間が大幅に短縮されることがわかった。

　視覚探索課題での標的特徴についての先行知識の効果は，第1章で説明した「わかる」ための再回帰ループの候補を減らすことが可能になるために生じると考えることができる。逆に，先行知識がない場合の再回帰処理は低次の感覚入力から刺激駆動的に上がってくる情報に頼る必要がある。したがって，もし標的特徴に構え，選択できるのであれば，標的特徴を知らされているか否かによって刺激駆動的な効果に違いが生じるはずである。Lamy, Bar-Anan, Egeth, & Carmel（2006）はこの仮説に一致する知見を報告している。彼女らの実験では，均質な妨害刺激の中からある特徴次元での異物を探すとき，標的特徴を知っているときは妨害刺激の数が増えても反応時間は一定であった。しかし，標的の特徴を知らないときは探索時間は妨害刺激数が増えると一層短くなった（通常は妨害刺激の数が増えると探索時間は不変か，延長する。詳しくは第4章）。このときの探索は標的特徴を知っているときに比べて，標的のもつ刺激駆動的

な成分である刺激の顕著さに依存する。したがって妨害刺激が増えたことで標的周辺の刺激の密度が上がることに伴って顕著さが上がり，この情報が探索に利用されるために反応時間が短くなると説明されている。こうした密度効果が先行知識の有無によって変わるということは，特徴に基づく注意選択が可能であることの間接的な証拠になっている。これらの他に，特徴に基づく注意選択が探索効率や妨害刺激からの干渉に与える影響は過去に度々注目されてきた。それらの研究では，同じ特徴をもつものは同時に選択でき，通常は効率が悪い視覚探索であっても，効率を上げることができるし，干渉を調整することが報告されている（Wolfe, 2013）。こうした知見は視覚探索のモデルを精緻化することに貢献した。

3.3 状況依存的注意捕捉手続き

　標的となりやすい特徴を手がかりで知らせることによる効果があれば，特徴に基づく注意選択が可能であるといえる。Folk ら（Folk, Remington, & Johnston, 1992; Folk, Remington, & Wright, 1994）は空間的手がかり効果を利用しつつ，ある特徴に注意させる手がかりを組み合わせた実験手法を開発した。彼らの実験課題では，被験者は上下左右いずれかの箱に現れる標的がXか＝かを弁別した（図3-4）。標的を定義する特徴次元は色の異物または出現する異物としてあらかじめ被験者に試行ブロックごとに告げられていた。したがって，あるブロックでは被験者は色の異物ばかりを探し，別のブロックでは出現する異物ばかりを探して弁別した。この探索画面の150ms前に手がかり刺激が呈示された。色手がかりの場合は色が1つだけ他とは異なっていた。出現手がかりの場合は1カ所にだけ手がかりが出現した。そのため，色手がかりも色標的も色の次元での異物であったし，出現手がかりも出現標的も出現という次元での異物であった。手がかりの位置と標的の位置は無関係であったので，4分の3の試行では標的は手がかりとは異なる位置に呈示され，4分の1の試行では手がかり位置に標的が呈示された。そのため，手がかりは4分の3はハズレの位置を知らせることになるので，被験者にとっては手がかりを無視したほうが課題を行う上ではよい。

　Folk らは次のように予測した。もし被験者がある特徴だけを選んで注意を向けられるならば，その特徴の標的を探しているブロックのみで同じ特徴を持

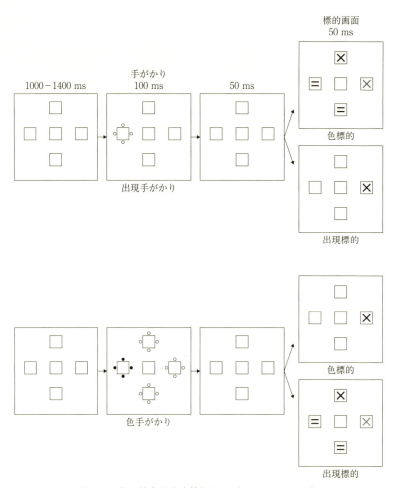

図3-4 状況依存的注意捕捉課題（Folk et al., 1992）

つ手がかりと標的の位置の一致・不一致効果が見られるはずである。すなわち，色特徴に選択的に注意しているのであれば，色手がかりの出た位置に色標的が出たときの反応時間は，他の位置に色標的が出たときよりも速くなるはずである。そういった手がかり効果は，注意していない出現特徴手がかりでは生じないだろう。一方，出現特徴に選択的に注意していれば全く逆のことが起こり，位置の一致・不一致効果は出現手がかりのみで現れるだろう。このときは色手

がかりの効果は生じないはずである。実際に、この予測通りの結果が得られた。課題に関係ない特徴は手がかり効果を生まなかったことから、被験者は特定の特徴（色または出現）に意図的に構えをつくり、選択的に注意できると結論した。Folk et al. (1994) は運動次元でもこのことを確認した。この手法では手がかりは本来無視すべきものであった。そのためこの結果は、ある特徴に構えている場合は、その特徴を含むものは無視できず、注意が引きつけられることをも意味している。このような事態を状況依存的注意捕捉という。

　この課題で被験者は色特徴次元での何に注意したことになるのだろうか。手がかりは3組の白色の点に紛れた赤色の点であったため、被験者は色の異物に注意したのかもしれないし、赤色という値に注意したのかもしれない。そこでFolk & Remington (1998) は、色の異物を探させないようにするために、赤色の標的を1つと白色の妨害刺激を3つ呈示する（均質妨害刺激）条件に加えて、白の妨害刺激のうちの1つを緑色にした（不均質妨害刺激）条件を加えた。さらに、標的の直前に出る手がかりは、赤色の点が1組と白色の点が3組、もしくは緑色の点が1組と白色の点が3組出る場合を設けた。実験の結果、均質妨害刺激条件ではFolk et al. (1992) と同様、構えた標的色と同色の手がかりが呈示されたときのみに手がかり一致効果が生じた。さらに不均質妨害刺激条件でも、構えた標的色と同色の手がかりに対してのみ手がかりの効果が生じた。したがって、少なくとも色の次元で特定の特徴値を選択的に注意できるといえる。この他、刺激の明るさ、大きさ（Navalpakkam & Itti, 2006）、運動（Treue & Martinez Trujillo, 1999）次元でも特徴値を選択できることが知られている。

　こうした特徴に基づく注意の効果を、事象関連電位のN2pc成分で示した研究がある（Eimer, Kiss, Press, & Sauter, 2009; Eimer & Kiss, 2010）。事象関連電位は感覚刺激や動作に対応して生じる脳の電気活動を脳波として取りだしたものである。ここでいうN2pcは、標的の呈示から200-300ms後に注意した刺激の反対側の脳半球の後頭皮質から出る陰性波を指す（Luck & Hillyard, 1994; Eimer & Kiss, 2008）。Nは陰性（negative）波、2は2つ目（あるいは約200ms頃）、pは後頭（posterior）、cは刺激の呈示された側とは反対側（contralateral）の脳半球という意味である。Eimer et al. (2009) は、被験者に赤色標的の方向（縦か横）を答えさせた（図3-5）。先行手がかりに情報価はなく、必ずしも標的位置を予測するわけではなかった。手がかりには3条件あり、探すべき標的と同色のときと、非標的色のとき、および多色の時があった。多色のときは6

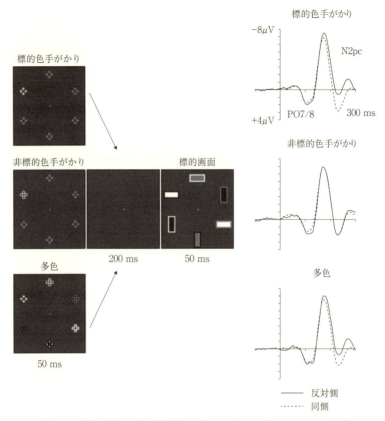

図 3-5　特徴に基づく注意選択を反映した N2pc（Eimer et al., 2009）

カ所の手がかりは全て異なる色であった。同色，非標的色のとき，1つを除いて残りの5カ所は灰色であった。同色条件では，手がかりと一致する位置に標的が出たときに空間的手がかり効果があり，反応時間が短かっただけでなく，N2pc が観察されたことから，同色手がかりが注意を捕捉したことを示していた。しかし，異色手がかりは反応にそうした影響を及ぼさなかったが，トップダウンの抑制を反映するといわれる前頭の N2 成分が観察された。多色条件で標的色手がかりの位置に標的が呈示されたときは同色条件と同様の N2pc が観察された。これらのことから，課題関連の標的色のみが注意を捕捉し，非標的色の位置では抑制が生じていると考えられる。

標的ではない特徴はなにも処理されずに放置されるわけではない。上述のEimer et al.（2009）の実験は，非標的的特徴は抑制していることを示している。ただし，不要なものが全て抑制されるわけではない。Watanabe ら（Watanabe, Naez, & Sasaki, 2001; Tsushima, Seitz, & Watanabe, 2008）は，注意を必要とする中心課題の背景で，弱い運動刺激を呈示した。これは運動信号が弱いので，被験者は方向を弁別できなかった。さらに，中心課題とはまったく非関連だった。しかし，この運動刺激が反復呈示され，後から閾上で顕在的にテストされると，これらの刺激への弁別成績は上がっていた。すなわち，反復時には課題非関連だったはずの弱い運動に対しては，反復呈示によって知覚学習が生じていた。この結果は，刺激強度が弱い課題非関連特徴は抑制を免れることを示唆している。

3.4 特徴に基づく注意選択と神経活動

　色や運動といったある特徴次元のみから情報を取り入れるためには，トップダウンの制御を使って意図的にその次元にバイアスをかける必要がある。あらかじめトップダウンに変調することによって，特徴に基づいた情報選択が可能であるということは，当然それに対応した神経活動も起こる（Corbetta et al., 1991; Maunsell & Treue, 2006; Mesulam, 1999; Müller et al., 2006; Shomstein & Behrmann, 2006; Summerfield et al., 2006）。サルでは，色に選択性をもつ V4 神経細胞の活動は，探索中の標的色に一致したときに高まる（Bichot, Rossi, & Desimone, 2005）。色や運動にあらかじめ注意していれば，視覚刺激が呈示される前でもそれぞれの視覚特徴に対応した脳部位のベースライン活動が増加し，刺激が出たときの活動も増幅される（Luck, Chelazzi, Hillyard, & Desimone, 1997）。運動を予期していた場合，何も刺激が呈示されていなくても V5 の細胞の 3 分の 1 はベースラインの活動が倍増する（Ferrera, Rudolph, & Maunsell, 1994）。

　ヒトでも，色や運動に予期したときは対応する V4，V5 領野のベースライン活動は刺激が呈示されていなくても上昇し，刺激が呈示されるとさらに活動も増幅された（Chawla, Rees, & Friston, 1999; Schoenfeld et al., 2007）。具体的には，Gisbrecht et al.（2003）らは，刺激前に特定の特徴に構えることで生じる脳活動を fMRI で測定した。被験者には青色か黄色かどちらかに注意するよう試行ごとに画面中央に手がかりを出して知らせて，数秒の準備時間をおいた後，黄

色の長方形と青色の長方形を一つずつ重ねて呈示した。被験者は手がかりで指示された色の長方形の向きが縦か横かを答えた。この準備期間中に前頭-頭頂ネットワークが活動していたことがわかった。事前に準備するとき，前頭-頭頂ネットワークが関与することは少なくとも空間的注意の課題ではわかっていた（Corbetta & Shulman, 2002; Corbetta et al., 2008）。このネットワークの一部は特徴に基づく注意選択でも活動していた。これらの脳活動は刺激が呈示される前から起こったものである。したがってこれらは刺激誘発性のものではなく，ある特徴にバイアスをかけることを反映しているといえる。

　すでに述べてきたように，○○に注意するということは，その○○に対して詳しい分析をするためのバイアスをかけるということである。○○が空間的な位置であれば，そこの位置での分析を詳しくすることが空間的注意を向けるということである。すなわち，再回帰ループによる分析をその位置に限局することこそが注意を向けることである。その結果として再回帰ループが早く収束すれば，注意を向けていないとき，すなわちバイアスがかかっていないときに比べて反応時間は短くなり，短い呈示時間でも正しく標的の検出や同定が可能になる。これが注意の効果として測定される。○○が色や運動といった特徴であれば，その特徴をもつものを詳しく分析し，再回帰ループの検証の対象とすることになる。特徴に基づく注意選択を行っているときは，空間的に離れた位置のものであってもグルーピングされ（Kasai, 2010），干渉し合う（Driver & Baylis, 1989）。Saenz, Buracas, & Boynton（2002）は，こうした事態での脳活動を測定した。被験者は図 3-6a のように，片側の光点群（この場合は左，点線は注意した側を図示するためのもので，実際には表示されていない）に注意を向け，反対側は無視した。左側は上方向に動く光点群と，下方向へ動く光点群が重ねられていた。右側は上下どちらか一方のみに動く光点群であった。被験者は注意側の光点群の運動速度が上がったらボタンを押した。このとき，無視した側での運動の分析に関わっているはずの領域（MT+）での脳活動の変化量を縦軸に示したものが図 3-6b である。横軸は時間で，無視した領域が注意している運動方向と同じときに白色，異なるときが灰色である。無視した側での運動が注意側と同じ方向のとき，強い活動が MT+ 領野で生じた。この効果が運動方向に注意したせいであることを示すために，オフ条件が組み込まれている。そこでは，無視側の刺激はその方向に注意しているときのみ呈示され，反対方向に注意しているときには何も呈示されなかった。そして，これまでのように無

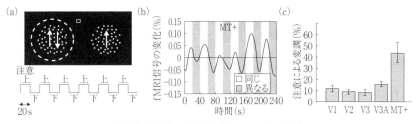

図 3-6　運動への注意（Saenz et al., 2002）

視側の刺激の運動が注意した側と同じ方向のときを同方向条件，異なるときを異方向条件とし，それぞれの条件でのfMRI信号強度をさまざまな脳部位で計測した。

図3-6cは計測値を100×(同−異)/(同−オフ)という計算にもとづいて，どの程度の変調効果があったかを示したものである。平たく言うとこの縦軸は注意の効果を示しており，非注意側を完全に無視できていたら100，全く無視できなければ0になる。この図が示すとおり，注意の効果はMT+でのみ生じた。このように，ある方向の運動に注意しているだけで，空間的に離れていて目下の課題とは関係ない位置でも同じ方向への運動に対して脳活動の上昇が見られた。同様の手法で，Saenz, Buracas, & Boynton（2003）は色特徴に基づく注意選択の証拠を見出した。

3.5　物体に基づく選択

空間に基づく選択という観点のみでは捉えきれない事態もある。その一つが物体に基づく選択（Chen, 2012）である。物体に基づく選択は，空間が関わらない表象からの選択をいう。物体とは何かという定義が明確にはしづらいため，婉曲的な定義になってしまうが，空間的注意の性質が当てはまらない事態だと考えればよいだろう。空間的注意の主たる性質は距離の効果である。スポットライトに喩えられるように，注意した位置の近傍は遠くよりも選択されやすい。空間的注意の性質が詳しく調べられていた1980年頃に，この性質に当てはまらない例がいくつか見つかった。その一つがRock & Gutman（1981）の報告である。彼らは赤色と緑色の図形の組み合わせ（図3-7）を被験者に1秒見せ

図 3-7　物体に基づく注意選択（Rock & Gutman, 1981）

た。半数の被験者は赤色，残りの半数は緑色に注意した。図形は約視角 3.5 度で，一目で全体がわかる大きさであった。被験者は 10 個の図形のよさを判断した。その直後に再認テストを行った。1 枚の紙に黒色で，先程評定した図形のうち注意した色で出ていた形，無視色で出ていた形，新規の形が 5 個ずつ無作為な順で印刷されていた。先程見たと思うものを選ばせたところ，被験者は平均 5 個を選び，そのうち注意色の形はもっともよく再認され（3.2 個），無視色の形（0.95 個）と新規の形（0.75 個）を選ぶ個数の間に差はなかった。したがって，無視した形は空間的には注意した形と同じ位置にあったにも関わらず，全く記憶されていなかった。なお，これに似た手続きを用いて起こる負のプライミング現象（第 6 章）も，物体に基づく選択的抑制現象であるといえる。

　Rock らの実験は記銘成績を測っているため，これまでの空間的注意の研究と同列には比較できない。記銘プロセスが関与しない実験として，Treisman, Kahnema, & Burkell（1983）は物体の弁別は複数の物体に分かれているときよりも，1 つの物体のときのほうが効率的にできることを示した。たとえば，画面の上か下に呈示される単語を読み上げるまでの音声反応時間を測るとする。単語を枠の中に入れて 1 つの物体として呈示するとき（反対側には何も呈示しない）と，単語と枠を別々の側に 1 つずつの物体として呈示するときを比べると，前者（枠と単語を 1 つの物体とするとき）のほうが反応時間は短かった。このことから，1 つの物体に注意する方が分割するよりもコストが小さいことがわかる。

　ほぼ同時期に Duncan（1984）は，もっと直接的に，スポットライトやズームレンズモデルでは説明できない形態の注意選択を示した。彼の実験では箱と線分を重ねて呈示し，逆向パターンマスクをかけた（図 3-8）。この図形は箱に

3.5 物体に基づく選択

図 3-8 物体に基づく選択を調べた刺激（Duncan, 1984）

2つの属性（切れ目が左か右，箱が縦長かずんぐり），線分に2つの属性（傾きが右か左，点線が荒いか細かい）が割り当てられていた。被験者は2つの属性を報告した。このとき，線分と箱の属性を1つずつ答える条件と，線分の2属性，または箱の2属性を答える条件が設けられていた。すなわち，2つの属性を答えるという点では負荷は全て同じであるが，答える属性が1つの物体のみに由来するか，2つの物体に分かれているかが最も重要な比較のポイントであった。注意のスポットライトを仮定するならば，箱の大きさを判断するときは，上から下までの判断を必要とする。この範囲は，箱と線の両方の判断に必要な範囲よりも広い。そのため，この図形を使えば，空間に基づく注意と，物体に基づく注意で予測が分かれるはずである。空間的注意に基づけば，線分と箱の両方を判断するときも，箱の2属性を判断するときも同じスポットライトに入るはずである。したがって，答える属性が由来する物体の数の影響は見られないと予測される。また，この図形は視角約 0.5 度で，スポットライトの焦点に収まりきる大きさであったため，どの属性を判断してもスポットライトの考え方では成績に違いがないと予測される。一方，物体に基づく選択では，2つの物体をまたぐ場合は1つの物体から2つの属性を判断するときに比べてコストがかかる（損失がある）だろう。実験の結果，2つの物体から属性を1つずつ判断した時の正答率は，1つの物体から2つの属性を判断したときよりも低かった。すなわち，物体をまたぐコストがあった。この結果は，空間的な選択とは異なる，物体に基づく選択を示唆している。

物体に基づく選択とはいうものの，完全に空間的な成分と切り離すことは困難である。Duncan（1984）の結果は，箱と線分の位置をグルーピングして，空間に基づいて選択していた可能性もある。この点を調べるために Vecera &

Farah（1994）は，Duncan の用いた箱の上に線を重ねる条件に加えて，箱と線分を左右に別々に呈示する条件を加えて実験を行った。箱と線分を別の位置に呈示する意図は，この現象に空間成分が関わっているかを調べるためである。もし Duncan（1984）が見出した，2 つの物体に渡って属性を報告するコスト（損失）に空間成分が関わっているならば，2 つの物体の空間的な距離を離した条件では空間的な注意がいっそうシフトに時間を要するはずである。そのため，報告する物体が同じか異なるかいう点と，箱と線分の距離の間に交互作用が見られるはずである。一方，このコストが物体に基づく注意選択を反映しているならば，箱と線分を重ねようが離そうが無関係に，とにかく報告する物体が同じか異なるかだけが重要なはずである。実験の結果，重ねた条件では Duncan（1984）の結果が再現できただけでなく，箱と線分を離しても距離と物体の交互作用は見られず，物体をまたぐコストは同程度あった。この結果は，Duncan（1984）の見出した効果には空間成分の関与がなく，物体にもとづく選択を反映していたと結論できる。

　物体に基づく選択の証拠を生みだし，後の研究に有用な手段となった手続きがある。それは Egly, Driver, & Rafal（1994）によるもので，図 3-9 のように割り箸を 2 つ，縦または横に並べたような図形を用いる（この例では縦）。2 本の長方形の端点は，全体で正方形を描くような位置に並んでいて，同じ箸の両端までの距離と，反対側の箸の先端までが同じ距離になっている。この 4 つの端のいずれかに手がかりが呈示され，その後に標的が呈示される。標的の位置は手がかりと同じ位置（同じ物体，位置一致），手がかりと同じ箸の反対側（同じ物体，位置不一致），または手がかりが出たのとは反対の箸の，手がかりに近い側（異なる物体，位置不一致）のいずれかであった。手がかりの対角には標的は呈示されないのは，異なる物体で，位置も不一致で，さらに空間的な距離も異なるので，位置・物体いずれに基づく注意選択でももっとも不利になることは明白なためである。被験者はこの標的への検出判断を行った。実験の結果，2 つのことが分かった。1 つは，手がかりが標的と同じ位置に出たときの反応時間が最も短かったことから，空間に基づく選択がみられたことである。もう 1 つは，手がかりから同じ距離だけ離れているにもかかわらず，位置が不一致だったときは，標的と同じ物体に手がかりが出たときの方が，別の物体に手がかりが出たときに比べて反応時間が短かった。2 つ目の点は物体に基づく選択の証拠である。重要なのは，空間に基づく選択と物体に基づく選択は排他的

3.5 物体に基づく選択

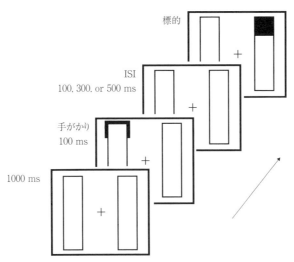

図 3-9 空間および物体に基づく選択を調べる手がかり課題（Egly, Driver, & Rafal, 1994）

ではなく併存しうることである。この物体をまたぐコストは内発的手がかりでも起こる（Abrams & Law, 2000）し，同じ物体の中でのほうが眼球運動はしやすい（Theeuwes, Mathot, & Kingstone, 2010）。この実験手続きはさまざまに拡張され，利用されている（Moore et al., 1998; Watson & Kramer, 1999; Zemel, Behrmann, Mozer, & Bavelier, 2002）。

Egly らの研究とほぼ同じ頃，Baylis & Driver（1993）は別の課題で同様の物体に基づく選択効果を見出している。被験者は赤色または緑色に注意するように教示された。赤色と緑色でできた図形のひとつが呈示され（図 3-10a），中央で斜めになっている正方形のような部分の 2 つの角のうち，左右どちらが下にあるかを判断した。図 3-10a 左列では，左側の角のほうが下にあるので，被験者は左側のボタンを押した。右側の列ではその逆なので右側のボタンを押した。実験操作のポイントは色と図形の割り当て方である。被験者が赤色に注意している場合は，図 3-10a の上の行では中央の正方形の一部のような，1 つの図形内部の 2 つの角について判断していることになる。一方，下の行では，両端が「く」の字になった 2 つの図形の角を比較していることになる。この関係は，緑色に注意している被験者には全く逆になる。実験の結果，赤色に注意した被験者は赤い図形が 1 つだけ中央にあるときの判断は，それが 2 つの物体に

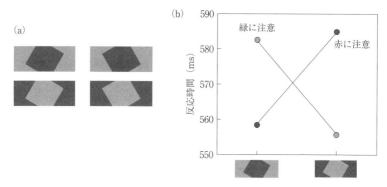

図 3-10 同じ物体を見ても注意する色によって行動が真逆になる（Baylis & Driver, 1993）。実際の実験では濃い部分が赤，薄い部分が緑であった。

分かれているときよりも速かった（図 3-10b）。緑色に注意した場合はこの逆であった。すなわち，どちらの色に注意した被験者でも，物体をまたぐコストが生じていた。2 つの物体について判断する方が，1 つの物体について判断するよりも判断が遅れていた。これらは全く同じ刺激であるにもかかわらず，被験者がどの色に注意をするかという内的な構えが異なるだけで真逆の行動パターンになっているところがおもしろい。この他にも共通運命やよい連続といったゲシュタルトグルーピングで切り出された物体に対して注意選択が働くという知見がいくつもある（Driver, Baylis, & Rafal, 1994; Baylis & Driver, 1995; Driver & Mattingley, 1998; Lavie & Driver, 1996）。こうした見方は，注意選択は単純な空間的な位置のみに限定されず，ある程度分析された後の視覚表象に対して働くという後期選択的な立場（第 6 章）であるといえる。

　物体に基づく選択の説明はいくつかあり，その一つが感覚促進説である。空間的注意が一方の物体に向けられると，注意はこの物体全体に広がって，この物体の内部での感覚処理が促進される。この物体に含まれる全ての位置，特徴が共通して促進効果を享受する（Chen & Cave, 2008; Richard, Lee, & Vecera, 2008; Roelfsema, & Houtkamp, 2011）。Roelfsema, Lamme, & Spekreijse（1998）は，このことを巧みな動物実験で示した。サルは画面中央を凝視したまま図 3-11 のような図形を見て，曲線追跡課題（Jolicoeur, Ullman, & Mackay, 1986）を行った。サルは凝視点が消えてから，凝視点と同じ曲線上の赤玉に眼球運動をするように訓練されていた。このとき，一次視覚野の神経細胞の受容野がち

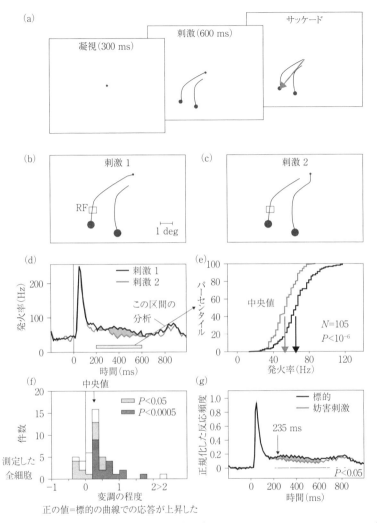

図 3-11 物体に基づく注意を反映した神経活動（Roelfsema, Lamme, & Spekreijse, 1998）

ょうど眼球運動をする方の曲線が，もう一方の曲線の上にくるようになっていた．図3-11dはこの課題遂行中の神経活動記録である．この細胞の活動は，受容野が標的線分の上にあるときの方が高かった（黒で示した部分）．標的物体による変調効果は測定したほとんどの細胞に観察され（図3-11f），刺激の呈示

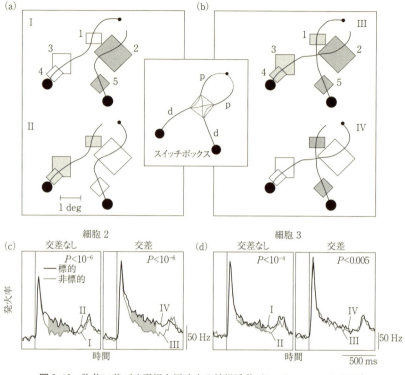

図 3-12 物体に基づく選択を反映する神経活動（Roelfsema et al., 1998）

から 235ms 以降にこの変調効果が生じていた。この一次視覚野の細胞の最初の応答自体は 35ms 程度で生じていることから，この受容野に呈示された刺激によるフィードフォワードの応答はすぐに起きているといえる。後の物体に基づく応答は他の位置からの情報を含む再回帰信号に由来していると考えられる。物体に基づく選択を反映した神経活動はこの線分上の他の位置でも観察された。

　圧巻は，この物体に基づく選択効果が交差した線分でも観察されたことである。この線分を延長し，図 3-12 のように中央部分で交差するか否かだけが操作された。線分上の小さい四角形は測定した細胞の受容野を表し，灰色は標的線分上にあるとき，白色は非標的線分上にあるときである。たとえば，2 番の細胞は，左側の交差しない図形では，Ⅰ よりも Ⅱ の図形のほうが活動が高い（図 3-12c 左側）。同様に，交差した線分のときは，Ⅳ のほうが Ⅲ よりも活動が

高い（図 3-12c 右側）。これは上述の物体に基づく選択効果の再現である。凝視点から離れた位置である 3 番の細胞活動を示したものが図 3-12d である。交差してもしなくても，やはり標的線分であるときのほうが活動が高い。なお，Khayat et al.（2006）はこの手続きを利用して，注意を一方の線分から他方の線分へシフトさせる事態を作り出し，注意の解放が起こる前に次の物体への促進が起こっていることを見出している。

　物体に基づく選択は，凝視位置から曲線上を這うように徐々に広がってゆくのだろうか。受容野が隣り合って並んでいる一次視覚野の神経細胞を 3 つ特定し，この課題を行わせたときの細胞活動を記録したところ，神経活動は同時に起こっていたことがわかった。この神経細胞活動の上昇は前注意的な処理を反映しているわけではない。同様な顕著さをもち，凝視点につながっているかだけが異なる 2 本線のうちどちらを選ぶかで細胞活動も決まるためである。こうした知見をもとに，感覚促進説では，ある物体の一部に注意すると，注意がその物体全体に，強制的，自動的に拡散する（Corbetta et al., 1990; O'Craven et al., 1999）と考えられる。

　感覚促進説とは異なる説明として，Lamy & Egeth（2002）は注意のシフトが必要なときにのみこの効果が生じると主張した。彼女らの実験では，上述の割り箸状の手がかり課題から手がかりを排し，2 つの標的を呈示した。標的は大小 2 種類あり，それらが同じ物体の両端か，異なる物体の片側どうしかに呈示され，被験者は標的サイズの異同を答えた。このときの反応時間には物体に基づく選択効果がみられなかった。すなわち，2 つの標的の出る位置が同じ物体上か，異なる物体上かは異同反応時間に影響しなかった。続く実験で，2 つの標的をわずかに時間をずらして 1 つずつ逐次的に呈示したところ，物体の効果が観察された。この結果から Lamy & Egeth（2002）は，連続呈示の時のみに同じ物体のほうが判断が早くできたのは，注意を 1 つの標的位置からもう 1 つの位置へ向ける必要があったためであると考えた。感覚促進説では手がかりの有無にかかわらず同物体のほうが判断がしやすいと予測するため，Lamy & Egeth（2002）の結果を説明し得ない。

　物体に基づく選択効果を説明するもう一つの立場は，注意の優先順位に注目する。注意の優先順位はどこに注意を向けるかの基準でもあり，この順位が高いほど先に分析される。注意された物体の非注意部分は，その他の位置よりも注意の恩恵を受けやすく，物体に基づく選択効果もそのために生じる。これは

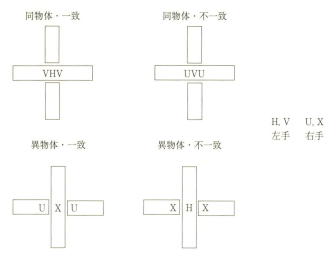

図 3-13 注意の優先順位で物体に基づく選択効果を説明する(Shomstein & Yantis, 2002)

感覚促進説とほぼ同じ説明だが,違う予測を生み出す状況が1つだけある。Shomstein & Yantis (2002; Shomstein & Behrmann, 2008) はフランカ課題のように,両脇の2文字を無視しながら必ず中央に出る標的文字を同定する課題を課した(図3-13)。両脇の文字は標的と同じ反応に割り当てられている場合と,逆の反応に割り当てられている場合があった。これらのフランカ文字は中央の標的文字と同じ物体の中に出る場合と,別の物体の中に出る場合があった。感覚促進説に基づけば,注意は中央の物体に拡散する。中に出る文字は注意の恩恵を受けて促進を受けるため,別の物体の中に出るときに比べて干渉は大きくなると予測される。一方,優先順位説では予測が異なる。被験者はこの課題では標的の位置を知っているので,周辺の文字の優先順位は極めて低い。そのため,フランカ効果は両脇の文字が標的と同じ物体の中に出るかには影響されないと予測される。実験結果はこの予測を支持していた。

注意シフト説と優先順位説はどちらがよりよく現象を説明するだろうか。上述の研究では,注意シフト説を主張する実験では被験者はどこに標的が出るかを知らない。一方,優先順位説を主張する実験では常に固定され,位置の不確かさがない。また,前者では注意シフトの有無が操作されるが,後者では常に注意シフトしない。このように,研究手続き間には違いがあり,直接比較はで

きなかった。そこで Drummond & Shomstein（2010）は Egly らの課題を用いて，位置の不確かさ，注意シフトの有無，SOA を操作した。具体的には，手がかりは呈示されるが，標的は必ず手がかりから時計回りに1つ移動した位置に出るように決められていた。したがって，この実験では手がかり位置を知るために注意シフトをしなければならないが，手がかりが標的の位置を知らせるので，位置の不確かさはなかった。注意シフト説では手がかりから標的までの時間は問わず，どの SOA でも物体に基づく選択効果が生じるはずであった。一方の優先順位説では，いったん標的に優先順位が付いてしまえば位置に基づく選択は注意を誘導する必要がなくなるため，長い SOA では物体の効果は見られなくなると予測される。実験結果は優先順位説を支持していた。

3.6　選択するということは

　本章では，特徴や物体に基づく選択について論じた。こうした形態の注意も，空間に基づく注意と同様に，再回帰処理を減らす働きをもつだろう。感覚レジスタへの入力と記憶の照合をまったく無作為に最初からするのではなく，空間や特徴，物体に注意することによって限定して，効率的に再回帰処理を行える。注意をこのような見方で捉えるならば，広い意味で言えばプライミングも同様の機能を果たす。プライミングとは，先行する刺激が後続の刺激の知覚・認識に対して促進的な効果を持つことをいう（Meyer, Schvaneveldt, & Ruddy, 1975; Tulving & Schacter, 1990; Wiggs & Martin, 1998）。たとえば，物体認識の過程で，あるパターンを一度見ておくことで，のちに再度その物体を見たときにめざましい認識成績の向上が見られる。Bar & Biederman（1998）は，図3-14のように物体の線画を短時間呈示し，すぐに逆向マスキングをかけた。このときは正答率は低く，被験者はほとんど正答できなかった。比較のために，後から反復しない物体も呈示された。正答のフィードバックもなかったため，被験者には何が呈示されたかが分からなかった。しかし，最初に命名できなかった物体でも，約15分後に同じ位置に呈示されると，以前に呈示されたことに気づかなくても命名成績が飛躍的に向上した。図3-14の机上ランプを第1ブロックで見た後，2回目のブロックに同じランプの画像を網膜上の同じ位置に呈示されたときに最も成績が高かった。意味的には同じカテゴリに分類できる別のランプの画像では，2回目のブロックに呈示された場合は成績向上は起こらな

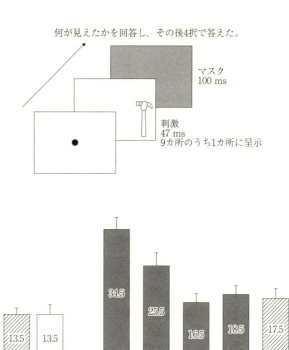

図 3-14 物体を見ておくことで再認識がめざましく向上する（Bar & Biederman, 1998）

ったことから，これは意味プライミング（後述）ではない。この効果は比較的長い遅延時間（15-20分）をおいても見られたことから，低次の反復プライミングではない。この効果は第1ブロックとは異なる位置に呈示したときでも，同一位置ほどではないにせよ有意な成績の向上が見られたことから，広い受容野をもつ物体認識の腹側経路で起こる効果を反映している可能性ある。一度プライムとして物体を短時間だけでも経験することで，視覚システムにはどんな物体だったかのフィードフォワード情報が伝わる。たとえ正解に到達しなくても，色，大きさ，大まかな形などは認識のためのネットワークを活性化させる。この状態が少しの間維持されるため，第2ブロックでこれを見たときには，入

力された表象と記憶ネットワーク内の再回帰処理の候補を絞ることができる（Di Lollo, 2012）。この課題でプライム物体をまず見ることは，空間次元で光点がフラッシュするのと同様に，物体認識の記憶ネットワークにバイアスをかけ，のちの分析が進む範囲を限定しているといえるだろう。そのため，初めて見る統制条件の物体に比べて，少ない回数の再回帰ループで認識が完了し，結果として再度見た物体の高成績を生んだと考えられる。

　もう一つ，情報処理の高次な水準での例としてMarcel（1983）の実験が挙げられる。被験者は呈示された文字列が有意味単語（たとえばINFANT）か，無意味の非単語（たとえばGLAYER）かをすばやくキーを押して判断した。この標的の単語が呈示される直前にもう一つ別の単語（プライム）が先に呈示された。この単語は標的単語と意味的に近いもの（たとえば標的語のINFANTに対してプライム語としてCHILD）が呈示される場合と，意味的に無関係のもの（STREET）が呈示される場合があった。正しく判断するのにかかった時間は，意味的に関連のあるプライムが先行したときは528ms，無関連なプライムが先行したときは590msであり，意味的に関連するプライムを経験することで反応時間が短縮していた。さらに，先行単語に逆向マスキングがかかって，プライム刺激が出ていることにさえ気づかなくてもプライミング効果が生じた。意味的に関連するプライムが出れば541ms，無関連なプライムでは597msの反応時間であった。この差はわずかであるように感じられるかもしれないが，10%近く反応時間が短縮したと考えれば極めて強い影響であるといえる（会社の売り上げを10%も上げたら，たちまち英雄になる）。この効果はプライムが意味のネットワークを活性化し，類似した概念へのアクセスが容易になることを反映するといわれる（Meyer et al., 1975）。こうしたプライミングは他の注意選択と原理としては類似している。すなわち，空間的な手がかりによる選択の効果は再回帰処理を行う空間を限定するために起こる。特徴や物体に基づく選択は分析すべき特徴次元や物体を限定する。意味的なプライミングはあたかも空間で光点がフラッシュするのと同様に，プライムが意味次元で活性化を引き起こし，分析の範囲を限定しているといえる。意味によるプライミングは低次の感覚特徴の知覚にも影響しうる（Pavan, Skyujevskis, & Baggio, 2013）。

第4章 視覚探索

　朝は冷蔵庫から納豆のパックを探し，食器棚から自分の茶碗を探す。引き出しから靴下を1組探す（ときどき片方が見つからない）。職場に着いたら駐車場の空きスペースを探す。また，ドアを開けるときには取っ手に手を伸ばす等，視覚的行為の前には，探すプロセスが必ずといってよいほど含まれている。このように，標的を探すことを視覚探索という。われわれにとっては探すという行為は些細にも思われるかもしれないが，動物界では捕食者と被捕食者という関係にもあてはまり，生命に関わる重大事である。

　視覚探索課題は動眼制御，記憶，報酬や意思決定に関わるプロセスを調べるため（Eckstein, 2011; Nakayama & Martini, 2011），心理学だけでなく，生物学，工学，神経科学などの視覚が関わる多くの分野で使われている。産業，交通，医療，軍事場面では探索と物体認識を助け，場合によっては自動的に行うためのさまざまな技術が開発されている。本章ではとくに，視覚探索を行うときの人間の注意の役割に焦点を当てる。

4.1　探索のしやすさを左右する要因

　たいていの視覚探索課題では標的は1つであり，その有無や属性を答えることが求められる。研究者は刺激の数や標的の定義の仕方を操作し，被験者が標的を見つけるまでにかかる時間や正答率に及ぼす影響を調べてきた。探索のしやすさを左右する要因は，注意との関わりが少ない比較的低次のものと，注意が関与する高次のものに分けられる。前者には刺激の密集（crowding; Vlaskamp & Hooge, 2006），照明条件（Yang, Kriegman, & Ahuja, 2002），偏心度（Findlay & Gilchrist, 2003）等の感覚要因が挙げられる。一方，後者には標的の定義の仕方やセットサイズの効果（Treisman & Gelade, 1980; Bundesen, Habekost, & Kyllingsbaek, 2005）が挙げられる。

　標的の定義の仕方は特徴探索と結合探索の2つに大別される。特徴探索とは

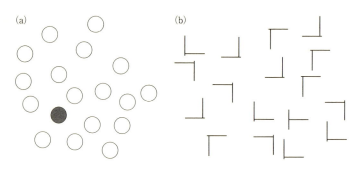

図 4-1　効率的探索 (a) と非効率的探索 (b) の例

1つの特徴次元のみで標的と妨害刺激が区別できる場合をいう。たとえば，10円硬貨（標的）を複数の100円硬貨（妨害刺激）の中から見つける場合がこれにあたる。一方，結合探索では，標的は唯一他とは異なるような特徴を持っていない。話を簡単にするために大きさは無視すると，50円硬貨（標的）を他の硬貨（妨害刺激）の中から見つける場合がこれに該当する。50円硬貨は色だけでは100円硬貨と区別しにくいし，孔があるだけでは5円硬貨と区別できない。この50円硬貨という標的は，孔が開いていてかつ白銅色という特徴の組み合わせが一致して，ようやく50円硬貨であることがわかる。こうした特徴の組み合わせで標的が定義される事態を結合探索とよぶ。実際の心理実験では，緑色のTと赤色のL（これらを非標的，もしくは妨害刺激とよぶ）から赤色のT（標的）があるかないかを探すという検出課題にしたり，この赤色のTを横に倒して，⊢か⊣かを判断する弁別課題を用いたりする。

　標的定義の仕方に加えて探索に影響を与えうるもう一つの重要な要因が，呈示される刺激の数である。これはセットサイズ（あるいは呈示刺激数，ディスプレイサイズ）とよばれることもあり，探索中に注意が個々の刺激に向けられているかを知る指標となる (Treisman & Gelade, 1980)。赤い文字を複数の緑の文字の中から探す特徴探索のように，その標的が妨害刺激と唯一の特徴（この例では色）の違いを持っていれば，その違いさえ検出できれば十分であるため，妨害刺激が多かろうと少なかろうと標的をすぐに見つけることができる。すなわち，探索に要する時間はセットサイズには依存せず一定となる。このようなタイプの探索をポップアウトという（図4-2）。一方，結合探索のように，標的

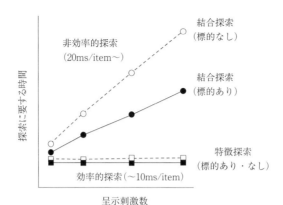

図 4-2　呈示刺激数あたりの探索に要する時間

が複数の特徴の組み合わせで決まるときは，探索に要する時間はセットサイズに依存する。すなわち，セットサイズが小さい（妨害刺激が少ない）ときに比べてセットサイズが大きい（妨害刺激が多い）ときは，反応に要する時間が長くなる。知覚分析は並列的に行われるが容量制限があるという見方（Bundesen et al., 2005）でも，セットサイズが大きくなるほど残りの容量が減るため，探索成績は低下すると考えられる。セットサイズの効果は偏心度が大きくなるにつれて増大する（Scialfa & Joffe, 1998）。

　標的と妨害刺激の類似性，妨害刺激どうしの均質性（Duncan & Humphreys, 1989; Avraham, Yeshurun, & Lindenbaum, 2008; Nagy, Neriani, & Young, 2005）は探索に影響を及ぼす。ポップアウトする探索画面の場合，妨害刺激どうしの類似性が高いといえる。妨害刺激がグルーピングしやすいほど探索効率が良くなり，場合によっては負の探索勾配が得られる（Bacon & Egeth, 1991; Bravo & Nakayama, 1992）。この他に，課題のタイプによっても探索しやすさが異なるという報告もある。テクスチャの分離（Julesz, 1981）をもとに標的を検出する課題は効率よくできるが，分離したテクスチャの要素を同定する課題では非効率となるという主張がなされていた（Sagi & Julesz, 1986）こともある。ただしこの主張には反論（Di Lollo et al., 2001）がある。

4.2 探索関数

　セットサイズを横軸に，探索に要する時間を縦軸にとってプロットした対応関係を探索関数と呼ぶ。ここでは標的の有無を判断する場合を考えてみよう。たとえば半数の試行に標的（Tの文字）が含まれ，残りの半数の試行には標的がなく，ほかは，全てが妨害刺激（Lの文字か，それを回転させたもの）のみであるという課題を想定する。この事態で探索したとき，標的が含まれた試行と含まれなかった試行の探索関数の傾き（探索勾配）が1:2になる場合がある。これは個々の刺激に注意を順に向けて探索し，標的が見つかったら探索を止めている証拠である（Kwak, Dagenbach, & Egeth, 1991）。標的が存在しないときに，正しく「標的が存在しない」と判断するためには，全ての刺激をスキャンしなければならない。しかし，標的が1つだけであるとわかっていれば，標的が見つかった時点で探索を止めればよい。半数の試行で存在するということは，刺激を1つ1つ探索したときに，平均してセットサイズの半分の個数をスキャンした時点で標的が見つかることになる。そのため，探索勾配は標的が存在するときはしないときにくらべて半分になる。一方，上述のように色や大きさのような単純な違いだけで標的が妨害刺激と異なるときは平坦な探索勾配になる。

　探索課題での反応時間にはさまざまな成分が含まれる。探索勾配に反映されるような，刺激1つ1つの検出や同定にかかる時間に加えて，注意選択以前の視覚分析にかかる時間や，意思決定のための時間，判断するときのキーの割り当てを想起する時間，実際に反応にかかる運動反応時間などが全て含まれたものが反応時間だといえる。探索勾配を求めるために反応時間を直線回帰したときに得られる切片には，注意を1つ1つの刺激に向けるのにかかる時間以外の要素が反映されている。

　探索勾配から探すべき物体の1つ1つに対して，注意がどれだけの速さでシフトしていたかを推測できる。並列探索ではこの関数は平坦になる。この考えの背後には，標的と妨害刺激を含めたすべての刺激を同時にチェックできるという前提がある。一方，逐次探索では右肩上がりの関数が得られる。探索関数の勾配が急であるということは，セットサイズが増すほど探索が遅くなることを意味するので，非効率的探索とも呼ばれる。どの程度の勾配までを効率的・非効率的と呼ぶかについては決まりはない。従来は1個あたり10msを下回る

場合を効率的な探索，またはポップアウトと呼んでいたことがあるが，現在は特定の基準値をおいていない（Wolfe, 1998）。ポップアウトということは，単に勾配が平坦であれば効率が高いという記述をしているに過ぎず，並列的な探索が行われているとは言っていない点に留意する必要がある。結合探索であっても課題の構成や訓練によって探索勾配は平坦になることがある（Ahissar, & Hochstein, 1996; Nakayama & Silverman,1986; Theeuwes & Kooi, 1994）。また，容量制限をもちながら並列に探索ができるシステムであっても逐次探索と同様の結果になりうる（Bundesen, 1990; Thornton, & Gilden, 2007; Townsend, 1990）。さらに，探索勾配が平坦であっても，被験者は誤答を避けるために閾値を上げて時間が長くかかっているだけかもしれない（Dosher, Han, & Lu, 2004）。こうした理由から，並列・逐次というメカニズムを仮定した呼び名は避けられる傾向にある。

このような探索勾配に関する議論には，画面全体のうち，どの刺激に対しての判断を済ませ，どの刺激がまだなのかについての記憶があるという前提がある。こうした記憶がなければ，同じ刺激を何度も探索してしまうことになる。この点については第6章で考察する。

4.3 特徴統合理論

特徴統合理論は物体認識のモデルとして Treisman & Gelade（1980）によって提案された。認知心理学研究の中で極めて影響の大きかったモデルの一つであり，そのぶん多くの反証を吸収するために何度も改訂されてきた（Treisman, 1988, 1993, 1999; Tresiman & Sato, 1990）。このモデルは，注意による局所的な処理の促進というアイデアを否定してはいないが，注意は位置を介して特徴を結び付ける機能をもつと提案した点が画期的であった（熊田・横澤，1994）。このモデルは2つの段階を経て物体認識が進むと考えている。第1段階では，それぞれの視覚属性（色や方位，大きさなど）は専用モジュールによって自動的・並列的に分析される。色や方位に選択的に応答する神経基盤は当時はすでに発見されており（Hubel & Wiesel, 1959, 1968），低次の視覚処理が最初におこるという提案の下地になった。個々のモジュールは色，方位などの属性ごとに独立した分析結果としての特徴マップを作り出し，特徴を表象する。この段階では注意が関わらず，前注意段階とも呼ばれる。第2段階ではこうして別々に分析

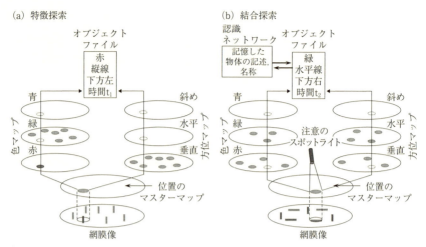

図4-3 特徴統合理論

された特徴を1つの物体として統合するために注意が働く。ここで想定されている2段階での処理のうち，前注意段階はフィードフォワードの情報の流れに対応し，注意の段階は再回帰処理に基づく物体認識のしくみ（Hochstein & Ahissar, 2002; Di Lollo, 2012; Lamme, 2003）に対応していると考えられる。

　もう少し詳しくこのモデルの振る舞いを見てみよう。図4-3aは，赤色の線分（標的）を緑色の妨害刺激から探す例である。このとき，標的特徴は色のマップに空間的に並列に（注意不要のまま）表象される。この課題では赤色の存在さえ検出すればよい。赤の特徴マップに表象されているものがあれば標的が存在することを意味しており，標的が存在しているとすぐに判断できる。「空間的に並列に表象する」とは，妨害刺激の数がいくらあっても同時に分析されるということを意味するため，探索に必要な時間はセットサイズの影響を受けない。こうして単純な特徴の検出では探索関数が平坦になる。

　一方，図4-3bは結合探索の場合で，赤の横棒を赤の縦棒と緑の横棒から探す課題である。結合探索では，標的の特徴値（ここでは赤と横）は2タイプの妨害刺激と半分ずつ共有されている。したがって，標的か否かを判断するためには色と方位の両方の組み合わせが一致していなければならない。探索するときはまず，注意のスポットライトが位置のマスターマップの一部に向けられる。

位置のマスターマップは管理台帳のようなもので、ここを介してそれぞれの特徴マップが参照できる。注意を向けてどこか1カ所を選んだら、その位置に対応する方位マップで何の値が活性化しているかを問い合わせ、ここには横棒があることを知る。こうして注意を向けて取りだした情報は、オブジェクトファイルに記録される。標的も横棒なので、これは標的かもしれない。しかし、同様に色マップへも問い合わせると、色は緑であった。オブジェクトファイルにはこの物体は緑、かつ水平線で、場所はどこそこという属性情報が入っている。これを標的を定義する記憶と照合すると、標的ではないことが判明する。そのため次の標的候補を探すべく、注意のスポットライトを位置のマスターマップ上で次の位置に動かして、同様の問い合わせを続ける。図上部の認識ネットワークと双方向の矢印でつながっている部分は、こうした情報の再回帰的照会を意味している。そして標的に最終的に行き着くまでこのプロセスは続くため、結合探索に要する時間はセットサイズが大きいほど長くなる。また、標的が見つかれば探索をやめることができるため、標的ありの事態となしの事態での探索勾配比は1:2になる。

　結合錯誤も特徴統合理論を支える現象である。色や形など、複数の特徴を統合することが注意の役割ならば、注意を向けられないときには特徴の統合ができないはずである。Treisman & Schmidt (1982) は"1TSN4"のように、アルファベット文字を3つ、たとえばTは青、Sは赤、Nは黄緑というように色つきで横に並べ、左右を数字で挟んで呈示した。これらの文字が横に並べられていたのは、結合錯誤は横に並んだもの同士で起きやすいためである。被験者は両脇の数字を最初に答えて、次に文字について、位置および色とともに同定した。呈示時間は非常に短く、逆向マスキングもされていただけでなく、数字にも注意を分割しなければならなかった。そのため1つ1つの文字に注意を向けて特徴を組み合わせることは極めて困難で、被験者は頻繁に誤って報告した。ただし、回答はでたらめではなかった。呈示されていなかったものを答える誤り（たとえば茶色のH）よりも、実際に呈示されてはいたものの、組み合わせの誤り（たとえば黄緑のS）が多かった。一方で、両側の数字を報告しない事態では結合錯誤は極めて少なかった。したがって、結合錯誤は注意を使って個別に分析された特徴を組み合わせるという特徴統合理論を支える知見だといえる。

　さらに結合錯誤が注意による統合の間違いであることを示すために、Treisman & Schmidt（1982）は工夫を凝らした実験を行った。上述の事後報告実験のみでは，記憶して想起するプロセスが含まれているため，結合錯誤は知覚の問題ではなく，記憶の中で起こる現象だという反論が出かねない。そこで，同じ刺激を使いつつも，毎試行あらかじめプローブを1つ示しておいて，被験者にはそれが呈示されたか否かだけを答えさせた。こうすることで記憶の負荷はほとんど解消する。プローブは次の3種が用意された。実際に呈示される文字の1つ（たとえば赤のS），結合錯誤プローブ（青のS），特徴エラープローブ（茶色のS）のいずれかが毎試行，課題画面の前に呈示された。被験者は結合錯誤プローブに対しては18％，特徴エラープローブに対しては11.5％の誤報（実際には呈示されていないものを選ぶという誤反応）をしていたことから，やはり注意が不足した事態では特徴どうしを誤って組み合わせるという結合錯誤が起こりやすいといえる。

　彼女らは実験を重ね，別の解釈の可能性をも封じている。上述の実験では，被験者は標的に一致する2つの特徴（赤とS）を結合させていなくても，別々に検出して数えれば，1つの特徴を検出していたときに比べて正答しやすくなる。このような抜け道のない実験デザインにするために，被験者には同じ色と形の文字を検出させた。口絵図4-4aは標的（赤のX）が2つあるが，図4-4bと図4-4cにはない。図4-4bの画面では，赤色という特徴がXまたはHではなく青のOに誤って結合されれば結合錯誤が起こる。一方，図4-4cの刺激画面では，XまたはHの赤色特徴がOと結合するか，HまたはOの赤がXと入れ替わってもよい。したがって，図4-4cのほうが図4-4bよりも結合錯誤を起こしやすいと予測される。実際に，図4-4bに対しては25.4％の誤報であったが，図4-4cに対しては40％もの誤報を出した。特徴を結合せずに単に特徴を数えただけだという解釈ではこの結果を説明できない。

　こうした結合錯誤は判断時のバイアス（Prinzmetal, Ivry, Beck, & Shimizu, 2002）や記憶の制約（Prinzmetal, Henderson, & Ivry, 1995）では説明できない。なお，結合錯誤は文字や絵との組み合わせ（Treisman & Paterson, 1984; Treisman & Souther, 1986）や，聴覚（Hall & Pastore, 1993），視・触覚間（Cinel, Humphreys, & Poli, 2002）でも起こる。

　実験室事態では文字や単純な図形が使われており，結合錯誤が起こりやすい。たとえばPrinzmetal, Presti, & Posner（1986）は，7％の特徴誤報告に対して40％もの結合錯誤が起こる例を示している。その一方で，われわれの身の回

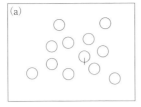 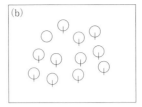

図 4-5 探索非対称性

りには多くの物体があり，それらの全てに常に注意を向けているわけではない（ちなみに，複数の物体の属性どうしの組み合わせ方を考えるとき，結び付け問題（binding problem: Koch & Crick, 1991; von der Malsburg, 1981; Tresiman, 1996, 1999）という呼び方をすることもある）．もし物体を正しく認識するために注意を向ける必要があるならば，寿司を食べているときに注意が会話に逸れても，なぜ緑のハマチや白い山葵を知覚しないのか．Treisman（1986）は，既有知識が結合錯誤を減らすと述べている．また，離れた位置どうし，および物体をまたぐ錯覚的結合は起こりにくい（Khurana, 1998）し，注意した範囲を越える結合錯誤も起こりにくい（Ivry & Cohen, 1989）など，様々な水準での制約が結合錯誤を起こりにくくしているのだろう．

このモデルは探索非対称性と呼ばれる現象も説明できる．探索非対称性とは，標的と妨害刺激を入れ替えたとき，探索の困難度が大きく変わる現象である（Treisman & Souther, 1985; Wolfe, 2001）．たとえば，図 4-5a のように，縦線つきの円標的を単なる円の妨害刺激から見つけることは簡単にでき，この標的はポップアウトする．しかし，図 4-5b のように，標的を単なる円，妨害刺激を縦線つきの円にすると，とたんに探索は困難になる．特徴統合理論では，縦線が存在することは，それがどこに存在しようとも，方位マップに活動があればすぐ標的ありという答えが出せる．方位マップは空間的に並列に働くので，セットサイズの効果もない．一方，縦線がないことを検出する特徴マップはありえないので，縦線のない円を探すためには注意を個々の円に向けて，1つずつ縦線がないことをチェックしなければならない．注意を1つずつ向けるということはセットサイズの効果が生じるはずであり，実際にその通りになる．

本節の冒頭で特徴統合理論は再回帰処理に基づく物体認識の考えに一致すると述べた．経頭蓋磁気刺激法を使ってこの点を示した研究を紹介する．Ash-

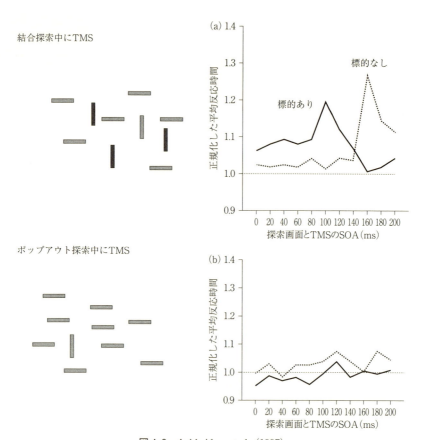

図4-6 Ashbridge et al.（1997）

bridge, Walsh, & Cowey（1997）は視覚探索の途中に，右頭頂皮質に磁気刺激を与えた。被験者は，あらかじめ決められた標的（緑の縦棒）の有無を判断した。図4-6aは結合探索中の反応時間を示している。標的があった試行は刺激画面呈示から約100ms，標的がなかった試行では約160msの時点で磁気刺激が与えられるときに，探索時間が延長していた。重要なことに，磁気刺激の効果は特徴探索では全く生じなかった。特徴探索ではフィードフォワードスウィープだけで標的を探索でき，再回帰処理が不要である。そのため，ここでは磁気刺激の効果がなかったと解釈できる。標的あり試行で影響が見られた時間帯は，動物実験でも高次領野からの回帰信号が戻ってくるタイミングに一致して

いた。磁気刺激はこのタイミングで，焦点的注意が結合探索の特徴結合に必要な処理を妨げたと考えられる。

4.4 特徴統合理論の修正

特徴統合理論はインパクトが大きく，多くの研究者によって検証された。その結果，並列的な分析とそれに続く逐次的な注意による統合プロセスという，厳密な2段階の見方には単純には一致しない例が見出されるようになった。特徴統合理論で想定している二重プロセスでの処理は，フィードフォワード信号と再回帰処理に基づく物体認識のしくみにおおむね対応している。初期の特徴統合理論では，ポップアウトすることはすなわち，その特徴のみに応答する検出器が生得的に備わっているという見方があった。特徴統合理論のインパクトが広がるにつれ，昆虫採集で新種を見つけるのに躍起になるかのようにして，どんな属性がポップアウトするかを探す研究が数多く行われた。その結果，特徴の結合でも効率的に探索できる例が報告されるようになった。その1つとしてDriverら（Berger & Driver, 1996; Driver et al., 1988, 1992; McLeod & Driver, 1993）は，形状と運動の組み合わせで定義される結合探索事態であっても，効率的な探索が起こりうることを示した。たとえば左右方向に動くXを，上下方向へ動くXと左右方向に動くOの中から探す課題では，運動に基づいてフィルタリングしていることを示唆する結果が得られた。視覚的運動情報を専門に分析する神経基盤があることは分かっており，特徴統合理論でいう第1段階に運動の特徴マップがあるはずである。厳密にこの理論を適用すれば注意を1つ1つの物体に向けて運動と形状を統合しているはずであったが，この結果は動くものだけを優先して選択できるという例外を示したことになる。

特徴マップを構成していると考えられる低次の視覚領野であっても，複数の特徴に応答することもある。たとえば，MT野の細胞は運動方向や両眼視差の両方に応答する（Maunsell & Van Essen, 1983）。そのため，特徴の結合であってもポップアウトすることがあるかもしれない。両眼視差も運動や色のような特徴とともに符号化されている可能性がある。そこでNakayamaらは視差が関わる結合探索の事態を設けたところ，奥行きによるフィルタリングができることがわかった（Nakayama & Silverman, 1986; He & Nakayama, 1995）。図4-7のように奥行きと色を組み合わせたところ，特徴統合理論では位置のマスター

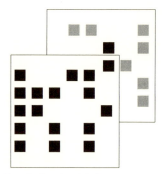

図 4-7 奥行きごとに探索できる例（Nakayama & Silverman, 1986）

マップに注意を向けて，奥行きと色の特徴マップそれぞれの値を参照する必要があるので，ポップアウトしないはずであった。この例は1つの特徴マップは1つの次元しか表象しないと厳密に考えれば，特徴統合理論には一致しない。この他にも立体物にみえる線画（Enns & Rensink, 1990）など，ポップアウトしうる複雑な視覚特徴の例はいくつも報告されている（Wolfe, 2014; 図4-8）。この図では，左ほど確実にポップアウトし，その特徴を検出するための独立した神経基盤を備えていることを意味している。右側は必ずしもポップアウトしない場合があったり，課題依存であったりする。ポップアウトするからといっても，必ずしもその特徴に特化した神経機構が仮定されているわけではないし，その逆もまた当てはまるだろう。顔の分析に特化した神経機構（紡錘状回，とくに fusiform face area: FFA: Sergent et al., 1992; Kanwisher et al., 1997）があるが，顔と（顔以外の）非標的の低次の画像特徴を統制した場合では顔はポップアウトしない（Nothdurft, 1993; VanRullen, 2006）。十分に学習したはずの自分の顔であっても，探索効率は他人の顔よりはよくはなるが，ポップアウトには到らない（Tong & Nakayama, 1999）。ただし，顔妨害刺激による注意捕捉は起こる（Langton et al., 2006; Sato & Kawahara, 2014）し，半側空間無視のある患者でも他の形状に比べて顔図形には気づきやすい（Vuilleumier, 2000）といったように，色や運動と同様には扱えない。

　初期の特徴統合理論のような単純な見方では説明できない知見は他にもある。Wang, Cavanagh, & Green（1994）は己を5から探索することは容易だが，ᄂを ᴌから探索するのは難しいことを見出した。これらは線分の向きと配置が

4.4 特徴統合理論の修正

確実に特徴次元といえる	たぶんそう	疑わしいか,おそらく違う
色 運動 方位 大きさ(長さ,空間周波数)	輝度オンセット(フリッカ) 輝度極性 副尺ずれ 立体視・奥行きと傾き 絵画的深度手がかり 形状 線分の端点 閉合 曲率 照明方向(陰影) ツヤ 拡大運動 数 縦横比	新奇性 学習した特徴 文字(過学習したもの) 英数字カテゴリ 交点 オプティックフロー 色変化 立体体積(ジオンとか) 光度 材質 光景カテゴリ 視線 視野闘争 自分の名前 脅威 バイオロジカルモーション
	どちらともいえない 顔 意味カテゴリ	

図 4-8 ポップアウトしうる特徴 (Wolfe, 2014)

異なっているだけで,低次の情報という意味ではほぼ等価である。そのため,ボトムアップの第1段階の振る舞いは同じはずである。しかし,前者の2パターンはアラビア数字を使う文化圏であれば知っている数字であり,親近性が高いが,後者はふだん使う文字のレパートリーにない。探索成績が大幅に異なるということは,探索は親近性の影響も受けることを意味する。同時にこの知見は,探索効率を考えるときは標的処理だけでなく,妨害刺激処理も考える必要があることを示している。

特徴統合理論では,結合標的を探索するときは,注意のスポットライトが逐次的に,1つ1つの刺激に無作為に向けられていると考えていた。しかし,Egeth, Virzi, & Garbart (1984) は探索中の注意は選択的に向けることができると考えた。具体的には,注意のスポットライトが逐次的に無作為な位置に向けられるのであれば,妨害刺激の組み合わせにかかわらず探索勾配にみられる標的の有無の比は1:2のままのはずである。確かに,赤と黒が等数ならば探索勾配は特徴統合理論での予測を再現した(図4-9の実線)。そこで彼らは赤い刺激が常に3つだけ出る事態を設けたところ,探索勾配は平坦になった(図4-9の点線)。この結果は,あらかじめ標的は赤いことを知っていれば,課題関連特徴である赤色にバイアスをかけ,注意を誘導できることを示唆している。色

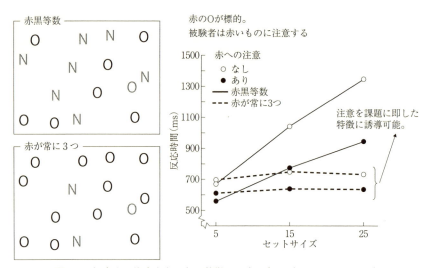

図 4-9 探索中の注意をある色の特徴に限定できる（Egeth et al., 1984）

に限らず，Kaptein et al. (1995; Belopolsky et al., 2005) は，複数ある刺激のうち，一瞬だけフラッシュしたグループを選択的に探すことができたことを示した。すなわち，フラッシュしないものを無視できた。こうした結果は，注意選択は闇雲にすすむのではなくて，知識で制御できることを示している。

このように，一部の刺激が選択的に探索できるという発見 (Egeth et al., 1984; Shen, Reingold, & Pomplun, 2000; Zohary & Hochstein, 1989) は，すばやく効率的なフィードフォワードプロセスが，非効率で遅い再回帰プロセスを誘導できるという主張を導いた。たとえば，赤の縦棒（標的）を緑の縦棒（妨害刺激）と赤の横棒（これも妨害刺激）から探すとき，フィードフォワードスウィープでは色と方位の組み合わせを検出できないにもかかわらず，色の次元での刺激間の差異情報は再回帰プロセスの助けになっている可能性がある。同様に，方位の次元での刺激間の差異も利用できるとすれば，そうした特徴次元ごとの差異を集積することで，妨害刺激とは違っていそうな候補（すなわち標的）に再回帰プロセスを優先的に実施するように誘導できるかもしれない。こうしたアイデアを反映させ，Wolfe ら (Cave & Wolfe, 1990; Wolfe, 1994, 2007; Wolfe et al., 1989) による誘導探索モデルが提案された。これは 2 段階のプロセスを仮定する点では特徴統合モデルと同じである。しかし，結合探索のように注意を向け

る必要があるとき（すなわち再回帰処理が必要なとき），このモデルでは注意は無作為な順序で向けられるとは考えない。むしろこのモデルでは，並列的・効率的な視覚処理ができる第1段階において，標的の特徴をより多く持つ候補物体ほど優先順位を高めて再回帰処理されるように注意が誘導される。特徴統合理論ではそうした情報の重み付けを想定していなかったことと対照的で，誘導探索モデルは，活性度マップを作るためにトップダウンの知識が使われる（Baluch & Itti, 2011; Wolfe, Butcher, Lee, & Hyle, 2003; Serences & Boynton, 2007）。たとえば，図4-3では，色の分析はボトムアップに視野の広い範囲に対して同時に働くので，とにかく赤いものの視覚表象を活性化する。同様に，方位の分析も空間的に広い範囲で可能であるので，縦の物体の視覚表象も活性化する。あるいは色次元の違いだけを取りだし，その他の特徴は抑制するという特徴次元への重みづけ（次元加重；Kumada, 2001; Zehetleitner, Goschy, & Müller, 2012; Found & Müller, 1996）もあり得る。標的は特徴次元ごとに顕著さが高い刺激であることが分かっていれば，トップダウンの知識は利用され，特徴分析器からの情報はひとつの活性度マップとして組み合わされる。そのため，標的の特徴を多くもつ物体に対応した位置ほど高い活性値をもつことになる。

　特徴分析器からの情報を加算するにあたって，誘導探索モデルは要素間の類似性（Duncan & Humphreys, 1989）を考慮に入れている。標的と妨害刺激の類似性が低く，見分けやすくなれば，その分だけ標的とその近傍要素とのボトムアップの特徴コントラストがつく。また，妨害刺激どうしの類似性が上がると，課題に非関連な特徴を抑制しやすくなる。そのため，注意を値が高い順に向ければ再回帰処理は必ず標的位置から開始できることになり，単純な特徴の探索と同じように効率よく標的を見つけられるはずである。しかし実際にはシステムに内在するノイズがあり（Green & Swets, 1989; Parker & Newsome, 1998），場合によっては妨害刺激の活性値のほうが高くなってしまうこともあるが，平均して標的のほうが妨害刺激よりも高い活性値をもつことのほうが多い。そのため，試行数を重ねれば平均して標的に注意が向けられやすくなる。標的が見つからない場合は，活性値の高い順に探索して，あらかじめ設定した閾値を下回ったら，標的が存在しないと判断すると考えられる（Chun & Wolfe, 1996）。

　誘導探索モデルを提案したWolfe（1998）は自らの研究データのうち2500対の標的あり試行となし試行の探索勾配（被験者数でいうと約650人分）をメタ分析した。もし探索勾配が並列探索，逐次探索という機能的に異なる2つのプロ

セスを反映しているならば，それらの実験結果は効率的探索勾配と，非効率的探索勾配の二種類に分類できるはずである。すなわち，横軸を探索勾配の傾きとしてヒストグラムをプロットしてみると，平坦な勾配と急な勾配の二峰性の分布になるはずである。しかし実際は単峰性の分布となり効率的探索対非効率的探索という純粋な二分法にはあてはまらなかった。他にも，結合探索であっても並列的になり得る例（Theeuwes & Kooi, 1994; Watson & Humphreys, 1997）も数多く見つかっているし，ボトムアップ要因の影響を受けることもある（Geyer et al., 2006; Kristjansson et al., 2002）。したがって，探索勾配から背後にあるメカニズムを推測することは適切ではない。

　誘導探索モデルは視覚探索行動を量的に予測するための足がかりとなり，視覚画像中の顕著な情報に基づいて注意を向けると考えるItti らの（Itti & Koch, 2000; Navalpakkam & Itti, 2005 など）シミュレーションモデルと並んで代表的な視覚探索モデルのひとつに数えられている。誘導探索モデルはたびたび改訂され，現在の最新は誘導探索モデル2013である（Wolfe, 2014）。とくに，これまでのように顕著性マップを通じて選択する選択的処理と，光景の特性（Oliva et al., 2003）や画像の統計量や規則性（Ariely, 2001; Chong & Treisman, 2003; Chun, 2000）に基づく誘導を利用して，選択的ボトルネックを回避する非選択的処理（Wolfe, Vo, Evans, & Greene, 2011）という2つの経路が取り入れられている点が従来版との最大の違いである。その他にセットサイズ，標的の有無，標的と妨害刺激の類似性，妨害刺激の均質性，探索非対称性，標的カテゴリラベルの効果，直接プライミング，試行間プライミングなどが説明できるようになっている。

　現在の誘導探索モデル（図4-10）は，トップダウンの知識を利用しながら入力された初期視覚情報（本書でいう感覚レジスタの中身）に対して属性ごとの分析をする（a）。属性ごとの分析結果は優先順位マップ（従来版の活性度マップ）にまとめられる（b）。ここでの順位が高い順に選択的注意が向けられる。全てボトムアップの差分から計算される顕著性マップ（Koch & Ullman, 1985）に類似するが，この順位決定にはトップダウンの誘導（上述の次元加重等）も含まれているため，優先順位マップと呼ばれる（c）。トップダウンの重み付けは確かに注意を向ける優先順位を変調するが，ボトムアップの影響を全てなくせるわけではない（Wolfe, 2014; Kawahara et al., 2012）。このマップにしたがって注意がいったん向いた後は，その位置は抑制を受けるだろう（復帰の抑制，抑制

4.4 特徴統合理論の修正

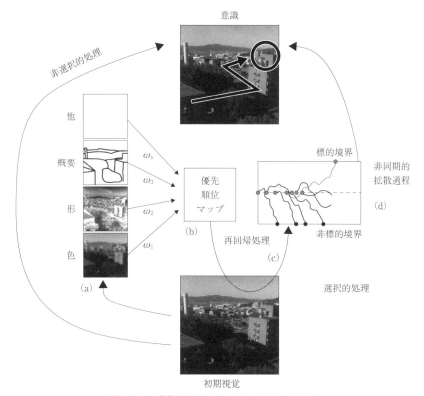

図 4-10　誘導探索モデル 2013（Wolfe, 2014）

的タグ付け，第5章）。物体認識は拡散過程モデルに基づいて実装されている (d)。拡散過程とは，刺激が呈示されてから情報を時間経過とともにノイズの中で蓄積し，閾値を超えると意思決定をするというプロセスである。誘導探索モデルでは探索刺激の1つに注意を向けるごとにこの拡散過程を開始し，複数の拡散過程が同時に進行しうる（Townsend & Wenger, 2004）。この拡散過程のパラメタを調節することで，探索の打ち切りや誤答に関する現象が説明できる。こうした2種類の選択処理から意識の内容が構成される。

特徴統合理論は逐次的な注意配置を仮定にしたモデルであるが，以前から容量制限のある並列処理を仮定したモデルは存在した（Townsend, 1972）。特徴統合理論が提唱されてから生まれた Bundesen（1990; Bundesen et al., 2005）に

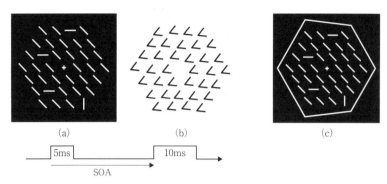

図 4-11　検出と弁別の質的ちがいを調べる課題（(a)(b) Sagi & Julesz, 1985;（c）Di Lollo et al., 2001）

よる注意の理論（文字通り Theory of Visual Attention という名称）も容量制限をもつ並列処理モデルである。この注意の理論では，認識すべき物体表象に注意資源を割り当て，その程度に応じて並列的に感覚処理結果が蓄積してゆくと考える。この理論は Logan（1996）によって，物体認識は低次の輪郭検出から空間的な位置と物体の同定に関与する 2 つの下位プロセスからなると考える CTVA 理論（CODE theory of visual attention）に統合されている。

　フィードフォワードスウィープと，再回帰処理という 2 つのモードを取り込んだ視覚探索のモデルの一つとして，動的再構成モデル（Di Lollo, Kawahara, Visser, & Zuvic, 2001）が挙げられる。このモデルでは入力フィルタリング（知覚的構え）が物体認識に大きな役割を果たす。現在の構え（入力フィルタ）に一致すればフィードフォワードスウィープですぐに物体認識できるが，入力フィルタは比較的単純な属性にしか特化できない。そのため，複雑な属性に対しては再回帰ループによる仮説検証モードを使う。これは効率が悪く，時間がかかる。

　Di Lollo らは Sagi & Julesz（1985）の知見をもとにこのモデルを検証した。Sagi & Julesz（1985）は図 4-11 のような手続きを使って，標的の検出は注意が不要であるが，弁別は注意を必要とすると主張した。検出課題では被験者は，左側の探索画面が 5ms 呈示され，SOA を挟んで 10ms のマスクを呈示された。被験者は斜めの非標的線分の中にある縦か横かの標的線分の数を答えた。均質な背景中の異物検出という意味で，この計数課題は検出と同義であった。この

とき，被験者ごとに階段法で SOA を調節し，85%の正答率が得られたときの値を求めた。その結果，どの被験者も標的の個数の影響はなく，平坦で効率的な探索勾配となった。一方，弁別課題では全く同じ刺激を用いるが，課題が異なっていた。被験者は縦か横の線分が全て同じ方位か，異なる方位のものが含まれているかを判断した。1つだけ異なるものを判断するためにはそれぞれの要素が水平か垂直かを同定する必要があると Sagi らは考えた。ここでも同様に従属変数を測定したところ，標的刺激の個数の効果が見られ，非効率的な探索関数となった。この結果から，Sagi らは検出には注意は不要だが弁別は注意を必要とすると結論した。

この結論に対して，Di Lollo らは異議を唱えた。この課題では弁別には必ずしも同定が必要なわけではない。むしろ連続検出を2回行えば課題は達成できる。言い換えると，最初にテクスチャを分離して異物を検出し (Wolfe et al., 2002)，その中でさらに異物検出をすれば目的は達成できる。したがって，Sagi らは検出は注意不要，弁別は注意が必要という対応があると考えたが，Di Lollo らはこれらの課題に質的差異はなく，単一課題か二重課題かの違いに過ぎないと考えた。動的再構成モデルでは，まず最適な構えが作られ，この構えに一致しない課題は効率が悪い再回帰処理に廻される。この点を検証するために，Di Lollo らは Sagi らの手続きを1点だけ変更した。図 4-11c のように探索画面に六角形の枠を作り，被験者は検出課題をした後，六角形の枠の上辺と下辺が平行か否かを答えた（この例では並行でない）。もし，Sagi らがいうように，課題が検出か弁別かという点が探索効率を決めるならば，二重課題でも注意は不要のままであり，探索勾配も平坦のはずであった。しかし，実際には探索勾配は非効率的になったため，検出は注意不要，弁別は注意が必要という単純な図式ではうまくゆかないことが明らかになった。

さらに，Di Lollo らは入力フィルタ説を積極的に検証するために，図 4-12 のデザインで実験を行った。この実験では刺激は全て同じで，教示だけが異なっていた。単一課題ならば，枠は無視すること，そして検出課題であれば線分は何本あるかを答え，弁別課題であれば線分は全部同じ方位かを判断した。二重課題であればさらに枠の上下が平行か否かを答えた。このとき枠課題を優先することが求められた。Sagi らと Di Lollo らによる仮説は図 4-12b のように対比できる。Sagi らは課題のタイプによって注意が必要か不要か（探索勾配が平坦か否か）が決まり，単一課題か二重課題かは影響しないはずであると考え

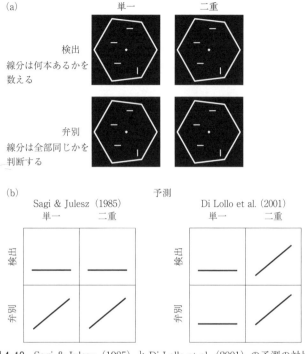

図 4-12 Sagi & Julesz（1985）と Di Lollo et al.（2001）の予測の対比

た。一方，入力フィルタ説に基づけば，検出か弁別かはそれ専用のフィルタが動的に設定できるはずで，単一課題であれば効率的に探索できる。二重課題にすると枠を答えるための構えでは探索は効率的にはできないと考えられる。実際の実験結果は，入力フィルタ説の予測に一致して，課題のタイプではなく単一課題か二重課題かによって探索効率は左右されていた（図4-13）。

　入力フィルタという考え方はトップダウンの注意の一種である。ただし，この研究でいう入力フィルタは，入ってきた信号の中からトップダウンの知識に基づいて必要な情報を取り出すのではなく，あらかじめシステムを特殊な入力受け取り状態に設定することである。入力フィルタは物体認識のための知覚的仮説（Di Lollo, 2012）であり，入力フィルタに一致した刺激が入ってくれば再回帰処理はすばやく収束し，探索は効率的にできる。一致しなければ，知覚的仮説なしで再回帰分析をする必要があり，時間を要する。そのために探索は非

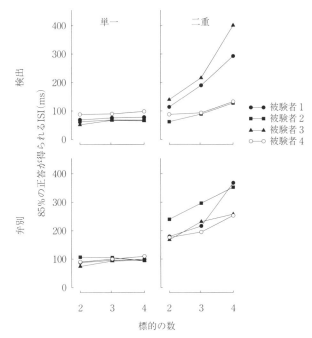

図 4-13　弁別と検出というよりも単一課題か二重課題かが探索成績を分けた（Di Lollo et al., 2001）

効率的になる．この仮説に一致して，課題実施の前に前頭前野と基底核の予備的活動が起こり，詳細な分析をする前に作業記憶へのアクセスを制御していることが報告されている（McNab & Klingberg, 2008）．

4.5　探索をサポートするメカニズム

❖顕著性

上述の誘導探索モデルでの活性値に類似した概念であり，いま見ている光景のそれぞれの場所の見やすさ，目立ちやすさを顕著性という（Fecteau & Munoz, 2006）．Kochら（Koch & Ullman, 1985; Itti & Koch, 2000）は色や形，運動など複数の特徴マップの出力を合成して，顕著性マップをつくり，焦点的注意をどの位置に向けるかの優先順位を決めるメカニズムとして提案した（小池・

伊丸岡・齋木, 2003)。顕著性マップで示される位置にはどのような視覚属性をもった物体があるかの情報は失われており，顕著性マップは最も重要そうな場所を示している。

　顕著性マップはフィードフォワードスウィープとその後の再回帰処理という2段階の情報処理の考え方によく一致する。課題の構えに関わらず重要そうな位置を顕著性マップに基づいてまず決め，そのあとに時間をかけて詳しく分析が行われる。すなわち，短い潜時で眼球運動（もしくは注意のシフト）を準備する際には顕著性に基づいていて，課題関連の構えや意図や顕在的な知識は利用できない。van Zoest & Donk（2005）の研究（第2章）もこの考え方に一致している。具体的には，潜時が短い眼球運動は顕著性の高い刺激に向けられやすいが，その後は構えに一致したものに眼球運動を向け，詳細な分析が伴う。Stritzke et al.（2009）も，潜時が短い眼球運動は主として刺激の顕著さに誘導されたものであり，意図（この研究の場合は金銭的報酬に対応した色）に結びついた位置への眼球運動はこの後に起こることを示している。

　顕著性はいくつかの定義があり，単純に複数の特徴マップの加算のみを指すものからトップダウンの知識を加えた総合的な目立ちやすさを指す場合もある。刺激画面にほとんど物体がない場合は，単純な顕著性マップでも注意や眼球運動の移動先を十分に予測できる（Li, 2002）。顕著さマップに基づいて，web広告のどの部分に注意が向きやすいかを計算し，広告デザイン開発に役立てるための商用サービスもある。しかし，複雑な場面や，眼球運動のシフト順の予測は必ずしも成功しているとはいえない（Einhauser et al., 2008; Foulsham & Underwood, 2008; Tatler et al., 2011; Itti & Borji, 2014）。そのため，顕著性だけでなく，文脈情報や画像のもつ規則性などを取り入れたモデル（Castelhano & Haven, 2010; Mack & Eckstein, 2011）が提案されている。

　眼球運動をシフトさせる位置に注意が向くという仮定に基づけば，前頭眼野（Thompson & Bichot, 2005），外側頭頂間野（LIP: Bisley & Goldberg, 2010），上丘（Fecteau & Munoz, 2006），四次視覚野（Mazer & Gallant, 2003）が顕著性マップを構成しているといえるかもしれない。とくに前頭眼野，外側頭頂間野，上丘はトップダウンに課題の構えの影響を受ける。そのため，Bisley & Goldberg（2010）は，これらを単なるボトムアップ情報の積み重ねという意味での顕著性マップと呼ぶのではなく，トップダウンのバイアスをも反映した優先順位マップと呼ぶことを提案している。

✢ トップダウンの知識

　標的が何であるかを知っていれば探索は容易になる（Davis & Graham, 1981）。また，標的の位置がわかっているときは，そうでないときに比べて検出しやすい。たとえば明るさの増分変化を検出する課題では，標的位置がわかっているときは，140分の1の不確かさがあるときに比べて約10倍も検出しやすい（Cohn & Wardlaw, 1985）。位置に限らず，標的出現のタイミング（Eckstein, Whiting, & Thomas, 1996）や標的の形状（Burgess, 1985）を知っていることも探索を容易にする。病変を大量の画像の中から見つけなければならない医療画像診断場面では，標的の形状が明瞭ではなく，見落とした場合に深刻な結果を生む可能性がある（Castella et al., 2009）。また，課題非関連次元で大きな顕著性をもつ妨害刺激をブロック内で混ぜるときは，ブロック間で混ぜるときよりも大きな妨害効果が生じる（Lamy, Bar-Anan, Egeth, & Carmel, 2006）。

　標的を示す単語を先行呈示すると探索時間は短縮できるが，具体的な標的画像を見せることで探索時間はさらに短縮する（Wolfe, Horowitz, Kenner, Hyle, & Vasan, 2004）。たとえばBravo & Farid（2009）は魚を検出する課題を課した。単に単語で「魚」を探すことを指示されるときに比べて，探索する直前に標的と同一の画像を200ms見たときは探索時間は20%短くなった。標的と完全に同一の画像でなくても，同じ種の魚を見たときでも10%程度の探索時間の短縮が見られた。

　ポップアウトするときでも標的や妨害刺激の既有知識は探索を促進しうる（Schoonveld, Shimozaki, & Eckstein, 2007）。たとえば，複数の赤色の妨害刺激の中から唯一緑の要素を探すか，逆に複数の緑色の妨害刺激の中から唯一赤の要素を探してその形状を答える場合を考えると，標的と妨害刺激がどの特徴を持っているかを知っていた方が全体的な反応時間が短い（Wolfe, Butcher, Lee, & Hyle, 2003）。それぞれの探索画面は，同じ標的と妨害刺激の組み合わせを一貫させたとき（ブロック化したとき）と，毎試行無作為に混ぜたときで全く同じだったため，Wolfeらはトップダウンの知識が単純な特徴探索課題でも有効だと考えた。トップダウンの知識が活性化マップの計算に活かされるという点は，誘導探索モデルの特色であることはすでに述べた。さらに，ポップアウトしたものの形状を同定する課題であれば，セットサイズが増えるほど探索時間が短くなることがある（Bravo & Nakayama, 1992）。ただし，この後者の場合はトップダウンの知識の効果というよりも，自動的・ボトムアップに生じた履歴効果

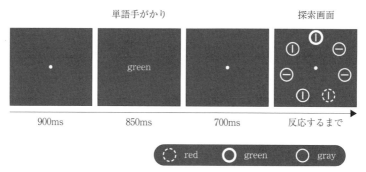

図 4-14 トップダウンの知識があっても目立つ妨害刺激を排除する役には立たない (Theeuwes & Van der Burg, 2011)

であると考える立場（Maljkovic & Nakayama, 1994）がある（本書 pp. 155-156 で詳述）。

　標的ではないと知っている特徴や位置は，抑制されるという知見もある。たとえば，Cepeda, Cave, Bichot, & Kim（1998）の実験では，被験者は一度に 4 つ，短時間呈示される数字のなかから緑のものを答えた。他の 3 つは赤色であった。探索画面が消えた 1400ms 後に緑の数字を答えることを促されるが，半数の試行ではその前にプローブが出て，被験者はすばやくこのプローブに対して検出反応をしなければならなかった。プローブ検出は標的位置か背景では速く，妨害刺激位置では遅かった。したがって，標的ではない特徴の妨害刺激位置での反応遅延は抑制を反映している。また，目下の課題に必要な特徴（課題関連特徴）をもつ刺激の位置には優先的に注意が向いていることを示している。重要な点は，この抑制は妨害刺激の位置に限定されており，プローブが中間の位置に呈示されたときは抑制は見られなかった。したがって，被験者は課題関連色だけを探して，その他の色は抑制していたと結論できる。こうした抑制は試行間でも起こる（Kumada & Humphreys, 2002）。

　ただし，トップダウンの知識の有効性に対する反論もある。たとえば Theeuwes & Van der Burg（2011）は，図 4-14 のように，顕著さの等しい 2 つの仲間外れの円（複数の灰色の中にある緑と赤の円 1 つずつ）を呈示し，直前に単語で色を指示して，いずれかの仲間外れの円の内部にある線分の向きを被験者に答えさせた。もし，トップダウンの知識で有効に探索が誘導できるならば，単

語で指示された緑の円だけを探せるはずである。彼らはもう一方の仲間外れに注意が向いたか否かを調べるために，この2つの円の中の線分方位が一致している試行と一致していない試行を設けた。もし無視すべき円にも注意が向いてしまっているならば，線分方位の一致効果が生じるだろう。すなわち，答えるべき（この例では緑）円の中の線分と，無視すべき（赤）円の中の線分が一致しているときは，不一致のときよりも判断が速いはずである。もし無視できているならば，そういった一致効果は得られないはずである。実験の結果，約25msの一致効果が見られたことから，トップダウンの知識があってもポップアウトする妨害刺激を排除するという目的には役立たないことがわかった。Theeuwes & Van der Burg (2008) は形状でも同様の結果を見出している。トップダウンの知識の効果を示した研究には，後述するような試行間の履歴効果が交絡している可能性がある（Awh, Belopolsky, & Theeuwes, 2012）。とくに，トップダウンの知識が関わる場面での神経基盤を調べた研究の多くは標的定義特徴をブロック間で操作しているので，履歴効果が交絡しているかもしれない。

❖ 標的の頻度・個数

　空港の手荷物検査や医療画像診断のように，標的が出現する確率が非常に低い場合がある。標的の出現頻度が極めて低いときには判断基準や探索を打ち切る基準を変え，見落としが起こりやすいという報告（第7章，Wolfe, Horowitz, & Kenner, 2005; Wolfe & Van Wert, 2010; 石橋・喜多, 2013）がある。その一方で，実験場面では頻度の効果が見られないという報告（Gur, Rockette, Armfield et al., 2003）や，低頻度標的の見落としは反応遂行時のエラーだと考える立場（Fleck & Mitroff, 2007）もある。

　試行間（ブロック内）の標的頻度の他に，1つの探索画面内で標的の数を増やす実験操作もあり得る。通常の探索課題では標的は1つだが，2つ以上の標的候補があると探索は一般に遅れる（Huang & Pashler, 2007; Menneer et al., 2007）。ただし，2つの標的に共通した特殊な性質がある場合はこの限りではない。標的のテンプレート数を直接調べた Houtkamp & Roelfsema (2009) の研究では，被験者に新たなテンプレートを毎試行作らせた。物体を逐次呈示し，赤か緑，あるいは靴か籠を探させた。探索成績は1種類だけ探すよりも，複数探すときには一貫して悪かった。信号検出理論を使って0, 1, 2個のテンプレートを仮定したモデルで評価させたところ，見積もられたテンプレート数は，

次元内探索か（赤か緑），次元間探索か（赤か靴）にかかわらず 0.9 から 1.1 の間だったことから，一度に維持できる標的数は1個であるといえる。

　1つの探索画面に標的が2つ以上あるとき，一方を見つけてしまうともう1つが見つけにくくなる，探索満足（Smith, 1967; Tuddenham, 1962）という現象がある。この現象は「満足感」だけでは説明できないことから，次の探索ミス（Adamo, Cain, & Mitroff, 2014）とも呼ばれる。Cain & Mitroff（2012）は，検出した標的についての記憶表象を作る必要があり，そのために一時的に認知資源が剥奪されることでその後の標的検出が阻害される，それによりこの現象は起こると考えている。一方，Berbaum, Franklin, Caldwell, & Schartz（2010）は，探すべき標的とは違う標的を見落としてしまうと考える知覚的構えによる説明を提案している。

❖報酬

　同じ状況で行った反応のうち，結果として満足が伴うものがあれば，その反応は今後起こりやすくなる（効果の法則，Thorndike, 1911）。このことは注意についても同様である（Awh et al., 2012; Anderson, 2013; Chelazzi, Perlato, Santandrea & Della Libera, 2013）。動物実験で注意を制御するために報酬を使った場合には，得られた結果は注意の効果なのか，報酬の効果なのかが区別できない（Maunsell, 2004）。実際に，注意の定位や行動の選択に関わる外側頭頂間溝は報酬の随伴性に直接影響を受ける。たとえば Dorris & Glimcher（2004）は，外側頭頂間溝の神経細胞はいまからする行動の望ましさを表象していることを調べるために，ゲーム課題を用いた。その結果，サルは主観的な望ましさが高い行動を行っており，細胞活動は主観的な望ましさに対応していた。したがって，望ましいものに注意が向きやすくても不思議はない。実際に，Navalpakkam, Koch, Rangel, & Perona（2010）は，複数の妨害刺激の中に2つの標的を混ぜ，顕著さと報酬を操作した実験から，報酬が最適になるように標的の価値と顕著さに基づいて探索の優先順位を決定できることを示した。この他にも，過去に報酬を受けた刺激が妨害刺激であるときは探索効率が損なわれ（Anderson, Laurent, & Yantis, 2011; Gomez-Cuerva & Raymond, 2010），逆に標的であるときは探索効率が上がる（Schlagbauer, Geyer, Müller, & Zehetleitner, 2014; Stormer, Eppinger, & Li, 2014）ことが知られている。

　しかし，Hickey, Chelazzi, & Theeuwes（2010）は，報酬と意図的な注意の

構えを分離した。被験者は菱形の中の丸を探し，その中の線分方位を答えた（口絵図4-15a）。このとき，色の異物（この例では色の違う菱形）を無視する必要があった。n-1試行では被験者は縦と答えなければならない。正答すると表示が出て，高（€2）低（€0.2）どちらかの金銭報酬が実験後にもらえることになっていた。この図では+1が出ているものが低報酬の例，+10が出ているものが高報酬の例である。この報酬が，次の試行で標的にバイアスをかけるか，非関連異物にバイアスをかけるかを決めてしまったというのが彼らの研究結果のポイントであった。図4-15bが，標的内部の線分方位を答えるための反応時間を示したものである。標的色が次のn試行でも同じなら，高報酬の後（色切り替えなし条件）は標的への反応は速かった。しかし，n試行の異物が一つ前の試行（n-1）の標的と同じ色なら（色切り替え条件），反応時間は高報酬でも遅くなった。したがって，報酬のあった色はそれが標的でも妨害刺激でも，注意捕捉したということを示している。さらに，彼らはもう1条件加えて自発的な定位も調べている。その条件では被験者は注意した色を切り替えると（すなわち，いまの選択目的を赤から緑へ切り替えると）次の試行で高報酬が得られるようになっていた。しかし，そういう切り替えがあったときは，ないときよりも反応が遅くなった。したがって，彼らは，たとえ被験者の行動目的は完全に逆であっても，自動的に報酬のあった色へ選択バイアスがかかると結論している。

Hickeyらの発見は，注意が何に基づいて向くかという理論的な枠組みを考える上で非常に大きなインパクトを残した。従来は，トップダウンとボトムアップの要因に基づいて注意が向くところが決まるとされてきた。しかし，被験者の現在の行動目的でもなく，ボトムアップの刺激の顕著さでもなく，報酬を受けた経験によっても注意を向ける位置が決まることがわかった。この結果は，トップダウンとボトムアップの注意制御を基本としてきた従来の見方では説明できない。そこでAwh et al.（2012）は，トップダウンとボトムアップに加えて，試行間での履歴効果を組み込んだ3要因で注意を向ける優先順位マップを構成するモデルを提案している。

❖規則性

われわれは高性能な学習システムをもっている。探索すべき光景に規則性があれば，繰り返しその光景を経験することで規則性を学習し，探索に利用でき

る（Turk-Browne et al., 2010）。たとえば，Miller（1988）は凝視点の左右に2カ所ずつ，合計4カ所にアルファベットの子音4つを呈示した。被験者にはあらかじめ2つの子音が標的として指定されていた。そして，毎試行出る4文字の中に標的が含まれているか否かを答えた。さらに，この4カ所のうち1カ所に標的が出やすくなっていた（たとえば左から2番目，すなわち凝視点の左隣）。こうした試行を続けると，標的が出やすい場所ではすばやく判断できるようになった。さらに，途中からこの4文字を全体的に一つ右（あるいは左）にずらし，凝視点の片側に1文字，反対側に3文字出るようにした。右にずらした場合，絶対的に出やすい位置は相変わらず凝視点の左隣であるが，相対的に見ればこの位置は4文字のいちばん左に相当する。逆に，シフト前に相対的に出やすかった左から2番目は，今は凝視点の右隣になっていた。シフト後は，相対的に出やすい位置でも，絶対的に出やすい位置でも，他の位置と比べて同程度の反復呈示による利得が見られた。

　同様に，Geng & Berhmann（2005）は，被験者に標的（T）の向き（左右）を答えてもらった（図4-16）。標的は右上，右下，左上，左下のいずれかにしか呈示されなかった。このとき，標的は75%の試行で同じ位置に呈示された。被験者はこの位置の偏りを知らされていなかった。探索に要する時間は，別のブロックで呈示位置を無作為にした統制条件に比べて約50ms短縮していた。さらに，低頻度（25%）の位置に出現したときは統制条件に比べて短縮していた。これを確率的手がかり効果という。直前の試行と現在の試行で標的の位置が同じときは，異なるときに比べて反応時間は短かった（空間的な反復プライミング: Maljkovic & Nakayama, 1996）が，この位置の反復効果は高頻度位置ではいっそう大きかった。したがって，こうした確率的手がかり効果は反復プライミングのみでは説明できない（Drucker & Anderson, 2010も同様。ただしWalthew & Gilchrist, 2006は反論を唱えている）。

　広義には，内発的な空間的手がかり効果（第2章）も，手がかり位置と標的出現位置との規則的な関係を学習した効果に分類できるだろう。手がかりと標的との関係の規則性が探索に与える影響としてもっと劇的なのは，文脈手がかり効果（Chun, 2000; Chun & Jiang, 1998; 小川・八木, 2002）であろう。たとえば，レストランに入って席を探すならば，天井を探したりせず，床に置かれたテーブルで空いたものを探すだろう。同様に，台所でコップに水を注ぎたいとき，今度は床を探さず，腰よりやや上の高さで壁際の蛇口を探すだろう。このよう

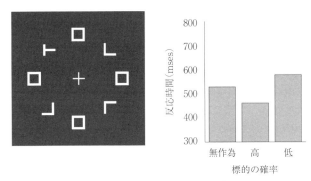

図 4-16 標的が出やすい位置では速く見つけられる（Geng & Berhmann, 2005）

に，われわれは文脈ごとに，どんな物体がどこに置かれているかを学習している。こうした規則性は何回もその場面に出くわすことで獲得してゆく。Chun & Jiang (1998) は，文脈が注意を誘導する仕組みを単純化した実験事態を使って示した。注意を1つ1つの刺激に向けなければならない探索事態（図4-1b）で，どの向き，どの色の妨害刺激がどこに出るかをあらかじめ何パターンか決めておいた。そして妨害刺激が，あるパターンのときは必ず標的が特定の位置に出るように決めておいた。すなわち，妨害刺激の配置と特定の標的位置を連合させておいた。被験者にこの対応関係を知らせずに標的の向き（左右）を判断する探索課題を課すと，試行を重ねるほど反応時間は，毎試行無作為に配置を決める統制条件にくらべて短くなっていった。このとき，妨害刺激と標的の配置としての文脈が注意を誘導すると考えられることから，この促進を文脈手がかり効果と呼ぶ（Chun, 2000）。被験者はこの配置の反復を意識的に再認できなくてもこの効果は起こる（Chun & Jiang, 1998）。反応の左右と標的位置は無関係であるため，どちらの指で反応したかという運動反応を学習しているわけではない。文脈手がかりは標的付近の情報の局所的な規則性を学習することで起こると考えられる（Brady & Chun, 2007; Jiang & Wagner, 2004; ただし，Brockmole, Castelhano, & Henderson, 2006 は大局処理を示唆）。

非常に多く（30種類程度）の学習した空間配置を少なくとも1週間程度にわたって維持でき（Jiang, Song, & Rigas, 2005），自然光景（Ehinger & Brockmole, 2008）を使ってもこの手がかり効果は生じる。モダリティをまたぐ手がかりの学習や，モダリティ間の転移（Nabeta, Ono, & Kawahara, 2002; Kawahara, 2006）

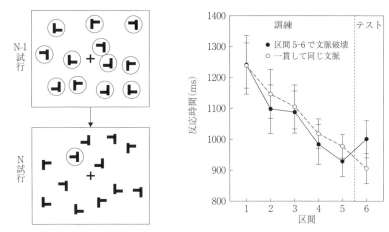

○は一貫させた位置を示し，実際には呈示されない。

図 4-17 試行間での位置反復でも無意識的に学習できる（Ono, Jiang, & Kawahara, 2005）

も生じる。標的出現のタイミングの規則性（Olson & Chun, 2001）でも，標的へ注意を向ける手がかりとなりうる。さらに，Ono, Jiang, & Kawahara（2005）は試行をまたぐ空間配置の規則性も文脈手がかりとなることを示した。たとえば，図4-17のようにある試行での妨害刺激の空間配置がわかれば次の試行の標的位置がわかるようになっているとき，被験者はその連合関係に意識的に気づかなくても，探索時間にはこの関係が学習できていた。図4-17の○は規則性を維持したが，●ではこの連合関係を最後の数十試行で壊した。すなわち，ある試行の妨害刺激の空間配置を，学習したものとは別の標的位置に無作為に割り当てたとき，反応時間は急激に延長した。これは，学習してきた妨害刺激の配置と，直後の標的位置の連合関係が利用できなくなったためである。文脈手がかりは無意識的であるにもかかわらず，他の潜在学習とは異なって，獲得には海馬機構が働いている必要がある（Greene, Gross, Elsinger, & Rao, 2007）。

実際に，注意が空間的に文脈手がかりに従って向けられていることをJohnson, Woodman, Braun, & Luck（2007）はN2pc成分を利用して示した。規則的に標的が配置される条件では新規配置条件に比べて，刺激呈示から約200msでN2pc成分が大きく出ていた。この結果から，探索の早い段階で標的が呈示されている視野に注意が向けられているといえる。ただし，この文脈効

果には注意の誘導以外の影響もあるかもしれない。もし空間配置を反復することで標的位置に注意が向きやすくなるのであれば，探索効率は文脈学習が進むにつれてよくなるはずである。Kunar, Flusberg, Horowitz, & Wolfe（2007）はこの仮説を調べたところ，探索効率の向上は見られず，毎試行無作為な位置に標的が出る統制条件と同程度の効率であった。この結果は，この文脈効果には空間的な注意誘導以外の成分が含まれることを示唆しており，Kunarらは反応に関わる要因が関与していると考えている。特に，反応レベルでの干渉が生じる事態では文脈手がかり効果が消失すること，本来なら完全な注意誘導が最初からできるはずの特徴探索課題でも文脈手がかり効果が弱いながらも起こることはこの仮説を支持している。これらを総合すると，文脈手がかり効果には複数の成分が含まれており，空間的な注意の誘導だけでは説明できないだろう。

　文脈の学習が高度に進めば，光景を見てすぐ，「これは海辺だ」というように概要（Potter, 1975）がわかるだろう。通常，自然画像に動物が含まれるか否かを判断する課題では，反応時間の中央値は約400msである。しかし，Thorpe, Fize, & Marlot（1996）は脳波上では写真呈示から約150msで動物が含まれている写真とそうでない写真の区別が付いていることを示唆していた。風景写真の詳細を見なくても，即座にカテゴリの分類ができる。たとえば，上半分が青，下半分が白ならば，それは砂浜かもしれない。砂の粒子や波頭に詳細に注意を向けるまでもないだろう。光景の概要を単語で伝えれば，それを100ms程度のSOAで逐次呈示した画像系列からその有無がわかる（Potter & Levy, 1969; Potter, Staub, Rado, & O'Connor, 2002; Biederman, 1972; VanRullen, & Thorpe, 2001）。また，二重課題で注意が別の課題に向けられていても，風景写真の意味の理解は可能だと言われている（Li, VanRullen, Koch, & Perona, 2002, 第6章も参照）。光景の中にある規則性を使うことによって，眼球運動は予期した位置にすばやく向けることができる（Oliva, Torralba, Castelhano, & Henderson, 2003; Castelhano & Heaven, 2010）。こうした知見は，フィードフォワードスウィープでかなりの精緻なカテゴリ判断が可能であると考えるモデル（VanRullen, 2007; Serre, Oliva, & Poggio, 2007; Drewes, Trommershauser, & Gegenfurtner, 2011）によく一致するし，顕著さマップにこうした規則性を組み込むことで，標的探索の効率が上げられる（Torralba, Oliva, Castelhano, & Henderson, 2006）。フィードフォワードスウィープだけで概略がわかると考えることは，再回帰モデルでも取り入れられている。たとえば，誘導探索モデル（Wolfe,

2007）では，光景の規則性によって自動的に注意を誘導する成分が追加されている。

ただし，フィードフォワードスウィープでわかるのは光景の概要であって，詳細ではない。複雑な物体認識には再回帰処理は必要であろう。すなわち，複雑な物体が何かわかるためには注意を向ける必要がある（第6章，Lachter et al., 2004）。たとえば，Evans & Treisman（2005）は，注意不要で物体のカテゴリ認識までできているという主張に反論した。彼女らは，Thorpe らの課題は注意によってひとつの完成物として組み上げなくてもよく，物体の要素さえわかれば遂行可能であったと解釈した。すなわち，動物を検出するために，毛や羽根，脚などを検出しさえすれば，注意を使って統合する必要はなかったと考えた。そのため，高速逐次視覚呈示事態でどんな動物がどこにいたかを答える課題では，検出はできても，正しい同定と定位には到らないことが多かった。とくに，非標的として人間が混じっているときには成績が悪かった。おそらくこれは標的と妨害刺激が部分的に特徴を共有しているためであろう。したがって，動物標的がすぐにわかったのは，複雑な光景を完全に同定していたわけではなく，一部の特徴を画面全体から検出していたためかもしれない。これに一致して，Levin, Takarae, Miner, & Keil（2001）は人工物から動物を探索する実験をして，画像を分割して無作為につなげたときも，元画像のままのときも，探索パフォーマンスはほぼ同じだったという。

❖履歴

上述のトップダウンの知識の項で，次の試行に出る標的としての異物を単語で知らせても，その効果が見られないことを示した。興味深いことに，図 4-18 のように，先行試行と現在の試行が同じ色の組み合わせのとき，反応時間も感度も先行手がかりの利得を受けなかった。被験者はこのことに気づいておらず，意図が生じさせた効果ではないため，これは先行試行の選択履歴を一時的に記憶することで自動的に起こるプライミング効果だといえる。

同様に，上述の Hikey et al.（2010）による報酬の効果も，先行試行での選択履歴の効果であるといえる。したがって，広い意味では，探索をサポートするメカニズムとしてここで挙げた報酬と履歴は短期間の記憶が関与していることになる。一方の規則性は短期なものから比較的長期にわたる学習の結果も含まれている。こうした記憶の影響は意図的に制御できないため，ボトムアップ

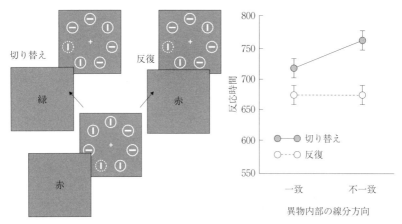

図 4-18 単語と探索画面の組みあわせが反復すると,単語手がかりの効果が消滅する (Theeuwes & Van der Burg, 2011)

に探索を支えるしくみだといえる (Theeuwes et al., 2006)。しかし見方によっては,刺激としては何も他とは変わらず,先行試行から被験者が学んだことにのみ依存しているため,これらの履歴効果はトップダウンの効果だとする立場もある (Wolfe et al., 2003)。こうした立場を整理するために,Awh et al.(2012)は探索履歴の効果を第3の注意制御メカニズムだと考える立場を主張している。履歴効果は意図にかかわらず起こるし,刺激の顕著性とも独立して生じるためである (試行間の記憶効果については第6章も参照)。

4.6 注意の停留時間

　視覚探索の結果として得られる探索勾配を解釈するためには,前提が1つあって,1つの刺激あたりに注意が向けられる時間はかなり短いと仮定されている。具体的には Wolfe (1998) の約100万試行のデータに基づけば,遅いものから90位でも標的あり試行で 37ms/ 個,標的なし試行でも 82ms/ 個というスピードであった。この数値は他の手法で測られた注意の時間経過に比べるとかなり短い。外発的手がかりを使って注意をシフトさせるときは,手がかりが出現してからその効果が見られるようになるまでは,約100ms かかる。内発的手がかりの場合は約 300ms を要する (Müller & Findlay, 1988; Nakayama &

Mckeben, 1989) ことは第2章で述べたとおりである。

　ある位置から別の位置へ注意をシフトさせる時間を測るために，Reeves & Sperling（1986）は高速逐次視覚呈示（rapid serial visual presentation, RSVP）法を利用した。この方法では，同じ位置に視覚刺激が次々と呈示されては消えるようになっている。彼らはアルファベット文字系列を1秒間に最大13個の速度で画面中央の凝視点の左側に呈示し，数字系列を右側に呈示した。被験者は左側の文字の中からトリガ刺激（C, Uまたは□）を検出し，その時点から右側の系列に注意をシフトさせて最初に見えた数字を連続して4つ答えた。このとき，トリガ刺激と報告された数字の呈示時間差が注意を自発的に片方の系列からもう一方へシフトさせるのにかかった時間であると解釈できる。彼らの分析によると，この課題での系列間のシフトには約300msが必要であった。

　空間シフトが関わらないように，同じ位置で2つの文字を判断する課題を用いて，Raymond, Shapiro, & Arnell（1992）は興味深い結果を見出した。彼女らは高速逐次視覚呈示法で非標的として黒色のアルファベット文字列を1秒に約11文字のスピードで呈示し，被験者にはその中に1つだけ含まれる第1標的（白色の文字）を同定するとともに，その後に出る第2標的（Xという文字）の有無を判断してもらった。このとき，2つの標的の現れるタイミングを操作した。その結果，第2標的は第1標的が呈示されたあと，約500msに渡って見落とされやすい期間が続いた（注意の瞬き，attentional blink）。Duncan, Ward, & Shapiro（1994; Ward, Duncan, & Shapiro, 1996）は非標的をできるだけ減らし，2つの標的とそれぞれの直後に逆向マスクだけを呈示した。彼らの実験では空間シフトが含まれており，第1標的は凝視点の上下いずれか，第2標的は凝視点の左右いずれかに（あるいはその逆の位置の組み合わせ）呈示された。被験者はどちらが先にあらわれるかわからないが，数字（2か5）と文字（TかL）を弁別した。その結果，第1標的の正同定率は一貫して85%程度であったが，2つの標的が同時に出現する（呈示される位置は異なっていた）ときは70%程度まで低下し，さらに標的間隔が200msのときには正答率が60%程度まで悪化した。この成績低下は標的間隔が500-600msになるまで回復しなかった。この結果に基づいて，Duncanらは，注意の停留時間は視覚探索課題の探索勾配から推測されるよりもずっと長いと主張した。

　高速な注意の逐次シフトを想定していた視覚探索モデルと，Duncan et al.（1994; Ward et al., 1996）のデータはどう折り合いをつけることができるの

だろうか。Moore, Egeth, Berglan, & Luck (1996) は，少なくとも Duncan らの示した停留時間は過大評価である可能性を指摘している。その理由として，Duncan らの課題では個々の標的に逆向マスキングがかかっていたことが挙げられる。注意は単純な弁別課題よりも，難しい弁別をするほうが長く標的位置に留まっている必要があると考えられる。逆向マスクがあるせいで弁別が困難になっていただけだとしたら，500ms 程度と見積もられた停留時間は実際にはもっと短かった可能性がある。この点を調べるために，Moore et al. (1996) は第 1 標的へのマスキングを（SOA を長くして）弱めるか，もしくは完全にマスク刺激を呈示しない事態を設けた。その結果，二重課題にしたときは第 2 標的課題の成績低下は起きたものの，第 1 標的がマスクされないか，マスクの効果が弱くなると停留時間はかなり短く，200ms 程度になっていた。同様の手法を使った研究から，第 1 標的にマスクがかからない場合は第 2 標的の見落としがほぼ完全になくなる場合もある（Brehaut, Enns, & Di Lollo, 1999）ため，Duncan らの停留時間の見積は過大評価であると言える。

　Moore et al. (1996) の見積もった 200ms という注意の停留時間でさえ視覚探索法で導かれたものよりもかなり長い。おそらく，この 200ms にはまだ複合的な成分が含まれているだろう。これは 2 つの標的（数字と文字）を用いて測られており，同定のためにカテゴリの構えの切り替えが必要だったこと，報告するために標的を記憶する必要があったことが原因かもしれない。一方，視覚探索の場合は同定課題であったとしても構えの切り替えは不要で，個々の刺激を記憶する必要がない。さらに，標的以外の刺激をグルーピングしたりすることで，視覚探索では 1 つの刺激要素に注意を停留させる時間が短く見積もられている可能性がある。

　他の手法としては，Theeuwes, Godijn, & Pratt (2004) はプローブを使って停留時間を直接測定した。図 4-19 にあるように，被験者は 2 回注意をシフトさせる。まず中央の矢印に従って注意をシフトさせる（この例では右上）。次に，シフトさせた位置に出た周辺の矢印の方向へ，第 2 の注意シフトをしなければならない（この例では右下）。被験者は最後に E の向きを答える。このときの反応はのんびりと行えばよく，反応時間は最後に出てくるプローブ（隅に出る点）に対して測定されるため，被験者は急いでボタンを押して反応する。プローブの検出速度が注意がどの程度向いていたかの指標である（Cave & Zimmerman, 1997）。プローブは最初あるいは 2 回目に注意した位置に出る可能性があり，

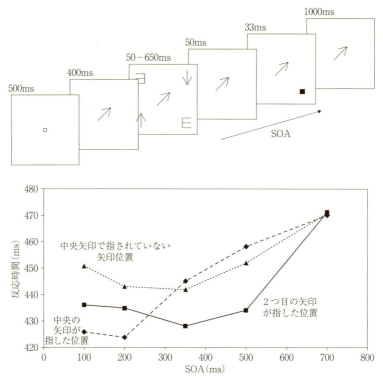

図 4-19 矢印手がかりを2つ使って注意シフトの力動を測る（Theeuwes, Godijn, & Pratt, 2004）

かつさまざまな SOA をとった。そのため，注意がどれだけの時間と空間で動くかを推測できる。注意は最初の矢印が示した位置に向くはずなので，この位置に出るプローブがもっとも速く検出できるはずである。そして2つめの位置へ注意が動けば，最初の位置に出たプローブへの反応は遅くなると予測される。一方で2つめの位置（この場合 E の位置）に出たプローブ反応時間は短くなるはずである。こうした交差が起こる SOA（最初に中央の矢印が指した注意位置へのプローブ反応時間は延び，2つめの注意位置への反応時間は短くなる）は，注意が最初の位置へ留まっていた時間を意味する。実験の結果，こうした注意の力動が予測通り起こっていた。さらに，250ms 程度でこうした力動変化が起こっていることから，注意シフトは比較的遅いという点はこれまでの話に一致す

る。

　見方によってはこの結果も探索勾配からの見積りには一致しない。しかし，こうした矢印手がかりを使った課題では，手がかりの解釈に要する時間も含まれていることに留意しなければならない。一方，通常の視覚探索では，被験者は妨害刺激をスキャンする順序を指定されていない。そのため，誘導探索モデルなどで優先順位マップ（Serences & Yantis, 2006）に基づいて進むような場合の注意シフトは，内発的手がかりによって指示される場合よりも高速になることは十分に考えられる。

　この節の最後に，自発的に注意をシフトさせるときにかかる時間を推定するために Horowitz et al.（2009）が開発した，命令探索法を紹介する。通常，優先順位はボトムアップとトップダウンの両方の要因が合わさって決まる。そのため，注意のシフトは純粋には自発的とはいえず，完全に刺激駆動的だとも言えない。彼らは完全に被験者の意図に基づいて注意をシフトさせるときの時間を測定しようとした。具体的には，被験者は正しい時間に正しい位置に注意したときだけに正答できるようになっていた。実験では，毎試行文字が円環状に並んでおり，刺激は何フレームかに分けて呈示された。フレームが切り替わるごとに音が出て，被験者は時計でいう 12 時の位置から 1 文字ずつ時計回りに，フレームが切り替わるごとに 1 カ所先へ注意をシフトさせた（実際にはフレームの切り替え速度は試行ごとに一定であったため，被験者は手がかりを処理する必要はなく，内発的に注意をシフトさせた）。文字はフレームごとに違うものに置き換わり，途中の 1 フレームだけに標的が現れた。標的は常に n 番目のフレームの n 番目の位置に出ると決まっているので，n 番目のフレームの n 番目の位置に注意していたときだけ標的を同定できた。ということは，フレームが呈示されたのと同じレートで注意をシフトさせていたことを意味する。66.7% の精度になるように階段法でフレームの呈示時間を調整した。そのため階段法の漸近値が注意シフトに必要な最短時間となる。Horowitz らはこの命令条件と，注意シフトを指定しない（すなわち優先順位マップに基づく）統制条件を比較した。その結果，命令探索条件の処理レートは無秩序条件よりもかなり遅かった。統制条件では 85ms 程度で階段法の漸近値に達したのに対し，意図的に順にシフトが必要な命令条件では，注意シフトに必要な時間は 300ms 近くに達した。この他，さまざまな統制をしても結果はほぼ同じで，意図的に注意をシフトさせるには 1 回に約 200ms かかることがわかった。彼らは Reeves & Sperling

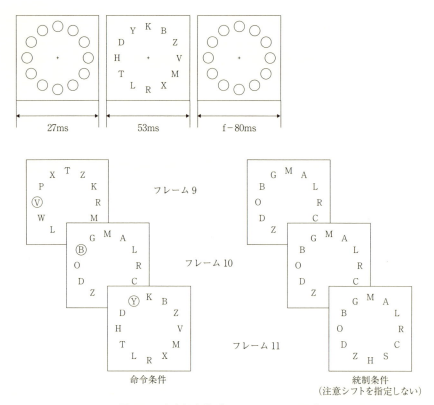

図 4-20　命令探索法（Horowitz et al., 2009）

(1986) や空間的手がかりを使った課題でさらに時間がかかっている理由は，それらの場合は手がかりを解釈する必要（Peterson & Juola, 2000; Shih & Sperling, 2002）があったためだと考えている。なお，絶対的なシフト時間を導き出すにはサンプリング法（e.g., 再サンプリングの有無，中間；Horowitz & Wolfe, 2005）と1回の注意を向けたことによる処理可能オブジェクト数に関するモデルが必要となる。この方法による推定値は 25-100ms（Horowitz et al., 2009）と見積もられている。

4.7 探した位置で起こっていること

　視覚探索モデルの多くには，探索中は画面内の個々の妨害刺激（あるいはそれをグルーピングしたもの）に高速に注意を向けて，標的が見つかるまでスキャンを続けるという前提があった。もしそうならば，結合探索中にプローブを出すことによって，注意が向いている位置で起こっていることがわかるだろう。そこで Kim & Cave（1995）は，被験者に一瞬だけ呈示される赤と緑，丸と正方形を組み合わせた4つの刺激の中から，あらかじめ決めた標的（図4-21の例では緑の正方形）を探させた。たいていの試行では精度を重視して標的の有無を答えることが求められた。しかし4分の1の試行では，探索画面が出てから少し経ってプローブが呈示された。被験者はこれに対してすばやい反応が求められた。プローブは標的，標的と同じ色の妨害刺激，標的と同じ形の妨害刺激，どちらも異なる妨害刺激のあった位置のいずれかに呈示された。実験の結果，標的と同じ特徴を持つ要素の位置でのプローブ検出成績は，どちらの特徴も共有しない妨害刺激位置に比べて高かった。正方形妨害刺激のなかから円標的を探索する特徴探索でも同様に，プローブ試行では標的位置での検出成績が他の位置よりも高かった。Kim & Cave（1995）が刺激数を操作して探索勾配を測定したところ，効率的な探索ができていた。この結果から，空間選択は結合探索だけに限らず，特徴探索にも関わっているといえる。

　同じ色の菱形が複数あり，その中に1つだけ他とは異なる菱形の異物（singleton）を探し，欠けている角が左右いずれかを答えるという，複合探索課題（標的を定義する特徴と反応を定義する特徴が異なっている探索課題）を考えてみる。これは第3章（図3-3; Bravo & Nakayama, 1992）で特徴次元を知っていることの利得について述べたときのと同じ課題である。ここで問題にするのは，異物特徴に実際に注意が向いているかという問題である。誘導探索モデルから予測すると，まず標的色がわかっているとき（たとえば白い異物）は，トップダウンでその特徴に対応した特徴マップの活動を知るだけでよいので，セットサイズにかかわらず探索成績は一定だろう。一方，標的色が予測できないときはようすが異なる。このときは，個々の位置における特徴分析の結果としての活性度が特徴マップ間で集約され，注意は最も活性度の高い位置へ向けられるだろう（Wolfe, 2014）。特徴マップの検出器は側抑制機構をもつ（Koch & Ullman,

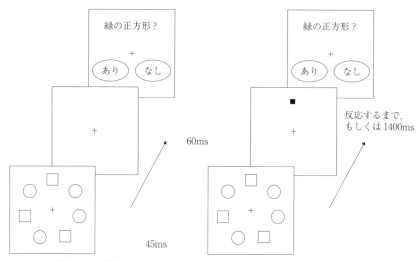

図 4-21 実際には図形の線が赤か緑であった。(Kim & Cave, 1995)

1985) ため，光景内にたくさん存在する視覚属性の顕著性は低くなり，逆に少数だけ存在する属性の顕著性は高くなる。こうした側抑制の連絡は近傍の刺激に対して作用すると考えられるため，妨害刺激が密集しているときにこの過程は最も効率よく働くだろう。したがって，反応時間は妨害刺激の数が増えるほど短縮するはずである。さらに，単に異物を検出する課題も設けられた。このとき，同定課題と同じく，標的がどの色かを知らされている条件と，知らされていない条件が設けられた。

　実験の結果，同定課題では予測通りセットサイズが増えるほど反応時間は短縮した。標的がどの色であるかを知らされていないとき（トップダウンの誘導が使えないとき）はボトムアップの局所的な特徴分析に頼ることになるため，妨害刺激が標的の近傍に来やすいときに局所的な比較が有効に働いたといえる。言い換えると，同定課題で標的の特徴を知らないときは，ボトムアップの特徴分析によって焦点的注意を標的位置に誘導したと解釈できる。一方，検出課題ではセットサイズに関わらず，反応時間は一定であった。したがって，検出課題ではそのような焦点化した注意の誘導は起こらなかったと考えられる。広い画面内に1つだけある異物を検出するときは，注意の解像度を絞らなくても十分に検出できるため，焦点的な注意の誘導は起こらなかったと解釈できる。

4.7 探した位置で起こっていること   157

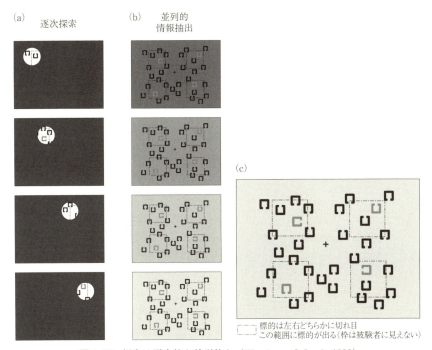

図 4-22 探索は逐次的か並列的か（Woodman & Luck, 1999）

　視覚探索中に注意の焦点は1つ1つの刺激に向けられているのか（図4-22a），並列的に情報を抽出しているのか（図4-22b），あるいはこれらを折衷するように容量制限内で並列的に向けられるのか。この点は行動指標のみに頼る実験では決定的な証拠を得ることが困難であった（Wolfe, 1998; Palmer, 1995; Townsend, 1990; Thornton & Gilden, 2007）。そこで Woodman & Luck（1999）は N2pc 成分を利用して，次のような手続きでこの問題に取り組んだ。彼らの実験では，注意が1つ1つの刺激に向いていることを検証するために，非効率的な探索課題が使われた（図4-22c）。標的には色がついており，妨害刺激は黒色であった。被験者の課題は左側に切れ目があるもの（標的）を探すことで，これは 50% の試行で出現した。この図では右下に呈示されているので，被験者は標的があったことを示すボタンを押して答えた。呈示位置を統制するために，標的は被験者には内緒で図4-22の点線の枠（被験者には見えない）内に出ることになっていた。標的は 75% で一定の色（たとえば青，この色を C75 とする）で出やすく

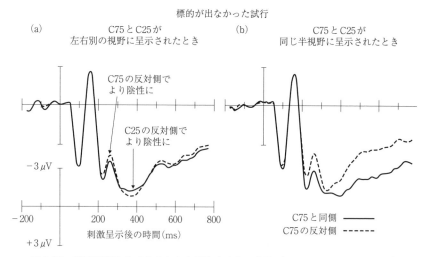

図4-23 探索は逐次的であることを示したN2pc成分（Woodman & Luck, 1999）

なっていた。残りの試行では別の色（たとえば緑，この色をC25とする）で出るようになっていた。そのため，被験者はこの例で言うと青の図形を先に探して，次に緑の図形を探し，その他の色の図形や妨害刺激は無視するはずである。

実際に，探索課題の行動成績としては，C75が標的だったときはC25が標的だったときに比べて約80ms速く答えることができた。この実験の重要な操作として，C75とC25の図形は同じ側（脳半球）に出る場合と，反対側に出る場合が設けられていた。N2pc成分に注目すると，C75とC25が反対側に出るとき，逐次的に注意がシフトすると考えるモデルと，並列的に情報サンプリングが起こると考えるモデルでは予測が異なる。逐次モデルでは注意が順にシフトするので，C75に対するN2pcがC75とは反対側の脳半球に先に出て，C25に対するN2pcはその後，C25とは反対の脳半球に出ると予測される。一方，並列モデルでは探索画面全体から情報が徐々に積み上げられてゆくので，C75とC25に対するN2pcに逐次モデルのような時間差はないと予測される。図4-23aは，C75とC25が異なる脳半球に出たときでの脳波である。N2pcは予測通り，C75と反対側で先に生じ，そのあとC25と反対側に生じた。すなわち，注意は最初に標的候補であるC75に向けられ，次にC25に向けられていたことから，注意が逐次的にシフトしていたことがわかる。

4.7 探した位置で起こっていること

　ポップアウトが起こるような視覚探索事態での注意シフトについては，Eimer, Kiss, & Nicholas（2011）は N2pc を利用しながら，自発的に標的の特徴に構えるときの脳波を測定するという興味深い実験を行っている。彼らの課題では，円環状に並んだ 8 つの数字（2 つがお互いに他とは異なる色，6 つは灰色）の中から 1 つを選び，それが偶数か奇数かを答えた。標的の色はあらかじめ知らされている（固定色）条件と，毎試行自由に選ぶ（自由色選択）条件が設けられた。どちらの場合も，毎試行色異物はどの色で呈示されるかは予測できないようになっていた。さらに，2 つの色異物は 1 つが偶数，1 つが奇数になっていたので，被験者がどちらを選んだかはわかる仕組みだった。2 つの色異物は顕著さが揃えてあったので，この課題でどちらの色異物を選ぶかは完全に自発的な意思に基づくものになっていた。彼らは空間的な標的選択を反映する N2pc に加えて，作業記憶での選択を反映する SPCN（持続的で（sustained），後頭の（posterior），記憶したものとは反対側の脳半球（contralateral）から生じる陰性電位（negativity）で，作業記憶課題中にみられ，緩やかに立ち上がる成分）に注目した。この成分は N2pc 成分の直後に見られやすく，作業記憶表象を空間的に選び，維持する活動を反映する（Jolicoeur, Brisson, & Robitaille, 2008; McCollough, Machizawa, & Vogel, 2007; Eimer & Kiss, 2010）といわれている。

　具体的な比較に用いた刺激呈示条件は図 4-24 に示したように 3 つあった。図 4-24a は標的が片側，妨害刺激が正中線上に呈示される場合，図 4-24b は標的が片側，妨害刺激が反対側に呈示される場合，図 4-24c は妨害刺激が片側で，標的が正中線上に呈示される場合であった。色が固定されていれば（たとえば赤色の文字を探す），この知識によって色を効率的に選ぶことができるだろう。その場合は片側に呈示される N2pc とその後に続く SPCN の潜時は短いだろう。もしこのときの選択効率が高ければ，探索には色異物である妨害刺激の影響はほとんど生じないはずである。実際に，妨害刺激が正中線上（図 4-24a 左）もしくは反対側（図 4-24b 左）に出ようとも，固定色条件での N2pc と SPCN の生じ方はほぼ同様であったことから，効率的な標的選択ができていたことがわかる。一方，標的が正中線上に出て，妨害刺激が片側に出たとき（図 4-24c 左），N2pc と SPCN は全く起こっていなかった。N2pc と SPCN は注意を向けた位置の反対側に生じるため，標的が正中線上に呈示される条件でこれらの成分が生じていないということは，妨害刺激には注意が向けられていなかったことを意味する。

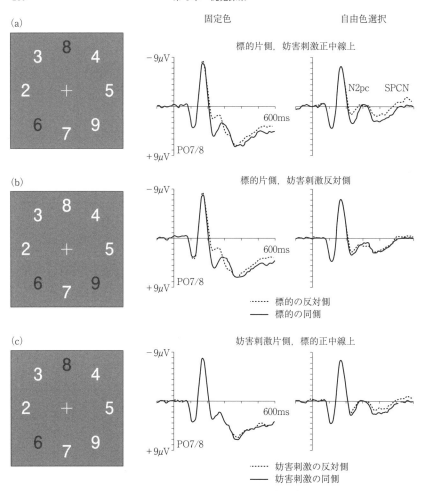

図 4-24 Eimer, Kiss, & Nicholas (2011)

　一方,自由色選択条件では事前に構えを作ることができないため,標的を 2 色のうちから 1 つ選ぶときは探索と同時進行になる。そのため,選択効率は低下すると予測される。標的選択効率が落ちれば,色異物妨害刺激は注意捕捉し,作業記憶にも入るかもしれない。実際に,自由色選択条件ではようすが全く異なっていた。自由に選んだ標的が片側にあって,妨害刺激が中央に呈示されたときは N2pc と SPCN が生じた。しかし,N2pc は固定色条件に比べて遅延し,振幅も弱かった(図 4-24a 右)。選んだ標的が片側にあり,もう一方の異物妨害

刺激が反対側にあるときはN2pcとSPCNは極めて弱まっていた（図4-24b右）。妨害刺激異物が片側に，標的が正中線上に呈示されるときは，片側に呈示された妨害刺激から弱いN2pcと，その後に引き続いてSPCNが観察された（図4-24c右）。したがって，自由色選択条件では，空間選択は見られたものの選択効率は低下しており，非標的の色異物が注意捕捉し，作業記憶に到達していたといえる。一方，固定色条件では特徴固有の先行知識があることで標的選択を促進し，おそらくは再回帰ループによって標的であることがわかるプロセスが速く収束していたのだろう。その結果，非関連な色異物が注意を捕捉したり，作業記憶に入り込むことが防がれていたと考えられる。

第5章　注意の制御

　運転中に左の脇道から歩行者が飛び出してきたらすぐに気づくかもしれない。しかし，その直前に，右前方からパトカーが回転灯をつけて出てきたとしたら，注意はパトカーに引きつけられてしまい，歩行者の発見が遅れるかもしれない。意図にかかわらず注意が目下の課題に非関連な，別の刺激に向いてしまうことを注意捕捉（Theeuwes, 2010）という。本章では注意捕捉現象に注目して，注意がどの程度意図的に制御できるのか，できないならば何に規定されるのかという問題について考えてみたい。

　注意が行動目標どおりに制御できるか，刺激の顕著さに引きずられるかという点に関しては，古くから論争がある。これまで述べてきたように，内発的・外発的注意定位の区別や，視覚探索中に無作為な順に空間的に注意が向くか否かといった点も1980年代前半から議論されてきた。当時は特徴統合理論を検証する過程で，ポップアウトする特徴が追究されていた（Wolfe, 2014）。物体に基づく選択や，運動する物体や不意に出現する物体は優先的に注意が向きやすいという報告（Yantis & Jonides, 1984; Driver et al., 2001）は，生態的に妥当であるため受け入れられやすかった。これらの知見は研究の蓄積が進んだオブジェクトファイルの形成（Kahenman, Treisman, & Gibbs, 1992）の考え方とも整合しやすかった。こうした研究の流れは，最も顕著性の高いイベントは常に高い優先順位で注意を向けられるという主張に集約されてゆく（Theeuwes, 1991, 2010）。一方で，ほぼ同時期に顕著性優位の考え方とは全く反対に，注意は意図的制御が可能であるという主張もある。この立場は状況依存的注意捕捉手続きによって大きく発展した（Folk et al., 1992; Anderson & Folk, 2010）。この論争は現在は中間地点で和解しつつある。すなわち，注意をどこに向けるかは行動目的と刺激の顕著さの両方で決まる（Miller & Buschman, 2013）。この和解に至る経緯は順に示してゆくことにして，まずは注意制御に関わる神経基盤についてみてゆきたい。

5.1　注意制御に関わる神経基盤 ……………………………………………

　行動実験とイメージング研究をもとに，2つの皮質間ネットワークの協調を想定するモデル（Corbetta & Shulman, 2002, 2011; Corbetta, Patel, & Shulman, 2008）が提案されている。このモデルでは，行動目的の設定と維持は背側前頭‐頭頂系，刺激の再定位は腹側前頭‐頭頂系が担当し，右半球の中前頭回を介して相互に連絡している。前者はとくに頭頂間溝と上頭頂葉，背側前頭皮質，前頭眼野周辺が関わっており，課題関連の位置や特徴に基づいて知覚システムにトップダウンの重みをかけて制御している。従来の注意の空間的定位や視覚探索モデルでいうトップダウンの成分（Bundesen, 1990; Desimone & Duncan, 1995; Wolfe, 1994）がこの系の機能に相当し，構えの維持も含まれる。このネットワークは目的を持って行動している状態に対応するため，自発的活動はデフォルトモードネットワークとは負の相関を生じる。先行知識に一致する位置に呈示される刺激や特徴，あるいは反応の準備に対応してこの背側系が先行して活動するという知見はこの系の役割を示唆している。たとえば，Corbetta（1998; Corbetta & Shulman, 2002）は位置や運動方向，特徴などを予期するとき（Corbetta et al., 2000; Kastner, et al., 1999; Hopfinger et al., 2000; Shulman et al., 1999）に活動する部位についてメタ分析を行ったところ，頭頂間溝，上頭頂葉，背側前頭葉皮質が刺激の呈示前から活動していたことを見出した。

　手がかりに対する予期的な活動は視覚皮質にも及ぶ（Serences, Shomestein, et al., 2005; Sylvester et al., 2007）。Giesbrecht et al.（2006）らは画面中央に文字手がかり（RまたはL）を呈示し，その数秒後に画面の左右にそれぞれ，縦か横向きの長方形を呈示した（図5-2）。被験者の課題は，文字手がかりで指示された位置（Rならば右側，Lなら左側）の長方形の向きを答えた。同様に，彼らは非空間的な特徴として色の手がかりでも実験を行っている。このときは手がかりはBまたはYの文字が呈示され（それぞれ青，黄を予期させる），標的画面では中央に青と黄の長方形が縦か横向きで呈示された。被験者は手がかりが示した色の長方形の向きを答えた。この課題中にfMRIで脳活動を計測した。位置手がかりに対しては視野内の周辺位置に対応する脳内部位である前‐中舌状回で，色手がかりに対しては色処理に関わると言われる紡錘状回で標的の呈示前から活動が上昇していた。

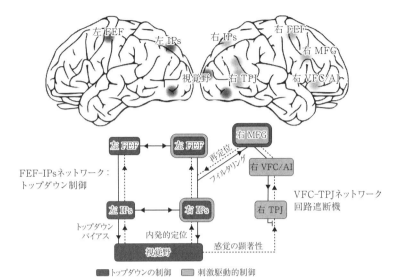

MFG, middle frontal gyrus, 中前頭回；IPS, intraparietal sulcus, 頭頂間溝；FEF, frontal eye field, 前頭眼野；TPJ, temporoparietal junction, 側頭頂接合部；VFC, ventral frontal cortex, 腹側前頭皮質；AI, anterior insula, 前島

図 5-1 2つの注意制御ネットワーク（Corbetta, Patel, & Shulman, 2008）

　これらの予期的脳活動が標的に対する構えを反映しているのであれば，予期的脳活動が強く出ていたほうが行動成績がよいはずである．この予測に一致して，位置手がかりの変調の程度が大きい被験者ほど位置課題での成績がよかった．これは色課題でも同様であった．しかし，これらの手がかり変調の程度ともう一方の課題成績との間に相関はなかったことから，手がかりは行動目的に即した位置や特徴の皮質活動だけを高めていたといえる．Sylvesterら（2008）の実験では，被験者は音の手がかりによって左右のどちらかに注意を向け，次に呈示される縞刺激の方位を答えた．刺激のコントラストが低いとき，fMRIで計測した前頭眼野と下前頭溝の活動が増大していた．視覚皮質では，注意を向けていない位置の活動が一層抑制されていた．この結果は，低コントラスト刺激を弁別するときの空間的手がかりの効果が，注意位置での促進よりも，むしろ，前頭眼野と下前頭溝からの予期信号による非注意位置での抑制を介して生じていることを示している．

　注意制御のためのもう一つの系である腹側前頭-頭頂ネットワークは行動目

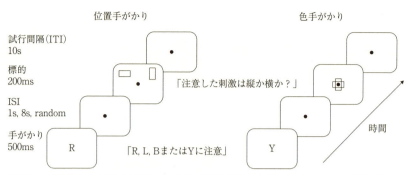

図 5-2 手がかりに対する予期的な活動は視覚皮質にも及ぶことを調べる課題（Giesbrecht et al., 2006）

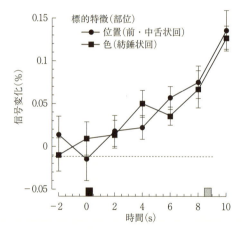

図 5-3 横軸0は手がかり，8は標的出現のタイミング。縦軸はベースライン（手がかり出現とその直前の平均）に対する，位置または色の標的部位での信号変化率（Giesbrecht et al., 2006）。

的に一致したできごとが起きたときに起動し，上述の背側前頭－頭頂ネットワークの働きを変える。この腹側前頭－頭頂ネットワークは顕著な刺激が出現すると，それまでの状態をリセットし，注意をその新たに出現した刺激に再定位する（背側と腹側前頭－頭頂ネットワークが内発的注意と外発的注意の定位に対応しているわけではない）。このネットワークは側頭頭頂接合部皮質を中心とし，上側頭溝（STS）と上側頭回の後部，辺縁回，腹側部，腹側前頭皮質（中前頭回，

下前頭回，前頭弁蓋，前島）が関与する。同時に行動上重要ではあるけれど予期しない位置に出現した刺激に対して，注意を再定位するときに働く。そうした刺激の出現が背側の前頭頭頂皮質，あるいは上丘からの注意シフト信号をトリガする（Posner et al., 1988）一方で，このネットワークは背側ネットワークで維持してきたいまの構えをリセットするか，再構成する（Corbetta & Shulman, 2002; Corbetta et al., 2008）と考えられる。ただし，この構えのリセットは突発的なものを指し，課題切り替え手続きなどで使われるような，定常的に起こる課題の切り替えとは異なる。定常的な課題の切り替えでは腹側注意ネットワークは働かず，おそらくは背側頭頂ネットワークが関わっているのだろう（Brass & von Cramon, 2004; Braver et al., 2003; Kimberg et al., 2000）。

5.2 注意捕捉を調べる4つの手法

注意捕捉を調べる方法として，先行手がかり法，追加妨害刺激法，非関連特徴法，動眼捕捉法の4つが挙げられる（Simons, 2000）。先行手がかり法は探索画面の前に手がかりを呈示して，手がかりと標的が空間的に一致するときとしないときを設ける（詳細は第3章）。比較のために手がかりがどの位置も示さないという統制条件を含めることもある。手がかりが情報価をもたないようにする。すなわち，手がかりに意図的に注意を向けても必ずしもその位置に標的が出現するとは限らないようにする。そのような場合でも，手がかり位置の効果が見られれば，その手がかり属性は注意を捕捉したといえる。すなわち，手がかりと標的位置が一致したときは統制条件よりも反応時間が短くなり，不一致のときに延長すれば，注意捕捉が生じたことになる。図5-4では，手がかり位置の色の違いが注意を捕捉したといえる。

追加妨害刺激法の典型例は図5-5のとおりである（Theeuwes, 1992）。被験者は菱形の中から円を探し，その中の線分の方位を答える。ベースラインの妨害刺激なし条件では，標的は一つだけ他とは異なる形であるため，セットサイズにかかわらず探索時間は一定になる。すなわち，円の標的には最初に注意が向いていることを示している。これに対して，妨害刺激あり条件では課題に関連のない妨害刺激（赤色の菱形）が混じっている。これが標的にはなりえないので無視しなければならない。妨害刺激があるときの反応時間は，ないときに比べて一定時間増える。この増分が注意捕捉量を示している。セットサイズとの

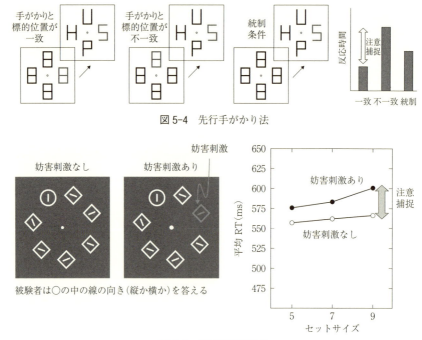

図 5-4 先行手がかり法

図 5-5 追加妨害刺激法

交互作用は見られないことから，この事態ではまず妨害刺激に注意が向けられ，その後に標的に向いたと解釈される。

　もしある要素が周りの複数の背景要素と異なっているならば，顕著性が高いといえるし，逆に周りと似ていれば顕著さは低いことになる。したがって，顕著さとは物理的なボトムアップの目立ちやすさをいう（Fecteau & Munoz, 2006）。顕著性マップ（第4章）に標的と妨害刺激が表象されているとすると，相対的に顕著さの高い妨害刺激のほうがマップ上で大きい値をもつ。この値の大きい順に注意をシフトさせると考えるのが純粋なボトムアップ説である。図5-5 の妨害刺激の色を標的の色に近づけるなど，相対的な顕著さを下げると注意捕捉は起こりにくくなる。

　図 5-6 も追加妨害刺激法の例であり，新たな物体の出現は注意を捕捉することを示す証拠として報告された（Rauschenberger & Yantis, 2001）。この実験では被験者は，まずその試行での標的が例示されるのを見た。これを覚え，その

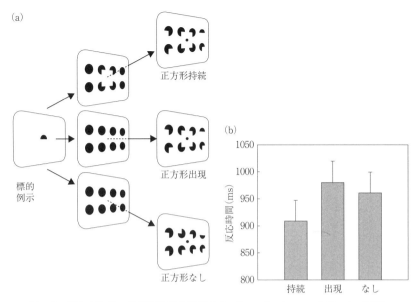

図 5-6 新たな物体の出現は注意を捕捉する（Rauschenberger & Yantis, 2001）

後の探索画面に 50% の割合でこの図形が含まれているので，その標的の有無を答えた．図に示したのは標的が呈示された場合の 3 条件である．主観的輪郭によって正方形が呈示される試行が 50% あった．さらに，その正方形が先行するか（old 条件），探索すべき刺激と同時に呈示される（new 条件）かの 2 タイプの試行があった．標的の検出にかかる時間は，課題非関連で，主観的輪郭からなる正方形が探索刺激と同時に呈示されるときに最も長かった（図 5-6b）．

非関連特徴法の例は図 5-7 に示した．被験者はあらかじめ決められた標的（E または S）のいずれが呈示されているかを答える．この手続きは追加妨害刺激法の探索画面に似て，課題非関連な刺激が 1 つだけ含まれる．ただし，非関連特徴法ではこの刺激も標的になりうる点が最も大きく異なる．この手続きのロジックは，もともと非効率的探索になってしまう統制条件を設けておき，たまたま標的が仲間外れになる場合と，標的以外の刺激が仲間外れになる場合を比較する．毎試行，探索すべき刺激のうち 1 つは他とは異なる特徴を持つ仲間外れ（たとえば色の仲間外れ）が含まれているが，これは必ずしも標的とは限らない．偶然にそれが標的になる確率はセットサイズ分の 1 にすぎないため，

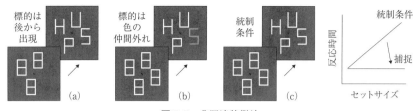

図 5-7 非関連特徴法

被験者はその刺激特徴に優先して注意を向ける必要はない。それにもかかわらず，もしこの刺激特徴が注意を捕捉するのであれば真っ先にこれが探索されるので，通常は非効率的になってしまう探索効率がセットサイズの影響を受けず，フラットな探索勾配になるはずである。実際に，この手続きを使うと (Remington, Johnston, & Yantis, 1992)，何もないところに突然新たな物体が出現するときにこそ注意捕捉が起きる。図 5-7 の探索画面の探索すべき文字が呈示される直前まで，「日」のような位置の目印（placeholder）がそれぞれの位置に呈示されていた。この位置の目印から線分がいくつか抜けて探索すべき文字になる。そのため，たいていの探索刺激はすでに出現している物体が変化するにすぎない。しかし，図 5-7a の S ように，何もない位置にたまたま標的が出現したときだけ探索勾配が平坦になった。一方，図 5-7b のように，色の異なる刺激がたまたま標的であったときはこうした探索勾配の現象は起こらなかった。注意捕捉が起こるのは，物体が出現することで新たなオブジェクトファイル（Kahneman et al., 1992; Treisman, 1993）を作成するために注意が必要となるためだという説明がなされている（Yantis, 1993）。現実場面では，物陰から何かが飛び出してきたときがこれに相当する。注意を向けて物体認識を行い，それが何であるかを同定する必要がある。一方，色や形などの変化は照明条件の変化や視点の移動などでも起こりうるため，必ずしも新しい物体の出現を意味するわけではないので注意捕捉は起こらない。運動によるテクスチャ分凝や両眼視差の変化によって輝度変化を最少にして新たな物体の出現を作り出すという手続きを使って，Yantis & Hillstrom (1994) は新たな物体の出現こそが注意捕捉を生じることを示した。なお，この位置の目印をあらかじめ呈示しておいて一部を消し，標的を被験者に見せるという手法は Todd & Van Gelder (1979) が開発した。何も呈示されていなかった位置に不意に，強い過渡的変化をもたらさ

ずに刺激を呈示する手法としては，徐々に明るさを操作して刺激を出現させるやり方もあるが，この手法は反応時間を測定する実験には向かない。

しかし，新たな物体の出現が必ずしも注意捕捉するのではなく，輝度変化や運動の開始こそが注意捕捉するという主張もある（Abrams & Christ, 2003; Franconeri & Simons, 2003; Jonides & Yantis, 1988; Kawahara, Yanase, & Kitazaki, 2012; von Mühlenen & Lleras, 2008; Yantis & Jonides, 1984）。また，Yantis & Hillstromの手続きは完全には輝度変化をなくすことはできていなかった可能性がある。等輝度の色で物体を定義し，輝度変化を適切に統制した場合，物体の出現は注意捕捉を起こさないことがわかった（Lambert, Wells, & Kean, 2003; Theeuws, 1995）。さらに，上述の位置の目印を使って新たな物体を出現させる手続きでは，非標的の直前に呈示される位置の目印から線分を取り除くことが相対的に大きなノイズとなってしまい（図 5-7b），色の異なる仲間外れへの注意捕捉が上手く測定できなかったのかもしれない。図 5-6 で示した主観的輪郭による新たな物体が出現する条件では，全ての探索刺激が過渡的輝度変化を起こす。そのため，全ての刺激が注意捕捉し，探索成績が低下したのかもしれない。物体が最初から呈示される条件では，標的は必ず主観的輪郭の形成に使われない円に出るので，標的の位置を限定できたせいで探索に有利だったのかもしれない。そこで Franconeri et al.（2005）は，遮蔽を利用して毎試行新たなオブジェクトを探索の直前に出現させつつ，出現には必ずしも過渡的な輝度変化を伴わない事態を設けた。実験の結果，輝度変化を伴わないで出現する物体は注意捕捉を起こさなかった。したがって，新たな物体の出現ではなく，輝度変化こそが注意捕捉すると Franconeri らは結論している。

4 番目の注意捕捉を調べる課題として挙げられるのが眼球運動を利用する方法である（Boot, Kramer, & Peterson, 2005; Theeuwes, Kramer, Hahn, & Irwin, 1998）。Theeuwes et al.（1998）は追加妨害刺激法と同様の手続きで一つだけ色の異なる円を探させ，位置の目印から探索刺激に変わるときに同時に新たに出現する刺激を 1 つ加えた。眼球運動の軌跡は，最初のサッケードが誤って新たに出現する妨害刺激に向けられていたことを示していた。これにともなって標的判断の反応時間も遅延していた。しかし，眼球運動の開始時間は新たに出現する妨害刺激があるときとないときで差はなかったことから，反応時間の遅延は課題非関連な妨害刺激にサッケードが向いたせいであることがわかる。この手法は Itti らのモデル（第 4 章）の発展にも貢献した。

5.3 ボトムアップ説とトップダウン説の論争のゆくえ

　これらの手法を使って，Theeuwes（1992, 2010; Van der Stigchel, Belopolsky, Peters, Wijnen, Meeter, & Theeuwes, 2009）は顕著さの高い刺激が注意捕捉するというボトムアップの注意定位という立場を主張している。被験者が知覚的構えを準備していても，刺激が呈示された直後は刺激の顕著さが高い順に注意が向けられる。トップダウンの制御が有効になってくるには時間がかかるとTheeuwesは主張している。図5-5のような事態では頑健に約30msの注意捕捉が生じるが，この主張は数々の批判に晒されながらも反論を重ね，知見が蓄積されている。

　ボトムアップの注意定位説では，その妨害刺激に空間的に注意が向いた証拠が必要であった。図5-5の手続きではその証拠を直接示すことができていない。そのため，妨害刺激による反応時間の遅延は，注意が空間的に妨害刺激に捕捉されていることを反映しているのではなく，標的と妨害刺激の非空間的な干渉ではないか，という指摘があった。こうした干渉はフィルタリングコスト（Kahneman, Treisman & Burkell, 1983）としてすでに知られていた。たとえば，課題に関係ない文字や黒丸，色パッチが1カ所にあるだけで文字の読みは約30ms遅れる（Eriksen & Hoffman, 1972）。Eriksen & Schultz（1978）はこれを認知マスキングと呼んだ。Kahneman et al.（1983）は単語の読み課題で，読むべき単語の他に非関連なものがあると読みが遅れることを示した。こうした遅延は手がかりを出すと消失するため，これは低次の干渉ではなく，注意の効果だといえる。また，標的の検出課題にすると遅延はなくなるため，定位に関わる遅延ではなく，注意を関連刺激に絞る必要があるときに非関連な情報を捨てるためのコストである。注意捕捉はフィルタリングコストとは異なることを示すために，Theeuwes, Atchley, & Kramer（2000）は一致性効果を使って実際に妨害刺激に空間的に注意が向いていることを示した。具体的には，図5-8のように，被験者は一つだけ異なる形（菱形）の中の文字がCか，Cの鏡像かを答えた。妨害刺激は一つだけ色の異なる円で，探索画面の出現に先立って位置の目印の色が変わることで先行呈示された。このとき，標的がCならば半数の試行で妨害刺激の中の文字は同じくCで，残りの半数では妨害刺激の中の文字は鏡像になっていた。もし妨害刺激に空間的注意が向いているならば，妨害刺

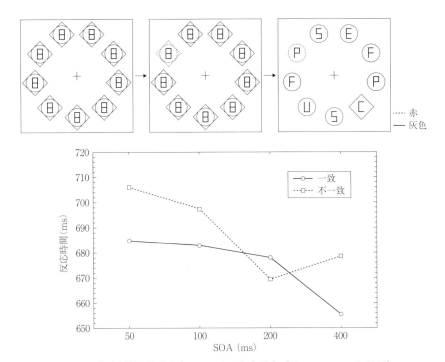

図 5-8 妨害刺激に注意が向いていることを示す（Theeuwes et al., 2000）

激の中の文字が処理され，一致していたときはその逆のときよりも反応が促進される（あるいは逆のときに干渉する）だろう。実験の結果は予測のとおりで，一致性効果が見られた。さらに，妨害刺激が先行する時間が長いほど反応時間が全体的に短かった。これは妨害刺激の先行時間が短いときは内発的な制御が効かず，外発的な要因（すなわち妨害刺激の存在）に影響されやすいが，時間とともに内発的に制御できてくることを反映している。さらに，Theeuwes & Godjin（2002）は注意の復帰の抑制（Posner & Cohen, 1984）が課題非関連な妨害刺激の位置に生じていたことをも発見した。第 3 章で述べたように，復帰の抑制は注意の自動的なシフトの後に起こる。したがって，復帰の抑制が見られたという結果は，注意捕捉はフィルタリングコストではなく，空間的注意が自動的に向いていたことの証拠だといえる。

さらに，脳波の N2pc 成分を利用して，課題非関連な妨害刺激に空間的な注

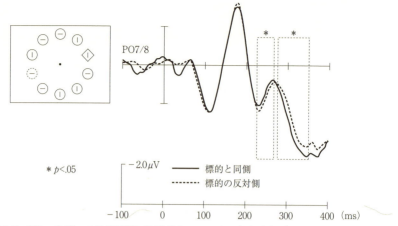

図 5-9 N2pc を使って妨害刺激に注意が向いていることを示す（Hickey, McDonald, & Theeuwes, 2006）

意が向いていることを示した研究もある（Hickey, McDonald, & Theeuwes, 2006）。彼らは追加妨害刺激法を使って，次の4条件で N2pc 成分を比較した。それらは（1）標的が片側に呈示され，妨害刺激がないとき，（2）標的が片側に呈示され，妨害刺激がその反対側に呈示されるとき，（3）標的が正中線上，妨害刺激が片側に呈示されるとき，（4）妨害刺激が正中線上，標的が片側に呈示されるときであった。これは正中線上に顕著な刺激が呈示されても N2pc は観察されないことを利用した巧みなデザインである。実験の結果，標的が単独で呈示されるときは N2pc が観察された。標的が正中線で妨害刺激が反対側のときは N2pc が生じたがその発生に遅れはなかった。標的と妨害刺激が反対側に呈示されるときは N2pc は大幅に減少した。さらに，標的と妨害刺激が反対側に呈示されたとき，先に妨害刺激に対応した N2pc が生じ，そのあと標的側へ極性反転が起こっていた（図 5-9）。これは標的よりも先に妨害刺激に空間的な注意がシフトしていたことを意味する。

　ボトムアップ説（Theeuwes, 1991; 2010）へのもう一種類の批判として，注意がどこへ向くかはトップダウンの制御に基づくという反論（Bacon & Egeth, 1994）がある。Egeth らは，Theeuwes（1992）の手続きは，実は被験者が課題非関連な顕著な刺激に注意が向くような構えをとっているせいだと解釈した。

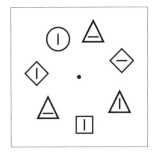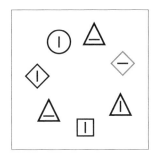

図 5-10 Bacon & Egeth（1994）で用いた刺激図形の例。左が妨害刺激なし，右が妨害刺激あり（灰色の菱形）。

彼らによると，被験者は 2 つの探索モードのうち 1 つをトップダウンに選んで使うことができるという。その 2 つとは特徴探索モードと異物検出モードである。特徴探索モードは教示であらかじめ告げられた特徴（たとえば菱形の図形）を持つ標的を探すモードであり，異物検出モードは唯一異なるものを探すというモードである。Theeuwes（1992）の被験者らには，標的は常に緑色の円の中に呈示されると明示的に教示されていた。しかし，その被験者らは特徴探索モードを使うことができても，異物（singleton）検出モードを使ったのかもしれない。singleton とは，どこかの特徴次元で唯一の値をもつ刺激を指し，この分野では Pashler（1988）が最初に用いた。

たとえば，菱形の標的を探す条件では，被験者らは菱形を探したのではなく，仲間はずれを探しただけかもしれない。もしそうだとすると，トップダウンで構えを選ぶことはできるのだが，理由はなんであれ被験者が非関連の仲間外れ（妨害刺激）からの干渉を受けやすい異物検出モードを使ったので，トップダウン選択の効果が見られなかったと解釈できる。この可能性を検証するために，Bacon & Egeth（1994）は特徴探索モードをとらなければ探せないように，図5-10 のように非標的の等質性をなくした。標的は円であり，異物検出をしてしまうと正方形も他とは異なる形状であるので，異物という基準に該当してしまう。そのため，どうしても特定の特徴（ここでは円）を探す必要があった。この実験の結果，色の妨害刺激は探索時間に影響せず，注意捕捉は生じなかったことから，彼らはボトムアップ説を否定し，構えが注意の向け方を決めると主張した。

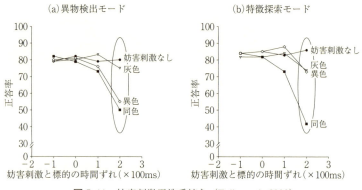

図 5-11　妨害刺激干渉手続き（Folk et al., 2002）

　この探索モードは空間的な視覚探索に限定されない。Folk, Leber, & Egeth（2002）は妨害刺激干渉手続き（口絵図 5-11）を開発した。この手続きは空間的な注意のシフトが必要ない事態で，2つの探索モードを被験者にとらせることができる。異物検出モードでは，被験者は 1 秒間に 10 文字程度のペースで高速逐次呈示される刺激系列の中から，1つだけ異なる色の文字（標的）を同定した。標的は非標的とは色での異物としか知らされていないので，被験者はボトムアップの顕著さに基づく以外に標的を見分ける手立てがなかった。一方，特徴探索モードでは非標的は何色もあった。しかし，標的はある色（たとえば赤）に決められており，被験者もそれを知っていた。このとき，課題とは全く関係ない妨害刺激が周辺に出現した。この例では標的の 200ms 前に呈示されているが，場合によっては標的と同時であったり，標的よりも後に呈示されることもあった。呈示される妨害刺激は 3 タイプあった。灰色，同色，異色ともに 4つの ♯記号が周辺に呈示され，同色条件ではその試行の標的と同じ色，異色条件ではそれ以外の色で 1つだけ異なる色の ♯ 記号が上下左右のどこかに含まれていた。灰色条件は統制条件であった。これに，何も周辺に呈示されない統制条件も用意された。
　この実験の結果は非常に明快であった（図 5-11a,b）。縦軸が標的の検出成績，横軸が妨害刺激と標的の時間ずれを示しており，0 は標的と妨害刺激が同時，2 は標的の 2つ前に妨害刺激が出たことを意味している。異物検出モードでは，同色，異色の妨害刺激が標的の 200ms 前に呈示されると，標的の検出成績は損なわれた（図 5-11a）。これらの 2 タイプの妨害刺激は，いずれも周辺の 4 カ

所のうちのどこかに異物が混じっていることになる。したがって，色の違いという点で異物を検出しようとしているときはこれらの妨害刺激は知覚的構えに一致してしまい（入力フィルタを通り），その位置に注意がシフトする。一方，特徴探索モードでは赤色を探そうとしているため，赤色が周辺に呈示される同色条件でのみ知覚的構えに一致し，その位置に注意がシフトする。いったん注意の妨害刺激が周辺に向けられると，引き離し，再度シフトする（第 2 章）には時間がかかる。この実験事態では 200ms 程度のシフトが必要なのだろう。空間的注意が中央に戻り切る前に標的が出現してしまうと，結果的にこれが見落とされ，同定成績の低さとして表れる。なお，これがフィルタリングコストではないことを示すために，Folk et al. (2002) は妨害刺激である # のかわりに呈示した文字がその後の標的に一致しているときはプライミングを起こし，同定成績が向上したことを示した。これは実際に周辺の同色，もしくは異色妨害刺激の（灰色ではない色の）位置まで注意がシフトしていたことを示している。

　上述の Bacon & Egeth (1994) の反論に対して Theeuwes (2004) はさらに反論している。図 5-11 で課題非関連な妨害刺激（赤）が注意を捕捉しなかったのは，非標的を不均質にすることで相対的な刺激の顕著さ（Fecteau & Munoz, 2006）が下がったためだというのである。そのため，空間的に広い範囲を探索することができず，注意の窓は絞られてしまうという。もともとの実験（図 5-5）では非標的は均質であったので妨害刺激の顕著性が高く，刺激画面全体に広く注意の窓を適用することができた。しかし，異物検出モードを使えなくするための Egeth らの操作は，同時に妨害刺激の相対的な顕著さを下げ，結果として注意の窓を狭めていたという論拠である。この可能性を調べるため，Theeuwes (2004) は図 5-12 のように Bacon & Egeth (1994) の探索画面のさらに外側に均質性の高い非標的を配置し，課題非関連な妨害刺激の相対的な顕著性を高めた。この課題では異物検出で標的（菱形）は見つけられないにもかかわらず，妨害刺激（赤の円）は注意捕捉した。このことから，Theeuwes (2004; Van der Stigchel et al., 2009) は空間的に定義された注意の窓の中では，もっとも顕著なものが真っ先に選択されると述べ，ボトムアップ説を支持した。

　ボトムアップ説（Theeuwes, 2010）とトップダウン説（Brunham, 2007; Anderson & Folk, 2010）の論争はその後も続く。この論争には多彩で巧妙な実験手続きや要因計画が取りこまれており，とても興味深い。その 1 つとして，Leber & Egeth (2006) の学習効果を利用した例を紹介する。彼らは被験者を

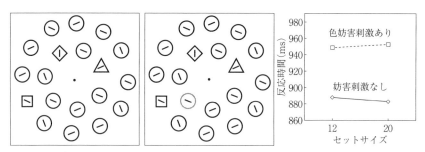

図 5-12 数を増やして相対的に妨害刺激の顕著さを高めるとボトムアップの注意捕捉となる (Theeuwes, 2004)

異物検出群と特徴探索群に分け，まず訓練期にはそれぞれのモードで視覚探索をさせた（図5-13）。異物検出群では標的が1つだけ他とは異なる形状の中の線分であり，それが縦か横かを答えた。どの形かは毎試行異なっていた。特徴探索群では，標的は常に円であった。それぞれの教示の下，赤色の妨害刺激が半数の試行で出現した。約30分これを続けた後，両群同じ刺激でテストした。標的は常に円であり，非標的は常に菱形であった。テスト期は異物検出モード，特徴探索モードのいずれでも標的を探すことができた。したがって，テスト期に顕著な妨害刺激による注意捕捉が起これば，注意の窓はこの画面全体を収めていることになる。ボトムアップ説では顕著な刺激から先に選択されるはずであり，特徴探索群でも注意を捕捉するはずであった。しかし，実際には異物検出群でのみ注意捕捉が起きた。したがって，この結果はボトムアップ説では説明できない。

　この学習効果は空間的な視覚探索課題に限定されない。Leber, & Egeth (2006) は知覚的な構えが逐次視覚探索でも持続することを示した。図5-11の手続きを利用して，訓練期に異物検出群，あるいは特徴探索群の被験者にそれぞれの探索モードを学習させた。その後，テスト期には常に灰色の非標的に1つだけ，赤色の文字を呈示した。これはどちらの探索モードでも標的を特定できた。実験の結果，テスト期に両群とも同じ刺激に対して，異物検出群は同色・異色の妨害刺激が標的同定を妨げた。特徴探索群では同色の妨害刺激だけが標的同定を妨げた。興味深いことに，Leber, Kawahara, & Gabari (2009) は，この学習効果はテスト期まで1週間遅延をおいても生じることを見出した。さらに，訓練期とテスト期で用いる色を全く重複しないように置き換えてもそれ

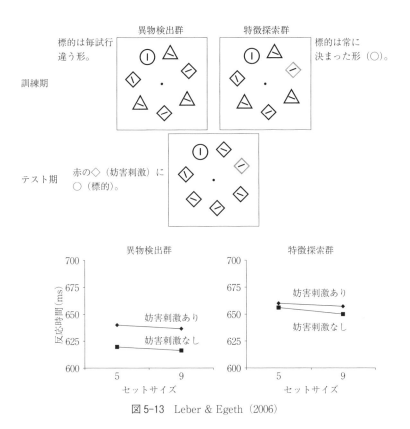

図 5-13 Leber & Egeth (2006)

ぞれの探索モードは維持されていた。したがって，被験者は特定の色の探索を学習していたのではなく，「とにかく異物なら検出する」，あるいは「指定された色を探す」という抽象的な構えを学習していたといえる。

　おそらく，上述したように注意を向ける優先順位がボトムアップとトップダウンのいずれの要因で決まるかを議論している限りは結論は得られないだろう。大方の視覚探索モデルや注意制御の神経基盤（Corbetta & Shulman, 2011; Posner & Rothbart, 2007）から考えると，注意の制御にはボトムアップとトップダウンの両方が関与することは覆らない。ボトムアップ成分を重視した顕著さベースのモデルも確かに存在する（Itti, 2006）が，そのモデルでもトップダウンの要因の影響は認めている。したがって，ボトムアップとトップダウンの論争は二分法では決まらず，この論争はどちらかの要因が優位に働く連続体の両端

を見ているにすぎない。また，Lamy et al. (2012) は次のようにも指摘する。ボトムアップ優位の考え方は顕著さだけを操作しているし，トップダウン優位の考え方は構えと妨害刺激の一致だけを操作している。そのため，顕著な妨害刺激でも注意捕捉しないとか，構えがあっても注意捕捉するという知見だけでは問題は解決しないという。

　トップダウンとボトムアップのどちらか一方だけに基づいて注意捕捉が起こるわけではないことの端的な例として，Lamy, Leber, & Egeth（2004）の実験3を紹介する。彼女らは図5-11の画面を用いた手続きを少し変更した。具体的には，特徴探索モードの探索課題で周辺に呈示される # を8つに増やした。さらに，標的色の妨害刺激以外の7つの # を全部異なる色にする条件（標的色・他異質条件）と，標的色の妨害刺激以外の7つの # が一様に別の非関連色の条件（標的色・他均質条件）を設けた。その結果，標的の100ms前に妨害刺激が呈示されたときは，他異質条件では注意捕捉は生じなかったが，他均質条件は大きな注意捕捉が見られた。この結果は，特徴探索モードにもボトムアップの顕著さが関与していることを示唆している。この条件設定では，他均質条件は他異質条件に比べてボトムアップの差異信号を生み出すようになっていた。すなわち，他均質条件では異物である標的色の # は，均質色の7つの # との差がボトムアップに際立つ。その差異信号が注意捕捉を起こしたと考えられる。

　注意の制御が異物検出と特徴探索のどちらのモードに従うかという議論も，その2つのモードしかないという前提に基づいている点が危うい。実際に最近の研究では，注意のモードは特徴探索，異物検出だけでなく，関係モード（たとえば他よりも大きい，他よりも赤いなど。Becker, Folk, & Remington, 2013）や，単なる異物検出とは異なって特徴次元（たとえば色）だけは特定し，その中での異物に構えるというモード（Folk & Anderson, 2010）も提案されている。また，どちらの構えを使っていたかを判定する基準が結果として妨害刺激の効果があったことに依存しているのも，妨害刺激の効果と注意捕捉との間に循環論を引き起こす危険がある。また，Leber (2010) は妨害刺激をブロック内で一貫して呈示したとしても，その干渉効果は試行ごとに一定ではないことを見出した。したがって探索モードは純粋にどちらか一方というようには決まらずに連続体をなしており，どの程度トップダウンまたはボトムアップが強いのか，状態によって容易に変動しうる可能性がある。さらに，被験者は実際にはどちらの探索モードを自分が使っていたかも意識的には理解していない可能性があ

り，これらのモード分けがどれだけ意図的・意識的に制御できているかは疑わしい。具体的には，Kawahara (2010) は被験者に反応キーのみを与え，何をすべきかを教示しないで実験を始めた。まずは画面に何か呈示されたときに被験者がキーを押せば報酬として心地よい短い音をヘッドフォンから出した。オペラント条件付けの要領で反応形成してゆくと，被験者は灰色の非標的が複数ある中に1つだけ一貫して呈示される赤色の刺激を標的とし，それ以外の色つき異物（妨害刺激）を無視するようになった。このとき，被験者が「赤色」を探していれば特徴探索モードであり，他色の異物は無視できるはずだし，何か色の異なるものを探していれば異物検出モードであり，他色の異物は干渉を生むはずである。実験の結果，ほとんどの被験者の行動成績には色異物の干渉が見られた。しかし，顕在的に被験者に何をしていたかを尋ねると，報告内容と行動成績は全く一致しなかった。さらに，尋ねた後に実験を続行しても，報告した構えと行動成績は一致しなかった。この結果は，トップダウンといわれる探索モードであっても，全てが意識的な行動の支配下にあるわけではないことを示している。

5.4 注意の窓

　注意を向ける位置の優先順位はボトムアップとトップダウンの要因のどちらで決まるかという疑問について，単純な二分法でないとすると，他に何が関与しているだろうか。1つは選択履歴（第4章，Awh et al., 2012）であろう。加えて，直接影響すると考えられるのが注意の範囲である（Theeuwes, Kramer, & Belopolsky, 2004）。注意の範囲は窓のようなもので，窓の中でのみボトムアップで最も顕著なものが注意捕捉すると考えられる。したがって，狭いときは窓から外れたところに顕著な妨害刺激があっても注意捕捉しない。極端な例としては，かならず標的位置を予期する空間的手がかりを呈示したときは，それ以外の位置に顕著な妨害刺激があってもその影響は生じない（Theeuwes, 1991）。Belopolsky et al. (2007) は非関連特徴法（図5-7）を用いた。被験者はEかHの文字のいずれが探索画面に含まれているかを弁別した（図5-14）。注意の窓を大きくした条件では，被験者は緑の3または9文字からなる三角形が，全体として上下どちらを向いているかを判断し，上を向いているときにEかHかの反応をした（Go/No-go課題）。窓が狭い条件では，凝視点の形が丸のときのみ

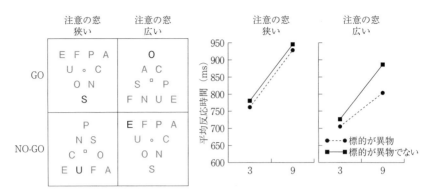

図 5-14 注意の窓が広いときにのみ注意捕捉が起こる（Belopolsky et al., 2007）

にEかHかの判断をした。これらに加えて，探索画面には1つだけ赤色の文字が含まれていた。これがたまたま標的に該当するときの探索効率が実験の焦点であった。実験の結果，標的がたまたま唯一の赤色文字だったとき，注意の窓が広い条件でのみ探索効率が上がった（探索勾配が平坦に近づいた）。これは，注意の窓が大きいときのみ注意捕捉が起こっていたことを意味する。

ただし，注意の窓の説明では，上述の Leber & Egeth（2006a, b）の学習効果の実験結果が説明できないという弱みがある。また，注意の窓の範囲を決めることはトップダウンで指示している場合も含む。図 5-14 の例では，まず全体の形状と凝視点のいずれを判断するかはトップダウンに決められている。そのため，注意の窓の立場を取ったとしても，完全にボトムアップの要因だけで注意の挙動を説明できているとは言えない。

5.5 注意制御が効くまでの時間

ボトムアップ説とトップダウン説の不一致を解決するための視点として，注意制御が効くまでの時間が挙げられる。これは意図的な制御が有効になるまではある程度の時間が必要なことと符合する。第2章で紹介したように，サッケード眼球運動潜時を測定した研究（Van Zoest & Donk, 2005）では，刺激の顕著さが眼球運動潜時に及ぼす影響は，潜時が短いときのみに限られていた。この結果は，注意制御はボトムアップだけ，トップダウンだけで一義に決まるわけ

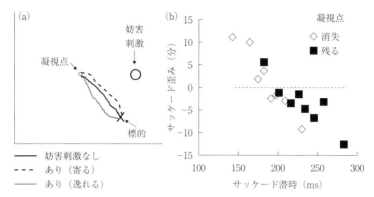

図 5-15 トップダウンに抑制が効き始めるのは時間がかかる（McSorley, Haggard, & Walker, 2006）

ではなく，時間帯に応じて変わりうることを示唆している。また，動眼捕捉法を使った研究（Godijn & Theeuwes, 2002）も同様な時間の影響を報告している。たとえば，McSorley et al.（2006）は，被験者に画面中心を固視させておき，周辺に出現する標的に眼球運動するよう教示した。標的は中心から見て斜め4カ所のどこか1カ所に出現するXで，半数の試行で呈示される妨害刺激（○）は標的から±45度いずれかにずれた位置に出た。ギャップ効果を利用してサカード潜時を操作した。軌跡を分析したところ，潜時が短いサッケードは妨害刺激に引きつけられ，潜時の長いときは妨害刺激を避けていた。標的のみのときの軌跡が図5-15aの実線である。これに対して，点線は妨害刺激に引き寄せられたときの軌跡，灰色は反発したときの軌跡である。図5-15bはサッケード潜時と軌跡の逸れ具合をプロットしたものである。ギャップ条件では凝視点が標的よりも先に消失しているのに対し，重複条件では標的が出現しても凝視点がまだ呈示されたままであった。縦軸の正の部分（上半分）は妨害刺激側に引き寄せられていたことを意味しており，負の部分（下半分）は妨害刺激側から反発していたことを示している。妨害刺激からの反発が始まるのは約200msのサッケード潜時であり，トップダウンに抑制が効果を持ち始めるのは比較的遅いという点で，これまでの見方と一致している。

5.6 注意制御と記憶

　日常場面で何かを選択するとき，注意を一度だけシフトさせて完了するということはまずない。たいていは行動目的に応じて，いまの選択行為をし，完了したらまた次の行動を始める。したがって，ある瞬間に何かに注意を向けることは，これまでに注意してきた履歴にも影響を受ける可能性がある。過去が現在に影響するということは，何らかの記憶が働いていることを意味する。記憶といっても直前の数ミリ秒から数秒，数分前の似たような試行，あるいは年を追うごとの変化といったように，さまざまなスケールの記憶効果が注意の向け方に影響を及ぼし得る（Kristjansson, 2006）。Shore & Klein（2001）は，この見方にもとづいて，視覚探索における記憶の影響を3段階に整理した。最もスパンの短いものが試行内であり，過去に注意した位置が抑制される効果である。次が試行間の効果で，最も大きいスケールとして知覚学習のような数時間から数日にわたるレベルの効果に分類した。ここでは彼らの3つのレベルに基づきながら，Shore & Klein（2001）以降に発見された現象も含めて，図5-16のように3つの段階からまとめてみたい。

❖ 試行内の履歴効果

視覚マスキング

　1つの試行内での記憶が関わっているものの中で最もスパンが短いものとしては，時間的統合や視覚マスキングが挙げられるだろう。これは感覚レジスタという一時的な感覚記憶として説明してきた（第1章）。

プライミング

　プライミングも試行内の履歴効果といえる。その一形態である光点や矢印による空間的手がかり効果は，物体認識に位置のバイアスをかけるため，空間的プライミングといえる。位置を示す光点や矢印が先行呈示され，その効果が残っているからこそ，その後の物体認識に影響が及ぶ。同様のことがパターン認識や意味ネットワークで起これば，それらは反復プライミング（Perea & Gotor, 1997, 第6章），意味プライミング（Neely, 1977）と呼ばれる。いずれも，プライムが呈示されたという履歴がシステムに残っているからこそ，その後の

5.6 注意制御と記憶

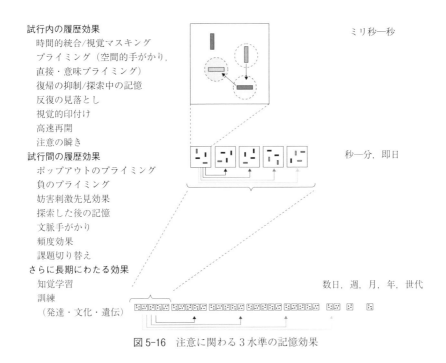

試行内の履歴効果
 時間的統合/視覚マスキング
 プライミング（空間的手がかり，
 直接・意味プライミング）
 復帰の抑制/探索中の記憶
 反復の見落とし
 視覚的印付け
 高速再開
 注意の瞬き
試行間の履歴効果
 ポップアウトのプライミング
 負のプライミング
 妨害刺激先見効果
 探索した後の記憶
 文脈手がかり
 頻度効果
 課題切り替え
さらに長期にわたる効果
 知覚学習
 訓練
 （発達・文化・遺伝）

ミリ秒―秒

秒―分，即日

数日，週，月，年，世代

図 5-16　注意に関わる 3 水準の記憶効果

標的の分析に影響する。これらのプライミング効果はいずれも，時間のかかる再回帰処理を短縮しうるため，促進を引き起こす。

抑制的タグ付け

　いったん注意がどこかに向いた後は，再度その位置へ注意をシフトさせるためには遅延が伴う（注意の復帰の抑制，Lupianez, 2010）。さらにこれを洗練させた形態ともいえるのが抑制的タグ付け（Klein, 1988; Takeda & Yagi, 2000）である。具体的には，被験者は標的の有無を答える視覚探索課題と，その直後に光点検出を行った（図 5-17）。光点は直前の試行に刺激があった位置（上試行）か，何もなかった位置（外試行）に出た。もし，光点検出が非効率的探索の上試行でのみ遅ければ，すでに探した位置への抑制（すなわち復帰の抑制）が，1 つの視覚探索試行内でも起こっていると言える。図 5-17b は，抑制が起こっていたと仮定したときの模式図である。灰色の刺激図形や斜線は実際の画面には呈示されておらず，ここでは光点位置との関係を示しているに過ぎない。非効率

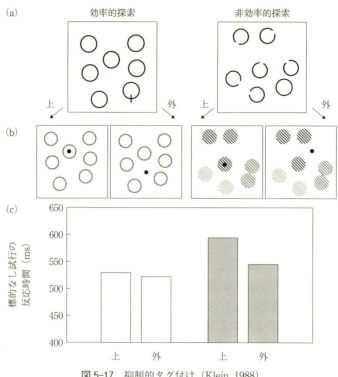

図 5-17 抑制的タグ付け（Klein, 1988）

的探索では，すでに注意を逐次的に向けた位置を抑制できていれば，斜線のように，直前に刺激があった位置が抑制できるはずである。実験の結果はこの仮説を支持していた（図 5-17c）。さらに，標的があった試行での抑制量（効率的探索試行の上試行と外試行の差分（マスキングを込みにしたベースライン）を，非効率的探索の上試行と外試行の反応時間の差分から引いたもの）は，標的なし試行での抑制量の約半分であった。標的あり試行ではなし試行の約半分の個数が逐次的に探索されていると考えられるため，抑制されていた箇所も標的なし試行に比べて約半数であり，仮説にうまく符合する結果であった。こうした抑制は一種の試行内の記憶であり，何度も同じものばかりを探さず，新たな位置に注意を向けさせるためのバイアスとして働く。

ただし，抑制的タグ付けのような探索履歴とは異なる主張もある。たとえば Horiwitz & Wolfe（1998）は，被験者に標的Tの有無を答えてもらった。シャ

5.6 注意制御と記憶

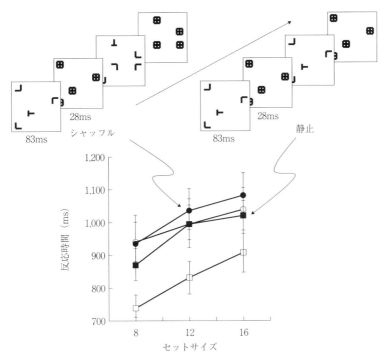

図 5-18 視覚システムは探索履歴を利用していない？（Horowitz & Wolfe, 1998）

ッフル条件では，約110msごとに探索刺激にマスクがかかり，マスクが消えたときには隠された探索刺激が別の位置に出現した（図5-18）。これらの画面を最大5秒ループして呈示した。比較のための静止条件ではシャッフル条件と同じタイミングでマスク刺激が操作されたが，刺激の位置はマスクが消えた後も同じだった。もし，試行中に探索履歴が蓄積されているならば，シャッフル条件は蓄積がなくなるため，探索効率は静止条件に比べて悪くなるはずであった。しかし，探索効率は両条件間で違いはなかったことから，視覚システムは探索中は過去の履歴を利用していないことをこの結果は示している。記憶や抑制的タグ付けにはシステムの資源を消費するため，あたかも健忘のまま探索することは，そうした消費を抑えるという点でシステムの負荷を最少にしているとHorowitzらは主張した。この後さらに反論があり（Kristiansson, 2000; McCarley et al., 2003; von Mühlenen & Müller, 2003; Takeda, 2004），試行内の探索

履歴が蓄積されている証拠が示されている。Hulleman (2010) は困難な課題ほどシャッフルの影響を受けることを見出し，研究間の違いは困難度のせいかもしれないと主張した。現時点では議論は分かれているものの，明らかに試行内でも履歴を残しておくことは適応的な探索行動を助ける。したがって，試行内で全く何も記憶がないという見方は極端な立場だろう。

反復の見落とし

　文字や単語，画像を高速で逐次的に視覚呈示するとき，同じものが2回目に出現した場合は見落とされやすい（反復の見落とし，repetition blindness, Kanwisher, 1987, 第7章を参照）。この現象は意味や発音が似ているだけで起こることもある。反復の見落としはトークン個別化説で説明されている。まず，認識システムが物体認識をするときに，長期記憶表象が活性化され，その物体は何であるか（これをタイプとよぶ）が認識される。そして最初にそういう物体があったというエピソード（これをトークンとよぶ）に結び付けられる。タイプとトークンが結びついてこそ意識的に物体が同定できる。短時間のうちに出現する2つ目の物体はタイプを活性化するが，システムは最初のイベントとしては区別しきれず，かわりに最初のトークンに同化されてしまうと考えられる。反復の見落としは注意の瞬きと時間経過が異なる。前者は時間が近いほど見落とされやすいが，後者は200-300msあたりで最も見落とされやすい。また，2つの標的を見分けやすくすると反復の見落としのみが減少する。標的と妨害刺激を見分けやすくすると注意の瞬きは緩和されるが反復の見落としは生じるため，Chun (1997) はこれらは別の現象であることを示した。

高速再開

　高速再開効果も視覚探索中の記憶を反映した効果である。たとえば自動車を運転中に，正面に見える光景からいったん視線を外して，ナビゲーション画面を見てから再度正面に向き直ることはよくある。このとき，再度見直した正面の光景は，視覚システムにとって全く新たに目にする光景として扱われるのか，それともしばらく前まで見ていたことによる何らかの利得があるのだろうか。この疑問を調べるために，Lleras, Rensink, & Enns (2005, 2007) は，図5-19aのように探索画面を短時間だけ被験者に見せ，その後に空白を挿入するというサイクルを反復し，標的（文字T）を探させた。これは本来は効率探索となる

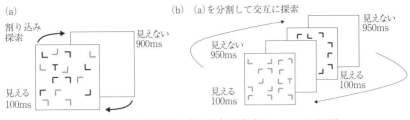

図 5-19 高速再開効果を生む探索画面（Lleras et al., 2007）

刺激であったが，最初のサイクルで正しく標的を検出できた試行は 30% 未満だった。そして 500ms 以内に検出できたのは第 1 サイクル中の反応の 4% にすぎなかった。しかし，2 サイクル中は 500ms 以内に検出できる試行は 53% に達していた。3 サイクル目でもやはり 500ms 以内に 52% の反応が集中していた。いったん探索が中断されてから探索がすばやく再開できるということで，これを高速再開（rapid resumption）現象という。しかし，それぞれのサイクルで刺激の呈示位置をシャッフルした場合は，こうした 2 サイクル以降での短潜時の反応は消失した。さらに，図 5-19b のように 2 種類の探索画面が交互に出るようにして中断と再開を繰り返したところ，それぞれの探索画面で同様に高速再開が起こっていた。中断の前後で標的に関する情報に変化を加えた場合はこの効果は低減したことから，この効果は，探索が完了していなくても標的分析の途中経過が保持されていることを意味する。

視覚的印付け

　これまでに挙げた試行内の記憶効果は主として自動的に起こるものが中心であった。視覚的印付けは意図的なもので，1 試行中に逐次呈示される一部の刺激を意図的に抑制して，後から出現する刺激群への注意の優先順位を上げることをさす（Watson & Humphreys, 1997）。先見条件では一部の非標的（たとえば複数の緑の H）が 1000ms 先に呈示され，その後残りの非標的（青の A）と標的（青の H，半数の試行では呈示されない）が出現する。このとき，最終的な探索画面は色と形状の結合探索と全く同じである。通常は探索事態では非効率的な探索となる。しかし，先見条件の探索効率は，全ての刺激を同時に呈示する統制条件に比べて格段によくなり，後から呈示する探索画面（複数の青の A から

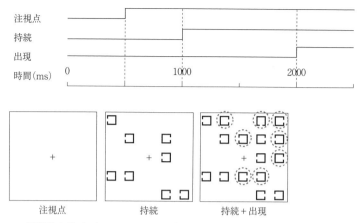

図 5-20 視覚的印付け (Osugi et al., 2009)。円は後から呈示される刺激を示しており，被験者には見えない。

青の H を探す) とほぼ同程度の探索効率になる。これはあたかも，先見条件では最初に呈示された刺激を抑制し，全くなかったことにして探索していることに等しい。こうした探索優先順位の重み付けを視覚的印付け (visual marking) という (Watson, Humphreys & Olivers, 2003)。先見期間中に注意資源を必要とする他の課題を同時に行うとこの効果は得られなくなる。

この抑制効果は結合探索に限らず，非効率的探索一般に適用できる。たとえば図 5-20 の事態では被験者は標的 (上または下に切れ目のある図形) を同定する。先見条件では一部の妨害刺激が先に呈示され，その後に標的を含む残りの刺激が呈示される。このときでも先見妨害刺激への抑制が生じる。この効果は，先に呈示されたものに対して位置や一貫する特徴に基づいて抑制するテンプレートを約 400ms かけて構築し，それを維持して先見刺激を抑制できることを反映している。

この現象への反論としては，注意の捕捉 (Donk & Theeuwes, 2001) や，時間的なグルーピング (Jiang & Wang, 2004) の可能性が指摘された。しかし，先見期間を 3 秒以上に延長すれば，輝度変化がなくても先見条件の利得が観察されることがわかっており (Braithwaite et al., 2006)，輝度変化だけではこの現象を説明できない。さらに，後から呈示される探索画面の出現と同時に先行刺激の色を変化させても先見の利得は得られたが，形状を変化させるとこの利得は

消失した（Watson, Braithwaite, & Humphreys, 2008）。出現のタイミングは条件間で同じであるのに，先見刺激の物体としての連続性を壊したときのみに先見効果が失われたというこの結果は，時間差に基づく単純なグルーピングでは十分には説明できないが，Watson et al.（2008）は先行刺激のテンプレートが無視し続けるべき同じ物体の連続性を維持している限り抑制できると考えている。

注意の瞬き

　文字や画像などを1秒間に10個程度のペースで逐次呈示した系列に標的を2つ混ぜると，第2標的が見落とされやすくなる。この現象はBroadbent & Broadbent（1987）が単語を用いて見出し，Raymond, Shapiro, & Arnell（1992）によって，この見落としをあたかも注意が瞬きをしている間に起こることに喩えて注意の瞬き（attentional blink）と名付けられた（第7章を参照）。たいていは第1標的の呈示から200-300ms付近に見落としのピークがあり，標的間隔が500-700ms程度開くと見落としは起こらなくなる。

　注意の瞬きを説明するモデルは大きく分けて3タイプある（Dux & Marois, 2009）。1つ目がフィルタモデルで，第1標的直後の妨害刺激を抑制する（Raymond et al., 1992）ことが第2標的を見落とすという立場をとる。これはのちに入力フィルタモデル（Di Lollo et al., 2005; Kawahara et al., 2006），増幅反発モデル（Olivers & Meeter, 2008）に発展した。2つめのモデル群としては作業記憶への書き込み制限を重視する立場である（Shapiro & Hanslmayr, 2014）。第1標的を同定し，標的が何であるかの情報を作業記憶に記録するときに，容量制限があるために第2標的の分析が遅れ，見落とされると考えるモデルである（Chun & Potter, 1995）。言い換えると，注意の瞬きは第1標的を認識することによる一種の不応期であるともいえる（Jolicoeur, 1999）。そのため，第1標的処理の負荷が増えると見落としも増える（Visser, Elliott, & Giesbrecht, 2010）。この立場からすると，第2標的の初期の感覚分析は行われるが，その後の知覚表象が作業記憶へ登録できないと考えられる。Bowman & Wyble（2007; Wyble, Bowman, & Nieuwenstein, 2009）は同時タイプ/逐次トークンモデルと呼ばれるシミュレーションモデルを提案し，注意の瞬きは標的ごとのイベントを区別できないことで起こると考えている。3つ目のモデル群は，短期記憶から想起した情報を意識にのぼらせるときの時間的な制約が第2標的の見落としの主因だと考えている。注意の停留時間モデル（Duncan, Ward, & Shapiro,

1994; Dehaene, Sergent, & Changeux, 2003) がこれにあたり，2つの標的が注意資源を奪い合い，競合に負けた方が見落とされると言われる。

　これらのモデルが様々な水準でのボトルネックに注目していることからわかるように，注意の瞬きの起こる原因は単一ではない（Kawahara, Enns, & Di Lollo, 2006）。両標的への視覚マスキング，符号化，課題切り替え，位置のシフト，標的前・標的間妨害刺激の抑制，両方の標的どうしの資源争奪など，非常に多くの要因が関与しており，注意の瞬きに関与する神経基盤も複数ある（Arnell & Shapiro, 2011；河原, 2003；木原・苧阪, 2008；Martens & Wyble, 2010）。

❖試行間の履歴効果

ポップアウトのプライミング

　一方，連続する試行の間，あるいはある程度の長さの試行ブロック中におこる履歴効果もある（図5-16）。ポップアウトのプライミング（Kristjansson & Campana, 2010）はその一つである。図4-23のように，緑の妨害刺激中に赤の標的か，その逆の組み合わせがありうる事態で，異物標的の形状を答える課題を想像してほしい。このとき，ある試行（第N試行）の直前の第N-1試行でも同じ色の組み合わせのときと，反対の色の組み合わせのときを比較すると，同じ標的と妨害刺激の組み合わせが繰り返されたときのほうが探索時間が短くなる現象で，Maljkovic & Nakayama（1994, 1996, 2000）が報告した。これは反復する標的特徴の促進と，妨害刺激特徴の抑制の両方からなる自動的な効果で，意識的・能動的な制御はほとんど関与していない。たとえば，標的が赤赤緑緑赤赤…と繰り返されても，この反復効果はほとんど変動しない。能動的に制御でき，くりかえしを知っていれば異なる色の刺激が出ることによる遅延を減らせたはずだが，そうはならなかった。これは試行間で自動的に情報の蓄積が行われ，利用されていることを示している。

　ポップアウトする標的が同定されると，その特徴に焦点的注意を結び付ける短期記憶痕跡が形成される。この記憶痕跡は焦点的注意を今後向けるときに，反復された標的特徴に向けるようにバイアスをかける。このバイアスは最初に見た標的と妨害刺激の特徴の組み合わせと完全に一致するものほど強く働き，標的だけが反復して妨害刺激は別の色のときは弱まる（Gooslby & Suzuki, 2001）。さらに，このプライミングは先行試行でポップアウトする標的がなくても生じる。たとえばある試行で6つの刺激（赤，緑3つずつ）が呈示された

とする。被験者は赤色を探すように教示されていれば，その次の試行で複数の緑の妨害刺激から赤の標的（1つだけ）を探索するときは，赤の妨害刺激から緑の標的を探索するよりも探索成績がよい（Goolsby, Grabowecky, & Suzuki, 2005）。すなわち，ポップアウトのプライミングは同じ妨害刺激色の文脈の中で，すでに注意した色へ注意を向きやすくするバイアスを反映しているといえる。

この効果は，注意制御のボトムアップ説とトップダウン説の論争にも関わっている。トップダウン説を支持する従来の実験は，ブロック間で常に同じ特徴の標的を探させている。そのため試行間での標的特徴を反復する効果が最大になる。たとえば，赤色の標的を探すときトップダウンに赤のみを選べるのではなく，先行する試行で赤色が選択され，反応したためにプライミングが起こり，そのために注意捕捉したのかもしれない。そう考えて Belopolsky et al.（2010）は，Folk et al.（1992）がブロック間で固定していた試行を混ぜて，構えが使えないようにした。もし試行間プライミングで状況依存的捕捉が説明できるなら，先行試行の標的に一致する手がかりのみが注意捕捉するだろう。図3-4 の凝視画面の前に，答えるべき標的を正しく伝える単語が500ms 呈示された。"RED" であれば標的は必ず色の異物であり，探索画面には白い非標的が3つと赤い標的が1つ呈示された。"WHITE" であれば標的は必ず出現する異物であり，空白3カ所に加えて白い標的が残りの1カ所に呈示された。被験者は標的がXか5かを弁別した。これらの2条件と，"NEUTRAL" と出る中立条件を比較した。もしトップダウンの構えが選択に影響しないなら，どの手がかりでも（構えに一致しないものでも）空間的手がかり効果を生じるだろう。実験の結果，統制条件に比べて，色を知らされたときは反応時間が全体として短かったことから，手がかりは利用されていたことがわかる。さらに，どの手がかりであっても手がかり位置の判断が速かったことから，構えとは関係なく空間的な注意捕捉が起きていた。すなわち，状況依存的捕捉のトップダウン説がこれまで拠り所にしてきた結果は，観察者の自発的な制御の構えとは関係なく，試行間のプライミングとして解釈できることを示した。しかし，積極的に構えを維持させる手続きを導入したところ，非関連な特徴を持つ手がかりへの抑制という，トップダウンの状況依存的捕捉仮説では予期していない結果が観察された。これらの結果は，明らかにトップダウンの構えは手がかりによる空間的な注意の配分に影響することを示している。

さらに，構えの強さもその後の処理を大きく変えると言える。次の標的を知

っているだけで，その情報を使っても使わなくても構わない場合は，手がかりのタイプ（構えに一致，不一致）にかかわらず，手がかり効果が生じる。しかし，積極的に構えを選び，維持しなければならないときは，構えに一致しない特徴を持つ手がかり位置では注意はすぐに引き離され，抑制がかかる。この結果から分かるように，試行間プライミング効果が注意捕捉に少なからぬ影響を及ぼすことは間違いない。しかし，すべての構えの効果が試行間プライミングで説明できるわけではない（Lamy & Kristjansson, 2013）。たとえば，特定の特徴をもつ異物妨害刺激を何十試行も続けると干渉が減少するという知見（Vatterott & Vecera, 2012）は，ふつうはもっと少ない試行の反復で飽和してしまうはずの試行間プライミングでは説明できない。

妨害刺激先見効果

　妨害刺激先見効果（Goolsby et al., 2005）はポップアウトのプライミングに似た刺激画面の構成ではあるが，異なるメカニズムで起こる。色のポップアウトを探してその形状を同定するという複合探索課題（図5-21）で，標的が呈示される試行と呈示されない試行を無作為に混ぜて実施する。標的が呈示されない試行は全ての刺激が同じ色で呈示されており，同定すべき標的が存在しない。そのため，被験者が反応しなければ画面は消え，次の試行が始まる。この手続きを用いると，標的のない試行（N-1）の画面（先見画面）を見ているだけであっても，次の探索試行（第N試行）の標的が先見画面の刺激と同じ色である場合は，第N試行の妨害刺激が先見画面と同じ色であったり，先見画面に含まれない色であるときに比べて探索が50-100ms遅くなる。妨害刺激先見効果は，標的を見つけられなかった試行で注意を向けた特徴（すなわち妨害刺激の特徴）へ焦点的注意を向けにくくするという抑制を反映している（Lleras, Kawahara, Wan, & Ariga, 2008）と考えられている。

　この現象はポップアウトのプライミングと似ているが，両者は乖離する。Ariga & Kawahara（2004）は妨害刺激先見効果を再現した上で，同じ実験でも標的あり試行が連続する場合を抽出して分析してみたところ，ポップアウトのプライミングは生じていなかった（Goolsby et al., 2005も同様の報告あり）。妨害刺激先見効果は負のプライミングとも異なる。負のプライミングは注意すべき刺激とともに呈示されているときだけに起こる（Milliken, Joordens, Merikle, & Seiffert, 1998; Tipper & Cranston, 1985）が，妨害刺激先見効果は標的あり画

5.6 注意制御と記憶　　　195

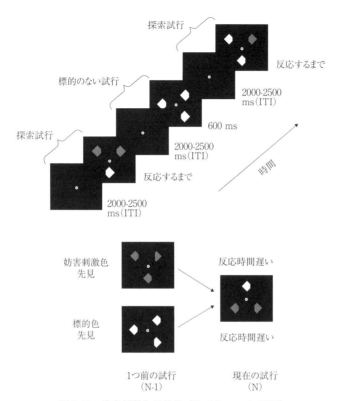

図 5-21　妨害刺激先見効果（Goolsby et al., 2005）

面で刺激が1つだけしか呈示されていなくても観察される。また，妨害刺激先見効果は色に限らず，運動刺激や単語によっても起こる。

❖ その他の履歴効果

知覚学習

　上述した効果の他にも，負のプライミング，文脈手がかり，課題切り替えは広い意味で注意配置に影響を与えるため，ここでは試行間の効果として分類してある。ただし，関与するメカニズムや効果の及ぶ時間的範囲は大きく異なる。さらに長期にわたる効果として知覚学習や訓練が挙げられる。これらについては本書の範囲を超えるため立ち入らないが，注意が関わる興味深いトピックスをいくつか挙げておく。

先行して刺激を1度経験するだけで知覚成績が向上する場合は知覚学習とは言わず，プライミングという。逆に，長期間の反復訓練によって（主として低次の）知覚機能が向上する場合を知覚学習という。知覚学習は比較的低次の視覚に特化した領野の可塑性を反映していると考えられていた（Ball & Sekuler, 1987; Karni & Sagi, 1991）。しかし，意思決定を含む高次の領野，あるいは視覚領野と高次領野間の連絡の仕方が変化するという見方も増えてきた（Kahnt et al., 2011）。知覚学習の主要な特性として，自動化，特異性，課題関連性が指摘できる（Chun, 2012）。自動化とは訓練を積むにしたがって処理が自動的になり，精度や効率が向上することをいう（Shiffrin & Schneider, 1977; Schneider & Shiffrin, 1977）。長期間の訓練を積めば非効率的な探索であっても探索効率は向上する（Ashbridge et al., 1997）。しかし，これは結合探索専用に注意不要の結合検出器が形成されたわけではない（Treisman et al., 1992）。視覚探索課題で探索効率が上がる場合（Wang et al., 1994）は，妨害刺激の処理効率が向上していることが多い。

　特異性も知覚学習の特徴である。低次の弁別課題では，訓練した刺激とその位置のみに特異的な学習効果が生じる。したがって，訓練とは別の刺激でテストしても学習効果は転移しない。この特性は結合探索の学習効果でも同様である（Walsh, Ashbridge, & Cowey, 1997）。たとえば，ある色と線分方位の組み合わせで被験者1人あたり約2500試行訓練したところ，最初は標的あり試行で16ms/個，なし試行で24ms/個であった探索勾配も，訓練後にはいずれも約7ms/個になっていた。しかし，テスト用の結合探索刺激で標的の色と形を全く異なるものに置き換えると，探索勾配は再び非効率的探索に戻ってしまった。したがって，学習されたのは結合探索を行うという抽象的な方略ではなく，特定の色と方位の組み合わせに対する記憶テンプレートかもしれない。

　もうひとつ知覚学習の特徴として上げられるのが課題関連性である。知覚学習はただ単に刺激を繰り返し呈示すれば成立するわけではない。線分方位の弁別学習は線分の方位に注意したときに起こり，明るさに注意したときは起こらない（Shiu & Pashler, 1992）。局所方位検出課題と大局方位弁別課題との間では，網膜に映る刺激は同じでも転移は起こらない（Ahissar & Hochstein, 1993）。したがって，知覚学習は課題特異的だといえる（Fahle, 2009）。ただし，二重課題で注意が関わらない事態で，あるいは課題の困難度に応じて，課題非関連な背景情報の反復が知覚学習されるという報告もある（Watanabe, Nanez, & Sasaki,

2001; Seitz, & Watanabe, 2005; Shibata, Sagi, & Watanabe, 2014)。

注意の訓練効果

　注意機能は訓練によって向上するのか，という疑問は発達・教育の分野や，高齢者や脳機能障害者ケアの分野では重要な問題である。もし訓練効果があれば商業上の関心も集まる（Herzog et al., 2009）。作業記憶では訓練効果はよく報告される（Holmes et al., 2009; Klingberg, 2010）。注意に関しても機能訓練は古くから注目されてきた（Di Monaco, Schintu, Dotta, Barba, Tappero, & Gindri, 2011）。その背景として，右側頭‐頭頂‐後頭葉接合部を中心とする脳部位に損傷を受けると，感覚障害や運動障害はなくても，損傷と左右反対側の視野にある刺激に気づかない半側空間無視と呼ばれる注意の障害が生じることが知られており（Jackson, 1932; Vallar & Bolognini, 2014），損なわれた注意の機能回復が望まれたためである。しかし，知覚学習の効果には特異性があり，本来は訓練とテスト事態が異なると訓練の効果が転移しにくい。そのため両者が異なっても効果が転移するほうが実効上は望ましい。

　その理想的なケース，すなわち訓練とテスト事態がかけ離れた課題でも，注意機能が増進することを示す知見がGreenとBavelierによって報告された。それは，コンピュータゲームを日常的にすることで，ゲームをしない人に比べてある種の注意課題の成績に大きな違いが生じるという発見だった。具体的には，アクション系のコンピュータゲームを週4日，少なくとも1時間以上，6カ月続けている人たち（ゲーマー群）に，フランカ干渉課題をしてもらった。ゲームを通常しない群は注意の負荷理論の予測に一致して，課題の負荷が低いと妨害刺激からの干渉は見られたが，負荷が高まるほど干渉は見られなくなった。しかし，ゲーマー群は干渉の程度は課題の負荷には影響しなかった。すなわち，課題の負荷が高くても妨害刺激からの干渉は起こり続けた。これはゲーマー群では注意容量が非ゲーマー群に比べて大きいことを示している。この他に，Green & Bavelier（2003）は，ゲームの効果を計数課題，有効視野課題，注意の瞬き課題でも調べた。計数課題は一度に何個まで同時に物体の数を把握できるかを調べる課題である。個数が増えても正確にすばやく自動的に判断できる（サビタイジング subitizing; Trick & Pylyshyn, 1993）範囲は通常3-4個程度と言われているが，ゲーマー群は4.9個，非ゲーマー群は3.3個であった。

　この容量増加はふだんゲームで使う視野中心付近で見られた効果であった。

そこで，視野周辺でも効果が得られるかを有効視野（useful field of view または機能的視野 functional visual field）課題で調べた。これは画面中央で検出や弁別課題を行いながら，視野周辺に出た刺激を定位する課題である（Ball, Beard, Roenker, Miller, & Riggs, 1988）。この課題でも，ゲーマー群は視野中心からの距離にかかわらず，統制群よりも定位成績は高かった。さらに，注意の瞬き課題でもゲーマー群のほうがよくできていた。ゲーマー群は統制群よりも第2標的を見落とさず，第1標的の分析を短時間で終えていた。ゲームと注意機能の因果関係を示す縦断研究として Green & Bavelier (2007) は，ふだんゲームをしない人たちにまず計数，有効視野，注意の瞬き課題で基準値を測定した。そして毎日1時間，10日連続でアクションゲームをしてもらった。その後，再度その3つの課題を実施し，基準値と比較したところ，いずれも視覚的注意の増進がみられた。なお，比較のためにパズルゲーム（テトリス）を同じスケジュールで実施した群にはそのような注意機能の増進効果は見られなかった。

一方，Boot, Kramer, Simons, Fabiani, & Gratton (2008) はさらに多くの注意・作業記憶課題を投入し，ふだんからゲームをしていない被験者群にアクションゲームや戦略ゲームを1日1.5時間，4-5週間行わせた。しかし，ほんの一部の課題（心的回転）を除いて，訓練の効果は見られなかった（他にも Noack et al., 2009; Murphy & Spencer, 2009; Irons et al., 2011; ただし Anguera, Boccanfuso et al., 2013）。さらに Boot, Blakely, & Simons (2011) はゲームによる認知機能の向上訓練を調べた最近の約20件の研究を検証した。主な問題点として，(1) 被験者の期待効果が実験群の操作と交絡していること，(2) 被験者のゲーム経験と実験で測定する課題の類似性に被験者が気付いたり推測することで生じる「偽薬効果」，(3) この偽薬効果が群間で異なる可能性，(4) 横断的研究で相関をもとにしているため因果関係を主張できないこと，が挙げられている。これら全てを回避した研究はこれまでにないと Boot et al. (2011) は述べている。これらの点を改善するために彼らは，被験者には実験目的を悟られないようにすること，被験者がゲームの効果について，研究やメディア等で言われていることを知っているかを実験が全て済んだ後に確認すること，訓練実験では両群の被験者はどちらも同程度の訓練の期待効果を示していることを確認すること，手続きや測定した従属変数を全て報告することを推奨している。この他に，ゲームで向上するのは基本的な知覚・認知能力なのか，方略の変化なのかという点にも慎重になる必要がある。たとえば，変化検出課題（Rensink, 2002）

では，ゲーム経験を積んでいる被験者はそうでない者にくらべて画面を徹底的に観察する方略をとり，変化部分の検出成績が高い（Clark et al., 2011）。

　その他の訓練研究でも一貫しているのは，学習課題と類似したテスト課題では訓練の効果が見られること，健常な成人では転移が見られにくいこと（Dahlin, Nyberg, Backman, & Neely, 2008）である。たとえば，Owen et al.（2010）はTV番組で1万人を超える被験者を募集し，推論，作業記憶，長期記憶について訓練実施前にwebツール（http://www.cambridgebrainsciences.com）を用いて基準値を測定した。次に被験者を推論・問題解決訓練群，注意訓練群，統制群の3つに分け，商用の認知機能訓練プログラムに似た課題で6週間訓練した。その結果，訓練した課題では最終回の成績は初回よりも向上していた。しかし，訓練の転移効果を測定したところ，推論，作業記憶，長期記憶のいずれにおいても認知機能訓練の有効性を示す証拠は得られなかった。Nouchi et al.（2012）はコンピュータゲーム形式の訓練を行ったところ，一部の認知機能（実行系および処理速度）に限って向上が認められたが，注意機能には影響しなかった。訓練課題とテスト課題で共通の神経基盤が関わっているときにのみ転移の効果が見られると考えられる（Olesen et al., 2004）。したがって，比較的低次の感覚訓練をしても転移が限定的であることは理に適っている。

　高齢者では注意の機能が改善する場合がある（Papp et al., 2009; Willis et al., 2006; Smith et al., 2008; Vance, 2012; Valenzuela & Sachdev, 2009）といわれる。ただし，実際にこれらのうちで視覚探索課題や二重課題を用いていたのはWillis et al.（2006）のみであるのに対し，他は数唱や記号合わせなどの神経心理学の臨床検査を注意の指標として用いている。臨床検査指標でいう注意は実行機能や作業記憶を含み，研究間での定義が一定ではない（Astle & Scerif, 2011）ため，解釈には慎重になる必要がある。

　一方，若齢者では転移がみられるという報告がいくつかある。たとえば，Thorell et al.,（2009）は，幼稚園児を対象に，視空間的作業記憶または抑制機能を，市販の認知訓練パッケージで毎日15分，5週間訓練した。視空間的作業記憶群は逐次呈示される図形の位置を順に記憶する3種の課題，抑制機能群はGo/No-go課題，停止信号課題（Verbruggen & Logan 2008），およびフランカ干渉課題で訓練した。訓練の結果，両群では訓練した課題では成績は向上していた。事前に訓練とは異なる課題で測定した基準値と，訓練後に測定した成績を比較したところ，視空間的作業記憶訓練群は言語・空間作業記憶課題，注

意課題で成績の向上が見られた。ここでの注意の指標は聴覚連続作業課題と，視覚 Go/No-go 課題の反応し忘れエラー率であった。一方，抑制訓練群では向上が見られず，訓練しない抑制（ストループ）課題には転移しなかった。同じく幼児を対象にした Diamond ら（Diamond et al., 2007; Diamond & Lee, 2011）は抑制および作業記憶を含む実行機能をトレーニングするために教育プログラムを開発し，フランカ干渉課題や，フラッシュする手がかりとは反対方向に注意したり眼球運動をするアンチサッケード課題（Munoz & Everling, 2004）に似た課題に転移効果を認めている。注意トレーニングについては学齢期を対象にしたものが多い。それよりも若齢の場合は訓練可能な注意機能が十分に発達していなかったり（Colombo, 2001），測定法が限られる（van de Weijer-Bergsma et al., 2008; Richards, 2010）ことが理由に含まれる。それでも乳児を対象にした研究もあり，たとえば Wass et al.（2011）は選好注視を利用した課題で主として定常的注意の訓練効果と般化を見出している。作業記憶を含めて認知機能には個人差がある（Bleckley et al., 2003; Karbach, & Kray, 2009; Vogel et al., 2005; Fukuda, & Vogel, 2011）。特に発達途上の若齢者や，その逆にさまざまな原因で機能低下を生じる高齢者では，訓練の効果もそのぶん大きく生じる可能性があると同時に，変動も大きいことが研究間での効果の違いに関与しているのかもしれない。

5.7 作業記憶との相互作用

作業記憶と注意の関わりについては古くから指摘されている。たとえば，Cowan（1995）は作業記憶の中身は長期記憶から取りだした表象に注意の焦点が向いて活性化されているものであると考えた。この関係には両方向あり，注意が記憶符号化へ影響する場合とその逆に記憶が注意に影響する場合がある。たとえば，感覚レジスタからの情報転送に上限があること（第1章）や注意の瞬き現象（第5, 6章）は前者の例であるし，作業記憶容量と空間的注意の配分の仕方（第2章），カクテルパーティ現象の起こりやすさと個人差，知覚負荷理論での記憶負荷の役割（第6章）等は後者の例である。こうした例からわかるように，注意と作業記憶は密接な関係がある。詳細は以下でみてゆくことにするが，注意と作業記憶はメカニズムの一部を共有しているため，相互に影響を及ぼし合う。

作業記憶（作動記憶，ワーキングメモリ，working memory; Baddeley, 2003）は大きく分けて実行系機能を担う部分と，感覚固有の記憶部分（Baddeley, Gathercole, & Papagno, 1998; Fukuda, Awh, & Vogel, 2010）からなる。意図的に注意を向けるときは前頭-頭頂ネットワークが関わることは本章冒頭で述べたとおりであるが，作業記憶の課題を実施中の脳活動とこのネットワークが関与する部位とは重複がある（Awh & Jonides 2001, Gazzaley & Nobre 2012, Ikkai & Curtis 2011; Nobre & Stokes 2011）。具体的には LaBar, Gitelman, Parrish, & Mesulam（1999）は視野中央で 2-back 課題および矢印を用いた内発的空間手がかり課題をそれぞれ同一の被験者で実施したときの脳活動を比較した。これらの課題には記憶成分，空間成分に重複はなかったにもかかわらず，前頭-頭頂領野で共通に活動する箇所が見つかった。

❖作業記憶内容と注意の制御

この共通性に注目すると，空間的な注意をシフトさせることと空間的な作業記憶を維持することの類似性が浮かび上がってくる。ひとつの例として，空間的な作業記憶をリハーサルするためには，記憶した位置の間で空間的な注意をシフトさせているのかもしれない（Smyth & Scholey, 1994）。もしそうならば，空間的注意を向けた位置で知覚分析が促進されるように，記憶した位置でも同様の促進があるかもしれない。この仮説を検証するために Awh, Jonides, & Reuter-Lorenz（1998; Awh & Jonides, 2001）は空間的作業記憶課題と文字弁別課題を課した（図5-22）。被験者は文字を記憶し，5秒後に別の文字がプローブとして呈示された。半数の被験者は位置が同じだったかを，残りの半数は文字が同じだったかを答えた。保持期間中に現れる偽文字に対しても弁別判断をする必要があった。このとき，偽文字が記憶位置，あるいはそれ以外の位置に出現した。偽文字に対する反応は記憶した位置に出現したときの方が，それ以外の位置に出現したときよりも速くなるはずである。しかも，この効果は位置をリハーサルしている場合にのみ起こるはずである。実験の結果はこの予測に一致していた。位置をリハーサルしているときに記憶した位置に現れた刺激は，それ以外の位置に現れた場合よりも反応時間は短かった（図5-22b）。文字をリハーサルしているとき，位置の一致効果は見られなかった。

リハーサル位置での視覚分析が注意を向けているのと同様の効果を持っていることを積極的に示すために，Awh et al.（1998）は図5-23のような実験を追

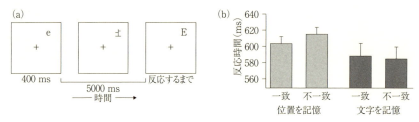

図 5-22 記憶した位置でも知覚に促進が起こる（Awh, Jonides, & Reuter-Lorenz, 1998）

加した。被験者は最初に 400ms 呈示される光点の位置を記憶した。リハーサル期間中には赤か青の色弁別課題を行った。このとき，非常に巧みな実験操作がしてあり，一方の条件は小さな光点の，もう一方は大きな範囲の色弁別をした。前者は視野中心から離れた位置であり，そこに注意をシフトさせる必要があったが，後者は記憶すべき光点の位置を含んでおり，注意をシフトさせる必要はなかった。要シフト色弁別条件では，シフトさせることが記憶位置に干渉するため，シフト不要条件にくらべて位置の記憶成績は低くなるはずである（Kuo, Stokes, & Nobre, 2012）。実験の結果（図 5-23b）はこの予測に一致して，要シフト条件ではシフト不要条件に比べて位置の記憶成績は低かった。色の弁別課題をしなくてもよい場合はこうした成績低下は起こらなかった。要シフト条件の色弁別課題が単に難しかっただけかもしれないという可能性を排除するために，シフト不要条件の色は弁別しにくいように似せてあった。色課題を単独で行った場合は，シフトの要不要にかかわらず同程度の成績であったが（図 5-23c），位置の記憶課題を同時に行うと，要シフト条件のみ色弁別成績は低下した。この結果は，正確な空間的作業記憶の維持と空間的な注意シフトは同時にはできないことを積極的に意味している。

　こうした注意と作業記憶との密接な関係は，空間的位置の記憶に限定されるわけではない。たとえば，Downing（2000）は被験者に顔画像や線画など，物体を1つ呈示して，3.5 秒の遅延期間をおいて再認させた。遅延期間中に左右に一つずつ物体を呈示し，片方は最初に記憶した物体であった。プローブをそれらの物体の直後に呈示し，その形状弁別反応時間を測ったところ，記憶に一致した物体と同じ場所に出たプローブに対する反応時間は，新奇物体の場所に出たときの反応時間よりも短かった。作業記憶との一致が注意を引きつけると

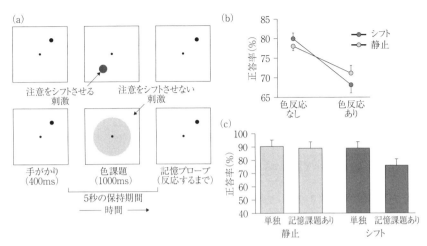

図 5-23 リハーサル位置では注意を向けるのと同様の促進がある（Awh et al., 1998）

いう効果は Pashler & Shiu（1999）も報告している。彼らはある物体をイメージするだけで強制的にその物体を探してしまうことを見出した。被験者は毎試行のはじめに，象，魚，あるいはスイミングプールなど，ある物体の心的イメージを作った。それから線画 8 枚を高速で逐次的に視覚呈示した。被験者はこの中に混じっている数字を答えた。この逐次系列には想像したものに一致する物体も含まれていた。もし想像したものに自動的に注意が向くならば，イメージに一致した線画に自動的に注意が引きつけられ，注意の瞬きに似た見落としを起こすだろう。数字は 5 番目，イメージに一致した線画は数字よりも先（3 番目）か後（7 番目）に出た。予測に一致して，イメージした線画が先に出たときの数字の弁別成績は 78%，後に出たときは 86% であった。この結果は，イメージに一致するものを探索する必要はないにもかかわらず，作業記憶の内容に一致した線画に自動的に注意が引きつけられることを示す証拠である。なお，いったんイメージさせた後にそれを意図的に忘れるように教示しても同様の結果であった。これは思考抑制（Wegner & Gold, 1995; Gray & Wegner, 2013）とも近い現象であるように思われる。実際に，標的が出るはずのない位置を積極的に無視しようとすると，かえってその位置に注意が向きやすくなることが知られている（Tsal & Makovski, 2006）。

図 5-24a は作業記憶の内容が自動的に注意捕捉することを示唆するもう一つ

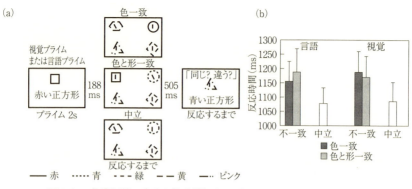

図 5-24 作業記憶の内容が注意捕捉する（Soto & Humphreys, 2007）

の例（Soto & Humphreys, 2007）である。この実験では，被験者は手がかり図形を記憶する（別の条件ではただ注意するだけ）。その後の探索画面から傾いた線分を探し，記憶する条件ではさらにその後に呈示される図形と最初に見たものが一致しているかを答えた。手がかりは探索画面の標的以外の妨害刺激に一致している場合と，探索画面に現れない場合があった。探索に要する時間は，手がかりが標的以外の場所に出ていた場合に，他と比べて遅延していた（図5-24b）。さらに，単語でも同様の効果があったことから，作業記憶による注意制御は抽象的な表象も利用しているといえる。しかし，記憶しないでただ見ているだけではこうした効果は見られず，単なるボトムアップの先見効果ではない。

　しかし，作業記憶の内容に一致するものに自動的に注意が捕捉されるという考えを支持しない知見もある。Downing & Dodds（2004）は毎試行，被験者に2つの形を見せた。1つは標的で，もう1つはあとから記憶テストをするために覚えておくべきものであった。2秒後に数個の形が出て，この中に標的が含まれていたかを答えた。標的の有無にかかわらず，半数の試行で妨害刺激のうち1つが記憶項目に一致した。もし記憶したものに自動的に注意捕捉されるのであれば，それがたまたま妨害刺激であったときには探索が遅くなるはずであった。しかし，そのような遅延はみられなかったため，注意は記憶したものに自動的に向いていたとは言えない。この結果から彼らは視覚的作業記憶の一部はスイッチを切った状態のようにできるか，あるいは課題に関係ない表象は探

索中の注意選択に関係なく維持できると考えた。奇妙なことに，Woodman & Luck（2002）が同様の手続きで探索実験を行ったところ，妨害刺激が記憶したものに一致したときはかえって探索が速くなってしまった。Oh & Kim（2003）は，上述2つの研究では，探索課題のために特定の標的形状をも記憶しなければならない課題であったので，それを優先し，その他を抑制するという方略が取り得たと考えた。そのために妨害刺激による注意捕捉が見られなかった可能性がある。この仮説を検証するために特定の標的形状ではなく，左右対称の標的を探すという定義に変えたところ，記憶した妨害刺激は探索を遅らせた。したがって，作業記憶の内容に一致したものは注意捕捉しうるといえる。他にも，Woodman & Luck（2007）は作業記憶負荷が極めて高いときは，作業記憶の内容に一致する妨害刺激を無視していることを示した。Olivers（2009）はこうした研究間の不一致の特定に取り組み，作業記憶負荷，探索の優先順位，刺激強度の関与を指摘している。

　もし内発的注意の制御機構と作業記憶が共通の神経基盤を利用しているのであれば，空間的作業記憶容量を満杯にすることで注意制御の働きは損なわれると考えられる。そこで，Woodman, Vogel, & Luck（2001）は最大4個までの視覚パターンを記銘させ，保持期間中に視覚探索課題をさせた（図5-25a）。記憶負荷があるときの探索時間は全体的には遅くなったが，探索効率そのものには影響しなかった。この結果は，視覚探索には視覚作業記憶に読み出した標的のテンプレートと入力情報の照合を必要とするという考え方（Bundesen, 1990; Duncan & Humphreys, 1989）とは相容れない。しかし，Woodman et al. の実験では標的は常に上か下を向いたCであったため，作業記憶をほとんど必要としなかったのかもしれない。あるいは，パッチの色および図形の方位を記憶させる課題であったため，構音抑制はかかっていたものの非空間的な作業記憶負荷のみが課されていたのかもしれない。そこでOh & Kim（2004）は空間的作業記憶負荷を導入した（図5-25b）。最初に4個の矩形の位置を記憶した後，正立のLの有無を答えた。その後，記憶プローブが1カ所呈示され，最初に記憶した矩形の1つとプローブが同じ位置に出ているかを答えた。実験の結果，記憶負荷によって1個あたりの探索時間が20-30ms程度増えていた。しかし，探索画面の前に位置の記憶ではなく，1個の矩形の色を覚えるという非視覚的作業記憶を用いると，こうした探索効率の悪化は見られなくなった。この点ではWoodman et al.（2001）の結果を再現したといえる。同様にWoodman &

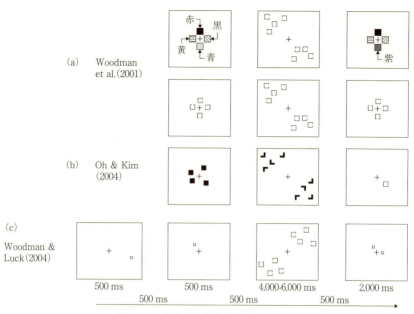

図 5-25 作業記憶負荷と視覚探索効率

Luck (2004) も探索刺激の前に記憶すべき矩形を逐次呈示し，あとから呈示するプローブと比較させた。実験の結果，記憶負荷によって1個あたり約 20ms 程度探索効率が悪化していた。したがって，空間的な作業記憶負荷は視覚探索に干渉するが，非空間的な作業記憶負荷は干渉しないといえる。作業記憶システムの違いによって視覚探索への干渉具合は異なる。前節で見たように，空間的注意のシフトを要する視覚探索と空間的作業記憶は同じ容量制限プロセスを共有しているのだろう。

作業記憶内の項目が注意を向けるときのバイアスとして働くか否かは，結局どうやってきまるのかを説明するために，Olivers et al. (2011) は作業記憶内にある項目は少なくとも2つの状態があると考えたほうがよいと提案している。1つは標的テンプレートであり，いま行う探索で探そうとしている標的を表象している。これは低次の視覚表象と比較するための記憶テンプレートであり，第1章で述べた再回帰ループでのマッチングの対象に相当する。このテンプレートは能動的に活性化させておく必要があり，この状態に置くことができるの

は一度に1つだけである。もう1つの状態は予備的記憶項目としての状態であり，不活性になるように抑制されているので，探索そのものには影響しない。ただ，作業記憶内には留められるため，試行の後に再生・再認は十分にできる。このモデルでは予備的記憶項目の影響は次のように説明される。毎試行標的が指定される実験ならば，標的テンプレートを強く活性化する必要があり，相対的に予備的記憶項目が抑制され，探索に干渉しない。一方，標的がブロックごとに一貫しているときは探索は自動化してしまい，予備的記憶項目の抑制も弱まって結果的に干渉が起こりやすくなる（Olivers, 2009）。単に記憶負荷を高める操作（Soto & Humphreys, 2008）はこうした抑制を弱める効果はない。

❖作業記憶の個人差を利用したアプローチ

　注意は再回帰ループによる物体認識を効率的にするためのバイアスであり，入力フィルタの項（第4章）で論じたように事前に目下の課題に必要な情報を取り入れられるよう，バイアスは柔軟に定義できる。この能力と作業記憶は神経基盤を共有していることから，バイアスをかける能力と作業記憶容量とも密接な関わりがあることが予測できる。Vogel et al. (2005) はこのことを，次のような実験で劇的に示した。被験者は課題関連の刺激（赤色）だけを覚え，空白後に呈示される似た画面と比べて，赤色の刺激が覚えたものと同じだったか否かを答えた。このとき，妨害刺激である青色の線分を排除できるかを調べるために，視覚作業記憶内の表象の符号と維持を反映する成分（CDA, contralateral delay activity）を測定した。この成分は覚えるべき負荷とともに増大し，記憶を維持している間は持続する。事象関連電位の測定では左右視野の刺激をほぼ均等にする必要があるため，左右どちら側の赤色刺激を覚えるかを手がかりで指示した。図5-26b左は視覚作業記憶容量が大きい被験者群，右は小さい被験者群の測定結果である。覚える刺激数が2個のときに比べて4個のときは，CDA振幅が増大していることがわかる。矢印で示したのが重要な条件で，覚える刺激（赤色）が2個，妨害刺激（青色）も2個であった。視覚作業記憶容量の大きい被験者のCDAは標的が2個だけのときと同程度であったのに対して，容量の小さい被験者では標的が4個のときと同程度の振幅まで増えていた。視覚作業記憶容量の小さい被験者は，標的が少ないにもかかわらず，妨害刺激があるときにはすでに標的単独で4個まで保持できる容量を使い切っていることを示している。図5-26cは妨害刺激があるときのCDA振幅がどれだけ

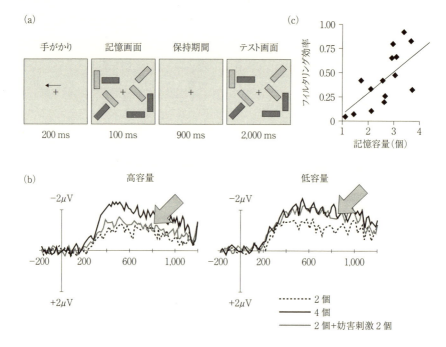

図 5-26　作業記憶容量が大きいとフィルタリング効率が高い（Vogel et al., 2005）

標的のみの振幅に近いかを示す指標を計算した。この値が 1 に近いほど標的 2 個のみのときの CDA に似ており効率が良いことを示し，0 に近いと 4 個のときに似て非効率的だといえる。この指標は個人の視覚作業記憶容量と相関していた。したがって視覚作業記憶の容量が小さいということは，非関連情報をうまく排除できていないことを示している。この結果は作業記憶容量の小さい人ほど，他のことをしているときに自分の名前を聞くことによる妨害効果が大きいという知見（Wood & Cowan, 1995）に一致する。また，これを空間次元に置き換えると，作業記憶容量の大きい人ほど空間選択が柔軟にできるという知見（Bleckley et al., 2003; Kane, Bleckley, Cowan, & Engle, 2001）とも整合する。

　標的と妨害刺激が混在する事態でのフィルタリング効率が作業記憶容量に対応するならば，注意捕捉のされやすさも作業記憶容量から予測できるかもしれない。もしそうだとしても，たとえば作業記憶容量の小さい個人は課題関連の

5.7 作業記憶との相互作用

刺激特徴を選択するトップダウンの制御が弱いのか，あるいは課題非関連な妨害刺激からの影響を受けやすいのかが定かではない．この疑問に答えるために，Fukuda & Vogel（2009）は事象関連電位のP1，N1成分を利用した．これらは視覚皮質で刺激呈示から75ms程度の早い段階に起こる感覚分析を反映しているといわれる．これらの成分は刺激を左右両側にほぼ均等に呈示した場合，P1成分は注意した標的の反対側の電極で一層陽性側に振れるが，N1成分は注意側の電極で一層陰性に振れる．彼らの実験では，左右の視野にそれぞれ4つずつ，菱形の頂点に相当する位置にCの字を呈示した．このCは切れ目が上下左右のいずれかを向いていた．この探索画面の500ms前に手がかりを呈示し，左右どちらの視野のどこに注意を向けたらよいかを知らせた．さらに，半数の試行では探索画面の50ms後に左右の視野に1つずつ，標的または妨害刺激のあった位置にプローブを呈示した．被験者は手がかり位置の切れ目方向を答えた．このとき，標的へのP1/N1成分から，それぞれの被験者が意図的に注意を向けることができた程度がわかる．また，プローブへのP1/N1から，課題非関連な妨害刺激へ注意が向いてしまった（向けずに済んだ）程度がわかる．もし完全に標的のみに注意を向け，妨害刺激を完全に無視できれば，課題非関連なプローブがたまたま標的位置に出たときは注意が既に標的位置に向いているので，P1/N1は大きくなるはずだし，プローブが妨害刺激の位置に出たときは，P1/N1はほとんど見られないはずである．逆に標的に注意を絞りきれず，妨害刺激にも注意を向けてしまっている場合は，プローブが標的位置に出たときは注意が他所に行っているためP1/N1は小さめで，プローブ位置では逆にP1/N1が増えるだろう．したがってプローブへの応答を調べることで，注意捕捉の程度がわかる．

　作業記憶容量の大小で分けた被験者にこの探索課題をしてもらったところ，標的に対するP1/N1成分には群間の差は認められなかった．しかし，プローブへの応答を見たところ，作業記憶容量の大きい被験者群では標的位置には有意なP1/N1が見られたのに対し，妨害刺激位置では認められなかった．一方，作業記憶の小さい被験者群では，プローブへのP1/N1は標的位置では小さく，妨害刺激位置と同程度の振幅が見られた．さらに，標的位置と妨害刺激位置へのプローブに対するP1/N1振幅差と作業記憶容量は正の相関があった．したがって，作業記憶容量と注意捕捉の関係はトップダウン制御力の強弱ではなく，妨害刺激への耐性を反映しているといえる．続く実験では上述のCDAを巧み

に利用し，作業記憶容量の小さい個人は非関連な妨害刺激を取り込むことがわかった。

　脳損傷の症例研究は極めて大きい個人差がある。半側空間無視が回復してきたときに生じることもある，消去症状（Rafal, 1994）では，損傷対側の刺激が，損傷同側にも呈示されたときに見落とされやすくなる。このような症状をもっていても，作業記憶に一致したものがあるときは，損傷対側の標的に気づきやすくなる（Soto & Humphyeys, 2006）。これも作業記憶と注意（この場合は意識的な気づき）の関わりを示す一例であるといえる。

第6章　注意選択の段階

本書では，見ているものが何であるかを知るために使われる再回帰処理について述べてきた。この過程で競合を減らし，記憶との比較を効率的に行うために，空間，特徴，意味などの次元で注意が働く。注意とはわれわれの認知システムのバイアスであり，注意が向いていたということはすばやく再回帰処理ができたことと同義だととらえることができる。本章では，やや広い視点から，注意について考えてみたい。ここで論じたいのは，環境からの入力，すなわち刺激呈示から反応までのどの段階で，注意が認知システムにバイアスをかけるのかという疑問である。

われわれの認識システムにとって複数の対象を同時に認識することは競合を生み，認識を困難にする。そのため，システムにバイアスをかけて的を絞ることでこの困難を克服している。たとえば，駅に着く前の騒がしい列車内でありながらも，乗り換え案内の車内放送に注意を向けて，次に何番線で待ったらよいかを知ることができる。このとき，注意していなかった隣の席の乗客の会話は，最初から存在しなかったのと同じく，完全に無視されていたのだろうか。あるいは，意識にのぼらないまでも，ある程度は分析されていたのだろうか。

6.1　初期選択理論

たとえば，ヘッドフォンをかけて左右それぞれの耳から違う音声を聞くとき，片方の耳だけに注意して，もう片方の耳からの声は無視することができる (Cherry, 1953)。こうした例に基づき，Broadbent（1958）は，初期選択の立場を主張した。耳や目といった感覚器官から聞こえたことや見えたものが何かを理解する物体認識過程のうちで，比較的早い段階で注意が働いて情報選択をすると考える立場を初期選択という。一方で，2人が同じ側の耳に同時に違う質問をしてきたら，それぞれの質問を聞き分けて回答することは非常に困難である。Broadbent（1958a）は，こうした2つの感覚入力の区別がしにくいのは，

末梢レベルでのマスキングももちろん関与していることを認めた上で，加えて中枢性の情報処理の限界があると論じた。たとえば，被験者には録音した2人の声で質問が同時に出て，そのうち片方の声の質問だけに答えるように教示した。どちらの声の質問に答えるかは，試行の始まる前か後に視覚で知らせた。その結果，どの声の質問に答えるべきかを後から知らされる場合の誤答は57%だったのに対して，先に知らされているときの誤答は32%と少なかった（Broadbent, 1952）。Broadbent（1958a）はこうした結果を，耳から入る情報の一部を捨てるメカニズムがあることを示唆していると考えた。もしその仕組みがなければ，いつ答えるべき声を知らされても同じくらいの誤答だったはずである。どちらの声を答えるかという手がかりは視覚で呈示されていたので，この視覚情報に基づいて捨てる情報を決めていたとBroadbentは考えた。

　この考え方は，知覚を段階で捉えるモデルの一つだといえる。感覚情報を感覚器が受けとった後，基本的な物理特性が抽出され，その表象が感覚レジスタに一時的に貯えられる。ここまでは並列的に進み，やがては意味の分析のために長期記憶へ再回帰アクセスする。ただし，大量の情報処理を同時にできず，容量制限を受ける。言い換えると，情報処理にはボトルネックがあり，どこかの段階で情報の取捨選択が行われる必要がある（Broadbent, 1958b, p. 216）。この取捨選択は物理的な特性（チャンネル）に基づいて行われ，比較的早い段階で起こると見なすのが初期選択の立場である。無視すべき刺激と注意すべき刺激が物理的に分離していたり，音響特性に違いがあると選択しやすい。また，珍しい音や急に鳴る大きな音など，顕著な刺激は知覚されやすい（Broadbent, 1958b, pp. 86, 106）。したがってこの立場ではボトムアップの注意捕捉を仮定している。また，現在の行動目的のようなトップダウンの要因に基づく選択も可能であると主張されていた。

　なお，空間に基づく注意選択の章（第2章）では，手がかり位置での知覚判断が，その他の位置での判断よりも成績が高かったことをさまざまな手続きで示した。これらはいずれも，空間という物理属性で選択ができていることを示している。また，特徴に基づく選択や物体に基づく選択に関する研究も，色や物体という物理属性での選択を前提にしている（第3章）。したがって大雑把に捉えるならば，注意研究の多くの部分は初期選択理論をベースにしているといえる。

6.2 初期選択理論の修正

　初期選択理論は非常に単純な見方をとっていたため，数々の反論を受けることになった。たとえば Moray は，注意を向けなかった側の耳から聞いた音声の再認記憶成績は悪いものの，自分の名前は認識できることを指摘した（カクテルパーティ現象）。具体的には Moray（1959）では，片側の耳には文章の読み上げたものが呈示され，被験者にこれを追唱させた。もう一方の耳には単語リストが呈示された（両耳分離聴取課題）。単語リストは追唱が始まってから徐々に聞こえるようになり，すぐに追唱側と同じ強度になった。そして追唱が終わる頃にはまた徐々に聞こえなくなるように設定されていた。単語リストは 35 回繰り返し呈示された。追唱の 30 秒後に再認テストを行った結果，追唱した音声に含まれていた単語の正再認率は 70% であったが，無視した単語は 35 回も反復されていたにもかかわらず，正再認率は 27% にすぎなかった。しかし，"John Smith（被験者の名前），you may stop now." などのように，無視側に被験者の名前が呈示されたときは，33% の被験者が自分の名前に気づいた。のちに Wood & Cowan（1995）が音声刺激の不自然さをなくした手続きで再現しても，ほぼ同程度（34.6%）の被験者が自分の名前に気づいた。この結果は，非注意情報は Broadbent が考えていたよりも分析が進んでいることを示している。すなわち，少なくとも意識的に同定される前に，無視側と注意側で何らかの並列的な意味処理が行われていることを示唆している。なお，Wood & Cowan（1995）はカクテルパーティ現象の起こりやすさに個人差があることを見出し，とくに作業記憶の容量の大きさが関与していることを報告している（第 5 章）。

　初期選択理論は，刺激の物理属性のみに基づいて情報の選択が行われるという急進的な考えであったのに対して，Treisman（1960）は折衷案として，減衰モデルを提案した。彼女の実験では，左右の耳に文章の読み上げ音を呈示し，片方の耳からの文章を追唱させた。最も重要な実験操作は，途中でこれまで追唱していた内容を非注意のはずの反対側の耳に呈示されるように切り替えることであった（図 6-1）。無視していた音声（2）はその時点で止められて，新たな音声（3）が注意側の音声（1）の代わりに入るようになっていた。初期選択理論による予測では，右の耳の内容を追唱して報告しているときは，切り替え

A few examples of the kinds of intrusion that occurred were:—
". . . I SAW THE GIRL /song was WISHING . . ."
　. . . me that bird 　　／JUMPING in the street . . .
". . . SITTING AT A MAHOGANY/ three POSSIBILITIES . . ."
　. . . let us look at these　　／TABLE with her head . . .
". . . THE GROWL OF THE /"GOAT"(go to)swim fast DURING THE . . ."
　. . . book is she went to　／thunder INCREASED STEADILY and the . .

図6-1　Treisman（1960）の刺激と被験者の反応例。大文字は被験者が読み上げた語。

以降でも被験者は同じ右側の内容（3）を報告するはずであった。

　しかし，実際には被験者は切り替え後に左側の耳に呈示された，いままで追唱していた内容の続きを数単語報告していた。したがって，この結果は厳格で完全な形での初期選択理論では説明できない。Treisman（1964）はさらに，無視する内容を操作した追唱実験を行い，厳密な初期選択モデルには一致しないデータを示した。具体的には，被験者の右耳に出る小説の読み上げ音声を追唱させた。一方，左耳には表6-1にあるように，4タイプの音声のいずれかを呈示し，無視させた。もし左右という物理属性に基づくフィルタリングができていれば，非注意側の音声のタイプにかかわらず，同程度の追唱達成率が得られるはずであった。しかし，追唱成績は非注意側の音声のタイプによって大きく異なっていた。声が別のときは内容が重複しても，よく追唱できていた。しかし，声も同じで内容も近いときは追唱達成率は大きく低下し，侵入エラーが多かった。一方，声が同じで内容が異なる場合（生化学の論文と知らない外国語）は，侵入エラーは内容が同じときに比べて少なく，追唱達成率も高かった。この結果は，2つの音声の意味的な違いが選択の助けになることを示唆している。ただし，音声の違いがあるときは最も追唱達成率が高かったことから，内容の違いは物理的な違いほどは効果的ではない。したがってこの結果は，厳密な初期選択理論には一致しない。

　Treismanは，注意による選択は初期選択理論が提案するほど厳密ではないと考えた。彼女は，注意選択の後のレベルに単語の生起確率などを反映した心的辞書を仮定し，（厳密な初期選択理論が主張するように）情報入力をブロック

表 6-1 Treisman (1964) の実験結果

非注意側の音声	追唱達成率 (%)	非注意側からの侵入 (%)
別の声で，同じ小説の一部	74	1
同じ声で，同じ小説の一部	31	20
同じ声で，生化学の論文	40	12
同じ声で，知らない外国語	55	1

するのではなく，辞書へのアクセスしやすさを減らしていると考えた．そのため，被験者の名前のようなもともと閾値の低い単語は聞きとられることもある．また，上述の実験のように，意味的に関連した内容は閾値が一時的に下がるため，非注意側のチャンネルからの入力であっても排除できず，侵入エラーを起こす．Moray (1959) は非注意であっても意味処理が進むと主張したのに対し，Treisman はそこまでは強い後期選択の立場は取っておらず，注意の選択的フィルタを通って弱められた信号であっても，意味を分析するときの辞書の閾値が下げられていれば認識に至ることがあると考えていた．したがって，この立場を注意の減衰モデルと呼ぶことがある．

Treisman の減衰モデルは，選択システムを仮定する Broadbent (1958b) のモデルの派生型ではあるものの，減衰させる仕組みは明確に定義しなかった．そのため，この考えは注意選択メカニズムを仮定せず，選択的注意は単にプライミング効果が大きいか小さいかという程度の差にすぎないという立場に近いともいえる (Johnston & Dark, 1986)．この立場の代表的なものとして Hochberg (1978) と Neisser (1976) が挙げられる．いずれも注意を受動的な副産物として捉えており，注意は原因ではなく，結果だと考える James (1890) の見方に基づいている．一方，情報処理の過程のどこかにボトルネックがあり，容量制限のない並列処理と，容量制限のある逐次処理という少なくとも 2 段階の構造を仮定する多くのモデルは，注意は結果ではなく原因であると捉えていることになる．

6.3 後期選択理論

初期選択理論は，無視すべき情報は初期の段階で捨てることができたという

知見に基づいての主張である。初期選択では，選択された時点では意味分析まで済んでおらず，選択されなければ意味分析もされない。逆に，無視したはずの情報でも意味的な分析ができていたことを示せば，それは後期選択の証拠になる。すなわち，複数のものを見聞きすれば，それらの同定は注意を向けるまでもなく可能だというのが後期選択理論の立場である（Deutsch & Deutsch, 1963; Noram, 1968）。それでも選択が必要なのは，最終的に反応するためであり，生体にとって最も重要な情報が選ばれる。この重要性は学習や行動目的によって変わる。初期選択理論との最大の違いは，後期選択では選択された時点で既に意味のレベルまで分析が済んでいると考えている点である。

　初期選択説の根拠は，非注意チャンネルからの情報は容易に無視できることにあった。たとえばMoray（1959）は注意を向けなかった側の耳から入った音声の再認成績は悪いことを示していた。しかし，Norman（1969）はそうした結果は手続き上の問題であり，単に再生するまでに被験者が答えるべきものを忘れていた可能性を指摘した。そのため，2桁の数字をそれぞれの側の耳に6個ずつ呈示し，片側の耳から聞こえるものを追唱させた。すると，直後に再生すれば，非注意側の耳の単語であっても報告可能であることがわかった。

　後期選択の考え方は，古くはWundt（1897, p. 290/p. 240）が提案していた。文章理解の文脈ではあるが，彼は当時すでに，自動分析プロセスと注意を要するプロセスの二重プロセスを想定しており，複雑な文章内の関係は注意を使ってこそ理解できると述べている。自動分析プロセスでは単語の意味的な分析までできると考えられており，MacKay（1973）は曖昧文を使った実験でこの考えを支持した。彼はあらかじめ評定者に文を聞かせて，"They were throwing stones at the bank"（1）のように，曖昧に聞こえる文章を選んでおいた。実際の実験ではこの文を読み上げた声を片方の耳から聞かせ，注意を向けてその場で紙に書きとらせた。また，この注意した文の記憶を後でテストするとも告げてあった。全ての文を聞いた後の再認テストでは，"They threw stones toward the side of the river yesterday."（2）または"They threw stones at the savings and loan association yesterday."（3）という文のいずれかが呈示された。この例では，最初に聞く文のbankという単語が，川岸・銀行という意味のどちらにも解釈できる。そのため，この選択肢への回答から，それぞれの被験者が最初の曖昧文（1）をどちらの意味で解釈したか特定できる。この実験の最も重要な操作は，非注意側の耳にRIVERまたはMONEYという単語が，

6.3 後期選択理論

注意側に曖昧語の bank が出るタイミングにあわせて，注意側と同じ声で呈示されたことであった．もし，無視する側に呈示した単語が，初期選択理論の予測どおり完全に無視できていたのであれば，呈示された単語が RIVER，MONEY のいずれでも，再認テストで選択される文は，ベースラインとしてあらかじめ評定者が選んでいたのと同じくらいの割合でこの bank を解釈するはずである．一方，無視側の単語を意味レベルまで分析していたのであれば，再認テストでの選択は RIVER を聞いた被験者は 2，MONEY を聞いた被験者は 3 の選択肢を選びやすくなるはずである．実験の結果，曖昧文 (1) はベースラインとしての選択されやすさに対して無視側の単語と一致した意味へ平均 9.5% ぶん解釈されやすくなっていた．この結果から，MacKay (1973) は非注意側の単語が意味のレベルまで分析されたからこそ再認に影響したと主張した．

さらに，注意の瞬き現象（第 5 章）を巧みに利用した，後期選択を支持する知見を紹介する．この現象では，第 1 標的へ注意を向けることによって第 2 標的へ向けられるべき注意が一時的に欠乏し，見落とされる．したがって，見落とされた第 2 標的でも意味まで処理されていることを示せば，注意選択が起こる前に全ての刺激は意味レベルまで分析されているといえる．そこで Vogel et al. (1998) は，事象関連電位成分の N400 を指標として用いた．N400 は意味的に逸脱した刺激に対して，刺激の出現から約 400ms 以降に生じる陰性成分である．第 2 標的が意味処理されていれば，たとえその意識的な報告に失敗しても（すなわち注意の瞬きが起こっていても），N400 が生じるはずである．彼らの実験では，毎試行の最初に，文脈単語を呈示した（図 6-2a）．その後，無意味綴りが画面中央に 1 秒間に 12 セットのペースで呈示された．被験者はこの中に紛れた数字が偶数か奇数かを判断し，かつその後に赤色（図には色のかわりに枠をつけて示した）で出る単語が文脈単語に意味的に関連するか否かを答えた．文脈単語と標的が意味的に関連している試行では，靴という文脈単語に対して足，関連していない試行では漬物に対して縄といったぐあいである．このとき，数字と標的単語の間隔を操作した．これまでの実験から，第 1 標的の後，約 240ms 後に第 2 標的が呈示される条件（Lag 3）が最も見落としが発生しやすく，注目すべきタイミングであった．行動指標（図 6-2b）では，Lag 3 では Lag 7 にくらべて実に 20% 以上も成績が低下しており見落としが生じていた．しかし，N400 はどの標的間隔でも同様に生じていた．さらに，初期の知覚分析を反映すると言われる P1 成分の振幅も注意の瞬き期間中に影響を

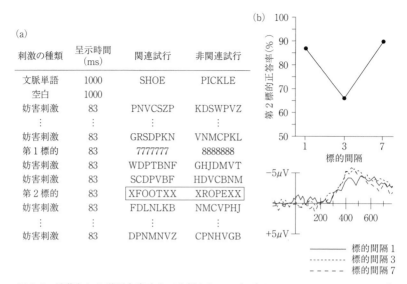

図 6-2　見落とした単語も意味まで分析されていた（Vogel, Luck, & Shapiro, 1998）

受けていなかった。したがって，第 2 標的は意識的に報告できなくても意味処理はされていることを示している。言い換えると，注意選択の前に意味までわかっていることから，この結果は後期選択を支持しているといえる。この他にも，注意の瞬き期間中に呈示された刺激が意味的プライミングを起こすという例（Shapiro et al., 1997b; Maki et al., 1997）も後期選択を支持する。なお，Vogel et al. (1998) は，P3 成分（作業記憶表象の更新を反映する。Donchin, 1981）は注意の瞬きの期間中に完全に消失していたことを突き止めた。この結果は意識的に第 2 標的を答えることができなかったことを裏付けている。さらに，注意の瞬き現象は第 1 標的を作業記憶に符号化するために，それ以降の刺激の処理が遅延するせいで起こることを示唆している。

✜フランカー一致効果，ストループ干渉効果

　後期選択を支持するもう一つの知見として，フランカー一致効果が挙げられる。Eriksen & Eriksen (1974) は，中央に呈示される文字が S または C ならば左のキー，H または K ならば右のキーで応答するという課題を設け，妨害刺激を呈示した。妨害刺激は脇（flank）に呈示されているので，フランカ（flanker）

図 6-3 フランカ一致効果（Eriksen & Eriksen, 1974）

と呼ばれる。5タイプのフランカが設けられた。標的がHだとすると，もっとも反応時間が短かかった妨害刺激のタイプは標的とフランカが一致しているとき（H）か，反応選択肢が一致しているとき（K）であった。標的でも非標的でもない文字ではその文字の特徴にかかわらずやや遅かった。最も反応時間が長くかかったのは標的と反応のタイプが不一致のときであった（C，S）。正確には中立の文字タイプにくらべて，標的とフランカが一致しているときが促進効果であり，標的とフランカが不一致のときが干渉効果である。フランカが非標的と一致しているとき，および標的と一致しているときの反応時間の差を総称してフランカ一致効果（あるいはフランカ効果）と呼ぶ。この課題で被験者は中央の文字に注意を向ければよく，周辺情報を選択する必要はない。そのため，完全に中央の文字だけを物理的に選択できていれば（初期選択），フランカ一致効果は生じないはずであった。しかし，無視すべき妨害刺激の同定と意味的分析が行われ，反応に干渉したことは，後期選択を支持する。ただし，フランカが無制限に干渉するわけではない。Eriksen & Eriksen（1974）は，フランカを中央の標的から遠ざけてゆくと干渉が減ることを報告している。実験の結果，注意のスポットライトの幅は直径にして視角約1度と推定された。

　フランカ一致効果と並んで，非関連情報を無視できないことを顕著に示している現象がストループ干渉効果である（MacLeod, 1991a）。実験では被験者は色名を表す単語（red, blue, green, brown, purple）が200個印刷されたリストを渡された。これらの単語は，それぞれ一致しないインクの色で印刷されてい

た。被験者が読み上げるのは単語そのものではなく，インクの色であった。比較のために用意したリストには四角形をひとつひとつ，上述のいずれかの色に無作為な順で塗ったものが印刷されていた。この比較用リストのインク色の読み上げには63秒かかった。一方，色単語のインク色の読み上げには110秒かかった。このときの遅延をストループ効果と呼ぶ（Stroop, 1935; MacLeod, 1991b, 1992）。もしインクの色だけに注意を向け，選択的に分析（初期選択）できていれば，文字からの干渉は起こらなかったはずである。この効果は，高度に学習された，単語を読んで意味を抽出するというプロセスは自動的に進んでしまうことを意味しており，注意を向けなくても意味分析までされるという点で後期選択を支持する。1935年のStroopの論文は4800件を超える引用（2014年6月現在）があることからわかるように，情報選択の本質を問う有用なツールになっている。単語を色名ではなく，ネガティブな情動語（たとえば「死」）に置き換えてインク色を読み上げさせても反応時間は延長することから，被験者の不安や恐怖症状との関連が調べられている（Mathews & MacLeod, 1985; Epp et al., 2012）。

この他，無視すべき情報が自動的に分析され，反応に影響する例としてサイモン効果（Simon & Rudell, 1967）とSNARC効果（Dehaene, Bossini, & Giraux, 1993）が挙げられる（西村・横澤, 2012）。これらの効果については本シリーズ第3巻に詳しく述べられている。

6.4　初期選択理論と後期選択理論の検証

初期選択理論と後期選択理論を対比させるために，皮膚電気反応を利用した研究がいくつか実施された（Corteen & Wood, 1972; Corteen & Dunn, 1974）。しかし，再現性が弱く（Wardlaw & Kroll, 1976），後期選択を支持する決定的な証拠とはならなかった。同じ頃，Hillyard, Hink, Schwent, & Picton（1973）は事象関連電位を使って注意刺激と非注意刺激に対する応答を調べた。初期の段階で情報選択がなされているならば，刺激呈示のすぐ後から注意側の脳波成分の増幅という形で選択の結果が反映されていると予測される。一方，後期選択ならば，注意と非注意の違いは反応の直前に現れるだろう。ブロックごとに，被験者は左右どちらかの耳に注意するように教示され，注意側の耳に出る決まった高さの音（標的）を検出した。実験の結果，刺激音の呈示後80-110msをピ

ークとする陰性成分（N1）は，非注意側に比べて注意した側の標的音に対して大きく生じていた。この結果は後期選択には一致せず，初期選択を支持している。

　初期選択・後期選択の論争はその後も続いた。まず初期選択を支持する知見を紹介する。Francolini & Egeth（1980）は，円環状に赤と黒の文字や数字を呈示した。そして，合計して最大6個という制約の下，それぞれの文字数を独立に操作した。被験者は赤色の文字が何個あるかを口頭で答えた。このとき，無視すべき黒色数字が意味のレベルまで分析されているか否かがこの研究の焦点である。初期選択の立場からすれば，赤と黒という色の属性で選択できると考えられるため，意味のレベルまで分析されるのは赤い文字だけのはずである。黒い数字は無視でき，意味分析はされないと予測される。たとえば，赤色の文字（たとえばA）が2つ，黒色の数字（たとえば3）が4つ呈示された場面を考えてみる。被験者は赤色の文字の数を答えるよう求められているので，正解としては2と答えなければならない。このときに，後期選択の立場に基づけば，黒色の数字が意味分析されて，3という反応がプライムされるはずである。すなわち，ストループ課題でインク名を答えるときに無視すべき色名単語が反応競合を起こすように，ここでも無視すべき黒色数字の意味が分析されていれば，反応競合が起きるだろう。そのため，黒色数字が赤色の文字の数と不一致のときは，そうした不一致がないときに比べて赤色文字の数を答えるための反応時間は長くなるはずである。一方，初期選択の立場に基づけば，黒色数字が何であろうと，赤色文字の個数を答えるための時間には影響しないだろう。実験の結果，黒色の数字は赤色の文字数に一致していようといまいと，赤色の文字数を答えるための反応時間には影響しなかった。一方，赤色のものが数字のときは，文字のときにくらべて反応時間が延長した。Francolini & Egeth（1980）は，これらの結果は初期選択の立場に一致すると結論した。

　Kahneman & Henik（1981）も同様の報告している。彼らの実験では，被験者は呈示された文字列の色を答えた。このとき，この色とは不一致の色名単語を別の位置に呈示した。不一致の色単語による反応時間の遅延は，答えるべきインク色のパッチが呈示された位置から離れるほど大きく減少した。もし，色名単語が自動的に意味分析されたのであれば，結果に位置の効果はないはずで，視野内のどこにあっても一様に干渉するはずである。そのため，彼らのデータには空間的な成分（すなわち初期選択の要素）が含まれていることになる。

Kahneman & Chajczyk (1983) も同様に，色単語を課題関連の刺激から離して呈示した場合は，空間的な（初期）選択が働くために，干渉を受けないと結論している。

しかし，Driver & Tipper (1989) は，Francolini & Egeth (1980) の主張は論理的に欠陥があると指摘している。その論拠は次の通りである。妨害刺激による（ストループ効果のような）干渉効果が起こると言うことは，その妨害刺激は同定されているはずであるという前提は問題がない。しかし，妨害刺激が干渉を起こさないからといって，それは同定されていないことを意味するわけではない。これは前件否定として知られる推論の誤りである。妨害刺激を同定するということは反応に干渉するという前提を作ってしまっており，この前提には根拠がない。注意刺激と非注意刺激の物理的な違いを大きくすれば，非注意刺激の分析のいかんに関わらず注意刺激を効率的に選択できる。これは妨害刺激が同定されなくなったことを意味するわけではない，と Driver & Tipper (1989) は主張する。

そこで Driver & Tipper は，干渉を起こしていない妨害刺激が同定されていることを示すために，負のプライミング（Tipper, 1985; Tipper & Driver, 1988）を利用した。やや脱線を承知でこの現象について先に説明しておく。初期・後期選択理論のいずれも，非注意刺激の表象は受動的に時間経過とともに減衰してゆくとしか考えていなかった（Broadbent, 1971; van der Heijden, 1981）が，Tipperら（Neill, 1977も）は必要な情報の選択には，同時に不要な情報の積極的な抑制を伴うと考えた。通常のプライミングであればプローブ（テスト刺激）に意味的に関連した語を先行呈示すると，プローブの命名や語彙判断が速くなる（Neely, 1977）。これは単語に限らず，物体でも生じる（第3章，Biederman, 1972; Bar & Biederman, 1998）。負のプライミングはその逆で，先行刺激を呈示し，それを無視していたときは，その後にその刺激が標的として出現したときは反応が遅れるという現象である。この効果は線画や文字/数字で起こる（Tipper, 1985; Tipper & Cranston, 1985）が，概念レベルでの抑制も起こることがわかるように，線画と単語の例で説明する。具体的な実験では口絵図6-4のように，便宜上絵をプライム，単語をプローブとして利用した。絵に反応する試行と，単語に反応する試行が交互になっていた。プライム試行では被験者は赤色の絵が，楽器，動物，家具，道具のいずれに属するかというカテゴリの判断をした。その次のプローブ試行では，赤文字単語のカテゴリをできるだけ速

6.4 初期選択理論と後期選択理論の検証

く口答で判断した。このとき，プライム試行には5つのタイプが用意されていた。図6-4aの左2つが注意条件であり，プローブ試行で答えるべきものはひとつ前のプライム試行で注意したものが出ていた。注意・反復条件は，まさにプローブ試行で答えるものをプライム試行で反復している。すなわち，直前の試行で犬の絵を見て動物と答え，次にDOGという単語を見て動物と答えている。注意・意味類似条件では，プローブ試行で答えるものは，プライム試行で注意したものに意味的に類似していた。これら2条件では，何も反復していない統制条件（図6-4a中央）にくらべて，反応時間の短縮が起こるだろう。これは促進であり，通常のプライミング効果である。一方，図6-4aの右側2つが無視条件であり，プローブ試行で答えるべきものは直前のプライム試行で無視していた。無視・反復条件ではプローブ試行で答えるものをプライム試行で無視している。すなわち，直前の試行で犬を無視して楽器と答え，次の試行でDOGという単語を見て動物と答えている。無視・意味類似条件では，プローブ試行で答えるものは，プライム試行で無視したものに意味的に類似していた。統制条件との差分を示したものが図6-4cのグラフであり，プローブ試行の反応が統制条件と差がなければ0になるはずである。0より＋側が促進であり，プローブ試行の反応時間がプライム試行で注意したものを再度反復するか，意味的に類似したものが再度呈示されていれば反応時間が短くなっていたことを示している。0よりも－側が無視・反復条件と無視・意味類似条件であり，標的を直前の試行で無視していたときは，標的がすでに出現していないときと比べて反応が遅れていたことがわかる。さらに，全く同一のものでなくても，カテゴリが類似していれば同様の効果が起こることから，抽象的な意味レベルまで抑制されていることがわかる。絵から単語といった，物理的に全く類似性のない表象への抑制が起こるということは，無視したものは同定されていることを示す強い証拠である。したがって，負のプライミングが起こるということは，無視したものは処理されていなかったわけではなく，同定された上で抑制されていたといえる。

　Driver & Tipper（1989）はこの負のプライミング現象を利用して，注意していなかった妨害刺激は，干渉は起こしていなかったものの同定されていたことを示そうとした。情報をうまく選択できているということは非関連情報が無視できているはずである。しかし，後期選択の立場に基づけば無視したものであっても同定され，意味的分析まで進むはずであるので，抽象・意味的レベル

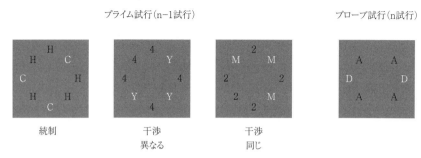

図 6-5 注意されていないものも同定されている（Driver & Tipper, 1989）

で負のプライミングを起こすはずだというのが彼らのロジックであった。実験では，プライム試行とプローブ試行を交互に組み合わせた。どちらの試行でも，Francolini & Egeth（1980）に倣って円環状に赤い刺激と黒い刺激を呈示し，被験者は黒い刺激を無視して赤い刺激の数を報告した（図6-5）。もし，Francolini & Egeth と同様にストループ様の干渉は黒い数字から起こらなくても，負のプライミングが起こったのならば同定されていたという証拠になる。統制条件のプライム試行では数字は出ず，被験者は赤色の文字を数えるだけであった。この試行はベースラインとして働く。また，プローブ試行とも関係しない。干渉・異なる条件はプローブ試行の標的の数とは無関係になっている。すなわち，プライム試行では黒い文字を無視するため，もしこれを同定しているならば「4」を抑制していることになる。しかし，次のプローブ試行で答えるべき「2」とは異なっており，統制条件に比べて負のプライミングは生じないと考えられる。一方，干渉・同じ条件は，プローブ試行の標的数をプライム試行で無視している。したがって，この「2」を同定し，抑制しているのであれば，次のプローブ試行では統制条件に比べて反応時間は遅延し，負のプライミングが生じると予測される。

　実験結果の主要な点は2つある。1つは，Francolini & Egeth（1980）を再現し，黒色の刺激タイプがプライム試行の反応時間に及ぼす影響はなかった。すなわち，黒色の刺激が文字であっても数字であっても，赤色の文字を数えることには干渉しなかった点である。さらに重要なのが2つめで，ストループ効果を生じなかった黒い数字であっても，プローブ試行に対しては負のプライミングが生じていた。統制条件の後のプローブ試行の反応時間は587ms，干渉・

異なる条件では593ms，干渉・同じ条件ではこれらよりも遅い616msであった。したがって，Francolini & Egeth (1980) の主張した，無視した刺激からストループ効果が生じなかったという結果は，必ずしもそれらが全く処理されなかったことを反映しているとは言えなくなる。むしろ，ここで起こった負のプライミングはプライム試行の数字からプローブ試行の文字数へという抽象的なレベルで起きており，数字が意味的に処理されていることを反映している。したがって，この結果は後期選択の立場に一致して，注意を向けなくても意味まで分析される，と Driver & Tipper (1989) は主張した。

　初期選択と後期選択を対比した研究はこの当時積極的に行われたが，現在ではこうした応酬は沈静化している。その理由の1つは皮質の知覚領野で注意の効果が見られるという初期選択に有利な神経生理学的知見が報告されるようになったためである（最初は後期選択を主張していた Driver も，2001年の論文では立場を変えたと述べている）。位置や色などの物理的属性によって，皮質の比較的低次な水準で注意の効果が見られることは第2，3章で示してきた（Moran & Desimone, 1985; Reynolds et al., 1999）。ヒトを対象とした脳波研究，fMRI でも低次の領野で注意による活動の変調効果が報告されている。たとえば，注意した位置に呈示された刺激は，空間的注意のスポットライトの外側にある刺激に比べて，後頭の電極で大きい P1（潜時 80-130ms）と N1（150-200ms）成分を引き起こす（Mangun, 1995; Hillyard & Anllo-Vento, 1998）。このとき，P1 と N1 成分そのものの潜時や頭皮上分布を変えないことから，空間的注意は注意位置での入力を刺激呈示後 80-200ms の間に選択的に増幅していることを示唆している（Wijers, Lange, Mulder, & Mulder, 1997; Hillyard et al., 1998; Woldorff et al., 1997; McAdams & Maunsell, 1999; 第3章）。ただし，事象関連電位研究では，刺激呈示直後の50-60msに出て，一次視覚野の活動が関わるとされる C1 成分（Clark, Fan, & Hillyard, 1995）に反映されるような，ごく初期の視覚関連の皮質脳活動は空間的注意の影響を受けない（Wijers et al., 1997; Lange, Wijers, Mulder, & Mulder, 1998）。この点は fMRI による研究とは必ずしも一致しない。fMRI を用いた研究では，線分方位判断（Tootellr et al., 1998），運動速度判断（Gandhi et al., 1999），回転運動方向と文字同定（Somers et al., 1999）において，一次視覚野を含む視覚皮質で空間的注意の効果が見られたと報告されている。

　fMRI 研究では一次視覚野に注意の効果が表れているにもかかわらず，なぜ ERP 研究では早い C1 成分が注意変調を受けないのかを調べるために，Martinez et al.（2001）は事象関連電位と fMRI を組み合わせた実験を行った。正弦波変調をかけた白黒の格子上に，白い + を 3×3 の配置で 9 個重ねたものを約 500ms ごとに左右いずれかの視野に無作為に呈示した。中央にはたいていの試行では┬が呈示されていたが，標的はまれに出る┴であり，被験者はこれを検出することを課せられた。そして被験者は中央に呈示されている矢印にしたがって，左右どちらかの視野に注意を 20 秒ごとに切り替えた。その結果，fMRI 計測では注意した視野と反対側の V1，V2，V3/VP，V4v などに BOLD 信号の増大が見られた。ERP についても注意した側の反対側の後頭電極で P1 と N1 成分は増大していた。しかし，初期の C1 成分は注意変調を受けていなかった。V1 を発生源とする陰性波はもっと長い潜時帯（160-260ms）で注意の効果を生じていた。このことから，注意が刺激誘発性の V1 活動を変調しているのではなく，V1 での注意効果は高次の領野からの再回帰信号によって変調されていたのだろう。

　どの段階で注意選択が働くかという疑問に対して，神経生理学的知見は初期選択の主張に一致する。ただし，早い段階で注意の変調効果が神経活動に反映されるからといっても，後期選択の解釈を全否定はできない（Lamy, Leber, & Egeth, 2012）。無視した刺激についての神経活動が全くなくなるわけではなく，そうした部分的な活動が意識的な知覚や行動にどう影響するかは慎重に見極めなければならない。

6.5　注意の漏れとスリップ

　ここからしばらくは行動実験に立ち返って，これまでなぜ初期選択と後期選択の線引きが曖昧になりがちだったかをうまく整理した研究について議論したい。Lachter, Forster, & Ruthruff（2004）は，後期選択を支えた，注意を向けないでも意味分析まで進むという考えを厳密に検証するためにプライミング実験を行った。何度も繰り返し述べてきたが，初期選択の立場に基づけば，位置などの基本的な属性に基づいて情報を選択すれば，選択されなかった情報は意味処理されないと考えられる。そのため，後期選択を主張する立場では，無視された情報であっても意味処理される証拠が見つかれば，初期選択理論では説明できないデータを示したことになる。従来はこのロジックに基づいて，無視された情報でも意味処理に至ることを示したはずの知見が蓄積されてきた。

Lachterらは，過去の研究を慎重に検証し，注意の漏れとスリップを区別すべきだと主張した。注意の漏れとは，無視すべき刺激には注意が向けられていないが，その刺激の意味的処理が注意のフィルタを通して「漏れて」しまい，同定されてしまうことをさす（Lachter et al., 2004）。一方，スリップは注意制御がうまく行われておらず，本来無視すべきものであるにもかかわらず注意が向けられてしまい，結果的にこれが同定されることをさす。漏れは本来起こらないと考えるのが初期選択であり，スリップが起こらない事態で漏れていれば，それは初期選択理論が破綻していることになる。漏れであってもスリップであっても，結果として無視すべき課題非関連刺激の同定は起こってしまう。そのため，これまで後期選択を支持すると言われていた研究であっても，研究者の意図したとおりには注意が適切に制御されておらず，スリップが起こっており，非注意になっているはずの刺激に注意が向いて，あたかも非注意刺激が同定されていたかのように解釈された可能性があるとLachterらは指摘している。

　それではどのようなときにスリップが起こるのか。1つは知覚的構えの重複である。第3章の状況依存的注意捕捉課題のところで述べたように，被験者が探索中に，無視すべき刺激も標的と同じ属性を持っていれば，意図せずにその刺激に注意が向いてしまうことがある。たとえば，上述のMacKay（1973）の曖昧文の実験では，無視すべき耳に出るプライム語（MONEY）は，聞きとるべき音声と同じ人の声で読み上げられていた。そのため，知覚的構えとしては被験者はその声にフィルタを調整していたはずであり，無視すべき側の音声にスリップが起こりやすい事態になっていたといえる。他にも，標的の呈示位置が不明で，定位して同定する必要がある課題だと，被験者ははじめに注意を分散させ，定位するという構えをとっているかもしれない（第4章のDi Lollo et al., 2001を参照）。このようなときは，呈示されたものが何であれ，同定しにゆく構えであるので，無視すべき妨害刺激であっても同定される可能性がある。この他，刺激の呈示時間も問題になる可能性がある。標的から必要な情報が抽出された後も画面上に残っているような実験設定であれば，本来無視すべき妨害刺激に注意がシフトするかもしれない。そのような事態では妨害刺激は意思決定段階で反応に影響が及ぶかもしれない（Broadbent & Gathercole, 1990）。さらに，どの試行も一貫して標的が呈示されるまでに妨害刺激が呈示されるようになっていれば，妨害刺激は警告信号として働く可能性がある。標的が出現するタイミングを計るために被験者はこれを利用するかもしれず，結果的に注意

がスリップし，同定されるかもしれない。

　興味深いことに，Lachter et al. (2004) は Yantis & Jonides (1990) および Miller (1991) などのフランカ課題を使った研究をレビューして，フランカ一致効果を減らすためのポイントを挙げている。これを利用すれば，干渉効果を受けにくい事態をもうけることができるかもしれない。スリップを防ぐためには，手がかりの空間的な不確かさを除くことが重要で，手がかり位置に必ず標的を呈示する（100%の手がかり妥当性）べきだと提案している。もう1つは，標的の位置は被験者には手がかりで知らせるが，常に同じ位置のみに呈示されないようにしておくことを提案している。いったん注意を向けた位置には注意が向けにくくなる（復帰の抑制；Posner & Cohen, 1984）ことを避けるためである。加えて，不意に出現する物体には注意は向きやすい。したがって，位置の目印を置いてからそれを除去して刺激を呈示するなどして（第5章），妨害刺激が注意捕捉しにくくする。さらに，注意を固定するマーカーを置くことも提案されている。ギャップ効果（第3章）のところで述べたように，凝視点を置くほうがスリップは起こりにくい。また，標的と妨害刺激をグルーピング（Driver & Baylis, 1989）しにくくするのがよいだろう。一方で漏れを起こしにくくするためには，多くの刺激を同時に呈示して，知覚負荷を増やす。こうすることで，優先順位付け（Yantis & Jonides, 1990）をする必要が生じ，課題関連性の高い刺激から優先して分析される。また，配列の両端の刺激は中間よりも読みやすい（Bouma, 1970）ので，フランカ課題では妨害刺激の顕著さが相対的に上がっていることになる。そこで円環状にすることで妨害刺激の顕著さを下げる。さらに，妨害刺激が離れていれば干渉が減ることはすでに述べたとおりである。最後に指摘されているのは刺激と反応のマッピングについてである。一貫してこの刺激ならばこの反応というように割り当てを固定化すると，反応が自動化する可能性がある（Schneider & Shiffrin, 1977）。そのため，標的定義特徴と反応特徴を分離して複合探索とし，可変マッピングにするほうが非関連刺激の効果を減らしやすい。

　初期選択か後期選択かを検証するために，Lachter et al. (2004) はスリップの可能性を最少にし，漏れを最大にするような実験事態を設けた。注意は教示や刺激の変化によって内発的または外発的に向けた。これに頑健なプライミング効果を生じることがわかっている語彙判断課題を組み合わせた。たとえば，"CONVERGE" は単語，"CONVENGE" は非単語と判断しなければならない。

表 6-2 注意のスリップと漏れを防ぐポイント

注意のスリップを防ぐには
- 手がかりの空間的な不確かさを除く。 - 100％出現位置を予測する手がかりを使って不確かさはなくしておきながらも，標的を常に同じ位置のみに呈示することを避ける。 - 妨害刺激を不意に出現させない。 - 注意を固定するマーカーを置く。 - 標的と妨害刺激を知覚的にグルーピングしにくくする。 - 妨害刺激の呈示時間は短くする。
注意の漏れを防ぐには
- 多くの刺激を同時に呈示して知覚負荷を増やす。 - 円環状に配置して，標的とフランカが均等に混み合うようにする。 - 刺激は視角で1度以上離す。 - 標的を毎試行変える（刺激と反応の対応を固定しない）。

実験の目的は注意が向いていないところでも意味の分析まで行われるかを調べることであった。注意を向けない位置に呈示したプライムでも促進効果が生じれば，注意が向いていなくても意味分析まで進んでいた（すなわち後期選択）と結論できる。この実験で用いたようなマスク付きのプライムは，単語の意味が同定されていてこそプライミング効果を生じる（Forster & Veres, 1988）。たとえば，CONVERGE という標的は converge という単語でプライムされるが，見た目が非常に似ていても非単語の convenge ではプライムされないことはわかっている。

Lachter らによる実験の1つではまず，図 6-6 のように位置の目印として # が上下2行にわたって呈示された。そして，その後，小文字でプライム（この例では agent）が短時間呈示され，続いて大文字で標的が呈示された。被験者にはあらかじめ，標的は常に大文字で，2行あるうちの下の行に呈示されると告げられていた。この例では標的は AGENT であり，実在する単語であったが，ときには ABENT というように非単語が呈示されることもあった。被験者はこの，最後の大文字標的が実在する単語か否かをキーを押して答えた。

注意のスリップを防ぐ工夫として，位置の目印が呈示された。これは順向マスクとしてプライムを見えにくくしているだけでなく，注意すべきものと無視すべきものを明示する役割を持っていた。プライムの呈示時間は 55ms と短く設定されており，スリップする時間を与えないようになっていた。この他にも

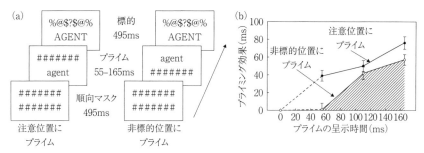

図 6-6 注意のスリップを防いで漏れを最大にする（Lachter et al., 2004）

110ms，165ms と，スリップも許容する時間設定も比較のために設けられていたが，眼球運動を起こすには短すぎる時間であった。また，標的は常に下の行に呈示された。さらに，プライムには逆向マスクも呈示して後から注意が向きにくくなっていた。もちろん，同じ位置に呈示することは復帰の抑制を被る可能性もあるが，一貫して呈示する利点を Lachter et al.（2004）は重視した。加えて，マスクされているときは意味的プライミングよりも頑健に効果を生じやすい反復プライミング（Perea & Gotor, 1997）を用い，プライムと標的を近傍に配置し（1度上下），知覚負荷を極限まで減らすことによって，位置の初期選択を漏れた注意があればプライミング効果として検出できるように実験事態を設けた。実験の結果，プライムが 55ms しか呈示されていないときは，図 6-6b のようにプライミング効果は全くなかった。図 6-6b の斜線部分のように，プライムの呈示時間の延長に伴って非注意位置でもプライミング効果は増加したが，これは注意がプライムにスリップすることによって生じていたと考えられる。この他，Lachter et al.（2004）はいくつかの実験で他の解釈の可能性を排除し，非注意位置ではプライミング効果が起きないと結論している。

この Lachter et al.（2004）の研究は，この手法で測る限り，注意が向いていなければ意味のレベルまで分析されることはないという初期選択の考えを支持している。注意を向けていないときに，単語以外の視覚刺激がどの程度まで分析されるかという点については，第4章で述べた。光景の概要のようなおおまかな分析はできるかもしれないが，複雑な物体が何であるかがわかるためには，やはり注意を向ける必要があるというのがそこでの結論であった。すなわち，注意が向いていない場合は，詳細な物体認識はできないという，初期選択の考

えがそこでも支持されているといえる。たとえば，光景知覚としては，単純な特徴検出（動物の有無判断）は可能でも（Thorpe et al., 1996; Drewes et al., 2011），それが何の動物かを見分けるにはやはり注意を向けて同定する必要がある（Evans & Treisman, 2005）。この Treisman は Broadbent の厳密な初期選択理論を修正し，減衰モデルを提案した Treisman と同一人物である（特徴統合理論の提案者でもある）。減衰モデルが主張したように，注意は若干漏れる（光景の概要程度は抽出可能）が，詳細な分析（人間か動物か）は注意を向ける必要があるという立場は，現在の知見にも一致している。

6.6 知覚負荷理論

知覚負荷理論は注意の初期選択と後期選択の対立を解消すべく提案された。その前にも，対立を解消する試みの1つとして Kahneman & Treisman（1984）が研究手法の分類を提案した。彼らがフィルタリング法と名付けたものは Broadbent の初期選択理論を築く元になった手法である。この手法の特徴としては3つあり，(1) 同時に関連刺激と非関連刺激が呈示されること，(2) 関連刺激が比較的複雑な反応選択と実行プロセスを制御すること，(3) 関連刺激と非関連刺激を区別する特徴は通常は物理的特徴であり，反応を定義する特徴とは異なることが挙げられる。そのため，Cherry（1953）の課題を例に取れば，被験者がフィルタリング課題を行うには，刺激選択（どちらの耳から入った情報を選択するか）と反応選択（何と言って追唱するか）という2つの異なる側面で情報を制御する必要がある。Sperling（1960）の課題でいえば，被験者は刺激選択（どの位置の情報を取り出すか）と，反応選択（どういう文字を報告するか）という2つの情報制御が必要になる。一方の選択的セット法では，あらかじめ少ない反応選択肢に構えておいて，検出や再認反応，場合によっては反応時間を測定する。この例としては，たとえばフランカ課題やプライミング課題などの，後期選択を支持する知見に関わる手法が該当する。1970年代に選択的セット法が頻繁に使われるようになったのは，研究者らが記憶負荷と反応負荷を減らして，純粋に選択に関わる実験操作のみを導入しようとしたためである。これに加えて，技術的な進歩によってテープレコーダーによる聴覚刺激の作成・呈示から，タキストスコープやコンピュータによる視覚刺激の制御に移行していったことも，このパラダイムシフトに貢献していた。

表6-3 Kahneman & Treisman (1984) によるフィルタリング法と選択的セット法のちがい

特徴	フィルタリング法	選択的セット法
デザイン	選択的聴取	探索
	部分報告	プライミング
モダリティ	聴覚，視覚	視覚
刺激の多様性	大きい	小さい
反応の多様性	大きい	小さい
記憶負荷	高い	低い
従属変数	精度	反応時間
選択的注意は…	非注意刺激の知覚処理を阻止または弱める	標的に対する反応を選択し促進する
選択の起こる段階	初期選択	後期選択

　フィルタリング法によって見出された知見は上述したように初期選択を支持していた。すなわち，感覚器官から入った刺激は一時的に並列的に基本的な属性ごとに分析され，その一部のみがフィルタを通じて選択されて高次の認識に至ると考えられた。一方，選択的セット法を用いた研究では，複数の刺激が同時に，意味分析までされたことを示すものが多く，後期選択を支持した。しかし，Kahneman & Treisman (1984) は，これら2つの手法はかなり異なっており，必要とされるプロセスが同じだとは言えないだろうと指摘している。表6-3からもわかるように，フィルタリング法は概して課題が複雑で困難度が高いが，選択的セット法は単純な課題で反応の選択肢が少ない。したがって，この2種類の課題では違うものを比較している可能性があり，意味のある一般化ができない。

　そこでLavieらは2タイプの課題の違いに注目し，知覚負荷が初期選択と後期選択の違いを生む決定因かもしれないと考えた。彼女らによれば，知覚の容量制限について1つ単純な仮定を置くことによって，選択が初期に起こるか，後期に起こるかは知覚負荷の高低に依存すると解釈でき，初期選択と後期選択の論争を解決できる。その仮定とは，知覚は容量制限があるが（初期選択のように），課題関連の刺激から非関連の刺激まで，容量が尽きるまで自動的・強制的に全ての刺激を処理する（後期選択のように）という原則である（Lavie & Tsal, 1994; Lavie, 1995）。知覚負荷が高いと全ての容量が使い切られる。したが

6.6 知覚負荷理論

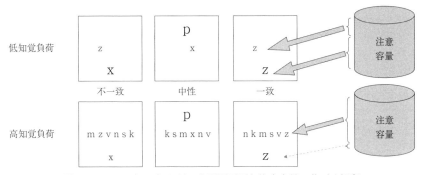

図6-7 Lavie (1995) が用いた課題画面と注意容量に基づく解釈

って，非関連刺激の知覚のための余計な容量がなくなるという予測を導く。そのため，課題関連刺激だけが分析され，あたかも初期選択のように非関連刺激を排除できたことと同じになる。しかし，知覚負荷が低いときは，課題関連刺激の知覚に容量が余る。そのため，非関連刺激に対しても分析が進んでしまい，結果として後期選択のように干渉効果が起こる。Lavie (1995) はこうした予測をフランカ干渉課題に似た事態で検証した。知覚負荷は課題関連刺激とともに呈示する非標的刺激のセットサイズで操作した。名称は紛らわしいが，標的に対して干渉を生む可能性のある刺激を妨害刺激，反応とは無関係であるが，知覚負荷が高い事態を作り出すために標的を紛れ込ませる刺激を非標的とここでは呼ぶ。

図6-7は課題画面の例と解釈である。この図の上段が低知覚負荷条件，下段が高知覚負荷条件であった。被験者は画面中央に小さい文字として呈示される標的がzかxのいずれだったかをすばやく弁別した。低知覚負荷条件では標的は常に中央のどこかに単独で現れるが，高知覚負荷条件では非標的（この例ではm, v, n, s, k）に紛れて呈示された。高知覚負荷条件では標的がこれらの非標的と同時に呈示されるため，探索する必要が生じる。注意容量が探索に割かれてしまい，高知覚負荷条件では余剰の注意容量がなくなり，結果として干渉が起こらない。すなわち，妨害刺激のタイプが標的に一致していようと（右側），一致していまいと（左側），標的弁別にかかる時間は中性試行（中央）と差がない。すなわち妨害刺激が無視できていることになる。これはKahneman & Treisman (1984) が指摘したように，複雑な課題に対しては初期選択

になるという解釈に一致する。

　一方，知覚負荷が低い条件では標的はすぐに見つかるため，注意容量は消費しつくされていない。前提として注意容量は尽きるまで自動的・強制的に割り当てられるので，この条件では妨害刺激にも注意が向けられる。その結果，妨害刺激が標的に一致していれば（右側），中性試行（中央）に比べて反応時間は短縮するし，不一致であれば（左側）延長するという，妨害刺激干渉効果が見られる。これは全ての刺激が反応直前のレベルまで分析されると考える後期選択を支持する結果である。このように，共通の課題でも知覚負荷の高低に応じて初期選択寄りもしくは後期選択寄りの行動結果が生じた。知覚負荷は課題関連刺激の付近に呈示される非標的の数として操作される。これが単独であれば低負荷であり，複数あれば高負荷だと定義される。

　注意の知覚負荷理論は，知覚負荷の高低が注意選択の水準を決めるという単純な考え方であり，多くの研究がこの後生まれた。たとえば，知覚負荷が高いときは視覚探索課題であっても妨害刺激の効果が小さくなる（Lavie & Cox, 1997）。図6-8の刺激図形のうち，左側はいわゆる効率的探索が可能な事態である。被験者の課題は，円環状に配置された6カ所のどこかに出る標的がXかZかを弁別することであった。このときは非標的はつねにOで，標的と非標的の特徴が重複しておらず，効率的な探索ができるはずである。効率的な探索ができるということは，標的以外の刺激をうまく排除できていることを意味するため，両脇に呈示される妨害刺激（N，L，またはX）も無視できているはずである。そのため，この妨害刺激が標的に不一致（上段），無関係（中段・中性条件），一致（下段）のいずれであっても，標的の探索に影響しないはずである。注意の知覚負荷理論では，図の左側のように効率的な探索ができる場合は知覚負荷が低いため，余剰の容量が妨害刺激に向いてしまい，かえって干渉が起こると予測する。さらにこの理論では，図の右側の標的と非標的の特徴が類似していて非効率的な探索になる事態では，注意容量が探索に消費し尽くされると考えられるため，妨害刺激による干渉効果は減るはずである。実際の実験結果が右側に示してある。ここでは中性条件と一致・不一致条件それぞれの差分を干渉量として縦軸にとっている。この値が大きいということは，6カ所の探索刺激の外側に出る妨害刺激が，標的の同定に干渉しやすかったことを意味する。

　この図からわかるように，妨害刺激からの干渉は探索が難しいときに比べて，

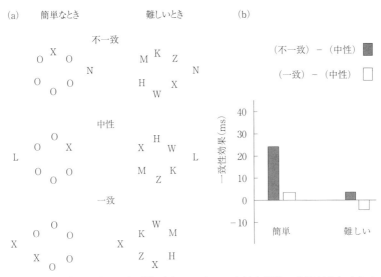

図 6-8 知覚負荷が高いと視覚探索課題であっても妨害刺激の効果が小さくなる (Lavie & Cox, 1997)

簡単なときのほうが強い干渉を生じており，知覚の負荷理論に一致する。このとき，探索が難しいときに注意容量を探索に使い切っていたのなら，標的と非標的が似ているとき（図 6-8a の右側）にセットサイズを増やしていくほど，探索時間が延長するはずである。そこで Lavie & Cox（1997）はセットサイズを操作したところ，予想通りに探索時間はセットサイズとともに延長した（図 6-9）。興味深いことに，セットサイズが 4 を超えると急に干渉効果が消失したことから，この課題設定で実験を行う限り，容量は刺激の個数にして 4 個までであるといえる。これを超える妨害刺激には注意容量は行き渡らなくなり，干渉効果を生じなくなったと解釈できる。注意の容量は約 4 個までとする知見はこれまでの知見（Kahneman, Treisman, & Gibbs, 1992; Pylyshyn, 1989, Yantis & Jones, 1991; Luck & Vogel, 1997）にも一致する。さらに，知覚容量が少ないと考えられる高齢者や小児では，セットサイズを 1 つずつ増加させるだけで干渉効果は大きく減少する（Maylor & Lavie, 1998; Huang-Pollock et al., 2002）。Lavie らはこうした探索課題を利用して，知覚負荷が高いときは注意捕捉も減少 (Cosman & Vecera, 2009; Lavie et al., 2014) し，非注意による見落としも減少す

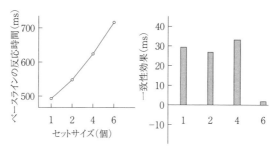

図 6-9　セットサイズの効果（Lavie & Cox, 1997）

る（Cartwright-Finch & Lavie, 2007）ことを示している。

　知覚負荷理論の考え方に一致して，関連課題の知覚負荷が高いときは，課題に関連しない非標的の神経活動が変調されることがわかっている。Rees, Frith, & Lavie（1997）は画面中央に呈示される単語を弁別させた。単語の文字が大文字か小文字かという判断（低負荷），あるいは音節数を数える判断（高負荷）に加えて，課題に非関連な視覚運動を背景に呈示したところ，低負荷ではMTやV1/V2の活動が起こっていたが，高負荷では起こらなかった。さらに，高速逐次視覚呈示される画像を弁別中は，無視した単語に対する誘発電位は生じなかった。同様に，Yi et al.（2004）は，逐次呈示される画像のうち，家の写真など場所に関するものを無視させた。そして，顔画像に注目し，顔画像が反復して呈示されたときに反応するよう教示しておくと，通常であれば顔に応答する顔分析専用モジュールであるPPA領野の活動は，顔判断課題のノイズが増えて高負荷になったときは大幅に減少したことがわかった。このように，脳活動計測によっても知覚負荷が高いときには課題非関連な情報の分析が行われにくくなることが裏付けられた。

　知覚負荷理論で重要な点は，選択の水準（初期・後期選択）に直接作用するのは知覚負荷に限るという点である。ここまでに論じてきた負荷は主としてセットサイズや標的と非標的特徴の重複の程度（NやXを曲線のみでできた非標的Oから探すか，直線の組み合わせでできたH，K，M，Wなどから探すか）等の知覚的な負荷であった。これらとは異なって，作業記憶のように中央実行系の認知制御機能（Diamond, 2013）に関わる負荷をかけると，注意選択にとっては全く逆の効果が生じる。すなわち，実行系負荷が加わると妨害刺激による干渉が

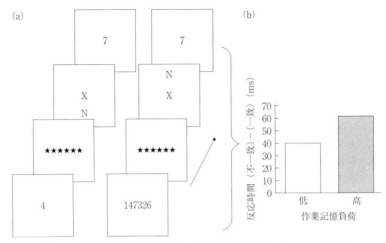

図 6-10 作業記憶負荷が増えると干渉が増える（Lavie et al., 2004）

増える（Lavie, Hirst, de Fockert, & Viding, 2004）。具体的には，図 6-10a のように，毎試行のはじめに 1 桁（低負荷）または 6 桁（高負荷）の数字を記憶する。そして画面上下のどこかに出る妨害刺激を無視しながら，中央の標的（X か N）を弁別する。その後，記憶していたことを確認するために数字が 1 つ呈示され，これが先ほど記憶した数字に含まれるか否かを答える。このときの中央文字の弁別反応時間に及ぼす妨害刺激と標的の一致・不一致の効果を求めると，知覚負荷とは逆に，作業記憶負荷が高いほど大きなフランカ干渉効果が生じた（図 6-10b）。作業記憶負荷が増えると認知制御がうまくできなくなり，標的後妨害刺激を能動的に区別できなくなるせいで干渉が増えると解釈されている。

　こうした結果から，知覚負荷が高いほど干渉が減ることは，単に高困難度の課題をしたせいで干渉が減ったわけではないといえる。知覚負荷の高低が注意容量の残量を決め，その結果として選択が初期か後期かが決まる。これが注意の知覚負荷理論の主張である。すなわち，知覚負荷が高ければ注意の容量は使い切られ，低ければ余る。その結果として余りの容量がなければ妨害刺激は処理されずいわゆる初期選択になるし，容量が余れば妨害刺激も処理され，選択は後期になる。認知制御負荷が高いと正しく標的と妨害刺激を区別できなくなる。高知覚負荷・低作業記憶負荷でこそ後期選択が達成できる。

6.7　知覚負荷理論のその先に

　注意の知覚負荷理論は一見，これまでの初期選択・後期選択論争に終止符を打ったかのように思われた。しかし，知覚負荷理論も懸念される点を抱えていた。たとえば，Lachter et al.（2004）が指摘するように，注意のスリップはLavieのいう高負荷の事態に比べて，低負荷の事態で起こりやすかった。したがって，知覚負荷が低いときに容量が尽きるまで妨害刺激に余りの容量が分配されるのではなく，負荷操作と交絡した（注意のスリップのような）別の要因のせいで注意選択の初期・後期が決まっていたのかもしれない。もしそうならば注意の知覚負荷理論は誤りで，条件を整えれば低負荷でも妨害刺激からの干渉は起こらない可能性がある。この可能性を検証した研究は少なくとも2つ報告されている。その1つがJohnson, McGrath, & McNeil（2002）の単純な実験である。彼らはまずLavie & Cox（1997）の実験を再現した。そして，別のブロックでは，1秒呈示される凝視点の最後200msを矢印に置き換え，その先に必ず標的が呈示されるようにした。こうすることで注意を焦点化でき，スリップを防ぐことができると予測された。その結果，低負荷で矢印がないときは65msあった干渉効果も，矢印が100％標的を指し示すことで干渉効果は8msまで減ってしまい，矢印ありの高負荷条件（干渉効果は11ms）との差は消えた。したがって，単に負荷が高いかどうかだけで選択のレベル（初期か後期か）が決まるわけではないことがわかった。手がかりで注意を焦点化し，スリップを防ぐことで，未使用の容量があったとしても妨害刺激の分析には配分されないと言える。

　スリップを防ぐもう1つの試みとして，Eltiti, Wallace, & Fox（2005）は知覚負荷ではなく，知覚的構えが後期選択か初期選択かを決めるという仮説を検証している。知覚負荷が選択のレベルを決めるならば，妨害刺激が何もないところに出現（オンセット）しても，位置の目印の一部が取り除かれることで呈示されても（オフセット），低負荷では妨害刺激による干渉が起こるはずである。一方，知覚的構えが決定因であれば，状況依存的注意定位仮説が予測するように，標的と妨害刺激の呈示形式が一致しているとき（オンセットどうし，オフセットどうし）のみで妨害刺激へのスリップが起こり，妨害刺激が干渉するはずである。実験の結果，低負荷でも標的がオンセット，妨害刺激がオフセットす

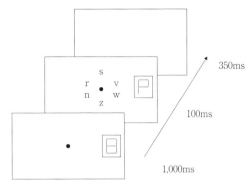

図 6-11 知覚的構えが選択のレベルを決める (Eltiti et al., 2005)

るとき（図6-11）は干渉は起きなかった。知覚負荷理論では低負荷のときは標的や妨害刺激の出現形式に関わらず，注意容量が余っているために干渉が起こるはずで，この結果は説明できない。

6.8 希釈理論

上述の Johnson et al. (2002) と Eltiti et al. (2005) は知覚負荷が低いときに妨害刺激が分析されない（初期選択になる）という点で知覚負荷理論では説明できないデータを示したといえる。一方，知覚負荷が高いときに後期選択になるという報告もある。Tsal & Benoni (2010; Benoni & Tsal, 2010) は知覚負荷の高低にかかわらず妨害刺激は分析されると考えている。しかし，セットサイズが大きいとき（非標的が多いとき）は，非標的のせいで妨害刺激の表象がうまく形成されず，干渉を引き起こさない。すなわち干渉効果が非標的のせいで希釈されてしまうという。妨害刺激処理に及ぼすセットサイズの効果は負荷とは関係なく，低次の視覚的干渉に由来する。Tsal らによれば，知覚負荷理論でいう負荷の高低という操作は，希釈の高低と交絡していた。したがって，負荷は低いが十分に希釈されるという低負荷高希釈という事態で干渉効果を検証する必要がある。具体的には図6-12の低負荷高希釈条件に示すように，セットサイズはこれまでの高負荷条件と同じである。ただし，ここでは標的 (X) 以外は赤色で呈示されており，すばやく標的を定位できる。そのため刺激数が

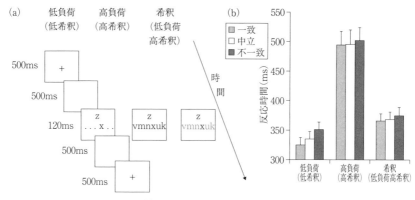

図 6-12　知覚負荷理論への反証（Tsal & Benoni, 2010）

多いという点で高希釈，標的が容易に定位できるという点で低負荷であるといえる。知覚負荷理論によればこれは負荷が低いので，低負荷低希釈条件（一番左）と同じく，余った注意容量で妨害刺激が分析され，干渉効果を生じるはずであった。しかし，実際には干渉は生じなかった（図 6-12b）。

　さらに，Tsal & Benoni は巧妙な実験操作を導入している。すなわち，高負荷高希釈条件と，低負荷高希釈条件を全く物理的には同一にしており，負荷の高低を教示によって操作するという説得力のある実験設定を導入した。低負荷条件ではこれまでと同様にセットサイズは 1 であり，被験者は中段の文字が z か x かを判断した。高負荷高希釈条件では中段の文字にそれぞれ異なる色が付いていたが，毎試行標的の色は無作為に割り当てられ，被験者は z か x かを探す必要があった。一方の低負荷高希釈条件では被験者は標的の色をあらかじめ知らされていたため（たとえば常に緑），非標的は 5 文字あっても（高希釈），容易にそれが z か x かを判断できた（低負荷）。実験の結果，低負荷低希釈条件のみに妨害刺激の干渉が生じ，低負荷高希釈では干渉は生じなかった（図 6-13b 左グラフ）。最後の実験では，標的色をあらかじめ知っていたことがこの違いに影響していた可能性を排除するために，低負荷条件でも標的色を毎試行知らせたが，やはり干渉は生じた（図 6-13b 右グラフ）。

　図 6-14 は Tsal & Benoni（2010）の 4 つの実験で得られた干渉効果をまとめたものである。彼らによれば，知覚負荷理論で言われていた，負荷が高いほうが干渉が少ないという解釈は，この図でいう点線にあたるという。これまでの

6.8 希釈理論

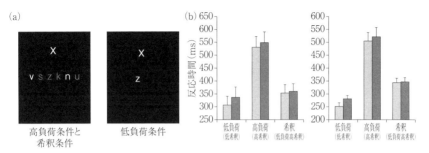

図6-13 知覚負荷理論へのさらなる反証（Tsal & Benoni, 2010）

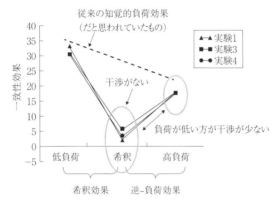

図6-14 低負荷，希釈，高負荷の関係。Tsal & Benoni（2010）の図10の一部に著者が注釈を加えたもの。

知覚負荷理論では希釈と負荷が交絡していたため，彼らの研究では低負荷高希釈という条件を含めた（この図の中央の「希釈」という箇所）。したがって，この図の右側こそが希釈を統制した上での負荷の効果ということになり，知覚負荷理論でいう負荷とは全く逆の解釈で，負荷が低い方が干渉が少ないといえる。一方，従来いわれていた刺激数の多寡による干渉の違いは知覚負荷ではなく希釈であり，図の左側は希釈効果であるといえる。横軸の最左端は低負荷低希釈なので，希釈が低いほど干渉効果が大きいといえる。

6.9　注意容量配分の自動性

　ここまで見てきたデータから，知覚負荷理論では説明できないものが増えてきていることがわかる。Tsal & Benoni (2010) らの主張に対して，Lavie & Torralbo (2010) は反論してはいるが，知覚負荷が低いときに妨害刺激が分析されない（初期選択になる）ことの反証にまで及ぶものではない。この他に，さらに知覚負荷理論の基本的な仮定に対しても疑問が投げかけられている。その基本的な仮定とは，注意は容量が尽きるまで自動的・強制的に全ての刺激の処理に充てられるという原則である。それに対して，意図的に注意をどこまで向けるかが決まっていると考える立場も古くから存在する (Eriksen & St James, 1986; Eriksen & Yes, 1985)。もし，この課題非関連刺激への注意の配分が自動的・強制的に行われているのであれば，被験者がどんな負荷の刺激が呈示されるかを知らないときでも，毎試行，負荷の高低に従って自動的に注意容量の配分が行われ，低負荷ならば後期選択（妨害刺激からの干渉効果あり），高負荷ならば初期選択（同，干渉なし）になるはずである。しかし，Lavie らの手続きでは負荷の高低はブロックごとに決まっていることが多かった。そこで Murray & Jones (2002) は線分の方向判断に及ぼす図形枠の一致効果について，知覚負荷の高低をブロック化する場合とブロック内で無作為化する場合を設けて検証した。その結果，ブロック化したときは負荷の効果を再現でき，低負荷では干渉効果が生じ，高負荷では生じなかった。しかし，負荷を試行ごとに無作為に変えたところ，干渉効果は負荷にかかわらず見られなくなった。

　一方，Theeuwes, Kramer, & Belopolsky (2004) は Lavie & Cox (1997) とほぼ同じ刺激図形を使い，ブロック化を解除したところ，負荷にかかわらず干渉効果が生じた。これらの結果から，知覚負荷だけが選択のレベルを決めているわけではないことが明らかである。むしろ，被験者の知識や課題要求によって注意の配分が意図的に決められるといった方がよい。したがって，この結果は注意容量の自動的／強制的な配分という，知覚負荷理論が拠り所とする重要原則を揺るがしている。

　知覚負荷理論の弱みとして，負荷の定義が明確ではないことが挙げられる。知覚負荷が注意をどの程度必要とするのかは結果から後付けで決まる。言い換えるといま調べている課題が自動的に，注意不要で実施できるのか，注意容量

を消費するのかはあらかじめわからない。この点について，Lamy et al. (2012) は次のように批判している。彼女らによれば，負荷理論を検討した研究では負荷の定義があらかじめないため，知覚負荷の影響があれば注意を必要とする課題だといえるし，知覚負荷の影響がなければ注意を向けずに分析できると解釈してしまう。したがって，そのようなロジックに頼っている限り，負荷理論を正しく検証することはできない。

6.10 分割注意と二重課題

　本章はここまで，複数の情報源に対して注意を片方に絞って，無視した側の情報がどれだけ干渉するかという観点から問題を見てきた。これはPashler (1997) のいう，選択的注意という分類にあたる。選択的注意は限りある注意容量をどれだけ1つの情報源に絞ることができるかという能力を扱っている。彼はもう1つ，分割注意という分類もしている（わかりやすいレビューとして菊地・八木（2007））。分割注意では有限の注意容量を複数の情報源・課題に対して分配し，どこまで成績を損なわずに分析・課題の実行ができるかが問題となる。結論から先に言うと，たった2つの課題への分割でも完全な注意分割は極めて困難で，ほとんどの場合で単独で行うよりも成績が低下する。分割注意で課題成績が低下するということは注意が不足していることを意味する。そのような事態で，どの程度まで刺激の分析は進むのだろうか。以下では，分割注意研究に触れながら，非注意刺激はどこまで処理されるかという点について論じる。

　選択的注意と分割注意は表裏一体である。2つの刺激・課題だけがある事態に単純化して，選択的注意と分割注意の関係を図示したものが図6-15である。認知システムに求められるのはどの状態でも，課題成績を最良にすることである。選択的注意はXの状態にあたり，現在すべきことにどれだけ専念し，他を無視できるかを問題にしている。一方，分割注意はYに相当し，どれだけ複数の課題を同時に実施できるかを問題にする。前節まではXで囲んだ部分のうち，左端の非注意部分（灰色）がどれだけ無視できるか（初期選択），あるいはどれだけ意図せずとも分析されるか（後期選択）という話であった。ここでは，分割注意について考える。この分割注意事態で課題成績の低下を顕著に観察する手段が二重課題である。

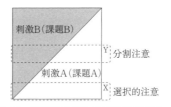

図 6-15　選択的注意と分割注意は表裏一体

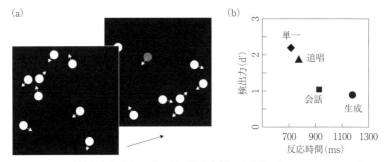

図 6-16　言語生成を含む二重課題が検出力低下を生む（Kunar et al., 2008）

　直感的には，2つのことを同時に行うことはたやすいと思われるかもしれない。ふだんはお茶を飲みながら本を読むし，音楽を聞きながら料理をする。しかし，実際の交通場面での82件の衝突事故，771件の事故に至らずヒヤリとした事例を分析したところ，衝突事故では80%，ヒヤリ体験では67%が直前3秒以内に何らかの非注意状態になっていた（Dingus, Klauer, Neale, Petersen, Lee, Sudweeks et al., 2006）。Redelmeier & Tibshirani（1997）も調査協力に同意を得た事故者の通話記録に基づいて事故例を分析し，携帯電話通話による事故リスクは，不使用時に比べて約4倍であること，ハンズフリー装置は事故低減効果が見られないことを報告している。統制された事態で運転を模した課題やドライビングシミュレータで実験を行った研究でも，二重課題で見落としや反応の遅延が報告されている（Strayer, & Drews, 2007; Strayer & Johnston, 2001; Strayer, Drews, & Johnston, 2003）。さらに Kunar et al.（2008）は，通話のどのような成分が重要なのかを調べた。彼女らは複数オブジェクト追跡課題をさまざまな事態で試した（図6-16a）。二重課題では，3タイプの課題の1つ

が課せられた。別室の実験者と実際に携帯電話で会話する条件，同じく携帯電話を通じて読み上げられる単語リストを追唱する条件，しりとりのように自分で単語を生成し読み上げ続ける生成条件があった。比較のために，二重課題をしない単一条件とこれらの二重課題条件を比較した。追跡課題の標的検出感度（d'）と反応時間をプロットしたものが図 6-16b である。ここからわかるように，会話は視覚的注意を要する課題の検出力を低下させるだけでなく，反応時間を遅らせる。会話の内容のうち，次に話すことを生成するための成分のみを強調した生成課題でも，同様の検出力の低下と反応時間のさらなる延長が見られた。したがって，聞いたり発声したりすることよりも，言語内容を生成することが運転場面での通話による注意を低下させる原因になっていると考えられる。なお，車内で運転者と同乗者が会話するときは同乗者が危険な場面では会話を控えるなどの調整ができる（Kunar et al., 2008）ため，携帯電話での通話とは異なって問題になってこなかったのだろう。

　もちろん，二重課題での行動成績の低下は携帯電話が開発されるずっと前から知られていた。いったんある刺激に対して反応すると，その直後に次の刺激が呈示されてもすぐ反応できないことから，Telford（1931）は神経の不応期に相当する効果が起こっていると考えた。のちに Welford（1952）はこうした現象をレビューし，2つの刺激を短い時間内に一つずつ呈示すると，2つ目の刺激に対する反応時間は，2つの刺激の SOA に依存するという現象を心理的不応期と呼んだ。この見方では，刺激に反応するまでには，3つの段階が関与すると考えられている。それらは知覚分析，反応選択・意思決定，および反応生成である（Pashler, 1994; 1997）。知覚分析は低次の分析であり，並列的に実施できる。また，反応生成はキーを押すといった機械的なプロセスをさす。反応選択と意思決定は同時に実行できないため，2つの刺激の SOA を短くすれば，第1課題の反応選択と意思決定が完了するまで，第2課題のそれらの実行が待たされ，その分第2課題の反応時間が延長する。図 6-17a は第1，第2課題とも同時に刺激が呈示されたとき（SOA=0ms）を示している。図 6-17b が2つの刺激呈示の間に若干 SOA がある事態を示している。その SOA のぶんだけ，第2課題の反応時間が延長していることがわかる。SOA を少しずつ延長してゆくと，第2課題への反応時間はそれに伴って短縮し，ある時点（図 6-18 の t2）で頭打ちになる。第2刺激への知覚分析，反応選択・意思決定，および反応生成の時間はどうしてもかかるので，これ以上短縮することはない。したが

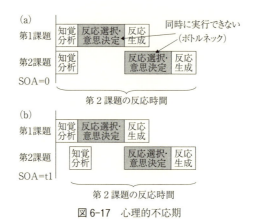

図 6-17　心理的不応期

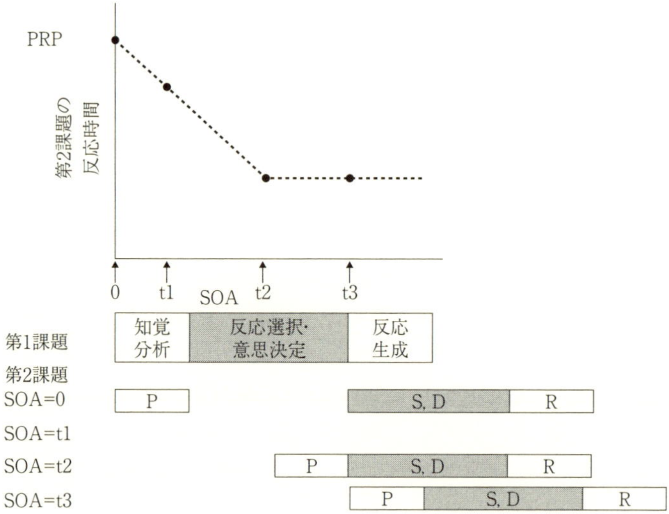

図 6-18　心理的不応期，SOA と第 2 課題の反応時間の関係

って，非常に単純に考えれば，この変曲点が生じた SOA で第 1 課題の反応選択・意思決定が終わり，反応生成が始まったと推定することができる。

6.11 注意の容量理論

　これまでに見てきた初期選択，後期選択といった理論は，選択の起こるレベルに関しては議論があるものの，反応の前にどこかの段階でボトルネックを仮定するモデルであった。Kaheman（1973）は，これとはやや異なる立場を取っていた。彼は，選択的注意が刺激弁別に影響を与えるという研究（Broadbent & Gregory, 1963; Kahneman, Beatty & Pollack, 1967 など）に基づいて，後期選択の立場では説明できないデータがあると述べた。また，同時に２つの会話音に注意できることもあるという例を示して，初期選択でも不十分であるという。したがって，初期選択理論・後期選択理論で考えるよりも人間の認知機能としての注意はもっと柔軟だと考え，彼はこれらの見方とは立場を異にして，限界のある注意の容量を認識の対象や行為に割り当てると考える，容量モデルを提案した。Wikens（1980）も類似の提案をしたが，単一の容量を仮定した Kahneman（1973）とは異なって，処理段階，大脳半球，モダリティごとに容量を細分化している。

　Kahneman（1973）のモデルは，全体的な容量が足りている限りは２つ以上の課題に同時に注意を配分できると考えている。もちろん，１つの課題に全ての注意をつぎ込むこともできる。配分は短期・長期のバイアス，覚醒度などによって方針が決まる。課題に配分された後の結果のフィードバックに基づいて，配分方針は修正されうる。たとえば，個人が精力的に課題を遂行しようとしたり，実際にそれが困難な課題である場合は，消費される注意の容量も多くなる。Wickens（1991）は，課題成績（Performance, P）と配分される注意（Resource allocation, R），および課題の困難度（Demand, D）との間には，$P=R/D$ という関係があると提案した。配分される注意と課題成績の関係は図6-19のように表現できる（Norman & Bobrow, 1975）。この図では，横軸はある課題に配分される注意の量，縦軸は課題成績を示している。この課題に全ての注意資源が配分されていれば最大の成績（A）となる。難しい課題であったり，練習が足りず十分に自動化されていない課題の場合は実線のように，注意が増えれば増えるほど成績は上がる。言い換えると，この場合の成績は配分される注意資源によって決まっている（resource-limited）。点線は簡単な課題，もしくは練習を重ねて自動化されている場合を示している。このようなときでも，原点からB

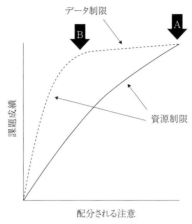

図 6-19　成績 - 資源関数

までのように，注意を配分すれば成績は上がる。しかし，B点以上に注意を配分しても頭打ちになる。たとえば遠方のラジオ局に周波数を合わせてもノイズが多く，どれだけ注意を配分しても聞き取れる内容が頭打ちになるときのように，このような事態では課題成績はデータ制限を受けている（data-limited）という。

なお，Kahneman（1973）のモデルは注意資源モデル，あるいは資源配置モデルなどと呼ばれることがあるが，彼は一貫して注意の容量（capacity）という用語を用いている。実際に彼の1973年の本の中では資源（resource）という語は一度しか出てこず，しかも一般的な意味でしか用いられていない。容量メタファは，ある課題をこなすのに燃料，ワット数，エネルギー，ガソリンなどが必要だと考えるようなものである。この燃料には限りがあったり，供給する配管の太さが限られていて無制限には供給されない。言い換えると，労力（effort）という言葉に近いと言える。一方の資源は，課題を完了させるのに必要な心的なもの（たとえば作業記憶のスロット，あるいは情報量は多いがすばやく減衰する感覚レジスタの内容）に喩えられる。注意資源という考え方は構成概念であり，注意を直接測ることはできない。そのため，課題成績が低下したということは資源が不足していたことを意味するし，資源が不足すれば課題成績の低下として表れるという循環論に陥る危険がある。そのため Navon（1984）はこ

の資源という考え方を排除しようとしたが，結果としてそれから30年経ったいまも研究者たちはこれらの用語を使い続けている上，資源・容量の区別はほとんどされていない。

　注意資源の概念は認知心理学に限らず，社会心理学や発達心理学でも使われている。自我を制御し，ルールに従ったり，本来したくない行動をするときには認知資源を使うと考えられている (Baumeister et al., 1998)。そしてこの資源が少なくなったときには，諦めやすくなったり，自制が効かなくなるという自我剥奪効果 (ego depletion effect: Muraven & Baumeister, 2000) が生じる。たとえば，買い物のように，多くの選択肢の中から基準に合うものを考えて選ぶとき，認知資源が消費され，その直後に難しいパズルを解くように告げられた被験者は早く諦めてしまう (Vohs et al., 2008)。また，他人と不自然な会話をした後は自制が効かず，アイスクリームを多く食べてしまう。こうした日常行動だけでなく，認知心理学の守備範囲である検出課題や選択的に無視する課題を用いても同様の結果が得られている (Dalton et al., 2010; Schmeichel, 2007)。ただし，これらの自我剥奪効果は再現性が必ずしも高くないという指摘 (Carter et al., 2015) もある。

6.12　課題切り替え

　自動車の運転と携帯電話で通話するという二重課題は，注意の残存容量を推定する課題だと捉えることもできるだろう。自動車を運転するという単一課題はもともと注意容量でまかなえるように適度な困難度なので，注意の容量にあとどれだけ余裕があるかがわからない。そこで，主課題としての自動車運転に通話という副課題を追加する。ベースラインとして，通話しないときの運転成績（たとえばドライビングシミュレータでのレーン内の自車両の操舵安定性や，車間距離，ブレーキを踏むまでの時間など）を測定しておいて，通話事態でこれらの運転成績が低下する程度を評価する。運転成績が損なわれるようであれば，その副課題は運転のみのときに残っていた注意容量を消費し切っているといえる。ただし，こうした二重課題成績を解釈する上で留意すべきことは，二重課題で実施するときと単一課題で実施するときで方略の違いから課題が質的に変わっていないかを確認する必要があるだろう。被験者が単一課題と二重課題で実施の方略を変えてしまうことはあり得る。また，課題切り替えに伴うコスト

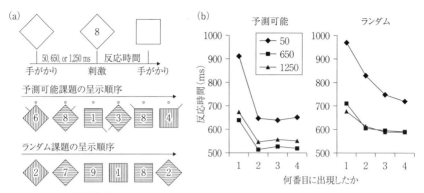

図 6-20 交互施行法（Monsell, Sumner & Waters, 2003）。実際には縦線の図形はピンク，横線の図形は青で表示された。

も生じる。ここでは容量モデルから若干離れるが，課題切り替えは重要なトピックでもあるため，基本的な課題と現象について整理しておく。

　課題Xばかりを続けて実施し，そのあと課題Yばかりを実施するときと，課題X，課題Y，課題X，課題Yと交互に実施するときでは成績は大幅に異なる。すなわち，後者のスケジュールで行うと反応時間が遅延し，エラーが多くなる（Jersild, 1927; Biederman, 1972）。この条件間の比較には課題切り替えのコストに加えて，条件を混ぜることによる長期的な効果（混合コスト）も交絡する。そこで，交互施行法が開発された。Monsell, Sumner, & Waters（2003）では，被験者は色つきの図形とともに呈示される数字が偶数か奇数か（あるいは5よりも大きいか小さいか）をキーを押して判断した。半数の被験者にはどちらの判断をすべきかを図形の色（青なら偶数・奇数判断，ピンクなら大・小判断）で知らせ，残りの半数の被験者には形（正方形なら偶数・奇数判断，菱形なら大・小判断）で知らせた（図6-20）。この色つきの図形が最初に呈示されて，その50，650，1250ms 後に数字が図形の中央に呈示された。図形の先行時間はブロックごとに固定されていた。被験者が反応すると，図形の色または形が常に変化した。予期条件では，4試行ごとに課題が変化した。いまが何試行目かを覚えておくための助けとして，図形の上に小さい点と，図形に加えた秒針のように細い線が呈示された。この細い線は毎試行時計回りに90度ずつ位置を変え，12時にあたる図形の上の小さい点を越えたときに課題が切り替わるよう

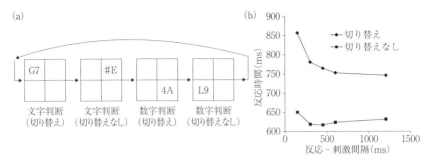

図 6-21　手がかりを用いない交互施行法（Rogers & Monsell, 1995）

になっていた．この例では，被験者は色を手がかりとして利用するように指示されている．予期条件の一番左ではピンクなので大・小判断を行う．6は5よりも大きいので「大」と答える．次の試行で（左から2番目）で秒針が12時を越え，色が変わっているのでこれ以降の4試行は偶数・奇数判断を行う．一方の無作為条件では，課題は毎試行どちらになるかが無作為に指示された．図 6-20b が実験の結果である．予期，無作為両条件で一貫していることは，(1) 手がかりの先行時間が長ければ反応時間は短く，課題切り替えのコストが小さいこと，(2) どれだけ先に手がかりが先行しても課題切り替えに伴う反応時間の遅延は避けられないことであった．特に予期条件に特徴的であったのは，切り替えのコストは切り替え直後の試行に限定されていた．無作為条件では課題切り替え後もコストは減少しにくかった．こうした点から，課題切り替えのコストは次の課題に対して準備する過程（刺激属性間の注意を切り替えたり，刺激と反応の規則の切り替えなど）を反映していると考えられる．

　もう一つ，よく利用される交互施行法の亜種として，Rogers & Monsell (1995) の手続きが挙げられる（図6-21）．毎試行，2×2のマス目の中に数字と文字が呈示される．この数字と文字は1試行が終わるごとに時計回りに呈示される位置が変わることは被験者に告げられている．被験者の課題は数字（偶数・奇数）または文字（母音・子音）について判断することであった．2試行おきに課題が切り替わるようになっていて，ちょうどこのマス目の上下の境を横切ったときが課題切り替えのある試行に対応する．この手続きの特徴は，課題切り替えの有無を同一ブロックで比較できることである．準備に使える時間が課題切り替えに及ぼす影響を調べるために反応から次の刺激が出現するまでの

時間をブロック間で操作したところ，図6-21bのような結果が得られた（Rogers & Monsell, 1995; 実験3）。ここでも，準備時間が長くなると課題切り替えにかかるコストは減るが，完全にはなくならなかった。準備時間が5秒以上あってもこうした残存コストはなくならない（Sohn et al., 2000）。

こうした課題切り替えのコストは，知覚的な構えを再構成するのにかかる時間を反映していると考えられる。ここでいう構えの再構成は，第4章で述べた入力フィルタとほぼ同義である。直近の試行やブロック全体に対しての構えを活性化したり，抑制するプロセスを反映している（Grange & Houghton, 2014）と考えられる。Rogers & Monsell（1995）は，構えの再構成には内発的に準備するだけでなく，外発的に課題関連刺激が実際に呈示されることによってようやく完了すると考えている。そのため，実際に刺激が呈示されない状態では残留コストが生じるという。Rubinstein et al.（2001）は，このためには刺激と反応のルールを作業記憶に読み込む必要があると述べたが，De Jong（2000）は残存コストはアーチファクトであり，試行前に構えの再構成が完了する場合と，準備に失敗する場合が混在しているために，見かけ上の残存コストが生じると指摘している。

課題切り替えのコストに抑制が反映されているといわれる根拠の1つが，切り替えコストにみられる非対称性である。たとえばストループ課題では，通常はインク色を読むときに単語が干渉し，その逆は起こりにくい。インク色を答える課題は単語を読む課題よりも訓練されていないため，優位な単語読みの方が干渉しやすいと考えられている（MacLeod, 1992）。優位な課題と非優位の課題の間で切り替えをすると，興味深い非対称性がみられる。優位な課題から非優位の課題へ切り替えるよりも，非優位課題から優位課題へ切り替えるほうがコストが大きい。慣れていない難しい課題に取り組む方がその逆よりも切り替えコストがかかるように思われるが，実際は逆になる。この結果に対して，Allport, Styles, & Hsieh（1994）は非優位な課題を行っているときは抑制が必要となり，これが次の試行に持ち越されて，準備時間が延長すると解釈した。

課題切り替えは日常でも関わりが深く，そのコストも実感しやすい。近年は個人用携帯デバイスの進化もめざましく，外出先でもそれらをいくつも駆使して忙しそうに仕事をしている人を見かける。そうした情報機器を使って複数の仕事を日常的にこなす人は，そうでない人に比べて課題切り替えがうまいのだろうか。Ophir, Nass, & Wagner（2009）は質問紙を用いて情報機器をふだん

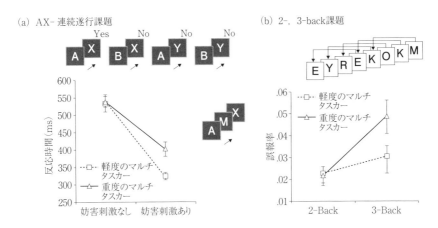

図 6-22 重度のマルチタスカーほど記憶からの干渉が大きい（Ophir, Nass et al., 2009）

から多用する重度のマルチタスカーと，そうでない人を分け，課題切り替えや情報の取捨選択が関わる認知課題をしてもらった．具体的には，図 6-22a のように，延々と逐次呈示される文字列に対して，A，Xという順で呈示されたときにだけ反応するという連続遂行課題を行った．図のMという文字のように妨害刺激が呈示される場合もあった．結果，重度のマルチタスカーは妨害刺激があるとき，かえって反応が遅くなっていた．また，2つ前，3つ前と重複があるかを判断する課題を行ったところ，妨害刺激が多い 3-back 課題で重度のマルチタスカーは誤報が多かった．この他，赤青2種類の刺激が混在する画面を一瞬見て，空白を挟んで1秒後に，赤色の刺激の方位が変化していたかを答える課題を行った．このとき，青色（妨害）刺激の個数を操作したところ，青色妨害刺激の個数が多いときに重度のマルチタスカーは覚えておける赤色標的刺激の上限数が低下していた．さらに，課題切り替え課題でも，重度のマルチタスカーのほうがそうでない人に比べて切り替えに伴うコストが大きかった．こうした結果は，マルチタスカーは記憶からの干渉が大きく，課題非関連な刺激を除外しにくいことを示唆している．

6.13 注意の容量・資源と再回帰処理

この章を終えるにあたって，二重課題の成績を解釈するためによく用いられるPOC（performance operating characteristic; Navon & Gopher, 1979）について触れておく（attention operating characteristicの略としてAOCとよばれることもある）。POCを用いることで，AとB両方の課題を同時に行うとき，それぞれの課題が独立して（注意を必要とせずに）実施できているかを理解しやすい。被験者にはあらかじめどちらの課題を主課題として実施するかを告げておき，その条件の下で得られた結果を図6-23のように，課題Aの成績を縦軸，課題Bの成績を横軸にプロットする。軸上の○はそれぞれの課題を単独で実施したときの成績（ベースライン）である。図6-23aは容量制限があるときの典型例である。片方の成績がよければもう片方の成績が悪く，二重課題のときのプロットが課題AとBでトレードオフを起こしていることがわかる。このようなとき，両課題ともに容量を奪い合っており，割り当てる注意の容量に応じて成績が決まっていると解釈される。一方図6-23bはデータ制限があるときの典型例である。課題Aでの成績がデータ制限のために悪かったり良かったりしても，課題Bには影響していない。成績を外挿（点線）した関数とそれぞれの軸が交わる点は必ずしも単一課題のベースラインには一致しないかもしれない。この差が同時に2課題を行うことによるコストを示している。たとえば課題Aを主課題とするよう教示したとしても図6-23両側の例のようにプロットが散っているときは，被験者は教示には従わず（あるいは従えず），課題Bに優先的に注意を配分していたことがわかる。

図6-24はLi, VanRullen, Koch, & Perona (2002)による実験結果である。このデータは第4章でフィードフォワードの情報処理を反映して，注意がよそに向いているときでも光景の概要は理解できることを説明したときに用いた。この実験では画面の中央で標的文字を弁別（5文字ともTか，Lが1つ混じっているか）しつつ，周辺に呈示される自然画像を見て，そこに動物が含まれているかを判断した。このとき，中央の文字弁別課題が主課題として強調されていた。2つの課題成績は被験者によって異なっていたので，単一課題のときの成績を基に標準化し，被験者ごとにプロットしてある。図6-24aを例にとると，横軸はほぼ100%，縦軸も90-100%付近に集中している。これは被験者が文字

6.13 注意の容量・資源と再回帰処理

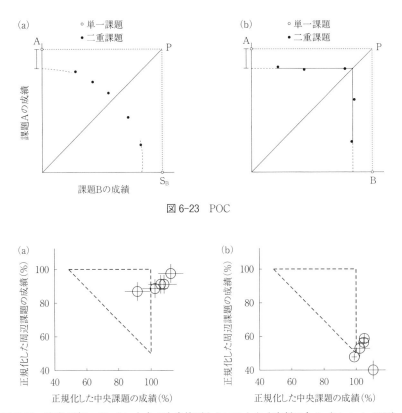

図 6-23 POC

図 6-24 注意が向いていないときでも自然画ならコストなく実行できる（Li et al., 2002）

弁別と自然画の判断を二重課題のコストなく遂行できたことを意味している。これに対して，図 6-24b は中央で先ほどと同様の文字弁別，周辺では緑と赤の半円の弁別を行ったときのプロットである。先ほどとは大きく異なり，文字弁別課題は 100% 付近を維持しているのに対し，円の弁別判断は極めて損なわれていた。こうした恣意的な弁別課題には注意を向ける必要があるといわれているため，同じく注意を必要とする文字弁別とは同時にできなかった。

　ここで思い出してほしいのは，これまでの章では，実験結果をできるだけ注意の容量や資源という語を使わずに説明してきたことである。本書では第 1 章から一貫して，物体認識には再回帰処理が必要であり，再回帰処理して記憶と照合するのにかかるステップが注意を向けることであると説明してきた。ここ

でもその原則どおり，文字弁別には再回帰処理が必要であった。再回帰処理には時間がかかり，同じく再回帰処理を必要とする副課題の円の弁別に注意を割く余裕はなかった。そのためにこうした図6-24bのような事態では二重課題のコストが見られたといえる。

第 7 章　見落としと無視

　注意のメタファーとして，覗き窓とか，ズームレンズとかが使われてきたが，これは感覚器に入力された情報のうち，その後の処理につながる情報が一部だけに過ぎないことを示している。当たり前ではあるが，逆に言えば，注意を向けない情報が存在するということになる。この注意を向けない情報が，見落とされ，無視されることになる。見落とされても，不要な情報を無視できるならば，われわれの脳情報処理に限界がある場合には非常に有効であり，それがわれわれの行動の基盤になっている注意という機能の重要性を端的に表していることになる。問題は，注意を向け，意識的に認識される情報が驚くほど少なく，大半が見落とされ，無視されていることにわれわれが気づかないことにある。ただ，大半が見落とされ，無視されていること自体は，効率的な情報処理による迅速な行動につながっており，必ずしも問題というわけではなく，あくまでわれわれが自分自身の能力の限界に気づいていないことが問題をはらんでいる。ここでは，見落としと無視に関して見出されてきた心理学的現象について，順に取り上げることにする[1]。

7.1　変化の見落とし

　視覚的には十分認知可能と思われる時空間的な情報を被験者に与えているにもかかわらず，それを検出できない，もしくは被験者自身が驚くほど遂行成績が悪くなる現象を，見落としと呼ぶことにする（横澤・大谷, 2003）。見落とし現象の中でも代表的なのが，変化の見落とし（Change Blindness）である（Simons, 2000b; Simons & Levin, 1997; Rensink, 2002）。変化の見落としは，実際には視覚的に十分認知可能と思われる物理的変化を被験者に与えているにもかかわらず，それを検出できない，もしくは被験者自身が驚くほど遂行成績が悪く

---

[1] 本稿の内容は，横澤・大谷（2003），横澤（2010）を参考に加筆修正し，まとめ直している。

なる現象である。

　変化とは，元来過渡的なものである。すなわち，変化によって生ずる過渡信号が視覚系の運動検出器などで検出されれば，変化を見落とすことはない。したがって，変化の見落としを生起させるには，運動検出器などで変化を抽出できない実験課題にする必要がある。すでに，様々な実験パラダイムが提案されており，それらは7つに大別できる（横澤・大谷，2003）。すなわち，サッケード法，瞬き法，フリッカー法，スプラッシュ法，漸次法，カット法，遮蔽法である。

　われわれは情景全体を把握するために，サッケードという跳躍的眼球運動を繰り返している。サッケード法（Grimes, 1996）は，被験者が情景画像Aを観察している間に，サッケードのタイミングに同期させて，情景画像Aと部分的に異なる情景画像Bに切り替える実験手法である。これは，サッケード中に視覚的な情報入力が抑制されるサッケード抑制を巧みに利用している。たとえば，2人の男性がかぶっている帽子の色をサッケード中に変えてしまう。その結果，サッケードの間の変化は30％しか気づかなかった。

　サッケード法と類似したパラダイムとして，瞬き法（O'Regan, Deubel, Clark, & Rensink, 2000）がある。この実験手法では，サッケードの代わりに，瞬きをしたときに変化させる。その結果，瞬き中に被験者の注視位置で情景画像が変化しても，変化の見落としが生起した。ただし，次に説明するフリッカー法では，変化を検出した時点で74.5％が，変化部分を注視していたので，注視位置と変化検出には関係がある（Hollingworth, Schrock, & Henderson, 2001）。

　フリッカー法（Rensink, O'Regan, & Clark, 1997）は，これまでの変化の見落とし研究で最も多く使われてきた実験手法である。フリッカー法は，サッケードや瞬きと同期して画像を変化させるわけではなく，情景画像Aと，その情景画像Aに部分的な変化を持たせた情景画像Bを交互呈示し，その間に視覚的な空白画面を挿入することによって，変化によって生ずる過渡的な信号を遮断した実験手法である。被験者にそれを自由に観察させ，変化が分かったときに回答してもらう。2つの画像の間に，サッケードの平均的な時間長に一致させた80ミリ秒の空白画面を入れただけで，変化の検出は著しく困難になる。交互呈示を1分近く続けても変化は検出できない場合が少なくない（Rensink et al., 1997）。

　スプラッシュ法（O'Regan, Rensink, & Clark, 1999）は，フリッカー法と同じ

ように情景画像Aと，その情景画像Aに部分的な変化を持たせた情景画像Bを交互呈示する実験手法であるが，フリッカー法のように空白画面を挿入しない。その代わりに，情景画像Bに，複数の小図形（Mud）を重ね合わせて呈示する。すなわち，情景画像Bは，車を運転中にフロントガラスに泥はねした瞬間を再現したような情景画像となる。したがって，2つの情景画像を交互呈示しても，情景の多くの部分はまったく変動しないにもかかわらず，変化の見落としが生じることが，スプラッシュ法によって確認することができる。

漸次法（Simons, Franconeri, & Reimer, 2000）では，情景画像Aと，その情景画像Aに部分的な変化を持たせた情景画像Bを使い，両者の中間情景画像を多数作成し，長い時間をかけて徐々に変化させる。たとえば，情景画像Aから，その情景画像Aに部分的な変化を持たせた情景画像Bまで徐々に変化する静止画144枚を，順に高速に切り替えればそのまま動画となり，変化は容易に知覚できるが，毎秒12枚ずつ12秒かけて呈示すると，動画という知覚印象は持てなくなり，静止画を見ているような知覚印象となる。このように，明確な切り替え印象がないときには，変化の見落としが生起する。

カット法（Simons, 1996）では，カメラ位置の移動などによる動画切り替え（カット割り）の際に，変化させる。たとえば，登場人物がコーラ飲料のボトルをコップに注ぐシーンを含む動画において，ボトルが，6.5秒間映っている。次のシーンでは別の人物が近づいてくることが映し出され，ボトルが乗っているテーブルが約4秒間映らなくなる。その次のシーンで，コーラ飲料のボトルがボール紙の箱に置き換えられたことに，10人の被験者全員が気づかず，変化の見落としが確認されている。

遮蔽法（Simons & Levin, 1998）は，実験室内ではなく，日常的な環境でも実施できる実験手法であり，変化するオブジェクトを短時間遮蔽している間に，変化させる。たとえば，実験者に依頼された人物が，被験者に道を尋ねる。その会話の途中で，大きな板を持った人物が2人の間を横切る。大きな板によって被験者の視界が遮られている間に，道を尋ねた人物が板を運んでいた人物と入れ替わる。たとえ入れ替わった人間が別の服を着て，背の高さや髪型が違い，さらに声質がかなり違っても，道を尋ねられた人の半数は，人物が変わったことに気づかなかった。実験室内でも，遮蔽物の奥を通過するときに変化するような動画での実験方法（Williams & Simons, 2000）もあり，同様の変化の見落としが確認されている。

サッケード法からスプラッシュ法までが静止画，カット法は動画，遮蔽法は動画もしくは実世界を用いて検討されている。漸次法は，静止画と動画の中間的な呈示法である。変化の見落としを調べる実験課題の多くは，変化検出課題であるが，変化位置を答える定位課題（Fernandez-Duque & Thornton, 2000; Smilek, Eastwood, & Merikle, 2000）や，変化オブジェクトの同定を求める課題（Mondy & Coltheart, 2000）などもある。

　変化の見落としは，われわれ自身の予想をはるかに上回る，一種のメタ認知のエラーと考えられている。このことが，変化の見落としという現象の最も重要な点である。Levin, Momen, Drivdahl, & Simons（2000）は300人ほどの被験者を使い，変化部分をあらかじめ説明した上で，カット法や遮蔽法による実験で変化の見落としが生ずるかどうかをアンケートで調べた。登場人物が別人に変わるとき，その変化に46％の被験者しか気づけなかった検出課題に対して，もし自分が実験に参加すれば気づくだろうと答えた人がアンケートでは97.6％になった。他の状況の変化でも，実際の実験結果とアンケートには大きな差があった。このような大きな差異を，変化の見落としの見落とし（Change Blindness Blindness）と呼ぶ。Scholl, Simons, & Levin（2004）は，実際にフリッカー法による変化検出課題を行わせ，その後に検出時間を被験者に明示した上で，被験者自身にどの程度見落とし状態にあったかを強制的に答えてもらうため，どれくらい前に変化が起こったかについて推測させた。その結果，検出時間が長くなればなるほど，また検出が難しい刺激ほど，変化の見落とし時間を少なく見積もることが明らかになった。

　このように劇的に変化の見落としが起こるのは，実験者があらかじめ見落としやすい部分を調べ，そこを変化させていることを知っておく必要がある。Rensink, O'Regan, & Clark（1997）は，変化検出の実験の前に別の実験として，5人のナイーブな被験者に各情景画像に対する短い言語報告を求め，3人以上の被験者が報告したオブジェクトもしくは領域を中心的興味と呼んだ。この「中心的興味」（Central interest）オブジェクトの変化は，たとえ物理的な変化量が等しくても，「重要ではない」（Marginal-interest）オブジェクトの変化より，かなり簡単に検出される。スプラッシュ法でも，情景における中心的興味オブジェクトが変化した場合にはすぐにその変化は検出されるが，重要ではない部分の変化は，40秒間掲示しても，変化を検出しにくいことが確認されている（O'Regan, Rensink, & Clark, 1999）。しかしながら，カット法では，コーラ飲料

のボトルがボール紙の箱に置き換えられる状況において、コーラ飲料が中心的興味オブジェクトであるにもかかわらず、被験者全員が変化に気づかなかった (Simons, 1996)。このことは、問題とするオブジェクトが事象の中心であっても、オブジェクトの属性に対する変化検出は貧弱であることを示している。

Rensink et al. (1997) が用いた情景の中心的興味の基準は、情景における意味的要素と視覚的要素の両者を含んでいるが、Hollingworth & Henderson (2000) は、意味的要素のみの影響を検討した。文脈に合致した変化と合致しない変化をフリッカー法で比較した結果、文脈に合致しない変化が早く見つかることを示した。しかし、Simons, Chabris, Schnur, & Levin (2002) は遮蔽法で文脈一致と文脈不一致のオブジェクト変化を比較し、統計的な有意差がないことを示したので、必ずしも一定した結果が得られているわけではない。

変化の見落とし研究において、非常に長い検出時間を要するということは、情景中のそれぞれのオブジェクトを符号化し、系列的に比較する探索過程が必要であることを反映している (Yokosawa & Mitsumatsu, 2003; Rensink, 2000b)。情景画像に十分に注意を向けることができない時間しか与えられない場合には、情景の完全な表象を形成できないので、変化の見落としが生ずると考えられる。ただし、この現象が、特殊な実験操作の副作用によって表象の形成が妨げられるためではないかという批判もあった。たとえば、フリッカー法の空白提示が、記憶固定をさまたげる、もしくは情景の表象に長時間かかるという批判である。このような批判に応えるために、実験操作の副作用を統制するような実験が行われた (Rensink, O'Regan, & Clark, 2000)。第1に画像を事前に8秒という長時間見せる操作、第2に40ミリ秒から320ミリ秒まで様々な空白時間の設定、第3に輝度変化が激しくなる黒や白だけでなく、赤という色の設定、第4に空白を部分的にするために、長方形のパッチを使った操作であった。これら4つの操作による実験のいずれにおいても変化の見落としが生起したので、変化の見落としは特殊な実験操作の副作用ではなく、完全な表象を形成できないことに起因すると考えられる。

実世界では通常、変化は過渡的な信号なしには起こらない。したがって、多くの場合に、視覚系は時を超えた詳細な比較の必要なしに、安定性を仮定できる。すなわち、安定は日常的であり、注意を向ける必要がない一方で、変化は注意を引くような信号を生み出す。過渡的信号が失われたときでも、変化に気づくためには、(1) 元の情景の表象の形成、(2) 新たな情景の表象との比較、

（3）比較の結果の意識的な利用が必要である（Simons, 2000c）。Becker, Pashler, & Anstis（2000）は，変化検出課題におけるアイコニックメモリーの役割を調べるために，2つの画像の間に線分により位置手がかりを与えるプローブ法を用いて検討した。その結果，アイコニックメモリーの持続時間内には手がかりによる利得があることから，変化を検出できない条件でもブランク中にアイコニックメモリーは保持されていることを確かめた。さらにアイコニックメモリーの持続時間内であっても，比較刺激と同時に手がかりを与えた場合には，手がかりによる利得が見られないことから，表象が上書きされてしまうために変化の検出ができないということを明らかにした。そこで，アイコニックメモリーが減衰する前または比較刺激の呈示により上書きされる前に変化する項目に注意が向けられれば，視覚的短期記憶に転送することができるので，変化を検出することができると主張した。ただし，変化の検出ができないこととオブジェクトの表象が保持できないことは必ずしも一致しない。Becker et al.（2000）はプローブ法を用いて，変化検出課題のブランク中にアイコニックメモリーが保持されていることを示したが，尾関・横澤（2003）は，変化検出課題のブランク中に視覚的短期記憶はどのように保持されているのかを検討するため，テスト刺激から手がかり刺激が呈示されるまでの時間と，テスト刺激と比較刺激の間のブランクを操作し，変化検出課題のブランク中の表象の時間特性を調べることによってテスト刺激が視覚的短期記憶に残存していることを明らかにした。Hollingworth & Henderson（2002）も，視覚表象は注意が移動した後も保たれ，詳細な情景表象を形成するために蓄積されることを示した。Hollingworth & Henderson（2002）は，実世界の情景の視覚表象を蓄積しても，変化の見落としが生ずる2つの可能性を考えた。第1は，変化が起こる前に，変化するオブジェクトに集中的な注意を向けていないために，変化を見落とす可能性であり，第2は，変化を検出するのに十分な視覚情報は符号化されていても，検索したり，比較したりできない可能性である。Hollingworth（2003）は，変化の見落としが検索や比較の失敗で起こることを示すために，情景を20秒間という長い時間呈示した後，オンセット手がかりを短時間呈示し，その後で指定位置のオブジェクト変化の有無を回答させる実験を行った結果，変化検出は，手がかりの有無にかかわらず，チャンスレベルより高くなり，手がかりが標的の検索や比較過程を限定すると，変化の検出が高くなった。

　変化の見落としに関しては，変化に気づいていない状態での潜在的な処理過

程を検証した研究が行われている。潜在的変化検出過程における，変化前後の2つの表象とその比較について，記銘，定位，同定という，それぞれの観点から検討する必要がある（Mitroff, Simons, & Franconeri, 2002）。

　第1に，記銘に関しては，Williams & Simons（2000）が，アニメーションを用いて変化検出課題を行っている。複雑な形状の画像が画面左から出現し，1秒以上かけて遮蔽を通過し，画面右に消えていく。そしてこの遮蔽の通過前後で形状を変化させた。このとき，変化なしと反応した被験者は変化に気づいていないことを確認できるが，変化なし試行の正答と，実際には変化あり試行の誤答とを比較すると，68％の被験者は変化あり試行より変化なし試行の反応が速かった。この結果は，被験者は気づいていないにもかかわらず，変化の有無が反応時間に影響を与えたことになる。第2に，定位に関しては，被験者が気づいていなくても，変化位置は推定できるかを，Fernandez-Duque & Thornton（2000）が検証した。フリッカー法で提示した後に，複数の探索刺激画面のうち2つだけ刺激を残し，変化した可能性があるほうを二者択一で強制選択させる実験で，たとえ変化の検出が顕在的にできなくても，チャンスレベル以上に正確に答えることができ，潜在的に変化位置が分かっていることを示唆している。第3に，同定に関しては，Thornton & Fernandez-Duque（2000）が，変化の同定の潜在的効果に関する検証を行った。複数の線分刺激をフリッカー法で呈示した後，手がかり刺激の線分方向を判断させた。その結果，被験者が変化を検出していなくても，手がかり刺激が変化刺激の方向と同じときに，速く反応できた。変化は潜在的に検出され，変化刺激の同定は潜在的に進められるので，手がかり刺激の方向の決定に干渉したと考えられる。

　しかしながら，上述の潜在的変化検出に関して，いずれも顕在的な比較メカニズムで説明できるという報告がある。Mitroff, Simons, & Franconeri（2002）は，記銘，定位，同定に関して，フリッカー法による4つの実験で，これまでの潜在的変化検出を示唆するとされてきた実験結果が再現されることを確認した上で，同時にそれらが顕在的な比較メカニズムで説明できることを示した。Williams & Simons（2000）の記銘に関する結果は，被験者は，確信があるときだけ，変化の検出と反応しているからかもしれないと考えた。すなわち，変化はあったと思っても，確信がなければ変化なし反応をするだけかもしれない。そこで，変化の有無による反応時間の差が，被験者の確信度と相関があるかどうかを調べた結果，変化なし反応における反応時間差は，被験者の確信度と相

関があり，潜在的変化検出に基づくとは結論できないことを明らかにした。定位に関する Fernandez-Duque & Thornton（2000）の結果は，2つの選択肢の強制選択実験なので，変化なしと分かった刺激を選ばなければ，被験者は変化刺激を正確に選ぶことができる。そのような推定を仮定すると，Fernandez-Duque & Thornton（2000）の結果は，潜在的な変化検出が存在しなくても，説明できてしまった。また，同定に関する Thornton & Fernandez-Duque（2000）の結果に対して，変化刺激と手がかり刺激の位置関係を変動させると，変化刺激の同定の潜在的効果は消えてしまうことが明らかになった。Thornton & Fernandez-Duque（2000）の結果は，変化刺激と手がかり刺激の固定した位置関係からの予測によって得られたと考えられる。以上のように，Mitroff et al.（2002）は，潜在的変化検出の魅力的な可能性にもかかわらず，変化検出の実験的な証拠は，顕在的な比較メカニズムによって説明できると主張した。さらに，Mitroff & Simons（2002）は，変化位置の潜在的な検出に関して否定的な結果を得ている。すなわち，フリッカー法での画像交代の繰り返し回数を1回，2回，4回，6回と操作し，変化位置をマウスで指定した後，見た（Saw），感じた（Felt），推測した（Guessed）という3段階のいずれかを選ばせた。繰り返し回数が増えるにしたがって，見たと答える割合が増加する一方で，推測したという割合は減少した。見たと答えたときは，95%が正しい位置を指定したが，推測したと答えたときは，4%しか正しい位置は答えられなかった。繰り返し回数が増えても，推測した場合には正しい位置を答えられるようにはならなかった。実際に変化させた位置と推定した位置の距離は，繰り返し回数が増えても短くならず，ほぼ一定であった。潜在的な過程が変化位置に徐々に注意を誘導するようなことはないことを示唆している。

　Fernandez-Duque, Grossi, Thornton, & Neville（2003）は，フリッカー法を用い，変化の見落としにおける事象関連電位を計測している。実験では，4種類の試行を続けて行っている。すなわち，通常の変化検出試行，その変化が消失するのを報告させる変化消失試行，第2の変化を検出させる別変化検出試行，最初の変化が再び生起することを確認させる再変化検出試行の4つである。前半2試行に変化があり，後半2試行には実際には変化なしで，事象関連電位を計測する。変化検出試行と別変化検出試行は変化位置が不確定なので探索，変化消失試行と再変化検出試行は変化位置が固定なので集中的注意が必要である。このような4試行の象関連電位の時空間特性を比較することにより，注意，変

化の気づき（Awareness），変化の潜在的表象はそれぞれ別のシステムによることを示した。

Simons & Rensink（2005）は，変化の見落としという現象が劇的であるがゆえに，拡大解釈される危険性が少なくないことを指摘する。その一方で，単純な図形から複雑な情景まで幅広いレベルの刺激を使った実験によって，注意，記憶，潜在知覚，意識など，従来から取り組まれてきた様々な研究テーマに，新たな視点を提供していることを理解しておかなければならない。

7.2　非注意による見落とし

　非注意による見落とし（Inattentional Blindness）は，被験者が意図的な注意を向けていないために，視覚的には十分認知可能と思われる物理的刺激を検出できない現象である。非注意による見落としと変化の見落としは，被験者があらかじめ標的に関する知識を持っていない状況で生起する現象であるという共通点があり，厳密に両者を区別することは難しいが，非注意による見落としの場合には，明示的に注意が必要な別の課題を課したときに生じる現象である。この非注意による見落とし現象は，以下の2つの実験パラダイムを使って調べられている。1つは，静的パラダイム（Rock, Linnett, Grant, & Mack, 1992）であり，もう1つは，動的パラダイム（Neisser, 1979; Most, Simons, Scholl, & Chabris, 2000）である。いずれも，注意が向けられていない刺激の検出課題を行い，見落とし率で非注意による見落としの生起を確認する。

　静的パラダイムは，Mack & Rock（1998a）が用いた（第3章も参照），ライン判断課題（主課題）と光点検出課題（副課題）の二重課題が典型的である。そこで，典型的な実験試行について，以下に説明する（Rock, Linnett, Gran, & Mack, 1992）。まず，被験者に画面中央に呈示する固視点を凝視させる。次に，十字刺激を200ミリ秒呈示した後，マスク刺激を500ミリ秒呈示する。試行直後に，十字刺激の水平線と垂直線のどちらが長いか，もしくは同じ長さかを口頭で回答させる。これは，被験者が十字に注意を向けていることを確認するためである。これを8試行繰り返す。第1試行から第3試行までは，十字刺激のみ呈示するが，第4試行では，十字刺激と光点を同時に呈示する。これを非注意（inattentional）試行と呼ぶ。第5～6試行はまた十字刺激のみを呈示し，第7試行で十字刺激と光点を同時呈示する。このとき，被験者は光点の呈示の

予期が可能であることから，これを分割注意（divided-attention）試行と呼ぶ。最後に第8試行でも十字刺激と光点を同時呈示する。第8試行ではライン判断課題を行わないように被験者に指示を与える。これは意図的注意を光点にだけ向けたときに，呈示された光点を検出することが可能かどうかを確認する統制試行である。十字刺激の長さで囲まれる四辺形の範囲内に光点は呈示される。第4，7，8試行では，十字の他に何か見えたかを聞き，その確信度は3段階で評定させた。その結果，ライン判断課題の正答率は80％ほどであったが，非注意試行では約25％の被験者が光点の存在に気づかなかった。非注意試行と注意分割試行の主課題の成績を比べると，主課題の正答率は副課題の正答率とは逆に減少している。これは，被験者が非注意試行後の実験者からの質問で光点の存在に気づき，注意分割試行では，ラインの長さ判断と光点の検出の両方に注意を向けようとしたためと考えられる。

　一方，動的パラダイムは，異なる動画を重ねて呈示し，片方の動画だけに注意を向けさせる方法である。Neisser (1979) の刺激例を挙げるならば，一方の動画であるバスケットボールゲームの動きを追う課題を行わせると，その途中で，傘をもった女性が横切るもう一方の動画が重ねあわされて呈示されても，被験者はほとんど気づかない。このように，注意を必ず向けているような範囲で，意図的には注意されない状態を設定している点は静的パラダイムと同様であり，傘をもった女性に気づかない現象が非注意による見落としである。バスケットボールゲームをしている人たちも傘をもった女性も，被験者が注意してみている同じ場面・同じ範囲に提示されていることから，意図的な注意はバスケットボールゲームをしている人たちに向けられているが，傘をもった女性には意図的な注意が向けられていないと考えられる。Simons & Chabris (1999) は，バスケットボールゲームの人たちをしているなかに着ぐるみのゴリラを通過させるなど，より特異なイベントを組み合わせたにもかかわらず，予期しない副課題の刺激がしばしば見落とされることを明らかにした。さらに，Simons (2010) は，同様の動画で，着ぐるみのゴリラが通過することを知っている被験者と知らない被験者を比べ，カーテンの色やバスケットボールゲームをしている人数の変化にも気付くかどうか調べたところ，ゴリラが通過することを知っていても，他の変化に気付きやすいわけではないことを明らかにした。このことは，非注意による見落としが，奇異な事象の生起を予想しているかどうかに依存しないことを示している。

また，Most et al.（2000）は複数オブジェクト追跡（Multiple Object Tracking; MOT）課題を用いることで，情景動画ではない刺激を用いた動的な実験パラダイムを実現した（第3章も参照）。黒色と白色のL字型とT字型の刺激を各2対呈示させた。被験者は画面中央に呈示される固視点を凝視しながら，ランダムに動き回るL字型とT字型の指示された色の対を15秒間追視し続ける（MOT課題）。被験者はそれらが画面の端で跳ね返る回数をカウントし試行の最後に報告する。これを5回繰り返す。第1，2試行は，MOT課題の刺激のみ呈示するが，第3試行は，MOT刺激と十字型を呈示する。十字型は，試行が開始してから5秒後に，画面右中央の端から，固視点上を通過し，画面左中央の端へと移動する。画面上に呈示されるのは5秒間である。十字型が消えてから5秒間はMOT刺激だけを呈示している状態である。これをクリティカル（critical）試行と呼ぶ。第4，5試行もMOT刺激と十字型の双方を第3試行と同様に呈示するが，この時点ではすでに被験者は十字の呈示を予期することが可能である。第4試行を分割注意試行と呼び，第3試行同様にMOT課題と十字型検出課題をさせる。第5試行は，MOT課題をさせずに十字型検出課題だけを行わせる。これを統制試行と呼ぶ。Most et al.（2000）による動的パラダイムでは，47％という高い見落とし率が得られた。動的パラダイムは静的パラダイムとは異なり，主課題を遂行するときに，注意の移動を伴うので，見落とし率へ影響したと考えられる。十字型を提示する位置や色などの属性を変化させた実験でも，いずれも静的パラダイムよりも高い見落とし率であった。

　非注意による見落としを調べるための実験パラダイムが，他の見落とし実験課題と異なる特徴は，意図的な注意を向けられていない状態を偶発的に創り出す点である。すなわち，一種の二重課題であるが，多くの二重課題では，被験者は主課題だけではなく，副課題の存在を知っている。そのため，主課題だけに注意を向けるように教示したとしても，副課題に注意を全く向けていないという保証はない。しかし，非注意による見落としの実験パラダイムでは，被験者は副課題の存在を知らされずに，主課題の遂行だけを教示されるため，主課題だけに注意を向けると考えられる。また，主課題で注意を向けなければならない範囲に，副課題の刺激が呈示されていることにも特徴があり，同一の空間領域において，主課題では意図的な注意を向け，副課題では意図的な注意が向けられてはいないことになる。

　この実験パラダイムの実験遂行上での困難な点は，被験者を多数要する点で

ある。被験者は，副課題の存在を知らない者やこの現象についての知識を持たない者に限るため，静的な実験パラダイムにおける非注意条件や動的な実験パラダイムにおけるクリティカル試行は，一人一回しか行うことができない。たとえば，この実験パラダイムを確立させた Rock et al. (1992) の第1実験の被験者数は 136 人である。また，非注意の見落とし研究の集大成である Mack & Rock (1998a) に収録されている実験の被験者総数は約 5,000 人で 7 年費やして実験データを集めたと記されている。

　Moore & Egeth (1997) は，主課題にラインの長さ判断（この場合は，水平に二本の直線を呈示し，上方と下方のどちらが長いかを回答させる）課題を，背景に Ponzo 錯視や Müller-Lyer 錯視図形を呈示した。この手法は，明示的に副課題を行わせないところに特徴がある。結果は，錯視図形の存在には被験者の約 10% しか気がつかなかったにもかかわらず，約 85% の被験者がラインの長さ判断に錯視の影響を受けていたことが分かった。主観的輪郭図形を背景に用いても，同様の影響が得られている（Moore, Grosjean, & Lleras, 2003）。Moore & Egeth (1997) の実験結果は，非注意による見落とし現象が自動処理に起因する表象の存在を反映した結果であり，前注意段階における刺激のプリミティブな特徴の処理を示唆していると Tzelgov (2000) は述べている。副課題の刺激を無意味図形ではなく，被験者の名前や幸福顔などの有意味な図形の刺激にした場合，非注意による見落としも生起しにくい（Mack & Rock, 1998a）。しかし，被験者の名前の文字配列を変えた場合や，幸福顔の目，鼻，口の配置を変えた場合，非注意による見落とし現象は生起する（Mack, Pappas, Silverman, & Gay, 2002）。この結果は，意図的注意の向けられていない刺激情報の視覚的特徴を意識的に知覚しなくとも，意味的な処理をすることを示唆する。すなわち，注意を必要とせずに幸福顔であると認識することが可能である。このことから，前注意段階での処理，そして注意の役割を考える上で，生態学的に必要性が高い刺激や親近性が高い刺激の処理を再検討しなければならないといえる。

　副課題において，注意が向けられている領域と向けられていない領域に呈示された予期しない光点の検出について検討されている。主課題に十字判断課題を用いたとき，大きい十字が呈示されている試行よりも小さい十字が呈示されている試行，また，主課題が長方形の高さと幅のどちらが長いかの判断課題を用いたとき，その長方形の中に光点がある試行よりも外にある試行の見落とし率が高かった（Newby & Rock, 1998; Mack & Rock, 1998a）。この結果は，予期

しない刺激を検出するためには，意図的注意が向けられていない状態においても，予期しない刺激の呈示位置から注意を向けられた領域の中心への距離や，予期しない刺激が注意の向けられた領域内にあるかどうかが重要であることを示している。さらに Newby & Rock（1998）は，注意を向けている領域内に呈示されている予期しない刺激の検出についてブロブの呈示位置を変えて検討した結果，ブロブの形の同定は，網膜上の偏心度だけではなく，注意の焦点からの距離（注意の偏心度）にも依存することを示した。しかし，意図的な注意が向けられているほうが非注意条件下であるよりも精確な位置判断が可能であることも示されている（Newby & Rock, 2001）。

　Most et al.（2000）は，注意を向けている空間的な範囲と，予期しない刺激が呈示される位置の相対関係を操作した。すると，注意を向けている主課題の呈示位置から離れるにしたがい，見落とし率は増加した。これは，静的パラダイムで得られる非注意による見落とし（Newby & Rock, 1998）と同じ結果である。また，予期しない刺激が，注意を向けている刺激に含まれる特性を含んでいるときに，見落とし率は減少するという結果も得られた（Most, Simons, Scholl, Jimenez, Clifford, & Chabris, 2001）。Simons（2000a）は，実験室における動的パラダイムで得られる非注意による見落としの結果を，自然な状態での実験場面の結果（Simons & Chabris, 1999）と比較している。どちらの場面においても，主課題に無関係な要素を選択的に無視することで非注意による見落としが生起する。また，注意を向けている主課題のオブジェクトとそれ以外の副課題のオブジェクトがもつ属性の特徴次元が同じである場合に見落とし率が減少する結果であった。

　見落とし率は，主課題の難易度にも依存するので，主課題を遂行するために必要な負荷が影響していることが考えられている。すなわち，意図的に注意を向けるべきオブジェクトの処理に必要な負荷が多ければ多いほど，他のオブジェクトに向ける注意容量が減り，非注意による見落としが生じやすくなる（Simons & Jensen, 2009）。ただし，Simons & Jensen（2009）は，主課題の負荷に個人差があっても，その負荷と見落とし率との相関は高くないことも明らかにしている。すなわち，主課題の個人成績の高低によって，見落とし率の高低を予測することはできないのである。

　非注意による見落とし現象の生起は，知覚処理の失敗と記銘処理の失敗という2つの説明が可能である。意図的な注意の向けられていない刺激に関する情

報が精確に知覚されない，もしくは符号化されなかったために検出することができないという考えである．前者はMack & Rock（1998a）やMost et al.（2000），Most et al.（2001），後者はWolfe（1999）やMoore & Egeth（1997）によって支持されている．Mack et al.（1992）は，前注意段階で処理されると考えられてきたテクスチャ分凝や，明るさ，ゲシュタルト法則などが，非注意条件の副課題でいずれも顕在的に報告できないことから，群化などの初期処理をされた表象の知覚を記憶へ適切に符号化するときに失敗が生じると考えた．しかしこの考え方では，副課題の刺激の存在は分かっても同定することができないという現象について十分な説明をすることができない．Mack & Rock（1998a）やMost et al.（2000），Most et al.（2001）は，前注意段階においてオブジェクトのプリミティブな特徴の処理は完了しており，注意のメカニズムは完全なオブジェクト上で作動すると考えている．そのため，閾値を超える少数の無意識に知覚されたオブジェクトだけが注意を捕捉し，意識的に知覚されると主張している．知覚処理の失敗が原因であると考えるならば，予測できない刺激の出現は，その刺激への注意を十分に捕捉することができず検出することができない．したがって，非注意による見落としが生起すると解釈することができる．

　Mack et al.（1992）の考え方とは逆に，Moore & Egeth（1997）は，副課題の出現を記憶することができないために非注意による見落としが生じたと考えた．背景の錯視図形が主課題の知覚に影響を与えたMoore & Egeth（1997）の結果では，前注意段階において主課題と無関係な背景は忘れられてしまったか，うまく符号化されなかった．しかし，Moore & Egeth（1997）は類似による群化を，主課題の報告のために記憶していたと説明している．

　このMoore & Egeth（1997）やMoore et al.（2003）の結果は，Wolfe（1999）によって提案された非注意による健忘（Inattentional Amnesia）仮説でも説明することができる．Wolfe（1999）は，われわれが視覚情報の内容の変化に気づきにくいだけだと主張し，注意を向けられていない無関係な刺激は決して知覚意識レベルに昇らないというMack & Rock（1998a）とは反対の立場である．注意の効果については，視野すべての刺激の位置を知覚できること（Newby & Rock, 1998）や，注意の向けられている領域において，そのときに注意を向けられている視覚表象の様々な特徴情報処理間の結合を強める（Moore & Egeth, 1997）ことが明らかである．このことからWolfe（1999）は，その時その時に意識にのぼっている視覚表象は，その時その時に注意を向けられている視覚表

象のみであり，この視覚表象は記憶されないという仮説を導いた．この仮説は，一旦ある視覚オブジェクトに向けられていた注意が他のオブジェクトに向けられるやいなや，最初に注意が向けられていた表象に関するどんな痕跡も非常に早く消えてしまうことを意味する．この仮説にしたがって非注意による見落とし現象を解釈すると，意図的な注意が向けられていない副課題のプリミティブな刺激特性などは前注意段階で処理されているので，副課題を検出できる可能性がある．しかし，意図的な注意は常に主課題に向けられているために，副課題に関する個々の刺激特性を統合された情報を保持することはできない．したがって，意図的な注意の向けられている主課題についての質問には回答することができるが，副課題については回答することが難しいということである．このように，非注意による見落とし現象の本質的な問題点であった，注意が向けられている領域に提示されていても意図的な注意が向けられていない光点を検出できない事象や，副課題の刺激の存在を知覚することができても同定することができない事象を Wolfe (1999) の仮説では説明することができる．

　オブジェクト認知以外の側面から，非注意による見落とし現象の原因が知覚処理の失敗か，記銘処理の失敗かを検討した研究もある．Rees, Russell, Frith, & Driver (1999) は fMRI を用い，注意を向けなかった文字列が単語または非単語のときの活動部位を測定した．その結果，側頭葉と前頭葉における活動には差異がみられなかった．これは，刺激が固視点上に提示されたとしても，提示された刺激が非常に熟知した刺激や有意義なものでさえも，注意が捕捉されず，結果的に記銘されていないことを意味する．これは，知覚処理の失敗であるという Mack らを支持する結果であるといえる．知覚処理の失敗か，記銘処理の失敗かという議論のなされている中，Moore (2001) は，知覚処理の失敗か記銘処理の失敗のどちらかが原因で，非注意による見落とし現象が生じるとは容易に言い切れないと主張している．Moore (2001) は，いくつかの表象は意図的な注意なしには生成されず，記憶への情報の符号化がしばしば失敗するために非注意による見落としが生起すると考えている．そのため，知覚処理か記銘処理の失敗だと断言できないと述べている．この主張について Mack (2001) は，いくつかの表象は前注意的な処理を経なければ生成されないという点では Moore (2001) に賛同している．しかし，たとえ，符号化にしばしば失敗しようとも，潜在的な知覚処理や注意の捕捉などが関与した失敗であることから，記銘処理の失敗と非注意による見落とし現象は関係ないと主張してい

る。現時点でどちらが正しいかを判断することは難しいが，表象を知覚処理した際の出力を符号化するためには，注意が必要不可欠であることは明らかである。

7.3 低出現頻度効果

　視覚探索課題は標的の有無を答えさせる実験課題なので，被験者が標的有りもしくは標的無しのどちらかを優先して反応しないように，通常は標的の出現確率を全試行の50%にする。しかしながら，われわれの日常生活を考えてみると，標的の出現確率が50%である視覚探索というのはおそらく少なく，多くの場合標的の出現確率は極めて低いように思われる。たとえば，空港の手荷物検査や医療現場でのX線画像検査では，危険物や深刻な病変が含まれる確率は1%に満たないだろう。そこで，空港の手荷物検査を模した刺激画面から，逐次探索が必要な標的となる工具（金槌，鋸，ペンチ，ドリル等）を探す課題において，標的の出現頻度を1%まで低下させると，図7-1のように，標的を見落とす割合が上昇し，わずか3項目の探索でも30%以上の見落とし率となった（Wolfe, Horowitz, & Kenner, 2005）。5%や50%の出現頻度のときは，項目数が増えるに従って標的の見落とし率は増える傾向にあるが，1%の出現確率のときは，その傾向は消え，項目数が少ない場合にも見落とし率が高くなる。このように，出現頻度に反比例するように見落とし率が高くなる現象を低出現頻度効果（low-prevalence effect）と呼ぶ。

　Wolfe, Horowitz, Van Wert, Kenner, Place, & Kibbi（2007）は，空港の手荷物検査を想定した実験をいくつか行った。2人を1つの組にした実験において，両者の見落としの傾向が独立でなく，同じようなミスをしていた。また，高出現頻度の標的に加え，複数の標的を出現させることなどにより，全体的に標的出現頻度を上げても，出現頻度の低い標的のターゲットの見落とし率は高いままであった。全試行において見落としに対してフィードバックを与え続けても，低出現頻度効果は残った。このように低出現頻度効果が頑健なものであることが確認されている。

　なぜこのような現象が生起するのかというと，標的の出現確率が高いときには，標的が無いという判断が，標的が有るという判断より遅くなるが，出現確率が1%のときには速くなっており，標的を見つけ出すのに必要な時間より早

7.3 低出現頻度効果

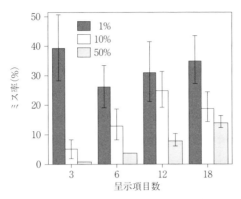

図 7-1 低出現頻度効果（Wolfe et al., 2005 を参考に作成）

く探索をやめてしまうので，見落とし率が高くなると考えられる。さらに，Fleck & Mitroff (2007) は，5種類（おもちゃ，果物と野菜，衣類，鳥，道具）の図形から指定されたカテゴリ，たとえば道具を探索させる実験を，標的の出現頻度が 50%，10%，2% の3条件で行った。Wolfe et al. (2005) とは異なり，反応に対するフィードバックを行わず，一つ前の試行の回答を変更することを可能にした。図 7-2 のように，変更可能な場合には，低出現頻度でも見落とし率が上昇しない，すなわち低出現頻度効果が消えることを見出した。このことから，Fleck & Mitroff (2007) は，知覚的な問題ではなく，標的がないと反応する行動実行系のバイアスによると主張した。ただし，行動実行系のバイアスだけでは見落とし量を説明できないという反論 (Van Wert, Horowitz, & Wolfe, 2009) もある。

Rich, Kunar, Van Wert, Hidalgo-Sotelo, Horowitz, & Wolfe (2008) は，低出現頻度効果が一般的な視覚探索課題でも生じることを明らかにした。L字の中から標的であるT字を探索させる一般的な逐次探索課題において，50% の標的出現頻度のときにほとんど標的を見逃さないにもかかわらず，2% の低出現頻度の場合には 40% も標的を見逃すことを明らかにし，垂直線分の中から標的である水平線分を探索させる一般的な並列探索課題において，標的検出率は低いものの，50% の標的出現頻度のときに比べ，2% の低出現頻度の場合には有意に標的検出率は低くなった。すなわち，単純な図形を使った視覚探索課題でも低出現頻度効果は得られた。ただし，逐次探索課題と並列探索課題におけ

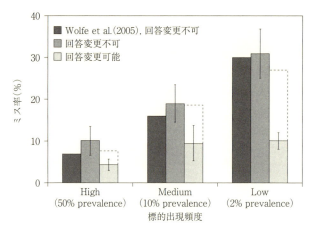

図 7-2　回答変更の可否と低出現頻度効果の関係（Fleck & Mitvoff, 2007）

る反応時間の傾向の違いから，逐次探索課題では標的が見つかる前に探索を終了してしまうために標的を見逃し，並列探索課題では標的の出現頻度が低い場合に標的がないと反応するバイアスによると考察された。このことは，反応までに2秒待たせる実験を行うと，並列探索課題の場合には低出現頻度効果が消失する一方，逐次探索課題の場合には低出現頻度効果が消えないことからも明らかである。このように，出現頻度が低い場合に見落とし率が上昇するのは主に，反応時間が短縮するため，知覚できていても，反応行動でミスをするためであり，反応時間が短すぎる場合に警告することで見落とし率を低下させることができる（Wolfe et al., 2005）。

　ビッグデータを使うことで，さらに極低出現頻度効果（Ultra-rare item effect）も調べられている。Mitroff & Biggs（2014）は，Airport Scanner というゲームを使い，11,053人が参加した，のべ370,468個のバッグの中の，低出現頻度の78種類の標的の検出率を分析した。Airport Scanner は，図7-3のようなバッグの透視画像から，不法なビンや拳銃を探し出すゲームである。分析したのは，このゲームの5段階のレベルの最上位レベルである elite となった被験者のデータであった。78種類の標的に対する出現頻度は，約600万個のバッグの中の300万個以上の標的をもとに計算され，0.08%から3.72%の範囲だった。その結果，出現頻度の対数関数に沿って標的検出率は低下し，出現頻度が

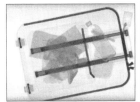 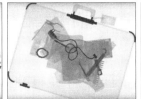 

図 7-3　Airport Scanner の透視画像（Mifroff & Biggs, 2014）

1％以上の 23 種類の標的検出率は 92％ だったが，0.15％ 以下の 30 種類の標的検出率は 27％ だった。これまでの研究で低出現頻度効果が生じるとされてきた 1％ 程度の出現頻度で高い標的検出率をほこる被験者も，0.15％ 以下の出現頻度のときには，かなり低い標的検出率になった。すなわち，訓練によって，低出現頻度効果を克服できる可能性を示すとともに，極低出現頻度の標的検出率は依然として低くとどまっている可能性が高い。

7.4　その他の見落とし現象

　従来の注意研究で用いられてきたヴィジランス課題のような持続的注意の不全としての見落としもある。すなわち，航空管制，プラント監視，長距離の自動車運転などにおいて，持続的注意を維持し，長時間にわたる刺激警戒することをヴィジランスと呼び，ヴィジランスを課す実験課題をヴィジランス課題と呼ぶ。ヴィジランス課題における見落としを減少させるためには，ヴィジランスの低下を緩和することが必要である（Fisk & Schneider, 1981; Mackworth, 1948）。さらに，その他の見落とし現象として，選択の見落とし（choice blindness），反復の見落とし（repetition blindness），注意の瞬き（attentional blink）などがある。これらの現象は，あらかじめ標的が明らかであるにもかかわらず，見落としを回避することは難しいことを明らかにする。

　選択の見落としとは，自らの行為として示される選択結果が意図していた選択結果と変わっているのにもかかわらず，それを見落とす現象である（Johansson, Hall, Sikström, & Olsson, 2005）。2 枚の顔写真を示し（図 7-4a），好みの 1 枚を被験者に選ばせた（図 7-4b）後に，被験者に気づかれないように選択された写真ではない，もう一方の写真を渡す（図 7-4c, d）と，意図しない選択のは

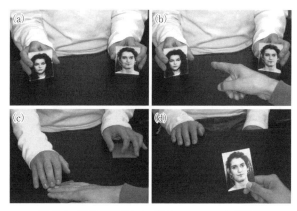

図 7-4　選択の見落とし（Johansson et al., 2005）

ずなのにそれに気づかず，どうしてそちらを選択したのかその理由を尋ねると，明らかに後付けの選択理由を説明しがちであることも分かっている。この現象から，視覚情報に基づく選択がいかにあいまいであるかを知ることができるだろう。選択の見落としが生じるのは，顔，もしくは視覚情報に限らない。Hall, Johansson, Tärning, Sikström, & Deutgen (2010) は，ジャムの味や紅茶の香りに関しても，両選択肢の味や香りがかなり違っても，選択の見落としが生じることを報告している。

　Kanwisher (1987) は，高速逐次視覚呈示法によって呈示された刺激系列に，同じ単語の反復がある場合には，2つ目の呈示単語の検出ができず，見落とす現象を報告し，反復の見落としと命名した（第5章を参照）。同じ単語が，1つは大文字表記で，もう1つが小文字表記でも反復の見落としが生じることから，単に同じ視覚形状であるから見落とされるわけではない。また，Kanwisher & Potter (1989) は，反復の見落としは生じても，反復の聞き落とし（repetition deafness）が生じないことから，反復の見落としは視覚特有の現象であると考えている。Raymond, Shapiro, & Amell (1992) は，高速逐次視覚呈示法によって呈示された刺激系列に二重課題を課したとき，主課題のあとに呈示される副課題の成績が低下する現象を注意の瞬きと命名した（第5章を参照）。主課題を課さなければ，副課題の成績は低下せず，注意の瞬きは生じないので，副課題の刺激を見落とすのは，主課題の刺激を処理しているためである。この反復の見落としと注意の瞬きは，高速逐次視覚呈示法で確認できる現象である点は

共通しているが，Chun（1997）は，標的と妨害刺激の弁別性や標的手がかりの効果の観点から別の現象であることを明らかにしている。

7.5 空間無視

常に皿の右側にある食べ物だけを食べ，また視野の左側にある物体にはぶつかってしまうといった患者は，視野の片方に気づいていない。もし，絵（たとえば，花瓶に生けられた花の絵）を模写したり，ある物体（たとえば時計）の絵を描くように求めると，絵や物体の半分しか描き入れない。また，沢山の線分に対して，線を引いて×印を作る課題（線分抹消検査，crossing-out task）では，片側に描かれた線分にしかマークしない。このような問題の背後に視覚的な障害があり，半側空間無視（Spatial hemineglect もしくは Unilateral spatial neglect）と呼ばれる。このような患者は，自らの挙動の「奇妙さ」に全く気づかない。このような患者は眼球や網膜などの機能はまったく正常であるが，まるで視野の片側を知覚していないように行動する。半側空間無視を診断することは容易であり，BIT（Behavioural Inattention Test）行動性無視検査（日本版）などの標準化された検査がある。Kinsbourne（1970）は，右脳は左右空間を，左脳は主に右空間を監視するような半球機能差のため，左脳損傷の場合は右脳が左右両側を監視するために無視は生じないが，右脳損傷の場合は左脳が残るため右空間しか監視できず，左半側空間無視が生じると説明している。

　別の障害でしばしば半側空間無視と関連づけられるのは，視覚的消去（visual extinction）である。この問題を抱えた患者は視覚呈示された1つの対象を同定する（identify）ことには何の困難も無いにもかかわらず，もし2つの対象が同時に呈示されると，片側の対象が見えなくなってしまう。視覚的消去を示す患者は視覚的な障害を負っているのではなく，もっと高次の問題であると考えられている（Volpe, LeDoux, & Gazzaniga, 1979）。すなわち，2つの対象が同時に呈示されている場合においても，患者はそれら2つが同じものであるか，あるいは違うものであるかについて強いて判断してもらうと，正しい判断を下すことができるが，それでも患者はそれが何であったかはわからないと主張する。消去された刺激は，対象間で比較可能な程度まで処理済みであるにもかかわらず，意識的に認識されるまでは到らないと考えられる。

　Humphreys（2000）は，非注意による見落とし現象と脳損傷患者の症例との

相違点を2つ挙げている。1つは，意図的な注意が向けられていない刺激の検出についてである。病巣側と同側の視野と反側の視野に群化可能な刺激を呈示すると，群化できない刺激に比べて見落としが減少する。そして，非注意による見落としにおいては，注意を向けられていない群化している副課題の検出報告はできない（Mack & Rock, 1998a）ことである。しかしこの点については，副課題の群化が意図的な注意を向けられている刺激の認知に影響を及ぼしているという報告（Moore & Egeth, 1997）や，自分自身の名前が非注意条件下に呈示されたときに検出することができるという報告もある（Mack & Rock, 1998a; Mack et al., 2002）。これは，意図的な注意が向けられていないばかりか，その刺激自体を意識的に知覚していない潜在的な存在であるにもかかわらず，影響が顕在化するという側面においては，非注意による見落とし現象と脳損傷患者の症例は同じであるといえる。非注意による見落としと脳損傷患者の症例が異なるもう1つの点は，経験である。非注意による見落とし現象研究は，一度経験してしまえば完全な非注意状態を形成することができず，見落とすことはなくなる。一方脳損傷患者の症状は，病巣側に何かを呈示されているということを何度も経験したとしても，検出することが可能にはならない。

7.6 見落としは防げるか？

見落としが起こる条件が，様々な研究で明らかになってきたことはすでに述べた。しかし，日常的にできるだけ見落とさないようにするにはどうすればよいのだろうか？　この点については主に，標的を見落としてはならない作業に従事している方と一般人の結果を比較することで，議論されてきた。標的を見落としてはならない作業に従事している方とは，たとえば，疾患部位の検出に携わる医療画像診断の専門家や，空港などで危険物を除去するための手荷物検査に携わる空港職員などである。

実験で使用する情景画像が特定の分野（たとえばフットボール）の場合には，その専門家群は，一般人群に比べて，情景の持つ意味がその分野にとって重要な変化の場合に，変化の見落としが起こりにくいことが分かっている（Werner & Thies, 2000）が，これは両群で「中心的興味」が異なることに起因しているので，実験刺激の問題であり，両群の一面的比較でしかない。

専門家群と一般人の比較は主に，視覚探索課題を用いて行われてきた。Mitroff & Biggs（2014）では，ゲームの反復によって，1%程度の低出現頻度効果を克服できる可能性を示すとともに，極低出現頻度の標的検出率は依然として低くとどまっている可能性が高いことはすでに触れた。このことは，反復学習によって，標的を見落としやすい低出現頻度という状況をある程度克服できることを示している。医療画像診断を対象として，一般人群を反復試行によって放射線科医群に近づけようと試みた結果，医療画像中の病変を探索するという課題を繰り返し行うと，病変を含まない状態の認識精度が向上することが明らかにされている（Nakashima, Kobayashi, Maeda, Yoshikawa, & Yokosawa, 2013）。これは，画像診断の専門家である放射線科医が，正常状態から逸脱した異常を見逃さない視覚探索スキルに至る初期段階の特性を示しているのかもしれない。さらに，放射線科医が全ての病変を同等に検出しているわけではなく，重要な病変に特化した検出特性を持っていることも報告されている（Nakashima, Watanabe, Maeda, Yoshikawa, Matsuda, Miki, & Yokosawa, 2015）。すなわち，放射線科医は，重要な病変とそうではない病変の検出感度を変えることで，最適な検出方略を身につけていると考えられる。これは，標的の価値を十分に事前学習しておくことで，重要な標的の見落としが防げるかもしれないことを示唆している。

　空港での手荷物検査に従事すべく訓練を行った方を対象に，Lの中のTを探すという典型的な視覚探索課題での低出現頻度効果の有無を調べた結果，訓練をしているにもかかわらず，最初の3ブロックでは低出現頻度効果が確認されたものの，第4ブロックにおいて高出現頻度で標的を提示し，その正誤をフィードバックしたところ，第5ブロックでは低出現頻度効果が減少した（Wolfe, Brunelli, Rubinstein, & Horowitz, 2013）。すなわち，日常作業で低出現頻度の標的を見逃さないためには，正誤フィードバックを与えた，高出現頻度の標的検出課題を挟み込めばよいということになる。また，空港での手荷物検査の従事者群と一般群を，Lの中のTを探すという典型的な視覚探索課題で比較すると，必ずしも手荷物検査従事者群の探索速度は速くないものの，終始安定した探索速度を維持できることが分かった（Biggs, Cain, Clark, Darling, & Mitroff, 2013）。実験に用いられた探索課題は，日常的な探索作業とは異なるものであったが，探索の専門家として探索をむやみに速く切り上げず，終始安定して課題に取り組むことが，標的を見落とさないこつであることを会得しているためと考えられる。

7.7 注意の裏側

　見落とし現象は，注意から逸れているために生起する現象であることから，視覚的注意の裏側（the dark side）とも呼ばれる（Chun & Marois, 2002）。表側である視覚的注意による処理の促進という面と，裏側である見落としという面の両側面の関係を検討することが，注意という機能やメカニズムの解明につながると考えられてきた。Rensink（2002）は，変化の見落とし研究が，過去数十年に渡る従来の変化検出研究と3つの点で異なると述べている。第1に写実的な実験刺激が数多く使用されること，第2に単一の変化ではなく，繰り返しの変化が使われること，第3に様々なパラダイムを通して得られた結果を統合することが強調されていることである。特に，最後の点に関しては，非注意による見落としでも同様であり，様々な実験パラダイムが提案されつくしたと考えられる現時点で，蓄積されてきた実験データがどのように収束し，統一的な説明に至るのかを明らかにすることが，最も重要な研究テーマである。Chabris & Simons（2010）が書いているように，見落としていないという直感を疑い，「われわれの間にいるゴリラ」を見つけようという心がけによって，自分と周囲に対する見方を歪めていたカーテンの向こう側にある真実に出会えるかもしれない。

おわりに

KY 「はじめに」では，注意に関する研究は100年以上の歴史があり，年間1500編以上の論文が発表されていることを明らかにしているわけですが，「おわりに」では，章立てとは別の見方から，注意について考えてみたいと思っています。

JK その膨大な論文群から，本書でどれを取り上げ，どのように扱うかはずいぶん時間をかけて検討しました。

KY 多くの心理学の教科書では，William James (1890) の「注意とは何かを誰でも知っているだろう (Everyone knows what attention is.)」という文章から始まる一節が注意研究の起点になっていると説明するわけですが，必ずしも順調に研究が発展してきたわけではないですよね。本書で取り上げている研究群を見ると，ここ40年ほどで一気に研究が盛んになったということになるのだろうと思います。すなわち，誰でも知っているはずの注意を，40年ほど前までは実験研究で扱うことができなかったということではないかと思うのです。

JK 最初に本書の構成を考えるときには悩みました。その有名な一節から始めて歴史から解説するのは簡単ですが，できるだけ既存のルートとは違う経路を通ってこの本なりの注意研究を概観する地図を作ろうと考えました。

KY 里程標となった論文を1つだけ挙げるとすれば，やはり第4章で取り上げたTreisman & Gelade (1980) の特徴統合理論だろうと思うのです。注意の機能を特徴統合としたところが画期的であったわけです。

JK スポットライトと喩えられた注意の働きが視覚行動に大きな影響を持つことが示されるようになり (Posner, 1980)，視覚皮質の階層性やモジュール性が次々と明らかになってきた頃 (Hubel & Wiesel, 1977; Zeki, 1978) に，この論文はこれらをひとつのモデルとして組み込みました。そして，単純な特徴を個別に自動的に分析するプロセスと，特徴の組み合わせを最終的にひとつの物体として結び付け，意識に上げるという認知システムの二重性を明確に

提案しています。この他にも自動・能動（無意識・意識，システムⅠ・システムⅡ）の二重性を提案したモデルは数多くありますが，なぜこのモデルがこれほどまでに画期的といわれ，注目を浴びたのでしょうか。

KY　おそらく，神経生理学における結び付け問題（Binding Problem）に，心理学的モデルとしての解を与えたという点にあるのではないかと思っています。脳における機能分化の構造が明らかになりつつあった時代に，再統合がいかに行われるかが重要な課題となっていたわけですが，「位置を媒介として注意が特徴を統合する」という説明は新鮮だったのではないかと思います。この論文の影響は，35年経っても，年間500編以上の研究発表に引用されていることから，驚異的なものだと思います（現在までの総引用数9206, Google Scholar, 11/01/2015調べ）。特徴統合理論の功罪はありますよね。

JK　功の部分はすぐにいくつも思いつきます。まず，上述の意識の二重性を単純な刺激と課題で検証できることを示したため，この二重プロセスがわれわれの脳内でどう実装されているかを知るための神経生理・神経心理学研究の足がかりとなりました。また，探索成績を予測する計算モデルの発達を促し，眼球運動の先を説明・予測するモデルを発展させました。これらは神経生理・神経心理研究をお互いに導くようになりました。さらに，特徴統合理論の検証のために用いられた多様な手続きが広く浸透しました。Treisman & Gelade（1980）の研究は，視覚探索法に加えて，テクスチャ分凝，結合の誤報告，同定と定位課題，非注意刺激からの干渉課題が盛り込まれています。一方で，功罪の罪の部分としては，何があるでしょうか。

KY　もちろん，注意に興味を持つ研究者としては，圧倒的に功の部分の大きさを感じるのですが，罪の部分を挙げるとすれば，あまりにも功の部分が大き過ぎたので，この時代まで論争になっていた点が影を潜めてしまったということではないかと思います。たとえば，特徴統合理論は，注意の初期選択理論（Broadbent, 1958）の1つと位置付けられるのですが，後期選択理論（Deutsch & Deutsch, 1963）との論争はあまりされなくなったと思います（のちに，Treisman自身（Treisman,1993）は，特徴統合という初期選択だけではなく，後期選択に相当する別の注意も存在すると提案しているのですが）。また，特徴統合理論は位置という特徴を特別視するモデルなのですが，単に位置の特徴処理が早いだけではないかという批判（Bundesen, 1991）は的を射ているかもしれませんし，特徴統合による逐次処理というのは，並列処理において処

理終了には時間差があるという説明（Townsend, 1971）との，行動データでの弁別は非常に困難です。ただ，いずれもあまり大きな論争となることはありませんでした。このように，注意を特徴統合という偏った研究に導いたとしても，このような機能をモデルとして示すことで，注意に関する神経科学的研究や脳科学的研究を先導したことは間違いないですね。このように，注意研究に限らず，認知心理学の研究成果は，神経科学的研究や脳科学的研究を先導することで存在感を示していたと思うのです。

JK このモデルは単体での影響力に加えて，選択の水準（初期・後期）や，結び付け問題とひとつながりになっているという点も，洞察の深さに驚きます（このモデルを中心とした元の論文とその解説は Wolfe & Robertson（2012））。

KY 一方では，心理学者が扱えるような，fMRI などの脳機能計測装置が開発され，脳科学的研究を先導というよりも，同時進行という状況になってきて，本書で取り上げた最近の研究は，そのような組み合わせで行われた研究が相当数含まれていますね。

JK はい。本書では主として行動実験を取り上げたため，脳機能計測に関してはほとんど触れることができませんでした。

KY 注意に関して，もう1冊十分書ける分量が残されていますよね。それでも本書では，注意に関わる情報処理には様々な側面があることを示すことができたと思うのです。以前は，その辺が研究者自身もよく分かっていなくて，研究成果をどこのジャーナルに投稿すれば良いのか迷った時期もあったのではないかと思うのです。しかし，*Perception & Psychophysics* 誌が 2009 年に *Attention, Perception & Psychophysics* 誌と名前を変えたのが典型的ですが，注意関連論文が認知心理学の論文誌のかなりの割合を占めるようになったわけですね。知覚（Perception）や心理物理学（Psychophysics）と並ぶような研究分野として認識されているということなのでしょうかね。

JK *Memory & Cognition* 誌，*Cognitive, Affective, & Behavioral Neuroscience* 誌，*Learning & Behavior* 誌といった大きめの誌名にくらべて Attention だけやや異質に感じますけれどね。そうはいっても，4章で述べたように，どこに注意が向くかを予測することがビジネスにもなっているわけですから，研究者だけでなく，産業界でも注意の重要性が具体的に理解されるようになったのでしょう。

KY われわれが注意研究を始めた頃に比べると，いわゆる行動実験のみの注意

研究は，随分成熟してしまった感じがしています。まだ発展の余地があるかどうかは，われわれでも分からないと感じます。

JK　刺激の構成など，物理的な属性によって注意がどう制御されるかといった話題はひととおり調べ尽くされてきたように思います。したがって，純粋な注意のみに焦点を当てた研究はたしかに目立たなくなっているかもしれません。ただし，極めて多くの現象に注意が関与していることがわかってきて，注意を統制しなければ立ちゆかないのかもしれません。被験者をある構えに導いたり，課題の負荷を統制するために視覚探索課題や干渉課題が当たり前のように使われています。それは注意そのものを調べるための研究とは呼ばれないとしても，明らかに注意が関与していることが前提になっています。言い換えると，知覚・認知心理学研究では注意は当たり前の存在になっており，注意そのものを研究するのではなくても基本的な注意の性質や統制方法を知っておかなければならないようになったのだと思います。

KY　そのとおりだと思います。注意の機能を理解して，実験研究においては必要に応じてそれを統制し，新たな現象を見極めることが重要なのだと思います。

JK　面白いと感じるのは，報酬や動機付けが注意誘導の要素として注目されている点です（たとえばAnderson, 2013; Bucker & Theeuwes, 2014）。そういう実験の手続きは動物で使われていた報酬の制御と似ています。刺激と反応の組み合わせだけでなく，内的なモデルを仮定するために行動主義から認知心理学へ移り変わってきたはずですが，方法論としては一廻りして，新たに二巡目に突入しているのでしょうか。

KY　いずれも，注意に関して明らかになっている特性を十分に理解した上で，益々発展して欲しい研究分野だと思います。いずれにしても，本書は，主に認知心理学における現時点での注意研究の全体像を俯瞰しているので，注意に興味を持つ，様々な分野のすべての研究者に是非とも参考にしてもらいたいと思っています。

引用文献

はじめに

Chun, M. M., Golomb, J. D., & Turk-Browne, N. B. (2011). A taxonomy of external and internal attention. *Annual Review of Psychology*, **62**, 73-101.

Cowan, N. (1995). *Attention and memory: An integrated framework*. New York: Oxford University Press.

第 1 章

Alpern, M. (1953). Metacontrast. *Journal of the Optical Society of America*, **43**, 648-657.

Argyropoulos, I., Gellatly, A., Pilling, M., & Carter, W. (2013). Set size and mask duration do not interact in object-substitution masking. *Journal of Experimental Psychology: Human Perception and Performance*, **39**, 646-661.

Atkinson, R. C., & Shiffrin, R. M. (1968). Human memory: A proposed system and its control processes. In K.W. Spence, & J.T. Spence (Eds.), *The psychology of learning and motivation* (Volume 2). New York: Academic Press. pp. 89-195.

Averbach, E., & Coriell, A. (1961). Short-term memory in vision. *Bell Systems Technical Journal*, **40**, 309-328.

Averbach, E., & Sperling, G. (1961). Short-term storage of information in vision. In C. Cherry (Ed.), *Information Theory*. London: Butterworths.

Bar, M., Kassam, K. S., Ghuman, A. S., Boshyan, J., Schmid, A. M., Dale, A. M., Hamalainen, M. S., Marinkovic, K., Schacter, D. L., Rosen, B. R., & Halgren, E. (2006). Top-down facilitation of visual recognition. *Proceedings of the National Academy of Sciences of the United States of America*, **103**, 449-454.

Bergen, J. R., & Julesz, B. (1983). Parallel versus serial processing in rapid pattern discrimination. *Nature*, **303**, 696-698.

Beste, C., Schneider, D., Epplen, J. T., & Arning, L. I. (2011). The functional BDNF Val66Met polymorphism affects functions of pre-attententive visual sensory memory processes. *Neuropharmacology*, **60**, 467-471.

Breitmeyer, B. G. (2007). Visual masking: past accomplishments, present status, future developments. *Advances in Cognitive Psychology*, **3**, 9-20.

Breitmeyer, B. G., & Ganz, L. (1976). Implications of sustained and transient channels for theories of visual pattern masking, saccadic suppression, and information processing. *Psychological Review*, **83**, 1-36.

Breitmeyer, B. G., & Öğmen, H. (2006). *Visual Masking: Time Slices Through Conscious and Unconscious Vision*. Oxford: Oxford University Press.

Bridgeman, B. (1980). Temporal response characteristics of cells in monkey striate cortex mea-

sured with metacontrast masking and brightness discrimination. *Brain Research*, **196**(2), 347-364.
Coltheart, M. (1980). Iconic memory and visible persistence. *Perception & Psychophysics*, **27**, 183-228.
Cornsweet, T. N. (1970). *Visual perception*. Oxford: Academic Press.
Craft, E., Schutze, H., Neibur, E., & von der Heydt, R. (2007). A neural model of figure-ground organization. *Journal of Neurophysiology*, **97**, 4310-4326.
Crawford, B. H. (1947). Visual adaptation in relation to brief conditioning stimuli. *Proceedings of the Royal Society of London. Series B*, **134**, 283-302.
Di Lollo, V. (1977). Temporal characteristics of iconic memory. *Nature*, **267**, 241-243.
Di Lollo, V. (1980). Temporal integration in visual memory. *Journal of Experimental Psychology: General*, **109**, 75-97.
Di Lollo, V., Enns, J. T., Yantis, S., & Dechief, L. G. (2000). Response latencies to the onset and offset of visual stimuli. *Perception & Psychophysics*, **62**, 218-225.
Dux, P. E., Visser, T. A., Goodhew, S. C., & Lipp, O. V. (2010). Delayed reentrant processing impairs visual awareness: An object-substitution-masking study. *Psychological Science*, **21**, 1242-1247.
Duysens, J., Orban, G. A., Cremieux, J., & Maes, H. (1985). Visual cortical correlates of visible persistence. *Elsevier Science*, **25**, 171-178.
Eckstein, M. P., Whiting, J. S., & Thomas, J. P. (1996). Role of knowledge in human visual temporal integration in spatiotemporal noise. *Journal of the Optical Society of America A*, **13**, 1960-1968.
Enns, J. T. (2004). Object substitution and its relation to other forms of visual masking. *Vision Research*, **44**, 1321-1331.
Enns, J. T., & Di Lollo, V. (1997). Object substitution: a new form of masking in unattended visual locations. *Psychological Science*, **8**, 135-139.
Eriksen, C. W., & Collins, J. F. (1969). Visual perceptual rate under two conditions of search. *Journal of Experimental Psychology*, **80**, 489-492.
Fehmi, L. G., Adkins, J. W., & Lindsley, D. B. (1969). Electrophysiological correlates of visual perceptual masking in monkeys. *Experimental Brain Research*, **7**, 299-316.
Felleman, D. J., & Van Essen, D. C. (1991). Distributed hierarchical processing in the primate cerebral cortex. *Cerebral cortex*, **1**, 1-47.
Grossberg, S. (1995). The attentive brain. *American Scientist*, **83**, 438-449.
Hochstein, S., & Ahissar, M. (2002). View from the top: hierarchies and reverse hierarchies in the visual system. *Neuron*, **36**, 791-804.
Hogben, J. H., & Di Lollo, V. (1974). Perceptual integration and perceptual segregation of brief visual stimuli. *Vision Research*, **14**, 1059-1069.
Jannati, A., Spalek, T. M., & Di Lollo, V. (2013). A novel paradigm reveals the role of reentrant visual processes in object substitution masking. *Attention, Perceptin & Psychophysics*, **75**, 1118-1127.
Kahneman, D. (1967). An onset-onset law for one case of apparent motion and metacontrast. *Perception & Psychophysics*, **2**, 577-584.
Kahneman, D. (1968). Method, Findings, and Theory in studies of visual masking. *Psychological Bulletin*, **70**, 404-425.
Kastner, S., & Ungerleider, L. G. (2000). Mechanisms of visual attention in the human cortex. *Annual Review of Neuroscience*, **23**, 315-341.
Kastner, S., Nothdurft, H-C., & Pigarev, I. N. (1999). Neuronal responses to orientation and motion contrast in cat striate cortex. *Visual Neuroscience* **16**, 587-600.

Lamme, V. A. F. (1995). The neurophysiology of figure-ground segregation in primary visual cortex. *Journal of Neuroscience*, **15**, 1605-1615.

Lamme, V. A. F., Zipser, K., & Spekreijse, H. (1998). Figure-ground activity in primary visual cortex is suppressed by anesthesia. *Proceedings of the National Academy of Sciences of the United States of America*, **95**, 3263-3268.

Lamme, V. A. F., Zipser, K., & Spekreijse, H. (2002). Masking interrupts figure: ground signals in V1. *Journal of Cognitive Neuroscience*, **14**, 1044-1053.

Lamme, V. A., & Roelfsema, P. R. (2000). The distinct modes of vision offered by feedforward and recurrent processing. *Trends in Neuroscience*, **23**, 571-579.

Lleras, A., & Moore, C. M. (2003). When the target becomes the mask: Using apparent motion to isolate the object-level component of object substitution masking. *Journal of Experimental Psychology*, **29**, 106-120.

Lu, Z.-L., Neuse, J., Madigan, S., & Dosher, B. A. (2005). Fast decay of iconic memory in observers with mild cognitive impairments. *Proceedings of the National Academy of Sciences of the United States of America*, **102**, 1797-1802.

Luck, S. J., & Vogel, E. K. (1997). The capacity of visual working memory for features and conjunctions. *Nature*, **390**, 279-281.

Luiga, I., & Bachmann, T. (2007). Different effects of the two types of spatial pre-cueing: What precisely is "attention" in Di Lollo's and Enns' substitution masking theory? *Psychological Research*, **71**, 634-640.

Moore, C. M., & Lleras, A. (2005). On the role of object representations in substitution masking. *Journal of Experimental Psychology: Human Perception and Performance*, **31**, 1171-1180.

Neisser, U. (1967). *Cognitive psychology*. US: Appleton-Century-Crofts.

Neisser, U. (1976). *Cognition and reality: Principles and implications of cognitive psychology*. New York, NY, US: W. H. Freeman/Times Books/ Henry Holt & Co.

Olivers, C. N. L., Peters, J., Houtkamp, R., & Roelfsema, P. R. (2011). Different states in visual working memory: When it guides attention and when it does not. *Trends in Cognitive Sciences*, **15**, 327-334.

Pascual-Leone, A., & Walsh, V. (2001). Fast backprojections from the motion to the primary visual area necessary for visual awareness. *Science*, **292**, 510-512.

Poder, E. (2013). Attentional gating models of object substitution masking. *Journal of Experimental Psychology: General*, **142**, 1130-1141.

Ro, T., Breitmeyer, B., Burton, P., Singhal, N. S., & Lane, D. (2003). Feedback contributions to visual awareness in human occipital cortex. *Current Biology*, **11**, 1038-1041.

Scheerer, E. (1973). Integration, interruption and processing rate in visual backward masking: I. Review. *Psychological Research*, **86**, 71-93.

Schlagbauer, B., Geyer, T., Müller, H. J., & Zehetleitner, M. (2014). Rewarding distractorcontext versus rewarding target location: A commentary on Tseng and Lleras. *Attention, Perception, & Psychophysics*, **76**, 669-674.

Spencer, T. J., & Shuntich, R. (1970). Evidence for an interruption theory of backward masking. *Journal of Experimental Psychology*, **85**, 198-203.

Sperling, G. (1960). The information available in brief visual presentations. *Psychological Monographs: General and Applied*, **498**, 1-29.

Sperling, G., & Weichselgartner, E. (1995). Episodic theory of the dynamics of spatial attention. *Psychological Review*, **102**, 503-532.

Spratling, M. W., & Johnson, M. H. (2004). A feedback model of visual attention. *Journal of cognitive*

neuroscience, **16**, 219-237.
Stelmach, L. B., & Herdman, C. M. (1991). Directed attention and perception of temporal order. *Journal of Experimental Psychology: Human Perception and Performance*, **17**, 539-550.
Treisman, A. (1996). The binding problem. *Current Opinion in Neurobiology*, **6**, 171-178.
Treisman, A. M. (1960). Contextual cues in selective listening. *The Quarterly Journal of Experimental Psychology*, **12**, 242-248.
Valenzuela, M., & Sachdev, P. (2009). Can cognitive exercise prevent the onset of dementia? Systematic review of randomized clinical trials with longitudinal follow-up. *American Journal of Geriatr Psychiatry*, **17**, 197-187.
Van Essen, D. C., Maunsell, J. H. R. (1983). Hierarchical organization and functional streams in the visual cortex. *Trends in Neuroscience*, **6**, 370-375.
Von Wright, J. M. (1970). On selection in visual immediate memory. *Acta Psychologica*, **33**, 280-292.
Vuilleumier, P. (2000). Faces call for attention: evidence from patients with visual extinction. *Neuropsychologia*, **38**, 693-700.
Walsh, V., Ashbridge, E., & Cowey, A. (1998). Cortical plasticity in perceptual learning demonstrated by transcranial magnetic stimulation. *Neuropsychologia*, **36**, 45-49.
Weisstein, N. (1972). Metacontrast. In D. Jameson, & L.M. Hurvich (Eds.), *Handbook of sensory physiology: Visual psychophysics, Vol. VII/4*. New York: Springer-Verlag.
Welford, A. T. (1952). The "psychological refractory period" and the timing of high-speed performance. *British Journal of Psychology*, **43**, 2-19.
Wickens, C. D. (1980). The structure of attentional resources. In R. Nickerson (Ed.), *Attention and performance VIII* (pp. 239-257). Hillsdale, NJ: Erlbaum.
Wolfe, J. M., Butcher, S. J., Lee, C., & Hyle, M. (2003). Changing your mind: On the contributions of top-down and bottom-up guidance in visual search for feature singletons. *Journal of Experimental Psychology: Human Perception and Performance*, **29**, 483-502.
Woodman, G. F., & Luck, S. J. (2003). Dissociations among attention, perception, and awareness during object-substitution masking. *Psychological Science*, **14**, 605-611.
山鳥　重　(2002).「わかる」とはどういうことか：認識の脳科学　筑摩書房．
Yang, M. H., Kriegman, D. J., & Ahuja, N. (2002). Detecting faces in images: A survey. *IEEE Transactions on Pattern Analysis and Machine Intelligence*, **24**, 34-58.
Zelinskey, G. J. (2005). Specifying the components of attention in a visual search task. In L. Itti, G. Rees, & J. Tsotsos (Eds.), *Neurobiology of attention* (pp. 395-400). Academic Press.
Zelinsky, G. J., Rao, R. P. N., Hayhoe, M. H., & Ballard, D. H. (1997). Eye movements reveal the spatiotemporal dynamics of visual search. *Psychological Science*, **8**, 448-453.

第 2 章

Alvarez, G. A., & Cavanagh, P. (2004). The capacity of visual shortterm memory is set both by visual information load and by number of objects. *Psychological Science*, **15**, 106-111.
Andersen, G. J., & Kramer, A. (1993). Limits of focused attention in three-dimensional space. *Perception & Psychophysics*, **53**, 658-667.
Ariga, A., & Watanabe, K. (2009). What is special about the index finger?: The index finger advantage in manipulating felexive attentional shift. *Japanese Psychological Research*, **51**, 258-265.
Averbach, E., & Coriell, A. (1961). Short-term memory in vision. *Bell Systems Technical Journal*, **40**, 309-328.
Awh, E., & Jonides, J. (2001). Overlapping mechanisms of attention and spatial working memory.

Trends in Cognitive Sciences, **5**, 119-126.

Awh, E., & Pashler, H. (2000). Evidence for split attentional foci. *Journal of Experimental Psychology: Human Perception and Performance*, **26**, 834-846.

Awh, E., Jonides, J., & Reuter-Lorenz, P. A. (1998). Rehearsal in spatial working memory. *Journal of Experimental Psychology: Human Perception and Performance*, **24**, 780-790.

Baddeley, A. (2000). The episodic buffer: a new component of working memory? *Trends in Cognitive Sciences*, **4**, 417-422.

Baldassi, S., & Burr, D. C. (2000). Feature-based integration of orientation signals in visual search. *Vision Research*, **40**, 1293–1300.

Baron-Cohen, S. (1995). *Mindblindness: An essay on autism and theory of mind*. Cambridge, MA: MIT Press.

Bavelier, D., Schneider, K. A., & Monacelli, A. (2002). Reflaxive gaze orienting induces the line-motion illusion. *Vision Research*, **42**, 2817-2827.

Bleckley, M. K., Durso, F. T., Crutchfield, J. M., Engle, R. W., & Khanna, M. M. (2003). Individual differences in working memory capacity predict visual attention allocation. *Psychonomic Bulletin & Review*, **10**, 884-889.

Bourke, P. A., Partridge, H., & Pollux, P. M. J. (2006). Additive effects of inhibiting attention to objects and locations in three-dimensional displays. *Visual Cognition*, **13**, 643-654.

Carrasco, M., & McElree, B. (2001). Covert attention accelerates the rate of visual information processing. *Proceedings of the National Academy of Sciences of the United States of America*, **98**, 5363-5367.

Carrasco, M., & Yeshurun, Y. (2009). Covert Attention Effects on Spatial Resolution. In Narayanan Srinivasan (Ed.), *Progress in Brain Research, Attention. Narayanan Srinivasan*, (vol. 176, 65-86). The Netherlands: Elsevier.

Carrasco, M., Ling, S., & Read, S. (2004). Attention alters appearance. *Nature Neuroscience*, **7**, 308-313.

Carrasco, M., Penpeci-Talgar, C., & Eckstein, M. (2000). Spatial covert attention increases contrast sensitivity across the CSF: Support for signal enhancement. *Vision Research*, **40**, 1203-1215.

Carrasco, M., Williams, P. E., & Yeshurun, Y. (2002). Covert attention increases spatial resolution with or without masks: Support for signal enhancement. *Journal of Vision*, **2**, 467-479.

Castiello, U., & Umilta, C. (1992). Splitting focal attention. *Journal of Experimental Psychology: Human Perception and Performance*, **18**, 837-848.

Chastain, G. (1991). Time-course of location changes of visual attention. *Bulletin of the Psychonomic Society*, **29**, 425-428.

Cheal, M., & Lyona, D. (1989). Attention effects on form discrimination at different eccentricities. *The Quarterly Journal of Experimental Psychology Section A: Human Experimental Psychology*, **41**, 719-746.

Corbetta, M. (1998). Frontparietal cortical networks for directing attentiona nd the eye to visual locations: Identical, independent, or overlapping neural systems? *Proceedings of the National Academy of Sciences of the United States of America*, **95**, 831-838.

Couyoumdjian, A., Di Nocera, F., & Ferlazzo, F. (2003). Functional representation of 3D space in endogenous attention shifts. *Quarterly Journal of Experimental Psychology*, **56A**, 155-183.

Craighero, L., Nascimben, M., & Fadiga, L. (2004). Eye position affects orienting of visuospatial attention. *Current Biology*, **14**, 331-333.

Cristie, J., & Klein, R. M. (2005). Does attention cause illusory line motion? *Perception & Psychophysics*, **67**, 1032-1043.

Dark, V. J., Vochatzer, K. G., & VonVoorhis, B. A. (1996). Semantic and spatial components of selective attention. *Journal of Experimental Psychology: Human Perception and Performance*, **22**, 63-81.

d'Avossa, G., Shulman, G. L., Snyder, A. Z., & Corbetta, M. (2006). Attentional selection of moving objects by a serial process. *Vision Research*, **46**, 3403-3412.

Desimone, R., & Duncan, J. (1995). Neural mechanisms of selective visual attention. *Annual Review of Neuroscience*, **18**, 193-222.

Downing, C. J. (1988). Expectancy and visual-spatial attention: Effects on perceptual quality. *Journal of Experimental Psychology: Human Perception and Performance*, **14**, 188-202.

Downing, P. E., & Pinker, S. (1985). The spatial structure of visual attention. In M. I. Posner, & O. S. Marin (Eds.), *Attention and performance XI*. Hillsdale, NJ: Erlbaum, pp. 171-188.

Downing, P. E., & Treisman, A. M. (1997). The line-motion illusion: Attention or apparent motion? *Journal of Experimental Psychology: Human Perception and Performance*, **23**, 768-779.

Downing, P. E., Dodds, C. M., & Bary, D. (2004). Why does the gaze of others direct visual attention? *Visual Cognition*, **11**, 71-79.

Driver IV, J., Davis, G., Ricciardelli, P., Kidd, P., Maxwell, E., & Baron-Cohen, S. (1999). Gaze perception triggers reflexive visuospatial orienting. *Visual cognition*, **6**, 509-540.

Egly, R., & Homa, D. (1984). Sensitization of the visual field. *Journal of Experimental Psychology: Human Perception and Performance*, **10**, 778-793.

Eimer, M. (1997). Uninformative symbolic cues may bias visual-spatial attention: Behavioral and electrophysiological evidence. *Biological psychology*, **46**, 67-71.

Eriksen, B. A., & Eriksen, C. W. (1974). Effects of noise letters upon the identification of a target letter in a nonsearch task. *Perception & Psychophysics*, **16**, 143-149.

Eriksen, C. W., & Hoffman, J. E. (1972). Temporal and spatial characteristics of selective encoding from visual displays. *Perception & Psychophysics*, **12**, 201-204.

Eriksen, C. W., & James, J. D. S. (1986). Visual attention within and around the field of focal attention: A zoom lens model. *Perception & Psychophysics*, **40**, 225-240.

Eriksen, C. W., & Yeh, Y. Y. (1985). Allocation of attention in the visual field. *Journal of Experimental Psychology: Human Perception and Performance*, **11**, 583-597.

Fischer, B., & Ramsperger, E. (1984). Human express saccades: Extremely short reaction times of goal directed eye movements. *Experimental Brain Research*, **57**, 191-195.

Fisher, B., & Boch, R. (1983). Saccadic eye movements after extremely short reaction times. *Brain Research*, **260**, 21-26.

Flombaum, J. I., Scholl, B. J., & Pylyshyn, Z. W. (2008). Attentional resources in visual tracking through occlusion: The high-beams effect. *Cognition*, **107**, 904-931.

Franconeri, S. L., Alvarez, G. A., & Enns, J. T. (2007). How many locations can be selected at once? *Journal of Experimental Psychology: Human Perception and Performance*, **33**, 1003-1012.

Franconeri, S. L., Jonathan, S., & Scimeca, J. M. (2010). Tracking multiple objects is limited only by object spacing, not speed, time, or capacity. *Psychological Science*, **21**, 920-925.

Fries, P., Reynolds, J. H., Rorie, A. E., & Desimone, R. (2001). Modulation of oscillatory neuronal synchronization by selective visual attention. *Science*, **291**, 1560-1563.

Friesen, C. K., & Kingstone, A. (1998). The eyes have it! Reflexive orienting is triggered by nonpredictive gaze. *Psychonomic Bulletin & Review*, **5**, 490-495.

Gandhi, S. P., Heeger, D. J., & Boynton, G. M. (1999). Spatial attention affects brain activity in human primary visual cortex. *Proceedings of the National Academy of Sciences of the United States of America*, **96**, 3314-3319.

Gibson, B. S., & Bryant, T. A. (2005). Variation in cue duration reveals top-down modulation of involuntary orienting to uninformative symbolic cues. *Perception & Psychophysics*, **67**, 749-758.

Giordano, A. M., McElree, B.,& Carrasco, M. (2009). On the automaticity and flexibility of covert attention: A speed-accuracy trade-off analysis. *Journal of Vision*, **9(3)**, 30.

Gobell, J. L., Tseng, C. H., & Sperling, G. (2004). The spatial distribution of visual attention. *Vision Research*, **44**, 1273-1296.

Green, J. J., Gamble, M. L., & Woldorff, M. G. (2013). Resolving conflicting views: Gaze and arrow cues do not trigger rapid reflexive shifts of attention. *Visual Cognition*, **21**, 61-71.

Handy, T. C., Kingstone, A., & Mangun, G. R. (1996). Spatial distribution of visual attention: Perceptual sensitivity and response latency. *Perception & Psychophysics*, **58**, 613-627.

He, S., Cavanagh, P., & Intriligator, J. (1996). Attentional resolution and the locus of visual awareness. *Nature*, **383**, 334-337.

Heinze, H. J., Luck, S. J., Munte, T. F., Gos, A., Mangun, G. R., & Hillyard, S. A. (1994). Attention to adjacent and separate positions in space: an electrophysiological analysis. *Perception & Psychophysics*, **56**, 42-52.

Helmholtz, H. von (1925). *Treaties on physiological optics* (Vol. 3, J. P. C. Southall, Ed. & Trans.). New York: Optical Society of America. (Original work published 1910)

Hernández-Peón. (1964). Psychiatric implications of neurophysiological research. *RáulBulletin of the Menninger Clinic*, **28**, 165-185.

Hikosaka, O., Miyauchi, S., & Shimojo, S. (1993). Focal visual attention produces illusory temporal order and motion sensation. *Vision Research*, **33**, 1219-1240.

Hikosaka, O., Miyauchi, S., & Shimojo, S. (1993). Voluntary and stimulus-induced attention detected as motion sensation. *Perception*, **22**, 517-526.

Hillyard, S. A., & Anllo-Vento, L. (1998). Event-related brain potentials in the study of visual selective attention. *Proceedings of the National Academy of Sciences of the United States of America*, **95**, 781-787.

Hommel, B., & Pratt, J., Colzato, L., & Godijin, R. (2001). Symbolic control of visual attention. *Psychological Science*, **12**, 360-365.

Hood, B. M., Willen, J. D., & Driver, J. (1998). Adult's eyes trigger shifts of visual attention in human infants. *Psychological Science*, **9**, 131-134.

Inhoff, A. W., Pollatsek, A., Posner, M. I., & Rayner, K. (1989). Covert attention and eye movements during reading. *The Quarterly Journal of Experimental Psychology*, **41**, 63-89.

Itti, L., & Koch, C. (2000). A saliency-based search mechanism for overt and covert shift of visual attention. *Vision Research*, **40**, 1489-1506.

Itti, L., & Koch, C. (2001). Computational modelling of visual attention. *Nature Reviews Neuroscience*, **2**, 194-204.

Ivanoff, J., & Saoud, W. (2009). Nonattentional effects of nonpredictive central cues. *Perception & Psychophysics*, **71**, 872-880.

Jancke, D., Chavane, F., Naaman, S., & Grinvald, A. (2004). Imaging cortical correlates of illusion in early visual cortex. *Nature*, **428**, 423-426.

Jans, B., Peters, J. C., & De Weerd, P. (2010). Visual spatial attention to multiple locations at once: The jury is still out. *Psychological Review*, **117**, 637-684.

Jonides, J. (1980). Towards a model of the mind's eye's movement. *Canadian Journal of Psychology*, **34**, 103-112.

Kawahara, J. (2002). Facilitation of local information processing in the attentional blink as indexed by the shooting line illusion. *Psychological Research*, **66**, 116-123.

Kawahara, J., & Yamada, Y. (2006). Two non-contiguous locations can be attended concurrently: Evidence from the attentional blink. *Psychonomic Bulletin & Review*, 13, 594-599.

Kawahara, J., Yokosawa, K., Nishida, S., & Sato, T. (1996). Illusory linemotion in visualsearch: Atteentional facilition or apparent motion? *Perception*, 25, 901-920.

Kinchla, R. A. (1992). Attention. *Annual Review of Psychology*, 43, 711-742.

Klein, R. M. (2000). Inhibition of return. *Trends in Cognitive Sciences*, 4, 138-146.

Klein, R., & McCormick, P. (1989). Cover visual orienting: Hemifield-activation can be mimicked by zoom lens and midlocation placement strategies. *Acta Psychologica*, 70, 235-250.

Kolers, P. A. (1972). *Aspects of Motion Perception*. New York: Pergamon Press.

Kowler, E., Anderson, E., Dosher, B., & Blaser, E. (1995). The role of attention in the programming of saccades. *Vision Research*, 35, 1897-1916.

Kramer, A. F., & Hahn, S. (1995). Splitting the beam: Distribution of attention over noncontiguous regions of the visual field. *Psychological Science*, 6, 381-386.

LaBerge, D., & Brown, V. (1989). Theory of attentional operations in shape identification. *Psychological Review*, 96, 101-124.

LaBerge, D. (1983). Spatial extent of attention to letters and words. *Journal of Experimental Psychology: Human Perception and Performance*, 9, 371-379.

Lambert, A., Spencer, E., & Mohindra, N. (1987). *Automaticity and the capture of attention by a peripheral display change*. US: Transaction Publishers, 6, 136-147.

Lamme, V. A. F. (2003). Why visual attention and awareness are different. *Trends in Cognitive Sciences*, 7, 12-17.

Langton, S. R., & Bruce, V. (1999). Reflexive visual orienting in response to the social attention of others. *Visual Cognition*, 6, 541-567.

Langton, S. R., & Bruce, V. (2000). Do the eyes have it? Cues to the direction of social attention. *Trends in Cognitive Sciences*, 4, 50-59.

Langton, S. R., Watt, R. J., & Bruce, V. (2000). Do the eyes have it? Cues to the direction of social attention. *Trends in cognitive sciences*, 4, 50-59.

Lu, Z. -L., & Dosher, B. A. (1998). External noise distinguishes attention mechanisms. *Vision Research*, 38, 1183-1198.

Luck, S. J., Hillyard, S. A., Mangun, G. R., & Gazzaniga, M. S. (1994). Independent attentional scanning in the separated hemispheres of split-brain patients. *Journal of Cognitive Neuroscience*, 6, 84-91.

Lupianez, J. (2010). Inhibition of Return. In A. C. Nobre, & J. Coull (Eds.), *Attention and time*, UK: Oxford University Press. pp. 17-34.

Machado, L., & Rafal, R. D. (2000). Strategic control over saccadic eye movements: Studies of the fixation offset effect. *Perception & Psychophysics*, 62, 1236-1242.

Mack, S. C., & Eckstein, M. P. (2011). object co-occurrence serves as a contextual cue to guide and facilitate visual search in a natural viewing environment. *Journal of Vision*, 11, 1-16.

Mackeben, M., & Nakayama, K. (1993). Express attentional shifts. *Vision Research*, 33, 85-90.

Malinowski, P., Fuchs, S., & Müller, M. M. (2007). Sustained division of spatial attention to multiple locations within one hemifield. *Neuroscience Letters*, 414, 65-70.

McCormick, P. A., & Klein, R. (1990). The spatial distribution of attention during covert visual orienting. *Acta Psychologica*, 75, 225-242.

McMains, S. A., & Somers, D. C. (2004). Multiple spotlights of attentional selection in human visual cortex. *Neuron*, 42, 677-686.

Meister, L. G., Wienemann, M., Buelte, D., Grunewald, C., Sparing, R., Dambeck, N., & Boroojerdi, B.

(2006). Hemiextinction induced by transcranial magnetic stimulation over the right temporo-parietal junction. *Neuroscience*, **142**, 119-123.

Miller, J. (1991). The flanker compatibility effect as a function of visual angle, attentional focus, visual transients, and perceptual load: A search for boundary conditions. *Perception & Psychophysics*, **49**, 270-288.

Moran, J., & Desimone, R. (1985). Selective attention gates visual processing in the extrastriate cortex. *Science*, **229**, 782-784.

Morgan, S. T., Hansen, J. C., & Hillyard, S. A. (1996). Selective attention to stimulus location modulates the steady-state visual evoked potential. *Proceedings of the National Academy of Sciences*, **93(10)**, 4770-4774.

Müller, H. J., & Humphreys, G. W. (1991). Luminance-increment detection: capacity-limited or not? *Journal of Experimental Psychology: Human Perception and Performance*, **17**, 107-124.

Müller, H. J., & Rabbitt, P. M. A. (1989). Reflexive and voluntary orienting of visual attention: time course of activation and resistance to interruption. *Journal of Experimental Psychology: Human Perception and Performance*, **15**, 315-330.

Müller, H. J., & Findlay, J. M. (1988). The effect of visual attention on peripheral discrimination thresholds in single and multiple element displays. *Acta Psychologica*, **69**, 129-155.

Müller, H. J., Reimann, B., & Krummenacher, J. (2003). Visual search for singleton feature targets across dimension: Stimulus-and expectancy-driven effects in dimensions weighting. *Journal of Experimental Psychology: Human Perception and Performance*, **29**, 1021-1035.

Müller, M. M., & Hubner, R. (2002). Can the spotlight of attention be shaped like a doughnut? Evidence from steady-state visual evoked potentials. *Psychological Science*, **13**, 119-124.

Müller, M. M., Malinowski, P., Gruber, T., & Hillyard, S. A. (2003). Sustained division of the attentional spotlight. *Nature*, **424**, 309-312.

Müsseler, J., Van Der Heijden, A. H., Mahmud, S. H., Deubel, H., & Ertsey, S. (1999). Relative mislocalization of briefly presented stimuli in the retinal periphery. *Perception & Psychophysics*, **61(8)**, 1646-1661.

Nakayama, K. (1990). Properties of early motion processing: Implications for the sensing of egomotion. In R. Warren, & A. H. Wertheim (Eds.), *Perception and control of self-motion. Resources for ecological psychology*. Hillsdale, NJ: Lawrence Erlbaum. pp. 69-80.

Nakayama, K., & Mackeben, M. (1989). Sustained and transient components of focal visual attention. *Vision Research*, **29**, 1631-1647.

Norman, D. A. (1968). Toward a theory of memory and attention. *Psychological Review*, **75**, 522-536.

Nuku, P., & Bekkering, H. (2008). Joint attention: Inferring what others perceive (and don't perceive). *Consciousness and Cognition*, **17**, 339-349.

Oliva, A., Torralba, A., Castelhano, M. S., & Henderson, J. M. (2003). Top-down control of visual attention in object detection. In *Image processing, 2003. icip 2003. proceedings. 2003 international conference on*, **1**, 253-256.

Ono, F., & Watanabe, K. (2011). Attention can retrospectively distort visual space. *Psychological Science*, **22**, 472-477.

Pessoa, L., Kastner, S., & Ungerleider, L. G. (2003). Neuroimaging studies of attention: from modulation of sensory processing to top-down control. *Journal of Neuroscience*, **23**, 3990-3998.

Peterson, M. S., & Juola, J. F. (2000). Evidence for distinct attentional bottlenecks in attention switching and attentional blink tasks. *The Journal of General Psychology*, **127**, 6-26.

Peterson, M. S., Kramer, A. F., & Irwin, D. E. (2004). Covert shifts of attention precede involuntary

eye movements. *Perception & Psychophysics*, **66**, 398-405.
Posner, M. I., & Petersen, S. E. (1990). The attention system of the human brain. *Annual Review of Neuroscience*, **13**, 25-42.
Posner, M. I., & Cohen, Y. (1984). Components of visual orienting. *Attention and performance X: Control of language processes*, **32**, 531-556.
Posner, M. I., Snyder, C. R. R., & Davidson, B. J. (1980). Attention and the detection of signals. *Journal of Experimental Psychology: General*, **109**, 160-174.
Posner, M. I., Petersen, S. E., Fox, P. T., & Raichle, M. E. (1988). Localization of cognitive operations in the human brain. *Science*, **240**, 1627-1631.
Posner, M. I. (1978). *Chronometric explorations of mind*. Oxford: Lawrence Erlbaum.
Povinelli, D. J., & Eddy, T. J. (1996). Chimpanzees: Joint visual attention. *Psychological Science*, **7**, 129-135.
Pratt, J., & Turk-Browne, N. B. (2003). The attentional repulsion effect in perception and action. *Experimental Brain Research*, **152**, 376-382.
Previc, F. H. (1998). The neuropsychology of 3-D space. *Psychological Bulletin*, **124**, 123-164.
Prime, D. J., Visser, T. A. W., & Ward, L. M. (2006). Reorienting attention and inhibition of return. *Perception & Psychophysics*, **68**, 1310-1323.
Pylyshyn, Z. W. (2007). *Things and places: How the mind connects with the world*. Jean Nicod lectures. Cambridge, MA: MIT Press.
Recanzone, G. H., & Wurtz, R. H. (2000). Effects of attention on MT and MST neuronal activity during pursuit initiation. *Journal of Neurophysiology*, **83**, 777-790.
Reeves, A., & Sperling, G. (1986). Attention gating in short-term visual memory. *Psychological Review*, **93**, 180-206.
Remington, R., & Pierce, L. (1984). Moving attention: Evidence for time-invariant shifts of visual selective attention. *Perception & Psychophysics*, **35**, 393-399.
Reynolds, J. H., & Chelazzi, L. (2004). Attentional modulation of visual processing. *Annual Review of Neuroscience*, **27**, 611-647.
Reynolds, J. H., & Desimone, R. (1999). The role of neural mechanisms of attention in sloving the binding problem. *Neuron*, **24**, 19-29.
Ristic, J., & Kingstone, A. (2006). Attention to arrows: Pointing to a new direction. *Quarterly Journal of Experimental Psychology*, **59**, 1921-1930.
Ristic, J., Friesen, C. K., & Kingstone, A. (2002). Are eyes special? It depends on how you look at it. *Psychonomic Bulletin & Review*, **9**, 507-513.
Rizzolatti, G., & Craighero, L. (1998). Spatial attention: Mechanisms and theories. In M. Sabourin, F. Craik, & M. Robert (Eds.), *Advances in psychological science: Vol.2. Biological and cognitive aspects*. East Sussex: Psychology Press. pp. 171-198.
Rizzolatti, G., & Craighero, L. (2004). The mirror-neuron system. *Annual Reviews of Neuroscience*, **27**, 169-192.
Rizzolatti, G., Riggio, L., Dascola, I., & Umilta, C. (1987). Reorienting attention across the horizontal and vertical meridians: evidence in favor of a premotor theory of attention. *Neuropsychologia*, **25**, 31-40.
Rowe, G., Hirsh, J. B., & Anderson, A. K. (2007). Positive affect increases the breadth of attentional selection. *Proceedings of the National Academy of Sciences of the United States of America*, **104**, 383-388.
Schall, J. D. (2004). On the role of frontal eye field in guiding attention and saccades. *Vision Research*, **44**, 1453-1467.

Schmidt, W. C. (1996). Inhibition of return is not detected using illusory line motion. *Perception & Psychophysics*, **58**, 883-898.

Schneider, K. A., & Bavelier, D. (2003). Components of visual prior entry. *Cognitive psychology*, **47**,333-366.

Sheinberg, D. L., & Logothetis, N. K. (2001). Noticing familiar objects in real world scenes: the role of temporal cortical neurons in natural vision. *The Journal of Neuroscience*, **21**, 1340-1350.

Sheliga, B. M., Riggio, L., & Rizzolatti, G. (1995). Spatial attention and eye movements. *Experimental Brain Research*, **105**, 261-275.

Shepard, R. N., & Podgorny, P. (1986). Spatial factors in visual attention: A reply to crassini. *Journal of Experimental Psychology: Human Perception and Performance*, **12**, 383-387.

Sheth, B. R., & Shimojo, S. (2001). Compression of space in visual memory. *Vision Research*, **41**, 329-341.

Shih, S. I., & Sperling, G. (2002). Measuring and modeling the trajectory of visual spatial attention. *Psychological Review*, **109**, 260-305.

Shore, D. I., Spence, C., & Klein, R. M. (2001). Visual prior entry. *Psychological Science*, **12**, 205-212.

Shulman, G., Remington, R., & McLean, J. (1979). Moving attention through visual space. *Journal of Experimental Psychology: Human Perception and Performance*, **5**, 522-526.

Smith, P. L. (2000). Attention and luminance detection: Effects of cues, masks, and pedestals. *Journal of Experimental Psychology: HumanPerception and Performance*, **26**, 1401-1420.

Sparks, D. L., & Hartwich-Young, R. (1988). The deep layers of the superior colliculus. *Reviews of oculomotor research*, **3**, 213-255.

Sperling, G. (1960). The information available in brief visual presentations. *Psychological Monographs: General and Applied*, **498**, 1-29.

Sperling, G., & Weichselgartner, E. (1995). Episodic theory of the dynamics of spatial attention. *Psychological Review*, **102**, 503-532.

Spitzer, H., Desimone, R., & Moran, J. (1988). Increased attention enhances both behavioral and neuronal performance. *Science*, **240**, 338-340.

Stelmach, L. B., & Herdman, C. M. (1991). Directed attention and perception of temporal order. *Journal of Experimental Psychology: Human Perception and Performance*, **17**, 539-550.

Suzuki, S., & Cavanagh, P. (1997). Focused attention distorts visual space: An attentional repulsion effect. *Journal of Experimental Psychology: Human Perception and Performance*, **23**, 443-463.

Theeuwes, J. (1991). Exogenous and endogenous control of attention: the effect of visual onsets and offsets. *Perception & Psychophysics*, **49**, 83-90.

Theeuwes, J., & Pratt, J. (2003). Inhibition of return spreads across 3-D space. *Psychonomic Bulletin & Review*, **10**, 616-620.

Theeuwes, J., Olivers, C. N., & Chizk, C. L. (2005). Remembering a location makes the eyes curve away. *Psychological Science*, **16**, 196-199.

Tipples, J. (2002). Eye gaze is not unique: Automatic orienting in response to uninformative arrows. *Psychonomic Bulletin & Review*, **9**, 314-318.

Treue, S., & Maunsell, J. H. (1999). Effects of attention on the processing of motion in macaque middle temporal and medial superior temporal visual cortical areas. *The Journal of Neuroscience*, **19**, 7591-7602.

Trick, L. M., Brandigampola, S., & Enns, J. T. (2012). How fleeting emotions affect hazard perception and steering while driving: The impact of image arousal and valence. *Accident Analysis and Prevention*, **45**, 222-229.

Tsal, Y. (1983). Movements of attention across the visual field. *Journal of Experimental Psychology:*

Human Perception and Performance, **9**, 523-530.
van Zoest, W., & Donk, M. (2005). The effects of salience on saccadic target selection. *Visual Cognition*, **12**, 353-375.
VanRullen, R. (2007). The power of the feed-forward sweep. *Advances in Cognitive Psychology*, **3**, 167-176.
Vecera, S. P., & Rizzo, M. (2006). Eye gaze does not produce reflexive shifts of attention: Evidence from frontal-lobe damage. *Neuropsychologia*, **44**, 150-159.
Wang, Y., Yang, J. M., Yuan, J. J., Fu, A. G., Meng, X. X., & Li, H. (2011). The impact of emotion valence on brain processing of behavioral inhibitory control: Spatiotemporal dynamics. *Neuroscience Letters*, **502**, 112-116.
Wolfe, J. M. (2014). Approaches to visual search: Feature integration theory and guided search. In A. C. Nobre, & S. Kastner (Eds.), *The Oxford Handbook of Attention*, pp. 11-55.
Womelsdorf, T., Anton-Erxleben, K., Pieper, F., & Treue, S. (2006). Dynamic shifts of visual receptive fields in cortical area MT by spatial attention. *Nature Neuroscience*, **9**, 1156-1160.
Wright, R. D., & Ward, L. M. (2008). *Orienting of Attention*. New York: Oxford University Press.
Wundt, W. (1897). *Outlines of Psychology*. Translated by C. H. Judd. Leipzig: Wilhelm Engelmann (Reprinted Bristol: Thoemmes, 1999); first published in German as Wundt, W. (1896). Grundriss der Psychologie. Leipzig: Wilhelm Engelmann.
Yamada, Y., Kawabe, T., & Miura, K. (2008). Mislocalization of a target toward subjective contours: Attentional modulation of location signals. *Psychological Research*, **72**, 273-280.
Yantis, S., & Jonides, J. (1990). Abrupt visual onsets and selective attention: voluntary versus automatic allocation. *Journal of Experimental Psychology: Human Perception and Performance*, **16**, 121-134.
Yantis, S., & Serences, J. T. (2003). Cortical mechanisms of space-based and object-based attentional control. *Current Opinion in Neurobiology*, **13**, 187-193.
Zelinsky, G. J., Rao, R. P. N., Hayhoe, M. H., & Ballard, D. H. (1997). Eye movements reveal the spatiotemporal dynamics of visual search. *Psychological Science*, **8**, 448-453.

第3章

Abrams, R. A., & Law, M. B. (2000). Object-based visual attention with endogenous orienting. *Perception, & Psychophysics*, **62**, 818-833.
Asplund, C. L., Todd, J. J., Snyder, A. P., Gilbert, C. M., & Marois, R. (2010). Surprise-induced blindness: A stimulus-driven attentional limit to conscious perception. *Journal of Experimental Psychology: Human Perception and Performance*, **36**, 1372-1381.
Bar, M., & Biederman, I. (1998). Subliminal visual priming. *Psychological Science*, **9**, 464-469.
Baylis, G. C., & Driver, J. (1993). Visual attention and objects: Evidence for the hierarchical coding of location. *Journal of Experimental Psychology: Human Perception and Performance*, **19**, 451-470.
Baylis, G. C., & Driver, J. (1995). Obligatory edge assignment in vision: The role of figure and part segmentation in symmetry detection. *Journal of Experimental Psychology: Human Perception and Performance*, **21**, 1323-1342.
Bichot, N.P., Rossi, A.F., & Desimone, R. (2005). Parallel and serial neural mechanisms for visual search in macaque area V4. *Science*, **308**, 529-534.
Chawla, D., Rees, G., & Friston, K. J. (1999). The physiological basis of attentional modulation in extrastriate visual areas. *Nature Neuroscience*, **2**, 671-676.

Chen, Z. (2012). Object-based attention: A tutorial review. Attention, Perception & Psychophysics, **74**, 784-802.
Chen, Z., & Cave, K. (2008). Object-based attention with endogenous cuing and positional certainty. Perception & Psychophysics, **70**, 1435-1443.
Cherry, E. C. (1953). Some experiments on the recognition of speech, with one and with two ears. Journal of the Acoustical Society of America, **25**, 975-979.
Corbetta, M., & Shulman, G. L. (2002). Control of goal-directed and stimulus-driven attention in the brain. Nature Reviews Neuroscience, **3**, 201-215.
Corbetta, M., Miezin, F. M., Dobmeyer, S., Shulman, G. L., & Petersen, S. E. (1990). Attentional modulation of neural processing of shape, color, and velocity in humans. Science, **248**, 1556-1559.
Corbetta, M., Miezin, F. M., Dobmeyer, S., Shulman, G. L., & Petersen, S. E. (1991). Selective and divided attention during visual discriminations of shape, color, and speed: functional anatomy by positron emission tomography. The Journal of Neuroscience, **11**, 2383-2402.
Corbetta, M., Patel, G., & Shulman, G. L. (2008). The reorienting system of the human brain: From environment to theory of mind. Neuron, **58**, 306-322.
Dick, A. O. (1969). Relations between the sensory register and shortterm storage in tachistoscopic recognition. Journal of Experimental Psychology, **82**, 279-284.
Driver, J., & Baylis, G. C. (1989). Movement and visual attention: the spotlight metaphor breaks down. Journal of Experimental Psychology: Human Perception and Performance, **15**, 448-456.
Driver, J., & Mattingley, J. B. (1998). Parietal neglect and visual awareness. Nature Neuroscience, **1**, 17-22.
Drummond, L., & Shomstein, S. (2010). Object-based attention: Shifting or uncertainty? Attention, Perception, & Psychophysics, **27**, 1743-1755.
Duncan, J. (1984). Selective attention and the organization of visual information. Journal of Experimental Psychology: General, **113**, 501-517.
Egly, R., Driver, J., & Rafal, R. D. (1994). Shifting visual attention between objects and locations: evidence from normal and parietal lesion subjects. Journal of Experimental Psychology: General, **123**, 161-177.
Eimer, M., & Kiss, M. (2008). Involuntary attentional capture is determined by task-set: Evidence from event-related brain potentials. Journal of Cognitive Neuroscience, **20**, 1423-1433.
Eimer, M., & Kiss, M. (2010). Top-down search strategies determine attentional capture in visual search: Behavioral and electrophysiological evidence. Attention, Perception, & Psychophysics, **72**, 951-962.
Eimer, M., Kiss, M., Press, C., & Sauter, D. (2009). The roles of feature specific task set and bottom-up salience in attentional capture: An ERP study. Journal of Experimental Psychology: Human Perception and Performance, **35**, 1316-1328.
Ferrera, V. P., Rudolph, K. K., & Maunsell, J. H. (1994). Responses of neurons in the parietal and temporal visual pathways during a motion task. Journal of Neuroscience, **14**, 6171-6186.
Folk, C. L., & Remington, R. (1998). Selectivity in distraction by irrelevant featural singletons: Evidence for two forms of attentional capture. Journal of Experimental Psychology: Human Perception and Performance, **24**, 847-858.
Folk, C. L., Remington, R. W., & Johnston, J. C. (1992). Involuntary covert orienting is contingent on attentional control settings. Journal of Experimental Psychology: Human Perception and Performance, **18**, 1030-1044.
Folk, C. L., Remington, R. W., & Wright, J. H. (1994). The structure of attentional control: contingent attentional capture by apparent motion, abrupt onset, and color. Journal of Experimental

Psychology: Human Perception and Performance, **20**, 317-329.

Giesbrecht, B., Bischof, W. F., & Kingstone, A. (2003). Visual masking during the attentional blink: tests of the objects substitution hypothesis. *Journal of Experimental Psychology: Human Perception and Performance*, **29**, 238-258.

Jolicoeur, P., Ullman, S., & Mackay, M. (1986). Curve tracing: A possible basic operation in the perception of spatial relations. *Memory & Cognition*, **14**, 129-140.

Kasai, T. (2010). Attention-spreading based on hierarchical spatial representations for connected objects. *Journal of Cognitive Neuroscience*, **22**, 12-22.

Khayat, P. S., Spekreijse, H., & Roelfsema, P. R. (2006). Attention lights up new object representations before the old ones fade away. *The Journal of Neuroscience*, **26**, 138-142.

Lamy, D., & Egeth, H. (2002). Object-based selection: The role of attentional shifts. *Perception & Psychophysics*, **64**, 52-66.

Lamy, D., Bar-Anan, Y., Egeth, H, E., & Carmel, T. (2006). Effects of top-down guidance and singleton priming on visual search. *Psychonomic Bulletin & Review*, **13**, 287-293.

Lavie, N., & Driver, J. (1996). On the spatial extent of attention in object-based visual selection. *Perception & Psychophysics*, **58**, 1238-1251.

Luck, S. J., & Hillyard, S. A. (1994). Electrophysilogycal correlates of feature analysis during visual search. *Psychophysiology*, **31**, 291-308.

Luck, S. J., Chelazzi, L., Hillyard, S. A. & Desimone, R. (1997). Neural mechanisms of spatial selective attention in areas V1, V2, and V4 of macaque visual cortex. *Neurophysiology*, **77**, 24-42.

Mack, A., & Rock, I. (1998). *Inattentional blindness*. MIT Press/Bradford Books series in cognitive psychology. Cambridge, MA: The MIT Press.

Mesulam, M. M. (1999). Spatial attention and neglect: parietal, frontal and cingulate contributions to the mental representation and attentional targeting of salient extrapersonal events. *Philosophical Transactions of The Royal Society of London B: Biological Science*, **354**, 1325-1346.

Meyer, D. E., Schvaneveldt, R. W., & Ruddy, M. G. (1975). Loci of contextual effects on visual word-recognition. In P. M. A. Rabbitt (Ed.), *Attention and performance V*. London: Academic Press.

Moore, C. M., Yantis, S., & Vaughan, B. (1998). Object-based visual selection: Evidence from perceptual completion. *Psychological Science*, **9**, 104-110.

Moray, N. (1959). Attention in dichotic listening: Affective cues and the influence of instructions. The Quarterly *Journal of Experimental Psychology*, **11**, 56-60.

Most, S. B., Scholl, B. J., Clifford, E. R., & Simons, D. J. (2005). What you see in what you set: Sustained inattentional blindness and the capture of awareness. *Psychological Review*, **112**, 217-242.

Most, S., B., & Astur, R. S. (2007). Feature-based attentional set as a cause of traffic accidents. *Visual Cognition*, **15**, 125-132.

Müller, H. J., Heller, D., & Ziegler, J. (1995). Visual search for singleton feature targets within and across feature dimensions. *Perception & Psychophysics*, **57**, 1-17.

Müller, H. J., Krummenacher, J., & Heller, D. (2004). Dimension-specific inter-trial facilitation in visual search for pop-out targets: Evidence for a top-down modulable visual short-term memory effect. *Visual Cognition*, **11**, 577-602.

Müller, H. J., Reimann, B., & Krummenacher, J. (2003). Visual search for singleton feature targets across dimension: Stimulus-and expectancy-driven effects in dimensionals weighting . *Journal of Experimental Psychology: Human Perception and Performance*, **29**, 1021-1035.

Müller, M. M., Andersen, S., Trujillo, N. J., Valdés-Sosa, P., Malinowski, P., & Hillyard, S. A. (2006). Feature-selective attention enhances color signals in early visual areas of the human brain. *Proceedings of the National Academy of Sciences*, **103**, 14250-14254.

Nakayama, K., & Silverman, G. H. (1986). Serial and parallel processing of visual feature conjunctions. *Nature*, **320**, 264-265.
Nakayama, K., & Martini, P. (2011). Situating visual search. *Vision Research*, **51**, 1526-1537.
Neisser, U. (1979). The concept of intelligence. *Intelligence*, **3**, 217-227.
Neisser, U., & Becklen, R. (1975). Selective looking: Attending to visually specified events. *Cognitive Psychology*, **7**, 480-494.
O'Craven, K. M., Downing, P. E., & Kanwisher, N. (1999). FMRI evidence for objects as the units of attentional selection. *Nature*, **401**, 584-587.
Pavan, A., Skujevskis, M., & Bagio, G. (2013). Motion words selectively modulate direction discrimination sensitivity for threshold motion. *Frontiers in Human Neuroscience*, **7**, 134.
Rock, I., & Gutman, D. (1981). The effect of inattention on form perception. *Journal of Experimental Psychology: Human Perception and Performance*, **7**, 275-285.
Roelfsema, P. R., & Houtkamp, R. (2011). Incremental grouping of image elements in vision. *Attention, Perception, & Psychophysics*, **73**, 2542-2572.
Roelfsema, P. R., Lamme, V. A. F., & Spekreijse, H. (1998). Object-based attention in the primary visual cortex of the macaque monkey. *Nature*, **395**, 376-381.
Saenz, M., Buracas, G. T., & Boynton, G. M. (2002). Global effects of feature-based attention in human visual cortex. *Nature Neuroscience*, **5**, 631-632.
Saenz, M., Buracas, G. T., & Boynton, G. M. (2003). Global feature-based attention for motion and color. *Vision Research*, **43**, 629-637.
Schoenfeld, M. A., Hopf, J. M., Martinez, A., Mai, H. M., Sattler, C., & Gasde, A. (2007). Spatio-temporal analysis of feature-based attention. *Cerebral Cortex*, **17**, 2468-2477.
Shomstein, S., & Behrmann, M. (2006). Cortical systems mediating visual attention to both objects and spatial locations. *Proceedings of the National Academy of Sciences of the United States of America*, **103**, 11387-11392.
Shomstein, S., & Behrmann, M. (2008). Object-based attention: Strength of object representation and attentional guidance. *Perception & Psychophysics*, **70**, 132-144.
Shomstein, S., & Yantis, S. (2002). Object-based attention: Sensory modulation or priority setting? *Perception & Psychophysics*, **64**, 41-51.
Simons, D. J. (2010). Monkeying around with the gorillas in our midst: familiarity with an inattentional-blindness task does not improve the detection of unexpected events. *I-Perception*, **1**, 3-6.
Simons, D. J., & Chabris, C. F. (1999). Gorillas in our midst: sustained inattentional blindness for dynamic events. *Perception*, **28**, 1059-1074.
Summerfield, J. J., Lepsien, J., Gitelman, D. R., Mesulam, M. M., & Nobre, A. C. (2006). Orienting attention based on long-term memory experience. *Neuron*, **49**, 905-916.
Theeuwes, J., Mathot, S., & Kingstone, A. (2010). Object-based eye movements: The eyes prefer to stay within the same object. *Attention, Perception, & Psychophysics*, **72**, 579-601.
Treisman, A. (1988). Feature and objects: the fourteenth Bartlett memorial lecture. *The Quarterly Journal of Experimental Psychology*, **40**, 201-237.
Treisman, A. (1964). Selective attention in man. *British Medical Bulletin*, **20**, 12-16.
Treisman, A., Kahneman, D., & Burkell, J. (1983). Perceptual objects and the cost of filtering. *Perception & Psychophysics*, **33**, 527-532.
Treue, S., & Trujillo, J. C. M. (1999). Feature-based attention influences motion processing gain in macaque visual cortex. *Nature*, **399**, 575-579.
Tsushima, Y., Seitz, A. R., & Watanabe, T. (2008). Task-irrelevant learning occurs only when the irrelevant feature is weak. *Current Biology*, **18**, R516-R517.

Tulving, E., & Schacter, D. L. (1990). Priming and human memory systems. *Science*, **247**, 301-306.
Turvey, M. T., & Kravetz, S. (1970). Retrieval from iconic memory with shape as the selection criterion. *Perception & Psychophysics*, **8**, 171-172.
Vecera, S. P., & Farah, M. J. (1994). Does visual attention select object or locations? *Journal of Experimental Psychology: General*, **123**, 146-160.
von Wright, J. M. (1968). Selection in visual immediate memory. *The Quarterly Journal of Experimental Psychology*, **20**, 62-68.
Watanabe, T., Nanez, J. E., Koyama, S., Mukai, I., Liederman, J., & Sasaki, Y. (2002). Greater plasticity in lower-level than higher-level visual motion processing in a passive perceptual leaning task. *Nature Neuroscience*, **5**, 1003-1009.
Watson, S. E., & Kramer, A. F. (1999). Object-based visual selective attention and perceptual organization. *Perception & Psychophysics*, **61**, 31-49.
Wiggs, C. L., & Martin, A. (1998). Properties and mechanisms of perceptual priming. *Current opinion in neurobiology*, **8**, 227-233.
Wolfe, J. M., Cave, K. R., & Franzel, S. L. (1989). Guided search: An alternative to the feature integration model for visual search. *Journal of Experimental Psychology: Human Perception and Performance*, **15**, 419-433.
Zemel, R. S., Behrmann, M., Mozer, M. C., & Bavelier, D. (2002). Experience-dependent perceptual grouping and object-based attention. *Journal of Experimental Psychology: Human Perception and Performance*, **28**, 202-217.

第4章

Adamo, S. H., Cain, M. S., & Mitroff, S. R. (2013). Self-induced attentional blink: A cause of errors in multiple-target search. *Psychological Science*, **24**, 2569-2574.
Ahissar, M., & Hochstein, S. (1996). Learning pop-out detection: Specificities to stimulus characteristics. *Vision Research*, **36**, 3487-3500.
Anderson, B. A. (2013). A value-driven mechanism of attentional selection. *Journal of Vision*, **13**, 1-16.
Anderson, B. A., Laurent, P. A., & Yantis, S. (2011). Value-driven attentional capture. *Proceedings of the National Academy of Sciences*, **108**, 10367-10371.
Ariely, D. (2001). Seeing sets: Representation by statistical properties. *Psychological Science*, **12**, 157-162.
Ashbridge, E., Walsh, V., & Cowey, A. (1997). Temporal aspects of visual search studied by transcranical magnetic stimulation. *Neuropsychologia*, **35**, 1121-1131.
Avraham, T., Yeshurun, Y., & Lindenbaum, M. (2008). Predicting visual search performance by quantifying stimuli silarities. *Journal of Vision*, **8(4)**, 9.
Awh, E., Beloplosky, A. V., & Theeuwes, J. (2012). Top-down versus bottom-up attentional control: a failed theoretical dichotomy. *Trends in Cognitive Sciences*, **16**, 437-443.
Bacon, W. F., & Egeth, H. E. (1991). Local processes in preattentive feature detection. *Journal of Experimental Psychology: Human Perception and Performance*, **17**, 77-90.
Baluch, F., & Itti, L. (2011). Mechanisms of top-down attention. *Trends in Cognitive Sciences*, **34**, 210-224.
Berbaum, K. S., Franklin, E. A. J., Caldwell, R. T., & Schartz, K. M. (2010). Satisfaction of search in traditional radiographic imaging. In E. Samei, & E. Krupinski (Eds.), *The handbook of medical image perception and techniques.* Cambridge: Cambridge University Press. pp. 107-138.

Biederman, I. (1972). Perceiving real-world scenes. *Science*, **177**, 77-80.
Bisley, J. W., & Goldberg, M. E. (2010). Attention, intention, and priority in the parietal lobe. *Annual Review of Neuroscience*, **33**, 1-21.
Brady, T. F., & Chun, M. M. (2007). Spatial constraints on learning in visual search: Modeling contextual cuing. *Journal of Experimental Psychology: Human Perception and Performance*, **33**, 798-815.
Bravo, M. J., & Farid, H. (2009). The specifity of the search template. *Journal of Vision*, **9**, 34, 1-9.
Bravo, M. J., & Nakayama, K. (1992). The role of attention in different visual-search tasks. *Perception & Psychophysics*, **51**, 465-472.
Brehaut, J. C., Enns, J. T., & Di Lollo, V. (1999). Visual masking plays two roles in the attentional blink. *Perception & Psychophysics*, **61**, 1436-1448.
Brockmole, J. R., Castelhano, M. S., & Henderson, J. M. (2006). Contextual cueing in naturalistic scenes: Global and local contexts. *Journal of Experimental Psychology: Learning, Memory, and Cognition*, **32**, 699-706.
Brugess, A. (1985). Effect of quantization noise on visual signal detection in noisy images. *Journal of the Optical Society of America, A, Optics, Image & Science*, **2**, 1424-1428.
Bundesen, C. (1990). A theory of visual attention. *Psychological Review*, **97**, 523-547.
Bundesen, C., Habekost, T., & Kyllingsbek, S. (2005). A neural theory of visual attention: bridging cognition and neurophysiology. *Psychological Review*, **112**, 291-328.
Cain, M. S., & Mitroff, S. R. (2013). Memory for found targets interferes with subsequent performance in multiple-target visual search. *Journal of Experimental Psychology: Human Perception and Performance*, **39**, 1398-1408.
Castelhano, M. S., & Heaven, C. (2010). The relative contribution of scene context and target features to visual search in scenes. *Attention, Perception, & Psychophysics*, **72**, 1283-1297.
Castella, C., Eckstein, M. P., Abbey, C. K., Kinkel, K., Verdun, F. R., Saunders, R. S., Samei, E., & Bochud, F. O. (2009). Mass detection on mammograms: Influence of signal shape uncertainty on human and model observers. *Journal of the Optical Society of America*, **26**, 425-436.
Cave, K. M., & Wolfe, J. M. (1990). Modeling the role of parallel processing in visual search. *Cognitive Psychology*, **22**, 225-271.
Cave, K. R., & Zimmerman, J. M. (1997). Flexibility in spatial attention before and after practice. *Psychological Science*, **8**, 399-403.
Cepeda, N. J., Cave, K. R., Bichot, N. P., & Kim, M. S. (1998). Spatial selection via feature-driven inhibition of distractor location. *Perception & Psychophysics*, **60**, 727-746.
Chelazzi, L., Perlato, A., Santandrea, E., & Della Libera, C. (2013). Rewards teach visualselective attention. *Vision Research*, **85**, 58-72.
Chong, S. C., & Treisman, A. (2003). Representation of statistical properties. *Vision Research*, **43**, 393-404.
Chun, M. M. (2000). Contextual cueing of visual attention. *Trends in Cognitive Sciences*, **4**, 170-178.
Chun, M. M., & Jiang, Y. (1998). Contextual cueing: Implicit learning and memory of visual context guides spational attention. *Cognitive Psycgology*, **36**, 28-71.
Chun, M. M., & Wolfe, J. M. (1996). Just say no: How are visual searches terminated when there is no target present? *Cognitive Psychology*, **30**, 39-78.
Cohn, T. E., & Wardlaw, J. C. (1985). Effect of large spatial uncertainty on foveal luminance increment detectability. *Journal of the Optical Society of America A*, **2**, 820-825.
Davis, E. T., & Graham, N. (1981). Spatial frequency uncertainty effects in the detection of sinusoidal gratings. *Vision Research*, **21**, 705-712.

Di Lollo, V. (2012). The feature-binding problem is an ill-posed problem. *Trends in Cognitive Sciences*, **16**, 317-321.

Di Lollo, V., Enns, J. T., & Rensink, R. A. (2001). Competition for consciousness among visual events: The psychophysics of reentrant visual pathways. *Journal of Experimental Psychology: General*, **129**, 481-507.

Dosher, B. A., Han, S., & Lu, Z. L. (2004). Parallel processing in visual search asymmetry. *Journal of Experimental Psychology: Human Perception and Performance*, **30**, 3.

Drewes, J., Trommershauser, J., & Gegenfurtner, K. R. (2011). Parallel visual search and rapid animal detection in natural scenes. *Journal of Vision*, **11**, 20.

Driver, J., Baylis, G. C., & Rafal, R. D. (1992). Preserved figure-ground segregation and symmetry perception in visual neglect. *Nature*, **360**, 73-75.

Driver, J., Baylis, G. C., Goodrich, S. J., & Rafal, R. D. (1994). Axis-based neglect of visual shapes. *Neuropsychologia*, **32**, 1353-1365.

Drucker, M., & Anderson, B. (2010). Spatial probability aids visual stimulus discrimination. *Frontiers in Human Neuroscience*, **4**, 63.

Duncan, J., & Humphreys, G.W. (1989). Visual Search and Stimulus Similarity. *Psychological Review*, **96**, 433-458.

Duncan, J., Ward, R., & Shapiro, K. (1994). Direct measurement of attentional dwell time in human vision. *Nature*, **369**, 313-315.

Eckstein, M. P. (2011). Visual search: A retrospective. *Journal of Vision*, **11**, 1-36.

Egeth, H. E., Virzi, R. A., & Garbart, H. (1984). Searching for Conjunctively Defined Targets. *Journal of Experimental Psychology: Human Perception and Performance*, **10**, 32-39.

Ehinger, K. A. & Brockmole, J. R. (2008). The role of color in visual search in real-world scenes: Evidence from contextual cueing. *Perception & Psychophysics*, **70**, 1366-1378.

Eimer, M., & Kiss, M. (2010). Top-down search strategies determine attentional capture in visual search: Behavioral and electrophysiological evidence. *Attention, Perception, & Psychophysics*, **72**, 951-962.

Eimer, M., Kiss, M., & Nicholas, S. (2011). What topdown task sets do for us: An ERP study on the benefits of advance preparation in visual search. *Journal of Experimental Psychology: Human Perception and Performance*, **37**, 1758-1766.

Einhauser, W., Rutishauser, U., & Koch, C. (2008). Task-demands can immediately revers the effects of sensory-driven saliency in complex visual stimuli. *Journal of Vision*, **8, 2**, 1-19.

Enns, J. T., & Rensink R. A. (1991). Preattentive recovery of three-dimensional orientation from line drawings. *Psychological Review*, **98**, 335-351.

Evans, K. K., & Treisman, A. (2005). Perception of objects in natural scenes: is it really attention free? *Journal of Experimental Psychology: Human Perception and Performance*, **31**, 1476-1492.

Fecteau, J. H., & Munoz, D. P. (2006). Salience, relevance, and firing: a priority map for target selection. *Trends in Cognitive Sciences*, **10**, 382-390.

Findlay, J. M., & Gilchrist, I. D. (2003). *Active vision: The psychology of looking and seeing*. Oxford: Oxford University Press.

Fleck, M. S., & Mitroff, S. R. (2007). Rare targets are rarely missed in correctable search. *Psychological Science*, **18**, 943-947.

Foulsham, T., & Underwood, G. (2008). What can saliency models predict about eye movements? Spatial and sequential aspects of fixations during encoding and recognition. *Journal of Vision*, **8** (2), 6.

Found, A., & Müller, H. J. (1996). Searching for unknown feature targets on more than one dimension: Investigating a "dimension-weighting" account. *Perception & Psychophysics*, **58**, 88-101.

Geng, J. Y., & Behrmann, M. (2005). Spatial probability as an attentional cue in visual search. *Perception & Psychophysics*, **67**, 1252-1268.

Geyer, T., Müller, H. J., & Krummenacher, J. (2006). Cross-trial priming in visual search for singleton conjunction targets: Role of repeated target and distractor features. *Perception & Psychophysics*, **68**, 736-749.

Gómez-Cuerva, J., & Raymond, J. E. (2010). Value associations make irrelevant stimuli especially distracting. *Journal of Vision*, **10(7)**, 258.

Greene, A. J., Gross, W. L., Elsinqer, C. L., & Rao, S. M. (2007). Hippocampal differentiation without recognition: An fMRI analysis of the contextual cueing task. *Learning & memory*, **14**, 548-553.

Gur, D., Rockette, H. E., Armfield, D. R., Blachar, A., Bogan, J. K., Brancatelli, G., Britton, C. A., Brown, M. L., Davis, P. L., Ferris, J. V., Fuhrman, C. R., Golla, S. K., Katyal, S., Lacomis, J. M., McCook, B. M., Thaete, F. L., & Warfel, T. E. (2003). Prevalence effect in a laboratory environment. *Radiology*, **228**, 10-14

He, Z. J., & Nakayama, K. (1995). Visual attention to surfaces in three-dimensional space. Proceedings of the *National Academy of Sciences of the United States of America*, **92**, 11155-11159.

Hickey, C., Chelazzi, L., & Theeuwes, J. (2010). Reward changes salience in human vision via the anterior cingulate. *Journal of Neuroscience*, **30**, 11096-11103.

Hochstein, S., & Ahissar, M. (2002). View from the top: hierarchies and reverse hierarchies in the visual system. *Neuron*, **36**, 791-804.

Horowitz, T. S., & Wolfe, J. M. (2005). Visual search: The role of memory for rejected distractors. In L. Itti, G. Rees, & J. K. Tsotsos (Eds.), *Neurobiology of attention*. San Diego, CA: Elsevier. pp. 264-268.

Horowitz, T. S., Wolfe, J. M., Alvarez, G. A., Cohen, M. A., & Kuzmova, Y. I. (2009). The speed of free will. *The Quarterly Journal of Experimental Psychology*, **62**, 2262-2288.

Houtkamp, R., & Roelfsema, P. R. (2009). Matching of visual input to only one item at any one time. *Psychological Research*, **73**, 317-326.

Huang, L., & Pashler, H. (2007). A Boolean map theory of visual attention. *Psychological Review*, **114**, 599-631.

Hubel, D. H., & Wiesel, T, N. (1959). Receptive fields of single neurones in the cat's striate cortex. *The Journal of physiology*, **148**, 574-591.

Hubel, D, H., & Wiesel, T, N. (1968). Reseptive fields and functional architecture of monkey striatecortex. *The Journal of Physiology*, **195**, 215-243.

Itti, L., & Borji, A. (2014). Computational models of attention. In M. S. Gazzaniga, R. B. Ivry, & G. R. Mangun. (Eds)., *Cognitive Neuroscience: The Biology of the Mind* (4th Ed.). New York: W. W. Norton & Company. pp. 1-10.

Itti, L., & Koch, C. (2000). A saliency-based search mechanism for overt and covert shift of visual attention. *Vision Research*, **40**, 1489-1506.

Ivry, R. B., & Cohen A. (1990). Dissociation of short- and long- range apparent motion in visual search. *Journal of Experimental Psychology: Human Perception and Performance*, **16**, 317-331.

Jiang, Y., & Wagner, L. C. (2004). What is learned in spatial contextual cuing - configuration or individual locations? *Perception & Psychophysics*, **66**, 454-463.

Jiang, Y., Song, J., & Rigas, A. (2005). High-capacity spatial contextual memory. *Psychonomic Bulletin & Review*, **12**, 524-529.

Johnson, J. S., Woodamn, G. F., Braun, E., & Luck, S. J. (2007). Implicit memory influences the allocation of attention in visual cortex. *Psychonomic Bulletin & Review*, **14**, 834-839.

Jolicoeur, P., Brisson, B., & Robitaille, N. (2008). Dissociation of the N2pc and sustained posterior contralateral negativity in a choice response task. *Brain Research*, **1215**, 160-172.

Julesz, B. (1981). Textons, the elements of texture perception, and their interactions. *Nature*, **290**, 91-97.

Kanwisher, N., Woods, R. P., Iacoboni, M., & Mazziotta, J. C. (1997). A locus in human extrastriate cortex for visual shape analysis. *Journal of Cognitive Neuroscience*, **9**, 133-142.

Kaptein, N. A., Theeuwes, J., & van der Heijden, A. H. C. (1995). Search for a conjunctively defined target can be selectively limited to a color-defined subset of elements. *Journal of Experimental Psychology: Human Perception and Performance*, **21**, 1053-1069.

Kawahara, J. (2007). Auditory-visual contextual cueing effect. *Perception & Psychophysics*, **69**, 1399-1408.

Khurana, B. (1998). Visual structure and the integration of form and color information. *Journal of Experimental Psychology: Human Perception and Performance*, **24**, 1766-1785.

Kim. M. S., & Cave, K. R. (1995). Spatial attention in visual search for features and feature conjunctions. *Psychological Science*, **6**, 376-380.

Koch, C., & Crick, F. (1991). Understanding awareness at the neuronal level. *Behavioral and Brain Sciences*, **14**, 683-685.

Koch, C., & Ullman, S. (1985). Shifts in selective visual attention: towards the underlying neural circuitry. *Human Neurobiology*, **4**, 219-227.

Kristjansson, A., Wang, D., & Nakayama, K. (2002). The role of priming in conjunctive visual search. *Cognition*, **85**, 37-52.

Kumada, T. (2001). Feature-based control of attention: Evidence for two forms of dimension weighting. *Perception & Psychophysics*, **63**, 698-708.

Kumada, T., & Humphreys, G, W. (2002). Cross-dimensional interference and cross-trial inhibition. *Perception & Psychophysics*, **64**, 493-503.

熊田孝恒・横澤一彦（1994）．特徴統合と視覚的注意　心理学評論，**37**, 19-43.

Kunar, M. A., Flusberg, S., Horowitz, T. S., & Wolfe, J. M. (2007). Does contextual cueing guide the deployment of attention? *Journal of Experimental Psychology: Human Perception and Performance*, **33**, 816-828.

Kwak, H., Dagenbach, D., & Egeth, H. (1991). Further evidence for a time-independent shift of the focus of attention. *Perception & Psychophysics*, **49**, 473-480.

Lachter, J., Forster, K. I., & Ruthruff, E. (2004). Forty-five years after Broadbent (1958): Still no identification without attention. *Psychological Review*, **111**, 880-913.

Lamme, V. A. F. (2003). Why visual attention and awareness are different. *Trends in Cognitive Sciences*, **7**, 12-17.

Lamy, D., Bar-Anan, Y., Egeth, H, E., & Carmel, T. (2006). Effects of top-down guidance and singleton priming on visual search. *Psychomic Bulltein & Review*, **13**, 287-293.

Langton, S, R., O'Donnell, C., Riby, D., & Ballantyne, C. (2006). Gaze cues influence the allocation of attention in natural scene viewing. *Quarterly Journal of Experimental Psychology*, **59**, 2056-2064.

Levin, D. T., Takarae, Y., Miner, A. G., & Keil, F. (2001). Efficient visual search by category: Specifying the features that mark the difference between artifacts and in preattentive vision. *Perception & Psychophysics*, **63**, 676-697.

Li, F.F., VanRullen, R., Koch, C., & Perona, P. (2002). Rapid natural scene categorization in the near absence of attention. *Proceedings of the National Academy of Sciences of the United States of America*, **99**, 9596-9601.

Logan, G. D. (1996). The CODE theory of visual attention: An integration of space-based and object-based attention. *Psychological Review*, **103**, 603-649.
Mack, S. C., & Eckstein, M. P. (2011). Object co-occurrence serves as a contextual cue to guide and facilitate visual search in a natural viewing environment. *Journal of Vision*, **11**, 8, 1-13.
Maljkovic, V., & Nakayama, K. (1994). Priming of pop-out: I. Role of features. *Memory & Cognition*, **22**, 657-672.
Maljkovic, V., & Nakayama, K. (1996). Priming of pop-out: II. The role of position. *Perception & Psychophysics*, **58**, 977-991.
Maunsell, J. H. R. (2004). Neuronal representation of cognitive state: reward or attention? *Trends in Cognitive Sciences*, **8**, 261-265.
Mazer, J. A., & Gallant, J. L. (2003). Goal-related activity in V4 during free viewing visual search: Evidence for a ventral stream visual salience map. *Neuron*, **40**, 1241-1250.
McCollough, A. W., Machizawa, M. G., & Vogel, E. K. (2007). Electrophysiological measures of maintaining representations in visual working memory. *Cortex*, **43**, 77-94.
McLeod, P., & Driver, J. (1993). Filtering and physiology in visual search: A convergence of behavioural and neurophysiological measures. In A. D. Baddeley, & L. Weiskrantz (Eds.), *Attention: Selection, awareness, and control: A tribute to Donald Broadbent*. New York, NY, Clarendon Press/Oxford University Press. pp. 72-86.
McNab, F., & Klingberg, T. (2008). Prefrontal cortex and basal ganglia control access to working memory. *Nature Neuroscience*, **11**, 103-107.
Menneer, T., Barrett, D. J. K., Phillips, L., Donnelly, N., & Cave, K. R. (2007). Costs in searching for two targets: Dividing search across target types could improve airport security screening. *Applied Cognitive Psychology*, **21**, 915-932.
Miller, J. (1988). Components of the location probability effect in visual search tasks. *Journal of Experimental Psychology: Human Perception and Performance*, **14**, 453-471.
Müller, H. J., & Findlay, J. M. (1988). The effect of visual attention on peripheral discrimination thresholds in single and multiple element displays. *Acta Psychologica*, **69**, 129-155.
Nabeta, T., Ono, F., & Kawahara, J. (2003). Transfer of spatial context from visual to haptic search. *Perception*, **32**, 1352-1358.
Nagy, A. L., Neriani, K. E., & Young, T. L. (2005). Effects of target and distractor heterogeneity on search for a color target. *Vision Research*, **45**, 1885-1899.
Nakayama, K., & Silverman, G. H. (1986). Serial and parallel processing of visual feature conjunctions. *Nature*, **320**, 264-265.
Nakayama, K., & Mackeben, M. (1989). Sustained and transient components of focal visual attention. *Vision Research*, **29**, 1631-1647.
Navalpakkam, V., & Itti, L. (2006). Top-down attention selection is fine grained. *Journal of Vision*, **6**, 1180-1193.
Navalpakkam, V., Koch, C., Rangel, A., & Perona, P. (2010). Optimal reward harvesting in complex perceptual environments. *Proceedings of the National Academy of Sciences of the United States of America*, **107**, 5232-5237.
Nothdurft, H. C. (1993). The role of features in preattentive vision: comparison of orientation, motion and color cues. *Vision Research*, **33**, 1937-1958.
小川洋和・八木昭宏 (2002). 文脈手がかりによる視覚的注意の誘導　心理学評論, **45**, 213-224.
Oliva, A., Torralba, A., Castelhano, M. S., & Henderson, J. M. (2003). Top-down control of visual attention in object detection. In *Image processing, 2003. icip 2003. proceedings. 2003 international conference on*, **1**, 253-256.

Olson, I. R., & Chun, M. M. (2001). Temporal contextual cueing of visual attention. *Journal of Experimental Psychology: Learning, Memory and Cognition*, **27**, 1299-1313.

Ono, F., Jiang, Y., & Kawahara, J. (2005). Inter-trial contextual cueing: Association across successive visual search trials guides spatial attention. *Journal of Experimental Psychology: Human Perception and Performance*, **31**, 703-712.

Palmer, J. (1995). Attention in visual search: Distinguishing four causes of a set-size effect. *Current Directions in Psychological Science*, **4**, 118-123.

Parker, A. J., & Newsome, W. T. (1998). Sense and the single neuron: probing the physiology of perception. *Annual review of neuroscience*, **21**, 227-277.

Peterson, M. S., & Juola, J. F. (2000). Evidence for distinct attentional bottlenecks in attention switching and attentional blink tasks. *The Journal of General Psychology*, **127**, 6-26.

Potter, M. C. (1975). Meaning in visual search. *Science*, **187**, 965-966.

Potter, M. C., & Levy, E. I. (1969). Recognition memory for a rapid sequence of pictures. *Journal of Experimental Psychology*, **81**, 10-15.

Potter, M. C., Staub, A., Rado, J., & O'Connor, D. H. (2002). Recognition memory for briefly presented pictures: The time course of rapid forgetting. *Journal of Experimental Psychology: Human Perception and Performance*, **28**, 1163-1175.

Prinzmetal, W., Henderson, D., & Ivry, R. (1995). Loosening the constraints on illusory conjunctions: Assessing the roles of exposure duration and attention. *Journal of Experimental Psychology: Human Perception and Performance*, **21**, 1362-1375.

Prinzmetal, W., Ivry, R. B., Beck, D., & Shimizu, N. (2002). A measurement theory of illusory conjunctions. *Journal of Experimental Psychology: Human Perception and Performance*, **28**, 251.

Prinzmetal, W., Presti, D. E., & Posner, M. I. (1986). Does attention affect visual feature integration? *Journal of Experimental Psychology: Human Perception and Performance*, **12**, 361-369.

Raymond, J. E., Shapiro, K. L., & Arnell, K. M. (1992). Temporary suppression of visual processing in an RSVP task: An attentional blink? *Journal of Experimental Psychology: Human Perception and Performance*, **18**, 849-860.

Reeves, A., & Sperling, G. (1986). Attention gating in short-term visual memory. *Psychological Review*, **93**, 180-206.

Sagi, D., & Julesz, B. (1985). "Where" and "what" in vision. *Science*, **228**, 1217-1219.

Sagi, D., & Julesz, B. (1986). Enhanced detection in the aperture of focal attention during simple discrimination tasks. *Nature*, **321**, 693-695.

Sato, S., & Kawahara, J. (2015). Attentional capture by completely task-irrelevant faces. *Psychological Research*, **79**, 523-533.

Schlagbauer, B., Geyer, T., Müller, H. J., & Zehetleitner, M. (2014). Rewarding distractorcontext versus rewarding target location: A commentary on Tseng and Lleras. *Attention, Perception, & Psychophysics*, **76**, 669-674.

Schoonveld, W., Shimozaki, S. S., & Eckstein, M. P. (2007). Optimal observer model of single-fixation oddity search predicts a shallow set-size function. *Journal of Vision*, **7,1**, 1-16.

Scialfa, C. T., & Joffe, K. M. (1998). Response times and eye movements in feature and conjunction search as a function of target eccentricity. *Perception & Psychophysics*, **60**, 1067-1082.

Serences, J. T., & Yantis, S. (2006). Selective visual attention and perceptual coherence. *Trends in Cognitive Sciences*, **10**, 38-45.

Serences, J. T., & Boynton, G. M. (2007). The representation of behavioral choice for motion in human visual cortex. *The Journal of Neuroscience*, **27**, 12893-12899.

Sergent, J., Ohta, S., & MacDonald, B. (1992). Functional neuroanatomy of face and object process-

ing: A positron emission tomography study. *Brain*, **115**, 15-36.
Serre, T., Oliva, A., & Poggio, T. (2007). A feedforward architecture accounts for rapid categorization. *Proceedings of the National Academy of Sciences of the United States of America*, **104**, 6424-6429.
Shen, J., Reingold, E. M., & Pomplun, M. (2000). Distractor ratio influences patterns of eye movements during visual search. *Perception*, **29**, 241-250.
Shih, S. I., & Sperling, G. (2002). Measuring and modeling the trajectory of visual spatial attention. *Psychological Review*, **109**, 260-305.
Smith, M. J. (1967). *Error and variation in diagnostic radiology*. Springfield, IL: C. C. Thomas Publisher.
Störmer, V., Eppinger, B., & Li, S.C. (2014). Reward speeds up and increases consistency of visual selective attention: a lifespan comparison. *Cognitive, Affective, & Behavioral Neuroscience*, **14**, 659-671.
Stritzke, M., Trommershaüser, J., & Gegenfurtner, K. R. (2009). Effects of salience and reward information during saccadic decisions under risk. *Journal of the Optical Society of America A: Optics, Image Science, and Vision*, **26**, B1-B13.
Tatler, B. W., Hayhoe, M. M., Land, M. F., & Ballard, D. H. (2011). Eye guidance in natural vision: Reinterpreting salience. *Journal of Vision*, **11**, 5, 1-23.
Theeuwes, J., & Kooi, F. L. (1994). Parallel search for a conjunction of contrast polarity and shape. *Vision Research*, **34**, 3013-3016.
Theeuwes, J., Godijn, R., & Pratt, J. (2004). A new estimation of the attentional dwell time. *Psychonomic Bulletin & Review*, **11**, 60-64.
Theeuwes, J., Reimann, B., & Mortier, K. (2006). Visual search for singletons: No top-down modulation, only bottom-up priming. *Visual Cognition*, **14**, 466-489.
Thompson, K. G., & Bichot, N. P. (2005). A visual salience map in the primate frontal eye field. *Progress in Brain Research*, **147**, 249-262.
Thorndike, E. L. (1911). *Animal Intelligence: Experimental Studies*. New York: Macmillan.
Thornton, T. L., & Gilden, D. L. (2007). Parallel and serial processes in visual search. *Psychological Review*, **114**, 71-103.
Tong, F., & Nakayama, K. (1999). Robust representations for faces: evidence from visual search. *Journal of Experimental Psychology*, **25**, 1016-1035.
Torralba, A., Oliva, A., Castelhano, M. S., & Henderson, J. M. (2006). Conetxtual guidance of eye movements and attention in real-world scenes: the role of global features in object search. *Psychological Review*, **113**, 766-786.
Townsend, J. T. (1971). A note on the identifiability of parallel and serial processes. *Perception & Psychophysics*, **10**, 161-163.
Townsend, J. T. (1990). Serial vs. parallel processing: Sometimes they look like Tweedledum and Tweedledee but they can (and should) be distinguished. *Psychological Science*, **1**, 46-54.
Townsend, J. T., & Wenger, M. J. (2004). A theory of interactive parallel processing: new capacity measures and predictions for a response time inequality series. *Psychological review*, **111**, 1003.
Treisman, A., & Sato, S. (1990). Conjunction search revisited. *Journal of Experimental Psychology: Human Perception and Performance*, **16**, 459-478.
Treisman, A. (1986). Features and objects in visual processing. *Scientific American*, **255**, 106-115.
Treisman, A. (1988). Feature and objects: the fourteenth Bartlett memorial lecture. *The Quarterly Journal of Experimental Psychology*, **40**, 201-237.
Treisman, A. (1996). The binding problem. *Current Opinion in Neurobiology*, **6**, 171-178.

Treisman, A. (1999). Solutions to the binding problem: Progress through controversy and convergence. *Neuron*, **24**, 105-110.
Treisman, A. M., & Gelade, G. (1980). A feature-integration theory of attention. *Cognitive Psychology*, **12**, 97-136.
Treisman, A., & Paterson, R. (1984). Emergent features, attention, and object perception. *Journal of Experimental Psychology: Human Perception and Performance*, **10**, 12-31.
Treisman, A., & Schmidt, H. (1982). Illusory conjunctions in the perception of objects. *Cognitive Psychology*, **14**, 107-141.
Treisman, A., & Souther, J. (1986). Illusory words: The roles of attention and of top-down constraints in conjoining letters to form words. *Journal of Experimental Psychology: Human Perception and Performance*, **12**, 3-17.
Treisman, M. (1993). On the structure of the temporal sensory system. *Psychologica Belgica*, **33**, 271-283.
Tuddenham, W. J. (1962). Visual Search, Image Organization, and Reader Error in Roentgen Diagnosis: Studies of the Psychophysiology of Roentgen Image Perception Memorial Fund Lecture 1. *Radiology*, **78**, 694-704.
Turk-Browne, N. B., Scholl, B. J., Johnson, M. K., & Chun, M. M. (2010). Implicit perceptual anticipation triggered by statistical learning. *The Journal of Neuroscience*, **30**, 11177-11187.
van Zoest, W., & Donk, M. (2005). The effects of salience on saccadic target selection. *Visual Cognition*, **12**, 353-375.
VanRullen, R., & Thorpe, S. J. (2001). The time course of visual processing: from early perception to decision making. *Journal of Cognitive Neuroscience*, **13**, 454-461.
VanRullen, R. (2006). On second glance: Still no high-level pop-out effect for faces. *Vision Research*, **46**, 3017-3027.
VanRullen, R. (2007). The power of the feed-forward sweep. *Advances in Cognitive Psychology*, **3**, 167-176.
Vlaskamp, B. N. S., & Hooge, I. T. C. (2006). Crowding degrades saccadic search performance. *Vision Research*, **46**, 417-425.
von der Malsburg, C. (1981). The correlation theory of brain function. Internal Report 81-2, Dept. of Neurobiology, Max-Planck-Institute for Biophysical Chemistry, Göttingen, Germany. Reprinted in E. Domany, J. L. van Hemmen, & K. Schulten (Eds.), *Models of neural networks II* (1994). Berlin: Springer.
Vuilleumier, P. (2000). Faces call for attention: evidence from patients with visual extinction. *Neuropsychologia*, **38**, 693-700.
Walthew, C., & Gilchrist, I. D. (2006). Target location probability effects in visual search: an effect of sequential dependencies. *Journal of Experimental Psychology: Human Perception and Performance*, **32**, 1294-1301.
Wang, Q., Cavanagh, P., & Green, M. (1994). Familiarity and pop-out in visual search. *Perception & Psychophysics*, **56**, 495-500.
Ward, R., Duncan, J., & Shapiro, K. (1997). Effects of similarity, difficulty, and nontarget presentation on the time course of visual attention. *Perception & Psychophysics*, **59**, 593-600.
Watson, D. G., & Humphreys, G. W. (1997). Visual marking: Prioritizing selection for new objects by top-down attentional inhibition of old objects. *Psychological Review*, **104**, 90-122.
Whitney, D., & Levi, D. M. (2011). Visual crowding: a fundamental limit on conscious perception and object recognition. *Trends in Cognitive Sciences*, **15**, 160-168.
Wolfe, J. M. (1994). Guided search 2.0 a revised model of visual search. *Psychonomic Bulletin & Re-*

view, **1**, 202-238.
Wolfe, J. M. (1998). What can 1 million trials tell us about visual search? *Psychological Science*, **9**, 33-39.
Wolfe, J. M. (2007). Guided Search 4.0: Current Progress with a model of visual search. In W. Gray (Ed.), *Integrated Models of Cognitive Systems*. New York: Oxford. pp. 99-119.
Wolfe, J. M. (2014). *Approaches to visual search: Feature integration theory and guided search*. The Oxford Handbook of Attention, pp. 11-55.
Wolfe, J. M., Butcher, S. J., Lee, C., & Hyle, M. (2003). Changing your mind: On the contributions of top-down and bottom-up guidance in visual search for feature singletons. *Journal of Experimental Psychology: Human Perception and Performance*, **29**, 483-502.
Wolfe, J. M., Cave, K. R., & Franzel, S. L. (1989). Guided search: An alternative to the feature integration model for visual search. *Journal of Experimental Psychology: Human Perception and Performance*, **15**, 419-433.
Wolfe, J. M., Friedman-Hill, S. R., & Bilsky, A. B. (1994). Parallel processing of part-whole information in visual search tasks. *Perception & Psychophysics*, **55**, 537-550.
Wolfe, J. M., Horowitz, T. S., & Kenner, N. M. (2005). Rare items often missed in visual searches. *Nature*, **435**, 439-440.
Wolfe, J. M., Horowitz, T., Kenner, N. M., Hyle, M., & Vasen, N. (2004). How fast can you change your mind? The spped of top-down guidance in visual search. *Vision Research*, **44**, 1411-1426.
Wolfe, J. M., Oliva, A., Horowitz, T. S., Butcher, S. J., & Bompas, A. (2002). Segmentation of objects from backgrounds in visual search tasks. *Vision Research*, **42**, 2985-3004.
Wolfe, J. M., Vo, M. L.-H., Evans, K. K., & Greene, M. R. (2011). Visual search in scenes involves selective and non-selective pathways. *Trends in Cognitive Sciences*, **15**, 77-84.
Wolfe, J.M. (2001). Asymmetries in visual search: An introduction. *Perception and Psychophysics*, **63**, 381-389.
Woodman, G. F., & Luck, S. J. (1999). Electrophysiological measurement of rapid shifts of attention during visual search. *Nature*, **400**, 867-869.
Yang, M. H., Kriegman, D. J., & Ahuja, N. (2002). Detecting faces in images: A survey. *IEEE Transactions on Pattern Analysis and Machine Intelligence*, **24**, 34-58.
Zehetleitner, M., Goschy, H., & Müller, H. J. (2012). Top-down control of attention: It's gradual, practice-dependent, and hierarchically organized. *Journal of Experimental Psychology: Human Perception and Performance*, **38**, 941-957.
Zohary, E., & Hochstein, S. (1989). How serial is serial processing in vision? *Perception*, **18**, 191-200.

第 5 章

Abrams, R. A., & Christ, S. E. (2003). Motion onset captures attention. *Psychological Science*, **14**, 427-432.
Ahissar, M., & Hochstein, S. (1993). Attentional control of early perceptual learning. *Proceedings of the National Academy of Sciences of the United States of America*, **90**, 5718-5722.
Anderson, B. A., & Folk, C. L. (2010). Variations in the magnitude of attentional capture: Testing a two-process model. *Attention, Perception & Psychophysics*, **72**, 342-352.
Anguera, J. A., & Boccanfuso, J. (2013). Video game training enhances cognitive control in older adults. *Nature*, **501**, 97-101.
Ariga, A., & Kawahara, J. (2004). The perceptual and cognitive distractor-previewing effect. *Journal of Vision*, **4**, 891-903.

Ashbridge, E., Walsh, V., & Cowey, A. (1997). Temporal aspects of visual search studied by transcranical magnetic stimulation. *Neuropsychologia*, **35**, 1121-1131.

Astle, D. E., & Scerif, G. (2011). Interactions between attention and visual short-term memory (VSTM): What can be learnt from individual and developmental differences? *Neuropsychologia*, **49**, 1435-1445.

Awh, E., & Jonides, J. (2001). Overlapping mechanisms of attention and spatial working memory. *Trends in Cognitive Sciences*, **5**, 119-126.

Awh, E., Jonides, J., & Reuter-Lorenz, P. A. (1998). Rehearsal in spatial working memory. *Journal of Experimental Psychology: Human Perception and Performance*, **24**, 780-790.

Bacon, W. F., & Egeth, H. E. (1994). Overriding stimulus-driven attentional capture. *Perception & Psychophysics*, **55**, 485-496.

Baddeley, A. (2003). Working memory: Looking back and looking forward. *Nature Reviews Neuroscience*, **4**, 829-839.

Baddeley, A., Gathercole, S., & Papagno, C. (1998). The phonological loop as a language learning device. *Psychological Review*, **105**, 158-173.

Ball, K. K., Beard, B. L., Roenker, D. L., Miller, R. L., & Riggs, D. S. (1988). Age and visual search: expanding the useful field of view. *Journal of the American Optmetric Association*, **5**, 2210-2219.

Ball, K., & Sekuler, K. (1987) Direction-specific improvement in motion discrimination. *Vision Research*, **27**, 953-967.

Barnard, P. J., Scott, S., Taylor, J., May, J., & Knightley, W. (2004). Paying attention to meaning. *Psychological Science*, **15**, 179-186.

Becker, S. I., Folk, C. L., & Remington, R. W. (2013). Attentional capture does not depend on feature similarity, but on target-nontarget relations. Psychological Science, **24**, 634-647.

Belopolsky, A. V., Schreij, D., & Theeuwes, J. (2010). What is top-down about contingent capture? *Attention, Perception & Psychophysics*, **72**, 326-341.

Belopolsky, A. V., Zwaan, L., Theeuwes, J., & Kramer, A. F. (2007). The size of attentional window modulates attentional capture by color singletons. *Psychonomic Bulletin & Review*, **14**, 934-938.

Bleckley, M. K., Durso, F. T., Crutchfield, J. M., Engle, R. W., & Khanna, M. M. (2003). Individual differences in working memory capacity predict visual attention allocation. *Psychonomic Bulletin & Review*, **10**, 884-889.

Boot, W. R., Blakely, D. P., & Simons, D. J. (2011). Do action video games improve perception and cognitin? *Frontiers in Psychology*, **2**, 1-6.

Boot, W. R., Kramer, A. F., & Peterson, M. S. (2005). Oculomotor consequences of abrupt object onsets and offsets: Onsets dominate oculomotor capture. *Perception & Psychophysics*, **67**, 910-928.

Boot, W. R., Kramer, A. F., Simons, D. J., Fabiani, M., & Gratton, G. (2008). The effects of video game playing on attention, memory, and executive control. *Acta Psychologica*, **129**, 387-398.

Bowman, H., & Wyble, B. (2007). The simultaneous type, serial token model of temporal attention and working memory. *Psychological Review*, **114**, 38-70.

Brass, M., & von Cramon, D. Y. (2004). Selection for cognitive control: A functional magnetic resonance imaging study on the selection of task-relevant information. *The Journal of Neuroscience*, **24**, 8847-8852.

Braver, T. S., Reynolds, J. R., & Donaldson, D. I. (2003). Neural mechanisms of transient and sustained cognitive control during task switching. *Neuron*, **39**, 713-726.

Broadbent, D. E., & Broadbent, M. H. P. (1987). From detection to identification: Reponse to multiple targets in rapid serial visual presentation. *Perception & Psychophysics*, **42**, 105-113.

Bundesen, C. (1990). A theory of visual attention. *Psychological Review*, **97**, 523-547.

Burnham, B. R. (2007). Displaywide visual features associated with a search display's appearance can mediate attentional capture. *Psychonomic Bulletin and Review*, **14**, 392-422.

Chun, M. M. (1997). Temporal binding errors are redistributed in the attentional blink. *Perception & Psychophysics*, **59**, 1191-1199.

Chun, M. M., & Potter, M. C. (1995). A two-stage model for multiple target detection in rapid serial visual presentation. *Journal of Experimental Psychology: Human Perception and Performance*, **21**, 109-127.

Clark, K., Fleck, M. S., & Mitroff, S. R. (2011). Enhanced change detection performance reveals improved strategy use in avid action vide game players. *Acta Psychologica*, **136**, 67-72.

Colombo, J. (2001). The development of visual attention in infancy. *Annual Review of Psychology*, **52**, 337-367.

Corbetta, M. (1998). Frontparietal cortical networks for directing attentiona nd the eye to visual locations: Identical, independent, or overlapping neural systems? *Proceedings of the National Academy of Sciences of the United States of America*, **95**, 831-838.

Corbetta, M., & Shulman, G. L. (2002). Control of goal-directed and stimulus-driven attention in the brain. *Nature Reviews Neuroscience*, **3**, 201-215.

Corbetta, M., & Shulman, G. L. (2011). Spatial neglect and attention networks. *Annual Review of Neuroscience*, **34**, 569-599.

Corbetta, M., Kincade, J. M., Ollinger, J. M., McAvoy, M. P., & Shulman, G. L. (2000). Voluntary orienting is dissociated from target detection in human posterior parietal cortex. *Nature Neuroscience*, **3**, 292-297.

Corbetta, M., Patel, G., & Shulman, G. L. (2008). The reorienting system of the human brain: From environment to theory of mind. *Neuron*, **58**, 306-322.

Cowan, N. (1995). *Attention and memory: An integrated framework*. New York: Oxford University Press.

Dahlin, E., Nyberg, L., Backman, L., & Neely, A. S. (2008). Plasticity of execurtive functioning in young and older adults: Immediate training gains, transfer, and long-term maintenance. *Psychology and Aging*, **23**, 720-730.

Deheaene, S., Sergent, C., & Changeux, J. P. (2003). A neuronal network model linking subjective reports and objectice psysiological data during conscious perception. *Proceedings of the National Academy of Science of the United States of America*, **100**, 8520-8525.

Desimone, R., & Duncan, J. (1995). Neural mechanisms of selective visual attention. *Annual Review of Neuroscience*, **18**, 193-222.

Di Monaco, M., Schintu, S., Dotta, M., Barba, S., Tappero, R., & Gindri, P. (2011). Severity of unilateral spatial neglect is an independent predictor of functional outcome after acurte inlatient rehabilitation in individuals with right hemispheric stroke. *Archives of Physical Medicine and Rehabilitation*, **92**, 1250-1256.

Diamond, A., & Lee, K. (2011). Interventions shown to aid executive function development in children 4 to 12 years old. *Science*, **333**, 959-964.

Diamond, A., Barnett, W. S., Thomas, J., & Munro, S. (2007). Preschool program improves cognitive control. *Science*, **318**, 1387-1388.

Donk, M., & Theeuwes, J. (2001). Visual marking beside the mark: Priotizing selection by abrupt onsets. *Perception & Psychophysics*, **63**, 891-900.

Downing, P. E. (2000). Interactions between visual working memory and selective attention. *Psychological Science*, **11**, 467-473.

Downing, P. E., & Dodds, C. M. (2004). Competition in visual working memory for control of search.

Visual Cognition, **11**, 689-703.

Driver, J., Davis, G., Russell, C., Turatto, M., & Freeman, E. (2001). Segmentation, attention and phenomenal visual objects. *Cognition*, **80**, 61-95.

Duncan, J., & Humphreys, G.W. (1989). Visual Search and Stimulus Similarity. *Psychological Review*, **96**, 433-458.

Duncan, J., Ward, R., & Shapiro, K. (1994). Direct measurement of attentional dwell time in human vision. *Nature*, **369**, 313-315.

Dux, P. E., & Marois, R. (2009). The attentional blink: A review of data and theory. *Attention, Perception, & Psychophysics*, **71**, 1683-1700.

Eriksen, C. W., & Hoffman, J. E. (1972). Temporal and spatial characteristics of selective encoding from visual displays. *Perception & Psychophysics*, **12**, 201-204.

Eriksen, C. W., & Schultz, D. W. (1979). Information processing in visual search: A continuous flow conception and experimental results. *Perception & Psychophysics*, **25**, 249-263.

Fecteau, J. H., & Munoz, D. P. (2006). Salience, relevance, and firing: a priority map for target selection. *Trends in Cognitive Sciences*, **10**, 382-390.

Folk, C. L., Leber, A., & Egeth, H. (2002). Made you blink! Contingent attentional capture in space and time. *Perception & Psychophysics*, **64**, 741-753.

Folk, C. L., & Anderson, B. A. (2010). Target-uncertainty effects in attentional capture: Color-singleton set or multiple attentional control settings? Psychonomic Bulletin & Review, **17**, 421-426.

Folk, C. L., Remington, R. W., & Johnston, J. C. (1992). Involuntary covert orienting is contingent on attentional control settings. *Journal of Experimental Psychology: Human Perception and Performance*, **18**, 1030-1044.

Franconeri, S. L., & Simons, D. J. (2003). Moving and looming stimuli capture attention. *Perception & Psychophysics*, **65**, 999-1010.

Fredrickson, B. L. (2004). The broaden-and-build theory of positive emotions. *Philosophical Transactions of The Royal Society of London B: Biological Science*, **359**, 1367-1377.

Friedman, R. S., & Forster, J. (2010). Implicit affective cues and attentional tuning: An integrative review. *Psychological Bulletin*, **136**, 875-893.

Fukuda, K., & Vogel, E. K. (2009). Human variation in overriding attentional capture. *Journal of Neuroscience*, **29**, 8726-8733.

Fukuda, K., Awh, E., & Vogel, E. K. (2010). Discrete capacity limits in visual working memory. *Current Opinion in Neurobiology*, **20**, 177-182.

Fukuda, K., & Vogel, E. K. (2011). Individual differences in recovery time from attentional capture. *Psychological Science*, **22**, 361-368.

Gasper, J. M., & McDonald, J. J. (2014). Suppression of salient objects prevents distraction in visual search. *The Journal of Neuroscience*, **34**, 5658-5666.

Gazzaley, A., & Nobre, A. C. (2012). Top-down modulation: Binding selective attention and working memory. *Trends in Cognitive Sciences*, **16**, 129-135.

Giesbrecht, B., Weissman, D. H., Woldorff, M. G., & Mangun, G. R. (2006). Pre-target activity in visual cortex predicts behavioral performance on spatial and feature attention tasks. *Brain Research*, **1080**, 63-72.

Godijn, R., & Theeuwes, J. (2002). Programming of endogenous and exogenous saccades: Evidence for a competitive integration model. *Journal of Experimental Psychology: Human Perception and Performance*, **28**, 1039-1054.

Goolsby, B. A., Grabowecky, M., & Suzuki, S. (2005). Adaptive modulation of color salience contingent upon global form coding and task relevance. *Vision Research*, **45**, 901-930.

Gray, K., & Wegner, D. M. (2013). Six guidelines for interesting research. *Perspectives on Psychological Science*, **8**, 549-553.

Green, C. S., & Bavelier, D. (2003). Action video game modifies visual selective attention. *Nature*, **423**, 534-537.

Green, C. S., & Bavelier, D. (2007). Video-game experience and vision. *Psychological Science*, **18**, 88-94.

Hickey, C., McDonald, J. J., & Theeuwes, J. (2006). Electrophysiological evidence of the capture of visual attention. *Journal of Cognitive Neuroscience*, **18**, 604-613.

Holmes, J., Gathercole, S. E., & Dunning, D. L. (2009). Adaptive training leads to sustained enhancement of poor working memory in children. *Developmental Science*, **12**, F9-F15.

Hopfinger, J. B., Buonocore, M. H., & Mangun, G. R. (2000). The neural mechanisms of top-down attentional control. *Nature Neuroscience*, **3**, 284-291.

Horowitz, T. S., & Wolfe, J. M. (1998). Visual search has no memory. *Nature*, **394**, 575-577.

Hulleman, J. (2010). Inhibitory tagging in visual search: Only in difficult search are items tagged individually. *VisionResearch*, **50**, 2069-2079.

Ikkai, A., & Curtis, C. E. (2011). Common neural mechanisms supporting spatial working memory, attention and motor intention. *Neuropsychologia*, **49**, 1428-1434.

Irons, J. L., Remington, R. W., & McLean, J. P. (2011). Not so fast: Rethinking the effects of action video games on attentional capacity. ustralian *Journal of Psychology*, **63**, 224-231.

石橋和也・喜多伸一（2013）．視覚探索における出現頻度効果　基礎心理學研究，**32**, 40-48.

Itti, L. (2006). Quantitative modelling of perceptual salience at human eye position. *Visual cognition*, **14**, 959-984.

Jiang, Y., & Wagner, L. C. (2004). What is learned in spatial contextual cuing - configuration or individual locations? *Perception & Psychophysics*, **66**, 454-463.

Jonides, J., & Yantis, S. (1988). Uniqueness of abrupt visual onset in capturing attention. *Perception & Psychophysics*, **43**, 346-354.

Kahneman, D., Treisman, A., & Burkell, J. (1983). The cost of visual filtering. *Journal of Experimental Psychology: Human Perception and Performance*, **9**, 510-522.

Kahneman, D., Treisman, A., & Gibbs, B (1992). The reviewing of object files: object-specific integration of information. *Cognitive Psychology*, **24**, 175-219.

Kahnt, T., Grueschow, M., Speck, O., & Haynes, J. O. (2011). Perceptual learning and decision-making in human medial frontal cortex. *Neuron*, **70**, 549-559.

Kane, M. J., Bleckley, M. K., Conway, A. R. A., & Engle, R. W. (2001). A controlled-Attention view of working-memory. *Journal of Experimental Psychology: General*, **130**, 169-183.

Kanwisher, N. (1987). Repetition blindness: Type recognition without token individuation. *Cognition*, **27**, 117-143.

Karbach, J., & Kray, J. (2009). How useful is executive control training? Age differences in near and far transfer of task-switching training. *Developmental Science*, **12**, 978-990.

Karni, A., & Sagi, A. D. (1991). Where practice makes perfect in texture discrimination: Evidence for primary visual cortex plasticity. *Neurobiology*, **88**, 4966-4970.

Kastner, S., & Ungerleider, L. G. (2000). Mechanisms of visual attention in the human cortex. *Annual Review of Neuroscience*, **23**, 315-341.

Kawahara, J. (2010). Measuring the spatial distribution of the metaattentional spotlight. *Consciousness and Cognition*, **19**, 107-124.

Kawahara, J., Enns, J. T., & Di Lollo, V. (2006). The attentional blink is not a unitary phenomenon. *Psychological Research*, **70**, 405-413.

河原純一郎 (2003). 注意の瞬き 心理学評論, **46**, 501-526.
木原健・苧坂直行 (2008). 注意の瞬きの神経基盤 心理学評論, **51**, 415-430.
Kimberg, D. Y., Aguirre, G. K., & D'Esposito, M. (2000). Modulation of task-related neural activity in task-switching: an fMRI study. *Cognitive Brain Research*, **10**, 189-196.
Klein, R. (1988). Inhibitory tagging system facilitates visual search. *Nature*, **334**, 430-431.
Klingberg, T. (2010). Training and plasticity of working memory. *Trends in Cognitive Sciences*, **14**, 317-324.
小池耕彦・伊丸岡俊秀・齋木潤 (2003). 顕著性マップ 心理学評論, **46**, 391-411.
Kowler, E. (2011). Eyemovements: the past 25 years. *Vision Research*, **51**, 1457-1483.
Kristjansson, A. (2000). In search of remembrance: Evidence for memory in visual search. *Psychological Science*, **11**, 328-332.
Kristjansson, A. (2006). Rapid learning in attention shifts: A review. *Visual Cognition*, **13**, 324-362.
Kristjansson, A., & Campana, G. (2010). Where perception meets memory: A review of repetition priming in visual search tasks. Attention, *Perception & Psychophysics*, **72**, 5-18.
Kuo, B. C., Stokes, M. G., & Nobre, A. C. (2012). Attention modulates maintenance of representations in visual short-term memory. *Journal of Cognitive Neuroscience*, **24**, 51-60.
LaBar, K. S., Gitelman, D. R., Parrish, T. B., & Mesulam, M. (1999). Neuroanatomic overlap of working memory and spatial attention networks: A functional MRI comparison within subjects. *NeuroImage*, **10**, 695-704.
Lambert, A., Wells, I., & Kean, M. (2003). Do isoluminant color changes capture attention? *Perception & Psychophysics*, **65**, 495-507.
Lamy, D. F., & Kristijansson, A. (2013). Is goal-directed attentional guidance just intertrial priming? A review. *Journal of Vision*, **13**, 14, 1-19.
Lamy, D., Leber, A. B., & Egeth, H. E. (2012). Selective Attention. In A. F. Healy, & R. W. Proctor (Eds.), *Experimental Psychology*. Volume 4 of the Comprehensive Handbook of Psychology, 2nd Edition. New York: Wiley. pp. 265-294.
Lamy, D., Leber, A., & Egeth, H. E. (2004). Effects of task relevance and stimulus-driven salience in feature-search mode. *Journal of Experimental Psychology: Human Perception and Performance*, **30**, 1019-1031.
Leber, A. B. (2010). Neural perdictions of within-subject fluctuations in attentional control. *The Journal of Neuroscience*, **30**, 11458-11465.
Leber, A. B., & Egeth, H. E. (2006). Attention on autopilot: Past experience and attentional set. *Visual Cognition*, **14**, 565-583.
Leber, A. B., & Egeth, H. E. (2006). It's under control: Top-down search strategies can override attentional capture. *Psychonomic Bulletin & Review*, **13**, 132-138.
Leber, A. B., Kawahara, J., & Gabari, Y. (2009). Long-term abstract learning of attentional set. *Journal of experimental psychology*, **35**, 1385-1397.
Lleras, A., Kawahara, J., Wan, X. I., & Ariga, A. (2008). Inter-trial inhibition of focused attention in pop-out search. *Perception & Psychophysics*, **70**, 114-131.
Lupianez, J. (2010). Inhibition of Return. In A. C. Nobre, & J. Coull (Eds.), *Attention and time*. UK: Oxford University Press. pp. 17-34.
Maljkovic, V., & Nakayama, K. (1994). Priming of pop-out: I. Role of features. *Memory & Cognition*, **22**, 657-672.
Maljkovic, V., & Nakayama, K. (1996). Priming of pop-out: II. The role of position. *Perception & Psychophysics*, **58**, 977-991.
Maljkovic, V., & Nakayama, K. (2000). Priming of popout: III. A short term implicit memory sys-

tem beneficial for rapid target selection. *Visual Cognition*, 7, 571-595.
Martens, S., & Wyble, B. (2010). The attentional blink: Past, present, and future of a blind spot in perceptual awareness. *Neuroscience and Biobehavioral Reviews*, 34, 947-957.
McCarley, J. S., Kramer, A. F., & DiGirolamo, G. J. (2003). Differential effects of the Mueller-Lyer illusion on reflexive and voluntary saccades. *Journal of Vision*, 3, 751-760.
McSorley, E., Haggard, P., & Walker, R. (2006). Time course of oculomotor inhibition revealed by saccade trajectory modulation. *Journal of Neurophysiology*, 96, 1420-1424.
Miller, E. K., & Buschman, T. J. (2013). Cortical circuits for the control of attention. *Current Opinion in Neurobiology*, 23, 216-222.
Milliken, B., Joordens, S., Merikle, P. M., & Seiffert, A. E. (1998). Selective attention: A reevaluation of the implications of negarive priming. *Psychological Review*, 105, 203-229.
Munoz, D. P., & Everling, S. (2004). Look away: The anti-saccade task and the voluntary control of eye movement. *Nature Reviews Neuroscience*, 5, 218-228.
Murphy, K., & Spencer, A. (2009). Playing video games does not make for better visual attention skills. *Journal of Articles in Support of the Null Hypothesis*, 6, 1-20.
Neely, J. H. (1977). Semantic priming and retrieval from lexical memory: Roles of inhibitionless spreading activation and limited-capacity attention. *Journal of Experimental Psychology: General*, 106, 226-254.
Noack, H., Lovden, M., Schmiedek, F., & Lindenberger, U. (2009). Cognitive plasticity in adulthood and old age: Gauging the generality of cognitive intervention effects. *Restorative Neurology and Neuroscience*, 27, 435-435.
Nobre, A. C., & Stokes, M. G. (2011). Attention and short-term memory: Crossroads. *Neuropsychologia*, 49, 1391-1392.
Nouchi, R., Taki, Y., Takeuchi, H., Hashizume, H., Akitsuki, Y., Shigemune, Y., Sekiguchi, A., Kotozaki, Y., Tsukiura, T., Yomogida, Y., & Kawashima, R. (2012). Brain training game improves executive functions and processing speed in the elderly: a randomized controlled trial. *PLoS One*, 7, e29676.
Oh, S. H., & Kim, M. S. (2004). The role of spatial working memory in visual search efficiency. *Psychonomic Bulletin & Review*, 11, 275-281.
Olesen, P. J., Westrberg, H., & Klingberg, T. (2004). Increased prefronal and parietal activity after training of working memory. *Nature Neuroscience*, 7, 75-79.
Olivers, C. N. L. (2009). What drives memory-driven attentional capture? The effects of memory type, display type, and search type. *Journal of Experimental Psychology: Human Perception and Performance*, 35, 1275-1291.
Olivers, C. N. L., & Meeter, M. (2008). A boost and bounce theory of temporal attention. *Psychological Review*, 115, 836-863.
Olivers, C. N. L., Peters, J., Houtkamp, R., & Roelfsema, P. R. (2011). Different states in visual working memory: When it guides attention and when it does not. *Trends in Cognitive Sciences*, 15, 327-334.
Owen, A. M., Hampshire, A. H., Grahn, J. A., Stenton, R., Dajani, S., Burns, A. S., Howard, R. J., & Ballard, C. G. (2010). Putting brain training to the test. *Nature*, 465, 775-778.
Papp, K. V., Walsh, S. J., & Snyder, P. J. (2009). Immediate and delayed effects of cognitive interventions in healthy elderly: A review of current literature and future directions. *Alzheimer's and Dementia*, 5, 50-60.
Pashler, H. E. (1998). *The Psychology of Attention*. The Mit Press.
Pashler, H., & Shiu, L. P. (1999). Do images involuntarily trigger search? *Psychonomic Bulletin &*

Review, **6**, 445-448.

Perea, M., & Gotor, A. (1997). Associative and semantic priming effects occur at very short stimulus-onset asynchronies in lexical decision and naming. *Cognition*, **62**, 223-240.

Posner, M. I., & Rothbart, M. K. (2007). Research on attention networks as a model for the integration of psychological science. *Annual Review of Psychology*, **58**, 1-23.

Posner, M. I., & Cohen, Y. (1984). Components of visual orienting. *Attention and performance X: Control of language processes*, **32**, 531-556.

Posner, M. I., Petersen, S. E., Fox, P. T., & Raichle, M. E. (1988). Localization of cognitive operations in the human brain. *Science*, **240**, 1627-1631.

Rafal, R. (1994). Neglect. *Current Opinion in Neurobiology*, **4**, 231-236.

Rauschenberger, R., & Yantis, S. (2001). Attentional capture by globally defined objects. *Perception & Psychophysics*, **63**, 1250-1261.

Raymond, J. E., Shapiro, K. L., & Arnell, K. M. (1992). Temporary suppression of visual processing in an RSVP task: An attentional blink? *Journal of Experimental Psychology: Human Perception and Performance*, **18**, 849-860.

Remington, R. W., Johston, J. C., & Yantis, S. (1992). Involuntary attentional capture by abrupt onsets. *Perception & Psychophysics*, **51**, 279-290.

Rensink, R. A. (2002). Change detection. *Annual Review of Psychology*, **53**, 245-277.

Richards, J. E. (2010). The development of attention to simple and complex visual stimuli in infants: Behavioral and psychophysiological measures. *Developmental Review*, **30**, 203-219.

Seitz, A., & Watanabe, T. (2005). A unified model for perceptual learning. *Trends in Cognitive Sciences*, **9**, 329-334.

Serences, J. T., Shomstein, S., Leber, A. B., Golay, X., Egeth, H. E., & Yantis, S. (2005). Coordination of voluntary and stimulus-driven attentional control in human cortex. *Psychological Science*, **16**, 114-122.

Shapiro, K., & Hanslmayr, S. (2014). The Role of Brain Oscillations in the Temporal Limits of Attention. In A. C. Nobre, & S. Kastner (Eds.), *The Oxford Handbook of Attention*, **27**. Oxford University Press.

Shibata, K., Sagi, D., & Watanabe, K. (2014). Two-stage model in preceptual learning: Toward a unified theory. *Annals of the New York Academy of Sciences*, **1316**, 18-28.

Shiffrin, R. M., & Schneider, W. (1977). Controlled and automatic human information processing: II. Pereceptual learning, automatic attending, and a general theory. *Psychological Review*, **84**, 127-190.

Shiu, L.-P., & Pashler, H. (1992). Improvement in line orientation discrimination is retinally local but dependent on cognitive set. *Perception & Psychophysics*, **52**, 582-588.

Shulman, G. L., Ollinger, J. M., Akbudak, E., Conturo, T. E., Snyder, A. Z., Petersen, S. E., & Corbetta, M. (1999). Areas involved in encoding and applying directional expectations to moving objects. *The Journal of Neuroscience*, **19**, 9480-9496.

Simons, D. J. (2000). Attentional capture and inattentional blindness. *Trends in Cognitive Sciences*, **4**, 147-155.

Smith, J., Gerstorf, D., & Li, Q. (2008). Psychological resources for well-being among ostogenarians, nonagenarians, and centenarians: Differential effects of age and selective mortality. In Y. Zeng, D. L. Poston Jr., D. Vlosky, & D. Gu (Eds.), *Healthy Longevity in China: Demographic, Socioeconomic, and Psychological Dimensions*. New York: Springr. pp. 329-346.

Smyth, M. M., & Scholey, K. A. (1994). Interference in immediate spatial memory. *Memory & Cognition*, **22**, 1-13.

Soto, D., & Humphreys, G. W. (2006). Seeing the content of the mind: Enhanced awareness through working memory in patients with visual extinction. *Proceedings of the National Academy of Sciences of the United States of America*, **103**, 4789-4792.

Soto, D., & Humphreys, G. W. (2007). Automatic guidance of visual attention from verbal working memory. *Journal of Experimental Psychology: Human Perception and Performance*, **33**, 730-737.

Soto, D., & Humphreys, G. W. (2008). Stressing the mind: The effect of cognitive load and articulatory suppression on attentional guidance from working memory. *Perception & Psychophysics*, **70**, 924-934.

Sylvester, C., Jack, A. I., Corbetta, M., & Shulman, G. L. (2008). Anticipatory suppresion of nonattended locations in visual cortex marks target location and predicts perception. *Journal of Neuroscience*, **28**, 6549-6556.

Sylvester, C., Shulman, G. L., Jack, A. I., & Corbetta, M. (2007). Asymmetry of anticipatory activity in visual cortex predicts the locus of attention and perception. *Journal of Neuroscience*, **27**, 14424-14433.

Takeda, Y. (2004). Search for multiple targets: Evidence for memorybased control of attention. *Psychonomic Bulletin & Review*, **11**, 71-76.

Takeda, Y., & Yagi, A. (2000). Inhibitory tagging in visual search can be found if search stimuli remain visible. *Perception & Psychophysics*, **62**, 927-934.

Theeuwes, J. (1991). Exogenous and endogenous control of attention: the effect of visual onsets and offsets. *Perception & Psychophysics*, **49**, 83-90.

Theeuwes, J. (1992). Perceptual selectivity for color and form. *Perception & Psychophysics*, **51**, 599-606.

Theeuwes, J. (1995). Abrupt luminance change pops out; abrupt color change does not. *Perception & Psychophysics*, **57**, 637-644.

Theeuwes, J. (2004). Top-down search strategies cannot override attentional capture. *Psychonomic Bulletin & Review*, **11**, 65-70.

Theeuwes, J. (2010). Top-down and bottom-up control of visual selection: Reply to commentaries. *Acta Psychologica*, **135**, 133-139.

Theeuwes, J., & Godijn, R. (2002). Irrelevant singletons capture attention: evidence from inhibition of return. *Perception & Psychophysics*, **64**, 764-770.

Theeuwes, J., Atchley, P., & Kramer, A. F. (2000). On the time course of top-down and bottom-up control of visual attention. *Control of cognitive processes: Attention and performance XVIII*, 105-124.

Theeuwes, J., Kramer, A. F., Hahn, S., & Irwin, D. E. (1998). Our eyes do not always go where we want them to go: Capture of the eyes by new objects. *Psychological Science*, **9**, 379-385.

Theeuwes, J., Van der Burg, E., & Belopolsky, A. (2008). Detecting the presence of a singleton involves focal attention. *Psychonomic Bulletin & Review*, **15**, 555-560.

Thorell, L. B., Lindqvist, S., Nutley, S. B., Bohlin, G., & Klingberg, T. (2009). Training and transfer effects of executive functions in preschool children. *Developmental Science*, **11**, 969-976.

Tipper, S. P., & Cranston, M. (1985). Selective attention and priming: Inhibitory and facilitatory effects of ignored primes. *The Quarterly Journal of Experimental Psychology*, **37A**, 561-611.

Todd, J. T., & Van Gelder, P. (1979). Implications of a transient-sustained dichotomy for the measurement of human performance. *Journal of Experimental Psychology: Human Perception and Performance*, **5(4)**, 625.

Treisman, A., Vieira, A., & Hayes, A. (1992). Automaticity and preattentive processing. *American*

Journal of Psychology, **105**, 341-362.

Treisman, M. (1993). On the structure of the temporal sensory system. *Psychologica Belgica,* **33**, 271-283.

Trick, L. M., & Pylyshyn, Z. W. (1993). What enumeration studies can show us about spatial attention: evidence for limited capacity preattentive processing. *Journal of Experimental Psychology: Human Perception and Performance,* **19**, 331-351.

Tsal, Y., & Makovski, T. (2006). The attentional white bear phenomenon: the mandatory allocation of attention to expected distractor locations. *Journal of Experimental Psychology: Human Perception and Performance,* **32**, 351-363.

Valenzuela, M., & Sachdev, P. (2009). Can cognitive exercise prevent the onset of dementia? Systematic review of randomized clinical trials with longitudinal follow-up. *American Journal of Geriatr Psychiatry,* **17**, 197-187.

Vallar, G., & Bolognini, N. (2014). Unilateral spatial neglect. In A. C. Nobre, & S. Kastner (Eds.), *Oxford handbook of attention.* Oxford: Oxford University Press.

Van de Weijer-Bergsma, E., Wijnroks, L., & Jongmans, M. J. (2008). Attention development in infants and preschool children born preterm : A review. *Infant Behavior and Development,* **31**, 333-351.

Van der Stigchel, S., Belopolsky, A. V., Peters, J. C., Wijnen, J. G., Meeter, M., & Theeuwes, J. (2009) . The limits of top-down control of visual attention. *Acta Psychologica,* **132**, 201-212.

van Zoest, W., & Donk, M. (2005). The effects of salience on saccadic target selection. *Visual Cognition,* **12**, 353-375.

Vance, D. E. (2012). Potential factors that may promote successful cognitive aging. *Nursing: Research and Reviews,* **2**, 27-32.

Vatterott, D. B., & Vecera, S. P. (2012). Experience-dependent attentional tuning of distractor rejection. *Psychonomic Bulletin & Review,* **19**, 871-878.

Vogel, E. K., McCollough, A. W., & Machizawa, M. G. (2005). Neural measures reveal individual differences in controlling access to working memory. *Nature,* **438**, 500-503.

von Mühlenen, A., & Lleras, A. (2007). No-onset looming motion guides spatial attention. *Journal of Experimental Psychology: Human Perception and Performance,* **33**, 1297-1310.

von Mühlenen, A., Müller, H. J., & Müller, D. (2003). Sit-and-wait strategies in dynamic visual search. *Psychological Science,* **14**, 309-314.

Wang, Q., Cavanagh, P., & Green, M. (1994). Familiarity and pop-out in visual search. *Perception & Psychophysics,* **56**, 495-500.

Wass, S., Porayska-Pomsta, K., & Johnson, M. H. (2011). Training attentional control in infancy. *Current Biology,* **21**, 1-5.

Watson, D. G., & Humphreys, G. W. (1997). Visual marking: Prioritizing selection for new objects by top-down attentional inhibition of old objects. *Psychological Review,* **104**, 90-122.

Watson, D. G., Braithwaite, J. B., & Humphreys, G. W. (2008). Resisting change: the influence of luminance changes on visual marking. *Perception & Psychophysics,* **70**, 1526-1539.

Watson, D. G., Humphreys, G. W., & Olivers, C. N. L. (2003). Visual marking: using time in visual selection. *Trends in Cognitive Sciences,* **7**, 180-186.

Wegner, D. M., & Gold, D. B. (1995). Fanning old flames: Emotional and cognitive effects of suppressing thoughts of a past relationship. *Journal of Personality and Social Psychology,* **68**, 782-792.

Willis, S. L., Tennstedt, S. L., Marsike, M., Ball, K., Elias, J., Koepke, K. M., Morris, J. N., Rebok, G. W., Unverzagt, F. W., Stodderd, A. M., & Wright, E. (2006). Long-term effects of cognitive training

on everyday functional outcomes in older adults . *The Journal of the American Medical Association*, **296**, 2805-2814.
Wolfe, J. M. (1994). Guided search 2.0 a revised model of visual search. *Psychonomic Bulletin & Review*, **1**, 202-238.
Wolfe, J. M. (2014). Approaches to visual search: Feature integration theory and guided search. *The Oxford Handbook of Attention*, pp. 11-55
Wood, N., & Cowan, N. (1995). The cocktail party phenomenon revisited: How frequent are attention shifts to one's name in an irrelevant auditory channel? *Journal of Experimental Psychology: Learning, Memory and Cognition*, **21**, 255-260.
Woodman, G. F., & Luck, S. J. (2004). Visual search is slowed down when visuospatial working memory is occupied. *Psychonomic Bulletin & Review*, **11**, 269-274.
Woodman, G. F., & Luck, S. J. (2007). Do the contents of visual working memory automatically influence attentional selection during visual search? *Journal of Experimental Psychology: Human Perception and Performance*, **33**, 363-377.
Woodman, G. F., Vogel, E. K., & Luck, S. J. (2001). Visual search remains efficient when visual working memory is full. *Psychological Science*, **12**, 219-224.
Wyble, B., Bowman, H., & Nieuwenstein, M. (2009). The attentional blink provides episodic distinctiveness: sparing at a cost. *Journal of Experimental Psychology: Human Perception and Performance*, **35**, 787-807.
Yantis, S., & Hillstrom, A. P. (1994). Stimulus-driven attentional capture: evidence from equiluminant visual objects. *Journal of Experimental Psychology: Human Perception and Performance*, **20**, 95-107.
Yantis, S. (1993). Stimulus-driven attentional capture and attentional control settings. *Journal of Experimental Psychology: Human Perception and Performance*, **19**, 676-681.
Yantis, S., & Jonides, J. (1984). Abrupt visual onsets and selective attention: evidence from visual search. *Journal of Experimental Psychology: Human Perception and Performance*, **10**, 601-621.

第6章

Allport, D. A., Styles, E. A., & Hsieh, S. (1994). Shifting intentional set: Exploring the dynamic control of tasks. In C. Umilta, & M. Moscovitch (Eds.), *Attention and Performance XV*. Cambridge, MA: MIT Press. pp. 421-452.
Arnell, K. M., & Shapiro, K. L. (2010). Attentional blink and repetition blindness. *Wiley Interdisciplinary Reviews: Cognitive Science*, **2**, 336-344.
Bar, M., & Biederman, I. (1998). Subliminal visual priming. *Psychological Science*, **9**, 464-469.
Baumeister, R. F., Bratslavsky, E., Muraven, M., & Tice, D. M. (1998). Ego depletion: Is the active self a limited resource? *Journal of Personality and Social Psychology*, **74**, 1252-1265.
Benoni, H., & Tsal, Y. (2010). Where have we gone wrong? Perceptual load does not affect selective attention. *Vision Research*, **50**, 1292-1298.
Biederman, I. (1972). Perceiving real-world scenes. *Science*, **177**, 77-80.
Bouma, H. (1970). Interaction effects in parafoveal letter recognition. *Nature*, **226**, 117-178.
Braithwaite, J. J., Humphreys, G. W., & Hulleman, J. (2005). Color-based grouping and inhibition in visual search: Evidence from a probe detection analysis of preview search. *Perception & Psychophysics*, **67**, 81-101.
Broadbent, D. E. (1952). Failures of attention in selective listening. *Journal of Experimental Psychology*, **44**, 428-433.

Broadbent, D. E. (1958a). Effect of noise on an "intellectual" task. *The Journal of the Acoustical Society of America*, **30**, 824-827.

Broadbent, D. E. (1958b). *Perception and communication*. Elmsford, NY: Pergamon Pres.

Broadbent, D. E. (1971). *Decision and stress*. London: Academic Press.

Broadbent, D. E., & Gathercole, S. E. (1990). The processing of non-target words: Semantic or not? *The Quarterly Journal of Experimental Psychology*, **42**, 3-37.

Broadbent, D. E., & Gregory, M. (1963). Vigilance considered as a statistical decision. *The British Psychological Society*, **54**, 309-323. または Broadbent, D. E., & Gregory, M. (1963). Division of Attention and the Decision Theory of Signal Detection. *Proceedings of the Royal Society of London. Series B, Biological Sciences*, **158**, 222-231.

Carter, E. C., Kofler, L. M., Forster, D. E., McCullough, M. E. (2015). A series of meta-analytic tests of the depletion effect: self-control does not seem to rely on a limited resource. *Journal of Experimental Psychology: General*.

Cartwright-Finch, U., & Lavie, N. (2007). The role of perceptual load in inattentional blindness. *Cognition*, **102**, 321-340.

Chan, M. M. (2012). Perceptual learning and memory in visual search. In J. Wolfe, & L. Robertson, (Eds.), *From perception to consciousness: Searching with Anne Treisman*. Oxford series in visual cognition. New York, NY: Oxford University Press. pp. 227-236.

Cherry, E. C. (1953). Some experiments on the recognition of speech, with one and with two ears. *Journal of the Acoustical Society of America*, **25**, 975-979.

Chun, M. M. (1997). Types and tokens in visual processing: A double dissociation between the attentional blink and repetition blindness. *Journal of Experimental Psychology: Human Perception and Performance*, **23**, 738-755.

Cinel, C., & Humphreys, G. W. (2002). Cross-modal illusory conjunctions between vision and touch. *Journal of Experimental Psychology: Human Perception and Performance*, **28**, 1243-1266.

Clark, V. P., Fan, S., & Hillyard, S. A. (1995). Identification of early visual evoked potential generators by retinotopic and topographic analyses. *Human Brain Mapping*, **2**, 170-187.

Corteen, R. S., & Dunn, D. (1974). Shock-associated words in a nonattended message: A test for momentary awareness. *Journal of Experimental Psychology*, **102**, 1143-1144.

Corteen, R. S., & Wood, B. (1972). Autonomic responses to shock-associated words in an unattended channel. *Journal of Experimental Psychology*, **94**, 308-313.

Cosman, J. D., & Vecera, S. P. (2009). Perceptual load modulates attentional capture by abrupt onsets. *Psychonomic Bulletin & Review*, **16**, 404-410.

Dalton, A. N., Chartrand, T. L., & Finkel, E. J. (2010). The schema-driven chameleon: How mimicry affects executive and self-regulatory resources. *Journal of Personality and Social Psychology*, **98**, 605-617.

De Jong, R. (2000). An intention-activation account of residual switch costs. In S. Monsell, & J. Driver (Eds.), *Control of cognitive processes: Attention and performance XVIII*. Cambridge, MA: MIT Press. pp. 357-376.

Dehaene, S., Bossini, S., & Giraux, P. (1993). The mental representation of parity and number magnitude. *Journal of Experimental Psychology: Gerenal*, **122**, 471-396.

Deutsch, J. A., & Deutsch, D. (1963). Attention: Some theoretical considerations. *Psychological Review*, **70**, 80-90.

Diamond, M. A. (2013). Repetition and the compulsion to repeat: Psychodynamic challenges in organizational learning and change. *Administration & Society*, **45**, 499-521.

Dingus, T. A., Klauer, S. G., Neale, V. L., Petersen, A., Lee, S. E., Sudweeks, J. D., Perez, M. A., Hankey, J., Ramsey, D. J., Gupta, S., Bucher, C., Doerzaph, Z. R., Jermeland, J., & Knipling, R. R. (2006). The 100-car naturalistic driving study, Phase II-results of the 100-car field experiment. *Neuropsychologia*, (No. HS-810 593).

Donchin, E. (1981). Surprisep … Surprise? *Psychophysiology*, **18**, 493–513.

Drewes, J., Trommershauser, J., & Gegenfurtner, K. R. (2011). Parallel visual search and rapid animal detection in natural scenes. *Journal of vision*, **11**, 20.

Driver, J., & Baylis, G. C. (1989). Movement and visual attention: the spotlight metaphor breaks down. *Journal of Experimental Psychology: Human Perception and Performance*, **15**, 448–456.

Driver, J., & Tipper, S. P. (1989). On the nonselectivity of "selective" seeing: Contrasts between interference and priming in selective attention. *Journal of Experimental Psychology: Human Perception and Performance*, **15**, 304–314.

Elliott, J. C., & Giesbrecht, B. (2010). Perceptual load modulates processing of task-irrelevant distractors during the attentional blink. *Attention, Perception, & Psychophysics*, **72**, 2106–2114.

Eltiti, S., Wallace, D., & Fox, E. (2005). Selective target processing: Perceptual load or distractor salience? *Perception & Psychophysics*, **67**, 876–885.

Epp, A. M., Dobson, K. S., Dozois, D. J. A., & Frewen, P. A. (2012). A systematic meta-analysis of the Stroop task in depression. *Clinical Psychology Review*, **32**, 361–328.

Eriksen, B. A., & Eriksen, C. W. (1974). Effects of noise letters upon the identification of a target letter in a nonsearch task. *Perception & Psychophysics*, **16**, 143–149.

Eriksen, C. W., & James, J. D. S. (1986). Visual attention within and around the field of focal attention: A zoom lens model. *Perception & Psychophysics*, **40**, 225–240.

Evans, K. K., & Treisman, A. (2005). Perception of objects in natural scenes: Is it really attention free? *Journal of Experimental Psychology: Human Perception and Performance*, **31**, 1476–1492.

Fahle, M. (2009). Perceptual learning and sensomotor flexibility: cortical plasticity under attentional control? *Philosophical Transactions of the Royal Society B: Biological Science*, **364**, 313–319.

Forster, K. I., & Veres, C. (1998). The prime lexicality effect: Formpriming as a function of prime awareness, lexical status, and discrimination difficulty. *Journal of Experimental Psychology: Learning, Memory, and Cognition*, **24**, 498–514.

Francolini, C. M., & Egeth, H. E. (1980). On the nonautomaticity of "automatic" activation: Evidence of selective seeing. *Perception & Psychophysics*, **27**, 331–342.

Gandhi, S. P., Heeger, D. J., & Boynton, G. M. (1999). Spatial attention affects brain activity in human primary visual cortex. *Proceedings of the National Academy of Sciences of the United States of America*, **96**, 3314–3319.

Grange, J. A., & Houghton, G. (2014). Models of cognitive control in task switching. In J. A. Grange, & G. Houghton (Eds.), *Task switching and cognitive control*. New York: Oxford University Press.

Hall, M. D., Pastore, R. E., Acker, B. E., & Huang, W. (2000). Evidence for auditory feature integration with spatially distributed items. *Perception & Psychophysics*, **62**, 1243–1257.

Hillyard, S. A., & Anllo-Vento, L. (1998). Event-related brain potentials in the study of visual selective attention. *Proceedings of the National Academy of Sciences of the United States of America*, **95**, 781–787.

Hillyard, S. A., Hink, R. F., Schwent, V. L., & Picton, T. W. (1973). Electrical signs of selective attention in the human brain. *Science*, **182**, 177–180.

Hochberg, J. K. (1978). An exploration of therapeutic educational facilities for emotionally disturbed children in New Jersey. *Dissertation Abstracts International*, **39**, 383.

Huang-Pollock, C. L., Carr, T. H., & Niqq, J. T. (2002). Development of selective attention: Perceptual load influences early versus late attentional selection in children and adults. *Developmental Psychology*, **38**, 363-375.

Hughlings, J. J. (1932). Case of large cerebral tumour without optic neritis and with hemiplegia and impreception. In Taylor, J (Ed.), *Selected Writings of Jhon Hughlings Jackson*. London: Hodder and Stroughton. pp. 146-152.

James, W. (1890/2004). *The Principles of Psychology* (Vol. 1 of 2). Digireads.com Publishing.

Jersild, A. T. (1927). Mental set and shift. *Archives of Psychology*, **14**, 81.

Johnson, D. N., McGrath, A., & McNeil, C. (2002). Cuing interacts with perceptual load in visual search. *Psychological Science*, **13**, 284-287.

Johnston, W. A., & Dark, V. J. (1986). Selective attention. *Annual Review of Psychology*, **37**, 43-75.

Jolicoeur, P. (1999). Concurrent response-selection demands modulate the attentional blink. *Journal of Experimental Psychology: Human Perception and Performance*, **25**, 1097-1113.

Kahneman, D., & Chajczyk, D. (1983). Tests of the automaticity of reading: dilution of Stroop effects by color-irrelevant stimuli. *Journal of Experimental Psychology: Human Perception and Performance*, **9**, 497-509.

Kahneman, D. (1973). *Attention and effort*. Englewood Cliffs, NJ: Prentice-Hall.

Kahneman, D., & Henik, A. (1981). Perceptual organization and attention. In M. Kubovy, & J. R. Pomerantz (Eds.), *Perceptual organization*. Hillsdale, NJ: Erlbaum. pp. 181-211.

Kahneman, D., & Treisman, A. (1984). Changing views of attention and automaticity. In R. Parasuraman, & R. Davies (Eds.), *Varieties of Attention*. New York: Academic Press. pp. 29-61.

Kahneman, D., Beatty, J., & Pollack, I. (1967). Perceptual deficit during a mental task. *Science*, **157**, 218-219.

Kahneman, D., Treisman, A., & Gibbs, B (1992). The reviewing of object files: object-specific integration of information. *Cognitive Psychology*, **24**, 175-219.

菊地正・八木善彦 (2007). 注意と感覚・知覚　大山正・今井省吾・和氣典二・菊池正 (編)　新編 Part 2　感覚・知覚　心理学ハンドブック　誠信書房．pp. 48-56.

Kunar, M. A., Carter, R., Cohen, M., & Horowitz, T. S. (2008). Telephone conversation impairs sustained visual attention via a central bottleneck. *Psychonomic Bulletin & Review*, **15**, 1135-1140.

Lachter, J., Forster, K. I., & Ruthruff, E. (2004). Forty-five years after Broadbent (1958): Still no identification without attention. *Psychological Review*, **111**, 880-913.

Lamy, D., Leber, A. B., & Egeth, H. E. (2012). Selective Attention. In A. F. Healy, & R. W. Proctor (Eds.), *Experimental Psychology*. Volume 4 of the Comprehensive Handbook of Psychology, 2nd Edition. New York: Wiley. pp. 265-294.

Lavie, N., & Tsal, Y. (1994). Perceptual load as a major determinant of the locus of selection in visual attention. *Perception & Psychophysics*, **56**, 183-197.

Lavie, N. (1995). Perceptual load as a necessary condition for selective attention. *Journal of Experimental Psychology: Human Perception and Performance*, **21**, 451-468.

Lavie, N. (2010). Attention, distraction, and cognitive control under load. *Current Directions in Psychological Science*, **19**, 143-148.

Lavie, N., Hirst, A., de Fockert, J. W., & Viding, E. (2004). Load theory of selective attention and cognitive control. *Journal of Experimental Psychology: General*, **133**, 339-354.

Lavie, N., & Cox, S. (1997). On the efficiency of attentional selection: Efficient visual search results in inefficient rejection of distraction. *Psychological Science*, **8**, 395-398.

Lavie, N., & Torralbo, A. (2010). Dilution: A theoretical burden or just load? A reply to Tsal and Benoni. *Journal of Experimental Psychology: Human Perception and Performance*, **36**, 1657-1664.

Lavie, N., Beck, D. M., & Konstantinou, N. (2014). Blinded by the load: attention, awareness and the role of perceptual load. *Philosophical Transactions of the Royal Society B: Biological Sciences*, **369** (1641). DOI: 10.1098/rstb.2013.0205

Li, F.F., VanRullen, R., Koch, C., & Perona, P. (2002). Rapid natural scene categorization in the near absence of attention. *Proceedings of the National Academy of Sciences of the United States of America*, **99**, 9596-9601.

Luck, S. J., & Vogel, E. K. (1997). The capacity of visual working memory for features and conjunctions. *Nature*, **390**, 279-281.

Mackay, D. G. (1973). Aspects of the theory of comprehension, memory and attention. *Quarterly Journal of Experimental Psychology*, **25**, 22-40.

MacLeod, C. M. (1991). Half a century of research on the Stroop effect: An integrative review. *Psychological Bulletin*, **109**, 163-203.

MacLeod, C. M. (1991). John Ridley Stroop: Creator of a landmark cognitive task. *Canadian Psychology*, **32**, 521-524.

MacLeod, C. M. (1992). The Stroop task: The "gold standard" of attentional measures. *Journal of Experimental Psychology: General*, **121**, 12-14.

Maki, W. S., Frigen, K., & Paulson, K. (1997). Associative priming by targets and distractors during rapid serial visual presentation: Does word meaning survive the attentional blink? *Journal of Experimental Psychology: Human Perception and Performance*, **23**, 1014-1034.

Mangun, G. R. (1995). Neural mechanisms of visual selective attention. *Psychophysiology*, **32**, 4-18.

Martinez, A., DiRusso, F., Anllo-Vento, L., Sereno, M. I., Buxton, R. B., & Hillyard, S. A. (2001). Putting spatial attention on the map: timing and localizatoin of stimulus selection processes in striate and extrastriate visual areas. *Vision Research*, **41**, 1437-1457.

Mathews, A., & MacLeod, C. (1985). Selective processing of threat cues in anxiety states. *Behavioural Research & Therapy*, **23**, 563-569.

Maylor, E. A., & Lavie, N. (1998). The influence of perceptual load on age differences in selective attention. *Psychology and Aging*, **13**, 563-573.

McAdams, C. J., & Maunsell, J. H. (1999). Effects of attention on orientation-tuning functions of single neurons in macaque cortical area V4. *The Journal of Neuroscience*, **19**, 431-441.

Miller, J. (1991). The flanker compatibility effect as a function of visual angle, attentional focus, visual transients, and perceptual load: A search for boundary conditions. *Perception & Psychophysics*, **49**, 270-288.

Monsell, S., Sumner, P., & Waters, H. (2003). Task-set reconfiguration with predictable and unpredictable task switches. *Memory & Cognition*, **31**, 327-342.

Moran, J., & Desimone, R. (1985). Selective attention gates visual processing in the extrastriate cortex. *Science*, **229**, 782-784.

Muraven, M., & Baumeister, R. F. (2000). Self-regulation and deletion of limited resources: Does self-control resemble a muscle? *Psychological Bulletin*, **126**, 247-259.

Moray, N. (1959). Attention in dichotic listening: Affective cues and the influence of instructions. *The Quarterly Journal of Experimental Psychology*, **11**, 56-60.

Murray, J. E., & Jones, C. (2002). Attention to local form information can prevent access to semantic information. *The Quarterly Journal of Experimental Psychology*, **55**, 609-625.

Navon, D. (1984). Resources - A theoretical soup stone? *Psychological Review*, **91**, 216-234.

Navon, D., & Gopher, D. (1979). On the economy of the human-processing system. *Psychological Review*, **86**, 214-255.

Neely, J. H. (1977). Semantic priming and retrieval from lexical memory: Roles of inhibitionless spreading activation and limited-capacity attention. *Journal of Experimental Psychology: General*, **106**, 226-254.

Neill, W. T. (1977). Inhibitory and facilitatory processes in attention. *Journal of Experimental Psychology: Human Perception and Performance*, **3**, 444-450.

Neisser, U. (1976). *Cognition and reality: Principles and implications of cognitive psychology*. New York, NY: W. H. Freeman/Times Books/ Henry Holt & Co.

西村聡生・横澤一彦 (2012). 空間的刺激反応適合性効果　心理学評論, **55**, 436-458.

Norman, D. A. (1968). Toward a theory of memory and attention. *Psychological Review*, **75**, 522-536.

Norman, D. A. (1969). Memory while shadowing. *Journal of Experimental Psychology*, **21**, 85-93.

Norman, D. A., & Bobrow, D. G. (1975). On data-limited and resource-limited processes. *Cognitive Psychology*, **7**, 44-64.

Ophir, E., Nass, C., & Wagner, A. D. (2009). Cognitive control in media multitaskers. *Proceedings of the National Academy of Sciences of the United States of America*, **106**, 15583-15587.

Osugi, T., Kumada, T., & Kawahara, J. (2009). The spatial distribution of inhibition in preview search. *Vision Research*, **49**, 851-861.

Pashler, H. (1994). Divided attention: Storing and classifying briefly presented objects. *Psychonomic Bulletin & Review*, **1**, 115-118.

Perea, M., & Gotor, A. (1997). Associative and semantic priming effects occur at very short stimulus-onset asynchronies in lexical decision and naming. *Cognition*, **62**, 223-240.

Posner, M. I., & Cohen, Y. (1984). Components of visual orienting. *Attention and performance X: Control of language processes*, **32**, 531-556.

Pylyshyn, Z. (1989). The role of location indexes in spatial perception: A sketch of the FINST spatial-index model. *Cognition*, **32**, 65-97.

Redelmeier, D. J., & Tibshirani. R. J. (1997). Association between cellular-telephone calls and motor vehicle collisions. *The New England Journal of Medicine*, **336**, 453-458.

Rees, G., Frith, C. D., & Lavie, N. (1997). Modulating irrelevant motion perception by varying attentional load in an unrelated task. *Science*, **278**, 1616-1619.

Reynolds, J. H., & Desimone, R. (1999). The role of neural mechanisms of attention in sloving the binding problem. *Neuron*, **24**, 19-29.

Reynolds, J. H., Chelazzi, L., & Desimone, R. (1999). Competitive mechanisms subserve attention in macaque areas V2 and V4. *Journal of Neuroscience*, **19**, 1736-1753.

Rogers, R. D., & Monsell, S. (1995). Costs of a predictable switch between simple cognitive tasks. *Journal of Experimental Psychology: General*, **124**, 207-231.

Rubinstein, J. S., Meyer, D. E., & Evans, J. E. (2001). Executive control of cognitive processes in task switching. *Journal of Experimental Psychology: Human Perception and Performance*, **27**, 763-797.

Schmeichel, B. J. (2007). Attention control, memory updating, and emotion regulation temporarily reduce the capacity for execurive control. *Journal of Experimental Psychology: General*, **136**, 241-255.

Schneider, W., & Shiffrin, R. M. (1997). Controlled and automatic human information processing: I. Detection, search, and attention. *Psychological Review*, **84**, 1-66.

Shapiro, K. L., Caldwell, J., & Sorensen, R. E. (1997). Personal names and the attentional blink: A visual "cocktail party" effect. *Journal of Experimental Psychology: Human Perception and Performance*, **23**, 504-514.

Shore, D. I., McLaughlin, E. N., & Klein, R. M. (2001). Modulation of the attentional blink by differen-

tial resource allocation. *Canadian Journal of Experimental Psychology*, **55**, 318-324.
Simon, J. R., & Rudell, A. P. (1967). Auditory SR compatibility: the effect of an irrelevant cue on information processing. *Journal of applied psychology*, **51**, 300.
Sohn, M., Ursu, S., Anderson, J. R., Stenger, V. A., & Carter, C. (2000). The role of prefrontal cortex and posterior parietal cortex in task switching. *Proceedings of the National Academy of Sciences of the United States of America*, **97**, 13448-13453.
Somers, D. C., Dale, A. M., Seiffert, A. E., & Tootell, R. B. H. (1999). Functional MRI reveals spatially specific attentional modulation in human primary visual cortex. *Proceedings of the National Academy of Sciences of the United States of America*, **96**, 1663-1668.
Sperling, G. (1960). The information available in brief visual presentations. *Psychological Monographs: General and Applied*, **498**, 1-29.
Strayer, D. L., & Drews, F. A. (2007). Cell-phone-induced driver distraction. *Current Directions in Psychological Science*, **16**, 128-131.
Strayer, D. L., & Johnston, W. A. (2001). Driven to distraction: Dual-task studies of simulated driving and conversing on a cellular telephone. *Psychological Science*, **12**, 462-466.
Strayer, D. L., Drews, F. A., & Johnston, W. A. (2003). Cell phone-induced failures of visual attention during simulated driving. *Journal of Experimental Psychology: Applied*, **9**, 23-32.
Stroop, J. R. (1935). Studies of interference in serial verbal reactions. *Journal of Experimental Psychology*, **18**, 643-662.
Telford, C. W. (1931). The refractory phase of voluntary and associative responses. *Journal of Experimental Psychology*, **14**, 1-36.
Thorpe, S., Fize, D., & Marlot, C. (1996). Speed of processing in the human visual system. *Nature*, **381**, 520-522.
Tipper, S. P. (1985). The negative priming effect: Inhibitory priming by ignored objects. *The Quarterly Journal of Experimental Psychology*, **37A**, 571-590.
Tipper, S. P., & Cranston, M. (1985). Selective attention and priming: Inhibitory and facilitatory effects of ignored primes. *The Quarterly Journal of Experimental Psychology*, **37A**, 561-611.
Tipper, S. P., & Driver, J. (1988). Negative priming between pictures and words in a selective attention task: Evidence for semantic processing of ignored stimuli. *Memory & Cognition*, **16**, 64-70.
Tootell, R. B. H., Hadjikhani, N. K., Mendola, J. D., Marrett, S., & Dale, A. M. (1998). From retinotopy to recognition: fMRI in human visual cortex. *Trends in Cognitive Sciences*, **2**, 174-183.
Treisman, A., & Souther, J. (1985). Search asymmetry: a diagnostic for preattentive processing of separable features. *Journal of Experimental Psychology: General*, **114**, 265-310.
Treisman, A. M. (1960). Contextual cues in selective listening. *The Quarterly Journal of Experimental Psychology*, **12**, 242-248.
Treisman, A. (1964). Selective attention in man. *British Medical Bulletin*, **20**, 12-16.
Tsal, Y., & Benoni, H. (2010). Diluting the burden of load: Perceptual load effects are simply dilution effects. *Journal of Experimental Psychology: Human Perception and Performance*, **36**, 1645-1656.
van der Heijden, A. H. C. (1981). *Short-term visual information forgetting*. London: Routledge & Kegan Paul.
Vogel, E. K., Luck, S. J., & Shapiro, K. L. (1998). Electrophysiological evidence for a postperceptual locus of suppression during the attentional blink. *Journal of Experimental Psychology: Human Perception and Performance*, **24**, 1656-1674.
Vohs, K. D., Baumeister, R. F., Schmeichel, B. J., Twenge, J. M., Nelson, N. M., & Tice, D. M. (2008).

Making choices impairs subsequent self-control: A limited-resource account of decision making, self-regulation, and active intiative. *Journal of Personality and Social Psychology*, **94**, 883-898.
Walther, D. B., & Fei-Fei, L. (2007). Task-set switching with natual scenes: Measuring the cost of deploying top-down attention. *Journal of Vision*, **7**(9). doi:10.1167/7.11.9 ch6
Wardlaw, K. A., & Kroll, N. E. (1976). Autonomic responses to shock-associated words in a nonattended message: A failure to replicate. *Journal of Experimental Psychology: Human Perception and Performance*, **2**, 357-360.
Welford, A. T. (1952). The "psychological refractory period" and the timing of high-speed performance. *British Journal of Psychology*, **43**, 2-19.
Wickens, C. D. (1980). The structure of attentional resources. In R. Nickerson (Ed.), *Attention and performance* VIII. Hillsdale, NJ: Erlbaum. pp. 239-257.
Wickens, C. D. (1991). Processing resources and attention. In D. L. Damos (Ed.), *Multiple-task performance*. Taylor & Francis. pp. 3-34.
Wijers, A. A., Lange, J. J., Mulder, G., & Mulder, L. J. (1997). An ERP study of visual spatial attention and letter target detection for isoluminant and nonisoluminant stimuli. *Psychophysiology*, **34**(5), 553-565.
Woldorff, M. G., Fox, P. T., Matzke, M., Lancaster, J. L., Veeraswamy, S., Zamarripa, F., Seabolt, M., Glass, T., Gao, J. H., Martin, C. C., Jerabek, P. (1997). Retinotopic organization of early visual spatial attention effects as revealed by PET and ERPs. *Human Brain Mapping*, **5**, 280-286.
Wood, N., & Cowan, N. (1995). The cocktail party phenomenon revisited: How frequent are attention shifts to one's name in an irrelevant auditory channel? *Journal of Experimental Psychology: Learning, Memory and Cognition*, **21**, 255-260.
Wundt, W. (1897). *Outlines of Psychology*. Translated by C.H. Judd. Leipzig: Wilhelm Engelmann (Reprinted Bristol:Thoemmes, 1999); first published in German as Wundt, W. (1896). Grundriss der Psychologie. Leipzig: Wilhelm Engelmann.
Yantis, S., & Jones, E. (1991). Mechanisms of attentional selection: temporally modulated priority tags. *Perception & Psychophysics*, **50**, 166-178.
Yantis, S., & Jonides, J. (1990). Abrupt visual onsets and selective attention: voluntary versus automatic allocation. *Journal of Experimental Psychology: Human Perception and Performance*, **16**, 121-134.
Yi, D. J., Woodman, G. F., Widders, D., Marois, R., & Chun, M. M. (2004). Neural fate of ignored stimuli: dissociable effects of perceptual and working memory load. *Nature Neuroscience*, **7**, 992-996.

第7章

Becker, M. W., Pashler, H., & Anstis, S. M. (2000). The role of iconic memory in change-detection tasks. *Perception*, **29**, 273-286.
Biggs, A. T., Cain, M. S., Clark, K., Darling, E. F., & Mitroff, S. R. (2013). Assessing visual search performance differences between Transportation Security Administration Officers and non-professional visual searchers. *Visual Cognition*, **21**, 330-352.
Chabris, C. F., & Simons, D. J. (2010). *The invisible gorilla: How our intuitions deceive us*. Harmony (クリストファー・チャブリス, ダニエル・シモンズ　木村博江（訳）（2011）．錯覚の科学　文藝春秋)
Chun, M. M. (1997). Types and tokens in visual processing: A double dissociation between the attentional blink and repetition blindness. *Journal of Experimental Psychology: Human Percep-

tion and Performance, **23**, 738-755.

Chun, M. M., & Marois, R. (2002). The dark side of visual attention. *Current Opinion in Neurobiology*, **12**, 184-189.

Fernandez-Duque, D., Grossi, G., Thornton, I. M., & Neville, H. J. (2003). Representation of change: Separate electrophysiological markers of attention, awareness, and implicit processing. *Journal of Cognitive Neuroscience*, **15**, 491-507.

Fernandez-Duque, D., & Thornton, I. M. (2000). Change detection without awareness: Do explicit reports underestimate the representation of change in the visual system? *Visual Cognition*, **7**, 324-344.

Fisk, A. D., & Schneider, W. (1981). Control and automatic processing during tasks requiring sustained attention: A new approach to vigilance. *Human Factors*, **23**, 737-750.

Fleck, M. S., & Mitroff, S. R. (2007). Rare targets are rarely missed in correctable search. *Psychological Science*, **18**, 943-947.

Gregory, R. L. (1998). *Eye and Brain, Fifth Edition*, Oxford University Press（リチャード・L・グレゴリー　近藤倫明・中溝幸夫・三浦佳世（訳）(2001)．脳と視覚：グレゴリーの視覚心理学　ブレーン出版）

Grimes, J. (1996). On the failure to detect changes in scenes across saccades. In K. Akins (Ed.), *Perception (Vancouver Studies in Cognitive Science)* (Vol. 2). New York: Oxford University Press. pp. 89-110.

Hall, L., Johansson, P., Tärning, B., Sikström, S., & Deutgen, T. (2010). Magic at the marketplace: Choice blindness for the taste of jam and the smell of tea. *Cognition*, **117**, 54-61.

Hollingworth, A. (2003). Failure of retrieval and comparison constrain change detection in natural scenes. *Journal of Experimental Psychology: Human Perception and Performance*, **29**, 388-403.

Hollingworth, A., & Henderson, J. M. (2000). Semantic informativeness mediates the detection of changes in natural scenes. *Visual Cognition*, **7**, 213-235.

Hollingworth, A., & Henderson, J. M. (2002). Accurate visual memory for previously attended objects in natural scenes. *Journal of Experimental Psychology: Human Perception and Performance*, **28**, 113-136.

Hollingworth, A., Schrock, G., & Henderson, J. M. (2001). Change detection in the flicker paradigm: The role of fixation position within the scene. *Memory & Cognition*, **29**, 296-304.

Humphreys, G. W. (2000). Neuropsychological analogies of inattentional blindness. *Psyche*, **6(16)**, October.

Johansson, P., Hall, L., Sikström, S., & Olsson, A. (2005). Failure to detect mismatches between intention and outcome in a simple decision task. *Science*, **310**, 116-119.

Kanwisher, N. G. (1987). Repetition Blindness: Type recognition without token individuation. *Cognition*, **27**, 117-143.

Kanwisher, N., & Potter, M. (1989). Repetition blindness: The effects of stimulus modality and spatial displacement. *Memory & Cognition*, **17**, 117-124.

Kinsbourne, M. (1970). A model for the mechanism of unilateral neglect of space. *Transactions of the American Neurological Association*, **95**, 143-147.

Levin, D. T., Momen, N., Drivdahl, S. B., & Simons, D. J. (2000). Change blindness blindness: The metacognitive error of overestimating change-detection ability. *Visual Cognition*, **7**, 397-412.

Levin, D. T., & Simons, D. J. (1997). Failure to detect changes to attended objects in motion pictures. *Psychonomic Bulletin and Review*, **4**, 501-506.

Mack, A. (2001). Inattentional blindness: Reply to commentaries. *Psyche*, **7(16)**, August.

Mack, A., Pappas, Z., Silverman, M., & Gay, R. (2002). What we see: Inattention and the capture of attention by meaning. *Consciousness and Cognition*, 11, 488-506.

Mack, A., & Rock, I. (1998a). *Inattentional blindness*. Cambridge, MA: MIT Press.

Mack, A., & Rock, I. (1998b). Inattentional blindness: Perception without attention. In R. D. Wright (Ed.), *Visual Attention*. NY: Oxford university Press. pp. 55-76.

Mack, A., Tang, B., Tuma, R., Kahn, S., & Rock, I. (1992). Perceptual organization and attention. *Cognitive Psychology*, 24, 475-501.

Mackworth, N. H. (1948). The breakdown of vigilance during prolonged visual search. *The Quarterly Journal of Experimental Psychology*, 1, 6-21.

Mitroff, S. R., & Biggs, A. T. (2014). The ultra-rare item effect: Exceedingly rare items are highly susceptible to search errors. *Psychological Science*, 25(1), 284-289.

Mitroff, S. R., & Simons, D. J. (2002). Changes are not localized before they are explicitly detected. *Visual Cognition*, 9, 937-968.

Mitroff, S. R., Simons, D. J., & Franconeri, S. L. (2002). The siren song of implicit change detection. *Journal of Experimental Psychology: Human Perception and Performance*, 28, 798-815.

Mondy, S., & Coltheart, V. (2000). Detection and identification of change in naturalistic scenes. *Visual Cognition*, 7, 281-296.

Moore, C. M. (2001). Inattentional blindness: Perception or memory and what does it matter? *Psyche*, 7(02), January.

Moore, C. M., & Egeth, H. (1997). Perception without attention: Evidence of grouping under condition of inattention. *Journal of Experimental Psychology: Human Perception and Performance*, 23, 332-352.

Moore, C. M., Grosjean, M., & Lleras, A. (2003). Using inattentional blindness as an operational definition of unattended: The case of surface completion. *Visual Cognition*, 10, 299-318.

Most, S. B., Simons, D. J., Scholl, B. J., & Chabris, C. F. (2000). Sustained inattentional blindness: The role of location in the detection of unexpected dynamic events. *Psyche*, 6(14).

Most, S. B., Simons, D. J., Scholl, B. J., Jimenez, R., Clifford, E., & Chabris, C. F. (2001). How not to be seen: The contribution of similarity and selective ignoring to sustained inattentional blindness. *Psychological Science*, 12, 9-17.

Nakashima, R., Kobayashi, K., Maeda, E., Yoshikawa, T., & Yokosawa, K. (2013). Visual search of experts in medical image reading: The effect of training, target prevalence, and expert knowledge. *Frontiers in Educational Psychology*, 4:166. DOI: 10.3389/fpsyg.2013.00166.

Nakashima, R., Watanabe, C., Maeda, E., Yoshikawa, T., Matsuda, I., Miki, S., & Yokosawa, K. (2015) The effect of expert knowledge on medical search: Medical experts have specialized abilities for detecting serious lesions, *Psychological Research*, 79, 5, 729-738.

Neisser, U. (1979). The control of information pickup in selective looking. In A. D. Pick (Ed.), *Perception and its Development. A Tribute to Eleanor J Gibson*. Hillsdale, NJ: Lawrence Erlbaum Associates. pp. 201-219.

Newby, E. A., & Rock, I. (1998). Inattentional blindness as a function of proximity to the focus of attention. *Perception*, 27, 1025-1040.

Newby, E. A., & Rock, I. (2001). Location and attention. *The Quarterly Journal of Experimental Psychology*, 54A, 155-168.

O'Regan, J. K. (1992). Solving the "Real" mysteries of visual perception: The world as an outside memory. *Canadian Journal of Psychology*, 46, 461-488.

O'Regan, J. K., Deubel, H., Clark, J. J., & Rensink, R. A. (2000). Picture changes during blinks: Looking without seeing and seeing without looking. *Visual Cognition*, 7, 191-211.

O'Regan, J. K., Rensink, R. A., & Clark, J. J. (1999). Change-blindness as a result of 'mudsplashes'.

Nature, **398**, 34.

尾関誠・横澤一彦（2003）．変化検出課題における視覚的短期記憶の性質　心理学研究，**73**, 464-471.

Pasheler, H., & Harris, C. (2001). Spontaneous allocation of visual attention: Dominant role of uniqueness. *Psychonomic Bulltin & Review*, **8**, 747-752.

Potter, M. C. (1976). Short-term conceptual memory for pictures. *Journal of Experimental Psychology: Human Learning and Memory*, **2**, 509-522.

Raymond, J. E., Shapiro, K. L., & Arnell, K. M. (1992). Temporary suppression of visual processing in an RSVP task: An attentional blink? *Journal of Experimental Psychology: Human Perception and Performance*, **18**, 849-860.

Rees, G., Russell, C., Frith, C. D., & Driver, J. (1999). Inattentional blindness versus inattentional amnesia for fixated but ignored words. *Science*, **286**, 2504-2507.

Rensink R. A. (2000a). When Good Observers go bad: Change blindness, inattentional blindness, and visual experience. *Psyche*, **6(09)**.

Rensink, R. A. (2000b). Visual search for change: A probe into the nature of attentional processing. *Visual Cognition*, **7**, 345-376.

Rensink R. A. (2002). Change detection. *Annual Review of Psychology*, **53**, 245-277.

Rensink, R. A., O'Regan, J. K., & Clark, J. J. (1997). To see or not to see: The need for attention to perceive changes in scenes. *Psychological Science*, **8**, 368-373.

Rensink, R. A., O'Regan, J. K., & Clark, J. J. (2000). On the failure to detect change in scenes across brief interruptions. *Visual Cognition*, **7**, 127-145.

Rich, A., Kunar, M. A., Van Wert, M. J., Hidalgo-Sotelo, B., Horowitz, T. S., & Wolfe, J. M. (2008). Why do we miss rare targets? Exploring the boundaries of the low prevalence effect. *Journal of Vision*, **8**, 15, 1-17.

Rock, I., Linnett, C. M., Grant, P., & Mack, A. (1992). Perception without attention: results of a new method. *Cognitive Psychology*, **24**, 502-534

Scholl, B. J. (2000). Attenuated change blindness for exogenously attended items in a flicker paradigm. *Visual Cognition*, **7**, 377-396.

Scholl, B. J., Simons, D. J., & Levin, D. T. (2004). "Change blindness" blindness: An implicit measure of a metacognition error. In D. T. Levin (Ed.), *Thinking and seeing: Visual metacognition in adults and children*. Cambridge, MA: MIT Press. pp. 145-164.

Simons, D. J. (1996). In sight, out of mind: When object representations fail. *Psychological Science*, **7**, 301-305.

Simons, D. J. (2000a). Attentional capture and inattentional blindness. *Trends in Cognitive Sciences*, **4**, 147-155.

Simons, D. J. (Ed.), (2000b). *Change blindness and visual memory: A special issue of the journal Visual Cognition*. Philadelphia, PA: Psychology Press.

Simons, D. J. (2000c). Current approaches to change blindness. *Visual Cognition*, **7**, 1-15.

Simons, D. J. (2010). Monkeying around with the gorillas in our midst: Familiarity with an inattentional-blindness task does not improve the detection of unexpected events. *i-Perception*, **1**, 3-6.

Simons, D. J., & Chabris, C. F. (1999). Gorillas in our midst: sustained inattentional blindness for dynamic events. *Perception*, **28**, 1059-1074.

Simons, D. J., Chabris, C. F., Schnur, T. T., & Levin, D. T. (2002). Evidence for preserved representations in change blindness. *Consciousness and Cognition*, **11**, 78-97.

Simons, D. J., Franconeri, S. L., & Reimer, R. L. (2000). Change blindness in the absence of a visual disruption. *Perception*, **29**, 1143-1154.

Simons, D. J., & Jensen, M. S. (2009). The effects of individual differences and task difficulty on inat-

tentional blindness. *Psychonomic Bulletin & Review*, **16**, 398-403.
Simons, D. J., & Levin, D. T. (1997). Change blindness. *Trends in Cognitive Sciences*, **1**, 261-267.
Simons, D. J., & Levin, D. T. (1998). Failure to detect changes to people in a real-world interaction. *Psychonomic Bulletin and Review*, **5**, 644-649.
Simons, D. J., & Rensink, R. A. (2005). Change blindness: Past, present, and future. *Trends in Cognitive Sciences*, **9**, 16-20.
Smilk, D., Eastwood, J. D., & Merikle, P. M. (2000). Does unattended information facilitate change detection? *Journal of Experimental Psychology: Human Perception and Performance*, **26**, 480-487.
Thornton, I. M., & Fernandez-Duque, D. (2000). An implicit measure of undetected change. *Spatial Vision*, **14**, 21-44.
Tipper, S. P. (1985). The negative priming effect: Inhibitory priming by ignored objects. *Quarterly Journal of Experimental Psychology*, **37A**, 571-590.
Tzelgov, J. (2000). On Processing in the Inattention Paradigm as Automatic. *Psyche*, **6(17)**, December.
Van Wert, M. J., Wolfe, J. M., & Horowitz, T. S. (2009). Even in correctable search, some types of rare targets are frequently missed. *Attention, Perception & Psychophysics*. **71**, 3, 541-553.
Volpe, B. T., LeDoux, J. E., & Gazzaniga, M. S. (1979). Information processing of visual stimuli in an extinguished field. *Nature*, **282**, 722-724.
Werner, S., & Thies, B. (2000). Is "change blindness" attenuated by domain-specific expertise? An Expert-novices comparison of change detection in football images. *Visual Cognition*, **7**, 163-173.
Williams, P., & Simons, D. J. (2000). Detecting changes in novel, complex three-dimensional objects. *Visual Cognition*, **7**, 297-322.
Wolfe, J. (1999). Inattentional amnesia. In V. Coltheart (Ed.), *Fleeting memories*. Cambridge, MA: MIT Press. pp. 71-94.
Wolfe, J. M., Brunelli, D. N., Rubinstein, J., & Horowitz, T. S. (2013). Prevalence effects in newly trained airport checkpoint screeners: Trained observers miss rare targets, too. *Journal of Vision*, **13**, 3:33, 1-9.
Wolfe, J. M., Horowitz, T. S., & Kenner, N. (2005). Rare items often missed in visual searches. *Nature*, **435**, 439-440.
Wolfe, J. M., Horowitz, T. S., Van Wert, M. J., Kenner, N. M., Place, S. S., & Kibbi, N. (2007). Low target prevalence is a stubborn source of errors in visual search tasks. *Journal of Experimental Psychology: General*, **136(4)**, 623-638.
横澤一彦 (2010). 視覚科学　勁草書房.
Yokosawa, K., & Mitsumatsu, H. (2003). Does disruption of a scene impair change detection? *Journal of Vision*, **3**, 41-48.
横澤一彦・大谷智子 (2003). 見落とし現象における表象と注意：非注意による見落としと変化の見落とし　心理学評論, 46, 3, 482-500.

おわりに

Anderson, B. A. (2013). A value-driven mechanism of attentional selection. *Journal of Vision*, **13(3)**:7, 1-17.
Broadbent, D. (1958). *Perception and Communication*. London: Pergamon Press.
Bucker, B., & Theeuwes, J. (2014). The effect of reward on orienting and reorienting inexogenous cuing. *Cognitive, Affective, & Behavioral Neuroscience*, **14**, 635-646.

Bundesen, C. (1991). Visual selection of features and objects: Is location special? A reinterpretation of Nissen's (1985) findings. *Perception & Psychophysics*, **50**, 1, 87-89.

Deutsch, J. A., & Deutsch, D. (1963). Attention: Some theoretical considerations. *Psychological Review*, **70**, 80-90.

Hubel, D. H., & Wiesel, T. N. (1977). Ferrier Lecture: Functional Architecture of Macaque Monkey Visual Cortex. *Proceedings of the Royal Society of London. Series B, Biological Sciences*, **198**, **1130**, 1-59.

James, W. (1890). *The principles of psychology*. New York : Holt.

Posner, M. I. (1980). Orienting of attention. *Quarterly Journal of Experimental Psychology*, **32**, 1, 3-25.

Townsend, J. T. (1971). A note on the identifiability of parallel and serial processes. *Perception & Psychophysics*, **10**, 161-163.

Treisman A. M., & Glade, G. (1980). A feature-integration theory of attention, *Cognitive Psychology*, **12**, 1, 97-136

Treisman, A. (1993). The perception of features and objects. In A. Baddeley & L. Weiskrantz (Eds.), *Attention: Selection, awareness and control. A tribute to Donald Broadbent*. Oxford: Clarendon Press. pp. 5-35.

Wolfe, J., & Robertson, L. (2012). *From perception to consciousness: Searching with Anne Treisman*. New York: Oxford University Press.

Zeki, S. M. (1978). Functional specialisation in the visual cortex of the rhesus monkey. *Nature*, **274**, 423-428.

索　引

あ　行

アイコニックメモリー　262
明るさマスキング　17
意識の二重性　282
一次視覚野　27-29, 72, 79, 88, 110, 111, 225
位置に基づく注意選択　106
位置のマスターマップ　122, 123
位置の目印　76, 170
一致効果　201
一致性効果　172, 173
意図的制御　xi
意図的注意　266, 268
異物検出　135, 178
異物検出モード　175, 177, 181
意味プライミング　114, 184, 218, 230
医療画像診断　139, 141, 278, 279
ヴィジランス課題　275
上書き　12
エクスプレスサッケード　50
オブジェクトファイル　123, 163, 170
オンセット・オンセット法則　23

か　行

階層処理モデル　21, 22, 25
外側膝状体　81
外側頭頂間野　138
海馬　146
外発的（注意，注意定位，手がかり）　53-62, 86, 87, 149, 163
解放　48, 49, 53, 111
拡散過程モデル　133
学習　53, 144-148, 177, 199, 216
拡張構築理論　72
カクテルパーティ現象　200, 213
下行性のフィードバック　25

下前頭溝　165
下側頭皮質　88
課題関連性　196
課題切り替え　167, 185, 192, 195, 249, 251, 253
活性度マップ　131, 132
カット法　258-260
下頭頂皮質　49
過渡的神経活動　22, 24
過渡的信号　261
過渡的成分　59
過渡的変化　170
可変マッピング　228
感覚促進説　111
感覚レジスタ　7-10, 12, 13, 37, 38, 60, 65, 94, 200, 212
眼窩前頭皮質　29
眼球運動　41-50, 70, 71, 107, 109, 138, 147, 171, 182, 183, 230
干渉　65, 67, 77, 172, 207, 219, 221, 222, 224, 233, 234, 237, 240-242, 253, 263, 284
干渉効果　228, 238
間接的手がかり　53, 66
記憶負荷　61, 62, 200, 205, 206, 231
希釈　239-241
希釈理論　239
規則性　143-147
基底核　137
機能的視野　198
偽薬効果　198
逆向マスキング　12, 16, 19, 20, 24, 113, 115, 123, 151
逆向マスク　87
ギャップ効果　49, 183, 228
既有知識　139
共通オンセットマスキング　23-25, 29, 31-33
曲線追跡課題　108
近傍外空間　72

334　　　　　　　　　　　索　引

近傍空間　72
空間的注意　37, 38, 43, 50, 51, 59, 65, 73, 83, 87, 88, 102, 103, 172, 173, 200, 225
空間的注意の分割　78
空間的定位　164
空間的手がかり　53, 62, 63, 65, 85, 144, 185
空間的手がかり効果　184
空間無視　277
グルーピング　102, 105, 119, 151, 155, 190, 228, 229
訓練　121, 195, 197-200
計数課題　134, 197, 198
経頭蓋磁気刺激法　28, 49, 125
ゲシュタルトグルーピング　108
ゲシュタルト法則　270
結合錯誤　123, 124
結合探索　68, 117, 121, 122, 127, 130, 132, 155, 196
減衰　12, 15, 18, 31, 38, 60
減衰モデル　213, 215, 231
顕著さ, 顕著性　34, 35, 97, 137, 139, 142, 156, 163, 165, 168, 177, 182
顕著性マップ　79, 132, 137, 138, 168
行為身体外空間　73
効果の法則　142
後期選択　108, 215-223, 225-229, 231-234, 237-239, 242, 243
後期選択理論　215, 247, 282
光景　231
交互施行法　250, 251
高速再開　185, 188, 189
高速逐次視覚呈示（法）　57, 78, 150, 236, 276
行動性無視検査　277
効率的探索　118, 121, 186, 234
極低出現頻度効果　274
個人差　207
コスト　106, 250-252, 254-256
古典的受容野　26

さ　行

再回帰　25, 80, 123, 125
再回帰処理　x, 7, 35-38, 60, 61, 65, 80, 91, 96, 113, 115, 122, 126, 127, 131, 133, 134, 138, 148, 211, 254-256
再回帰信号　23, 25-29, 33, 36, 110, 226

再回帰性の連絡　43
再回帰分析　68
再回帰モデル　29
再回帰ループ　25, 29, 31-35, 37, 53, 115, 102, 161, 206, 207
再定位　165
再度の取りかかり　53
サイモン効果　220
作業記憶　8, 9, 46, 48, 78, 159-161, 191, 199-210, 213, 218, 236
作業記憶負荷　237
作業記憶容量　208, 209
サッケード　46, 171, 183, 258
サッケード法　258, 260
サッケード抑制　258
サビタイジング　197
残存コスト　252
視覚探索（課題, 法）　xi, 59, 79, 95-97, 117, 150, 159, 163, 178, 185, 199, 205, 273, 284
視覚的持続　12, 15, 18
視覚的消去　277
視覚的印付け　185, 189, 190
視覚的短期記憶　262
視覚マスキング　15, 18, 33, 185, 192
自我剥奪効果　249
時間的統合　185
磁気刺激　126
刺激駆動的　53, 54, 96
刺激駆動的制御　165
刺激駆動的な選択　35
資源　52, 187, 248, 249
次元加重　131, 132
次元加重説　95
資源制限　248
資源配置モデル　248
試行間プライミング　193, 194
思考抑制　203
事象関連電位　74, 75, 99, 207, 209, 217, 220, 226, 264
事象関連電位測定法　74
視床枕　48
視線　62-64, 87
視線手がかり　64
持続的神経活動　22, 24
持続的注意　275
実行機能　200

自動化　　53, 196, 228, 247
自動性　　61, 242
自動的定位　　64
自動的手がかり　　53
シフト　　41-43, 48, 49, 53, 57, 58, 65-67, 87, 111-113, 144, 149-153, 174, 177, 184, 192, 201, 202, 206
遮蔽法　　258-261
周囲身体外空間　　73
周辺手がかり　　53, 56
受容野　　26, 81, 88, 89, 108, 110
順向マスキング　　18-20
上丘　　45, 48, 138
状況依存的注意定位　　238
状況依存的（注意）捕捉　　97, 99, 193
状況依存的注意捕捉課題　　98, 227
状況依存的注意捕捉手続き　　163
消去症状　　210
上行性信号　　33, 36, 37
上行性の連絡　　25
上側頭回　　166
上側頭溝　　166
焦点的身体外空間　　73
焦点的注意　　127, 137, 156, 192
上頭頂葉　　164
初期選択　　211, 212, 214, 216, 217, 219-222, 225-228, 230-234, 237-239, 242, 243
初期選択理論　　213, 214, 231, 247, 282
信号増幅　　82
身体近傍空間　　73
心理的不応期　　245
ズームレンズ　　69, 70, 72, 73, 104, 257
ズームレンズモデル　　65, 70
ストループ（課題, 干渉効果, 効果）　　218-222, 224, 225, 252
スプラッシュ法　　258-260
スポットライト　　52, 65, 67, 70, 74-76, 104, 105, 122, 123, 225, 281
スリップ　　227-230, 238
静的パラダイム　　265-267, 269
セットサイズ　　20, 51, 118-120, 122, 125, 132, 139, 155, 167, 169, 170, 235, 239, 240
線運動錯視　　85-87
先行手がかり法　　167
潜在学習　　146
潜在的変化検出　　263, 264

漸次法　　258-260
線条前野　　79
選択効率　　159
選択的セット法　　231, 232
選択的注意　　243, 247
選択的聴取課題　　91
選択的に見る行為　　91
選択の見落とし　　275, 276
選択履歴　　148, 181
前注意　　268
前注意段階　　121, 122
前注意的プロセス　　79
前島　　165
前頭眼野　　29, 138, 164, 165
前頭前野　　137
前頭 - 頭頂ネットワーク　　102, 201
前頭葉　　271
前頭葉損傷　　64
線分抹消検査　　277
増幅反発モデル　　191
側頭 - 頭頂 - 後頭葉接合部　　197
側頭頭頂接合部　　49, 165, 166
側頭葉　　29, 271
側抑制　　155
損失　　52, 61, 65, 105

た　行

タイプ　　188
短期記憶　　10
単語手がかり　　149
探索関数　　120, 122
探索勾配　　119-121, 129, 131, 132, 149, 153, 155, 182
探索効率　　119, 129, 136, 147, 170, 187
探索非対称性　　125, 132
探索満足　　142
探索モード　　178, 179, 181
知覚学習　　101, 185, 195, 196
知覚的構え　　134, 142, 177, 227
知覚負荷　　229, 230, 232-235, 237-239
知覚負荷理論　　200, 234, 236, 239-241
逐次探索　　120, 121, 273
逐次的な階層処理モデル　　22
注意資源　　190, 247, 249
注意資源モデル　　248

注意の裏側　280
注意の解像度　67, 68, 79
注意の勾配　71
注意のシフト　138
注意の視野分布　68
注意の焦点　57
注意の前運動理論　43, 45, 47
注意の範囲　181
注意の反発効果　88
注意の負荷理論　197
注意の分割　75, 76, 78-80
注意の窓　177, 181, 182
注意の瞬き　78, 150, 185, 188, 191, 192, 197, 198, 203, 217, 218, 275, 276
注意のメタファー　257
注意の漏れ　227, 229, 230
注意の誘導　156
注意捕捉　57, 160, 161, 163, 167, 168, 170-172, 175, 177, 178, 180, 190, 194, 203-205, 209, 212, 235, 271
注意容量　233-235, 242, 248, 249
中央・記号手がかり　55
中央実行系　236
中心手がかり　53, 64
中心的興味　260, 261, 278
中心窩　41
中前頭回　164, 165
直接手がかり　53
貯蔵庫モデル　12, 13
追加妨害刺激法　167, 168, 171, 174
追唱　213, 214
定位　61, 87, 239
停止信号課題　199
低出現頻度効果　272-275, 279
定常状態視覚誘発電位　74
定常的成分　59
低頻度標的の見落とし　141
停留時間　149-151, 191
データ制限　248
手がかり　51, 54
手がかり妥当性　53
適刺激　26, 27, 89
テクスチャ分凝　170, 270, 282
手荷物検査　141, 272, 279
デフォルトモードネットワーク　164
転移　197, 199

動眼捕捉法　167, 183
統合　19
統合マスキング　17-20
同時タイプ／逐次トークンモデル　191
頭頂間溝　49, 164, 165
頭頂皮質　126
頭頂葉　48, 49
頭頂葉損傷　66
動的再構成モデル　134
動的パラダイム　265-267, 269
トークン　188
トークン個別化説　188
特異性　196
特徴選択的注意　91
特徴探索　68, 117, 122, 139, 155, 178
特徴探索モード　175, 180, 181
特徴統合理論　121-123, 125, 127-129, 133, 231, 281, 282
特徴と物体に基づく注意　xi
特徴に基づく注意選択　92, 101, 212
特徴マップ　122, 123, 127, 138, 155
トップダウン　46, 54, 101, 131, 138-141, 143, 153, 155, 164, 165, 172, 174, 175, 177, 179-183, 193, 209, 212
トップダウン信号　29
トップダウン手がかり　53
トップダウンの制御　165
取りかかり　48

な　行

内発的空間手がかり　201
内発的（注意定位，定位，手がかり，注意）　53, 54, 57-62, 65, 86, 87, 107, 144, 149, 163, 165
二重課題　135, 147, 196, 199, 243-245, 249, 254-256, 265, 267, 276
二重プロセス　127, 216, 282
入力フィルタ　135, 136, 177
入力フィルタリング　134
認知システムの二重性　281
認知マスキング　172
抜き打ちテスト法　92
ノイズマスキング　16, 17
脳由来神経栄養因子　10

は 行

背側経路　88
背側前頭‐頭頂系　164
背側前頭‐頭頂ネットワーク　166
背側前頭皮質　164
背側頭頂ネットワーク　167
パターンマスキング　16, 17, 33
パラコントラストマスキング　22
半球機能差　277
半側空間無視　128, 197, 210, 277
反応負荷　231
反復の聞き落とし　276
反復の見落とし　185, 188, 275, 276
反復プライミング　144, 184, 230
非関連特徴法　167, 169, 181
非効率的探索　118, 120, 185, 186, 196
非注意による健忘　270
非注意による見落とし　94, 265, 267-271, 277, 280
皮膚電気反応　220
頻度効果　185
フィードバック　25
フィードフォワード　25, 32, 110, 114, 122, 254
フィードフォワード信号　60, 127
フィードフォワードスウィープ　29, 34, 35, 37, 38, 126, 130, 134, 138, 147, 148
フィルタモデル　191
フィルタリング　165, 208, 214
フィルタリングコスト　172, 177
フィルタリング法　231, 232
不応期　191, 245
負荷　61, 187, 197, 236, 237, 241, 242
複合探索課題　155, 194
複数オブジェクト追跡　244, 267
腹側経路　88, 114
腹側前頭‐頭頂系　164
腹側前頭‐頭頂ネットワーク　165, 166
腹側前頭皮質　165, 166
腹側注意ネットワーク　167
復帰の抑制　61, 64, 173, 185, 228, 230
物体置き換えマスキング　33, 37
物体追跡　79
物体追跡課題　69
物体に基づく（注意）選択　103-107, 110, 111, 212
物体に基づく注意　109
負のプライミング　185, 194, 195, 222-225
負のプライミング現象　104
部分報告　9, 10
部分報告法　8, 10
プライミング　113, 115, 132, 177, 185, 192, 222, 229, 231
プライミング効果　223, 230
プライム　221, 223-225, 227, 229
フランカ（一致効果，課題，干渉課題，効果）　65, 72, 112, 200, 218, 219, 228, 229, 231
フリッカー法　258-261, 263, 264
プローブ　42, 69, 70, 76, 89, 90, 124, 140, 151, 152, 155, 202, 203, 205, 206, 209, 222-225
ブロック化　95, 139, 242
ブロック法　94
分割注意　243, 266, 267
文脈手がかり　144, 146, 147, 185, 195
並列処理　133, 134
並列探索　120
並列探索課題　273
辺縁回　166
変化検出課題　198, 260, 262
変化の見落とし　257-261, 280
変化の見落としの見落とし　260
方位マップ　123, 125
妨害刺激干渉手続き　176
妨害刺激先見効果　185, 194, 195
報酬　138, 142, 143, 148, 284
紡錘状回　128, 164
ポジティブ情動　72
ポップアウト　35, 118, 119, 121, 127, 128, 139, 192, 194
ポップアウトのプライミング　185, 192-194
ボトムアップ　46, 54, 131, 132, 138, 139, 143, 153, 156, 168, 172, 174, 175, 178-182, 193, 204, 212
ボトムアップ手がかり　53
ボトルネック　80, 132, 192, 215, 246, 247

ま 行

マスキング　15, 17, 212
瞬き法　258
見落とし　244

見落とし回避　78
結び付け問題　125, 282, 283
命令探索法　153
メタコントラストマスキング　16, 17, 21, 22, 33
メタ認知のエラー　260
目的指向的　53, 54
目的指向的な選択　35

や行

矢印手がかり　55
有効視野　198
有効視野課題　197, 198
優先順位　142, 179
優先順位付け　228
優先順位マップ　132, 138, 143, 153
誘導探索モデル　130-132, 139, 147, 155
容量　197, 207-210, 213, 232-235, 237-239, 242, 243, 247, 249, 254
容量制限　119, 134, 157
抑制　52, 72, 101, 104, 140, 183, 186, 189-192, 194, 199, 207, 223, 224, 252
抑制（ストループ）課題　200
抑制的タグ付け　186

ら行

利得　52, 61, 65
両耳分離聴取課題　213
履歴効果　139, 141, 143, 149, 192

わ行

割り込み　18
割り込みマスキング　17-20

数字・アルファベット

2-back 課題　201
4点マスキング　16, 17, 24, 33
BDNF 遺伝子　10
C1　225
CDA　207-209
CTVA 理論　134
ERP　82
fMRI　78, 79, 82, 101, 103, 164, 165, 225, 226, 271, 283
Go/No-go 課題　55, 70, 199, 200
MT+　102, 103
MT（野）　28, 85, 89, 127, 236
Müller-Lyer 錯視　268
N1　209, 221, 225
N2　100
N2pc　99, 100, 146, 157, 159, 160, 173, 174
N400　217
P1　76, 209, 225
P3　218
POC　254
Ponzo 錯視　268
SNARC 効果　220
SOA の法則　23, 32
SPCN　159, 160
SSVEP　78
TMS　28
V1　236
V2　236
V4　81, 88, 101, 138
V5（野）　28, 85, 101
X 線画像検査　272

執筆者紹介

河原純一郎（かわはら じゅんいちろう）　第1-6章
広島大学大学院教育学研究科修了。博士（心理学）（広島大学）。産業技術総合研究所主任研究員，中京大学教授などを経て，現在は北海道大学大学院文学研究科特任准教授。編著書に『心理学の実験倫理』（2010，勁草書房），著書に『商品開発のための心理学』（2015，勁草書房，分担執筆）。

横澤一彦（よこさわ かずひこ）　第7章　シリーズ監修
東京工業大学大学院総合理工学研究科修了。工学博士（東京工業大学）。ATR視聴覚機構研究所主任研究員，東京大学生産技術研究所客員助教授，南カリフォルニア大学客員研究員，NTT基礎研究所主幹研究員，カリフォルニア大学バークレイ校客員研究員などを経て，現在は東京大学大学院人文社会系研究科教授。著書に『視覚科学』（2010，勁草書房）。

シリーズ統合的認知 1
注意　選択と統合

2015年11月20日　第1版第1刷発行

著者	河原　純一郎 横澤　一彦
発行者	井村　寿人
発行所	株式会社　勁草書房

112-0005　東京都文京区水道2-1-1　振替　00150-2-175253
（編集）電話 03-3815-5277／FAX 03-3814-6968
（営業）電話 03-3814-6861／FAX 03-3814-6854
本文組版　プログレス・平文社・松岳社

©KAWAHARA Jun-ichiro, YOKOSAWA Kazuhiko　2015

ISBN978-4-326-25108-7　　Printed in Japan

[JCOPY]　<（社）出版者著作権管理機構　委託出版物>
本書の無断複写は著作権法上での例外を除き禁じられています。複写される場合は，そのつど事前に，（社）出版者著作権管理機構（電話 03-3513-6969，FAX 03-3513-6979、e-mail: info@jcopy.or.jp）の許諾を得てください。

＊落丁本・乱丁本はお取替いたします。
http://www.keisoshobo.co.jp

シリーズ統合的認知

監修　横澤一彦

　五感と呼ばれる知覚情報処理過程によって，われわれは周囲環境もしくは外的世界についての豊富で詳細な特徴情報を得ることができる。このような，独立した各感覚器官による特徴抽出を踏まえて，様々な特徴や感覚を結び付ける過程がわれわれの行動にとって最も重要である。しかし，認知過程を解明するうえで，旧来の脳科学や神経生理学で取組まれている要素還元的な脳機能の理解には限界があり，認知心理学的もしくは認知科学的なアプローチによって，人間の行動を統合的に理解することが必要である。本シリーズでは6つの研究テーマを対象に，それぞれの分野の最先端で活躍する研究者たちが執筆している。各分野に興味を持つ認知心理学や認知科学専攻の大学院生や研究者のための必携の手引書として利用されることを願っている。

第1巻	河原純一郎・横澤一彦『注意』	3500円
第2巻	新美亮輔・上田彩子・横澤一彦『オブジェクト認知』	近刊
第3巻	積山薫・西村聡生・横澤一彦『身体と空間の表象』	近刊
第4巻	横澤一彦・藤崎和香・金谷翔子『感覚融合認知』	近刊
第5巻	三浦佳世・川畑秀明・横澤一彦『美感』	近刊
第6巻	浅野倫子・横澤一彦『共感覚』	近刊

[一部仮題]

勁草書房

＊表示価格は2015年11月現在。消費税は含まれておりません。